Leselust in Risikogruppen

Ursula Maria Stalder

Leselust
in Risikogruppen

Gruppenspezifische
Wirkungszusammenhänge

 Springer VS

Ursula Maria Stalder
Osnabrück, Deutschland

Zgl. Dissertation an der Universität Osnabrück, Fachbereich der Erziehungs- und Kulturwissenschaften, 2012

ISBN 978-3-658-01700-2   ISBN 978-3-658-01701-9 (eBook)
DOI 10.1007/978-3-658-01701-9

Die Deutsche Nationalbibliothek verzeichnet diese Publikation in der Deutschen Nationalbibliografie; detaillierte bibliografische Daten sind im Internet über http://dnb.d-nb.de abrufbar.

Springer VS
© Springer Fachmedien Wiesbaden 2013

Gedruckt auf säurefreiem und chlorfrei gebleichtem Papier

Springer VS ist eine Marke von Springer DE. Springer DE ist Teil der Fachverlagsgruppe Springer Science+Business Media.
www.springer-vs.de

Inhalt

1 Einleitung

Viele Jugendliche verlassen die Schule mit so geringen Lesekompetenzen, dass sie, so ist zu befürchten, nur in begrenztem Maß dazu in der Lage sind, die auf sie zukommenden beruflichen und gesellschaftlichen Anforderungen zu bewältigen. Die unterschiedlichen Lesekompetenzen der Schulabgänger und Schulabgängerinnen werden zum Teil auf Bildungsferne, insbesondere von Familien mit niedrigem Status, oder einen gegebenenfalls vorliegenden Migrationshintergrund sowie auf Persönlichkeitsmerkmale wie die Motivation oder lesebezogene Geschlechterrollenstereotype bei Jungen zurückgeführt. In der vorliegenden Untersuchung werden vor diesem Hintergrund Unterschiede bei der Anschlusskommunikation in der Familie und mit Gleichaltrigen näher betrachtet sowie motivationale Faktoren und deren Wirkung auf die Lesekompetenz überprüft. Dabei stehen die Wirkungszusammenhänge der diversen Komponenten im Vordergrund. Sie sollen neue Erkenntnisse darüber liefern, wie diese Faktoren in den verschiedenen Gruppen, in denen Jugendliche mit niedrigen Lesekompetenzen übervertreten sind, zusammenwirken. Ziel ist es hierbei, Wirkmechanismen aufzudecken, die spezifischen Gruppen helfen ihre Kompetenzen auszubauen und negative Effekte zu minimieren.

Vorliegende Untersuchung entstand im Rahmen des Schweizerischen Nationalfonds-Projektes „Literale Resilienz. Wenn Schriftaneignung trotzdem gelingt". In diesem Projekt wurden im Jahr 2006 Daten zu 1503 Jugendlichen aus den Kantonen Aargau und Bern sowie den beiden Halbkantonen Basel Stadt und Basel Land erhoben. An der zweiten Erhebung 2007 nahmen noch 1340 Schülerinnen und Schüler aus 78 Klassen teil. In die Auswertung wurden insgesamt 1181 Jugendliche aufgenommen, die in beide Erhebungen einbezogen waren.

Die Arbeit kann generell in einen theoretischen (Kapitel 2 bis 10) und einen empirischen Teil (Kapitel 11 bis 14) unterteilt werden. Im einleitenden Kapitel 2 wird auf das Spannungsverhältnis von gesellschaftlichen Leseanforderungen und einer niedrigen Lesekompetenz eingegangen. Hier wird auf die TREE-Studie verwiesen, welche die erste PISA-Kohorte nach dem Schulabschluss weiter begleitet und die berufliche Entwicklung der Probanden und Probandinnen untersucht. Das Kapitel 3 befasst sich mit den Ebenen der Verstehensprozesse. Hier wird insbesondere auf Studien im englischsprachigen Raum eingegangen, welche sich mit der kognitiven Verarbeitung beim Lesen und dem Leseverstehen auf der Prozessebene befassen. Im Zentrum der Betrachtung wird die These stehen, dass nicht nur die kognitiven Voraussetzungen für das Leseverstehen zentral sind, sondern zudem Hindernisse, die dem Leser das Verstehen erschweren, auf der Textebene zu lokalisieren sind. Auf der Subjektebene wird zu zeigen sein, dass neben motivationalen Faktoren auch das Vorwissen der Leser und Leserinnen ein wichtiger Aspekt ist, der zum Leseverständnis beiträgt. Auf der Kontextebene gilt es den Punkt zu erörtern, dass die Kinder je nach familiärem und sozialem Hintergrund mit ganz unterschiedlichen Wissensbeständen in die Schule kommen und diese Heterogenität von der Schule nur teilweise ausgeglichen werden kann. In Kapitel 4 wird auf die Bedeutung der Anschlusskommunikation für das Leseverstehen eingegangen. Es wird aufgezeigt, ob und inwiefern durch die familiäre Lesepraxis die Lesemotivation und der Schriftspracherwerb begünstigt wird. Des Weiteren wird auf den interaktionistischen Konstruktivismus (Sutter 2008) eingegangen, der aufzeigt, wie sich geschlossene Systeme durch Sozialisation, Kommunikation und Verstehensleistungen gegenseitig mit Komplexität versorgen und damit zu einem erweiterten Verständnis führen. In Kapitel 5 wird die Bedeutung der Lesemotivation für die Leseaktivität wie auch für die Entwicklung der Lesekompetenz erörtert. Dabei steht das Erwartungswert-Modell der Lesemotivation von Möller und Schiefele (2004) im Zentrum. In Kapitel 6 werden im deutschsprachigen Raum diskutierte Theorien zur Lesekompetenz vorgestellt: Das kognitionstheoretische Modell der Lesekompetenz bezieht sich auf die kognitiven Aspekte der Lesekompetenz, wie sie für die PISA-Studie maßgeblich waren. Dieses Modell lehnt sich an Konzepte aus dem englischsprachigen Raum an und ist auf messbare Kompetenzen hinsichtlich solcher Texte, mit denen man im Alltag konfrontiert ist, ausgerichtet. Der kulturwissenschaftliche Ansatz der Lesekompetenz kritisiert diese rein kognitive Ausrichtung der Lesekompetenzbestimmung und nimmt in sein Modell die Anschlusskommunikation, die Lesemotivation und die Emotion als zusätzliche zentrale Punkte der Lesekompetenz auf (Hurrelmann 2006). Das Mehrebenenmodell der Ko-Konstruktion (Groeben 2004) zeigt, wie die Gesellschaft, die unterschiedlichen Sozialisationsinstanzen sowie das Individuum interagieren, wie sich die Prozesse gegenseitig beeinflussen und auf die Lesekompetenzentwicklung wirken. Das didaktische Modell der Lesekompetenz ist auf die schulische Förderung ausgerichtet (Rosebrock & Nix 2010). Dieses Modell soll die Lehrpersonen dabei unterstützen, die Leseschwierigkeiten von Schülerinnen und Schüler zu lokalisieren. Des Weiteren gehen aus dem Ansatz didaktische Hinweise zu der Frage hervor, wie Lehrer und Lehrerinnen den Schülerinnen und Schülern helfen können, derartige Probleme zu überwinden. In Kapitel 7 wird versucht, die diversen theoretischen Annahmen in ein Modell zu integrieren und das mögliche Zusammenwirken der verschiedenen Ebenen zu erfassen. In Kapitel 8 gilt es, theoretische Erklärungen für die unterschiedlichen Lesekompetenzen von Jugendlichen aus den verschiedenen Risikogruppen zu finden und zu erörtern. In dem Zusammenhang werden die Faktoren soziale Schicht, Migrationshintergrund und Geschlecht näher betrachtet. Heterogenität in der Lesekompetenz wird häufig auf unterschiedliche Motivation der Schülerinnen und Schüler zurückgeführt. Kapitel 9 geht daher auf motivationale Unterschiede in den Risikogruppen ein. In Kapitel 10 wird zum Abschluss des theoretischen Teils die Fragestellung der folgenden empirischen Überprüfung erläutert.

In Kapitel 11 wird auf die Methodik und das Forschungsdesign der empirischen Studie eingegangen. Die Stichprobe sowie das methodische Vorgehen werden genau beschrieben. Des Weiteren wird auf den Umgang mit fehlenden Daten und die Problematik der Erfassung von kausalen Wirkstrukturen eingegangen. In Kapitel 12 werden die in der Untersuchung verwendeten Konstrukte in den Blick gefasst, wobei die statistischen Gütekriterien der einzelnen Items dem Anhang angefügt werden. Kapitel 13 widmet sich der konkreten empirischen Studie und den entsprechenden Ergebnissen. Dabei werden Unterschiede in den Konstrukten über die Zeit und zwischen den jeweiligen betrachteten Untergruppen untersucht (Kapitel 13.1 bis 13.4). In Regressionsanalyen (Kapitel 13.5) wird mit einer explorativen Analyse geprüft, durch welche der Faktoren sich die Lesekompetenz am besten erklären lässt. Zusätzlich ist zu hinterfragen, ob diese Faktoren zugleich die zentralen Vorhersagefaktoren in den verschiedenen Risikogruppen darstellen. In Kapitel 13.6 werden unter Rückgriff auf Kreuzeffektmodelle die kausalen Wirkungszusammenhänge der Konstrukte untersucht. In Kapitel 13.7 werden dann einzelne Konstrukte zusammengefasst und in Mediationsmodellen wird geprüft, ob direkte oder indirekte Effekte über eine Mediatorvariable bestehen. In Kapital 13.8 werden die wichtigsten Vorhersagefaktoren für die Lesekompetenz anhand eines erweiterten Kreuzeffektmodells einer Berechnung unterzogen, um einen Eindruck vom Wirkungsgefüge der einzelnen Faktoren zu erhalten. Es wird dabei jeweils ein Modell für die Anschlusskommunikation in der Familie und eines für die Anschlusskommunikation mit Gleichaltrigen generiert. Diese Modelle werden dann in Kapitel 13.9 in den verschiedenen Untergruppen untersucht, um Besonderheiten und Abweichungen in den Risikogruppen aufzuspüren. Die Ergebnisse der einzelnen Kapitel sind jeweils am Ende jedes Kapitels kurz zusammengefasst. Im abschließenden Kapitel 14 werden die Ergebnisse noch einmal zusammengefasst und mögliche Interventionsmaßnahmen vorgestellt.

2 Spannungsverhältnis zwischen Anforderung und Kompetenz

Die Bedeutung der Lesekompetenz hat durch die Ausbreitung neuer Medien zugenommen. Der Zugang und die Nutzung der Medien stehen dabei in einem engen Zusammenhang mit den sozialen Strukturen und soziokulturellen Lebensbedingungen (Bertschi-Kaufmann & Härvelid 2007). In den westlichen Industriestaaten haben sich diese Medien im privaten wie im beruflichen Leben weit verbreitet. Während beispielsweise 1998 nur rund 8 Prozent der Jugendlichen über ein Mobiltelefon verfügten, waren es 2006 92 Prozent (Bertschi-Kaufmann & Härvelid 2007). 90 Prozent der Jugendlichen in Deutschland nutzen zu Hause den Computer, in der Schweiz sind es sogar 93 Prozent (Senkbeil & Wittwer 2009). Die meisten Heranwachsenden sind mit diesen Medien seit der Kindheit vertraut und nutzen sie selbstverständlich und unbefangen (Bertschi-Kaufmann & Härvelid 2007). Mit der Nutzung neuer Medien haben sich auch neue Textformen ausgebildet, in denen vermehrt Schrift, Bild und Ton kombiniert werden und die besondere Anforderungen an die Lesekompetenz stellen. Infolge von Interaktivität (Holly & Habscheid 2000), Virtualität, Vernetzung (Holly 2000), Multimedialität (Leiter-Köhler 2002) und Entlinearisierung (z. B. Niedermair: 1996; Schnotz & Dutke: 2004; Storrer: 2003) von Texten entstehen neue Kommunikationsformen (Bertschi-Kaufmann & Härvelid 2007) sowie Formen der Schriftlichkeit, die sich der mündlichen Kommunikation angleichen, sich somit von den schulischen Schreibnormen unterscheiden. So haben Bertschi-Kaufmann und Härvelid (2007) in SMS-Nachrichten Phänomene beobachtet wie die Verwendung von Gesprächswörtern „hm" oder „hehe", das Weglassen von Lauten bzw. Buchstaben („hab", „nich", „nen") sowie das Einbauen sogenannter Emoticons, die es dem Schreiber erlauben, momentane Stimmungen und Gefühle auszudrücken. Die begrenzte Anzahl von Zeichen bei SMS und die damit verbundene Notwendigkeit der Kürze haben zu einem vermehrten Gebrauch von Abkürzungen geführt (Bertschi-Kaufmann & Härvelid 2007: 40).

Die PISA-Studie, welche von der OECD in Auftrag gegeben wurde, überprüft die Kompetenzen von Schülerinnen und Schülern am Ende der Schulzeit. Hierbei werden die notwendigen Lesekompetenzen für den Umgang mit linearen und nicht-linearen Texten, wie sie in herkömmlichen und neuen Medien vor-

kommen, überprüft. Es wird davon ausgegangen, dass mindestens die Kompetenzstufe II (vgl. Kapitel 6.1, S. 58 f.) erreicht werden muss (Artelt, Stanat,
Schneider & Schiefele 2001: 99), um das Berufsleben und diverse andere Le-
bensanforderungen bewältigen zu können. Jugendliche mit der Kompetenzstufe I
oder sogar geringerer Lesekompetenz gelten daher als Risikogruppe in der Hinsicht, dass sie für das berufliche und gesellschaftliche Leben ungenügend vorbe-
reitet sind. Es ist anzunehmen, dass diese Personen größere Probleme im Umgang mit sowohl herkömmlichen als auch neuen Medien haben und dadurch
auch der berufliche Einstieg erschwert wird (Artelt et al. 2001). Im Jahr 2000
zeigte sich, dass in Deutschland 23 Prozent der Jugendlichen die Kompetenzstufe II nicht erreichen (Artelt et al. 2001: 103), in der Schweiz sind es 20 Prozent
(Moser 2001). In Deutschland erreichen rund 10 Prozent der Jugendlichen, in der
Schweiz 7 Prozent (OECD-Durchschnitt: 6 Prozent) die Kompetenzstufe I nicht.
Sie sind also nicht in der Lage, eine explizite Information in einem Text zu finden (Artelt et al. 2001). In den Folgeerhebungen der Jahre 2003 bis 2009 hat sich
der Anteil der Jugendlichen, welche nicht auf die Kompetenzstufe II gelangten,
zwar verringert. Er ist aber mit 18.5 Prozent in Deutschland und 16.6 Prozent in
der Schweiz jedoch immer noch auf einem bedenklich hohen Niveau (Naumann,
Artelt, Schneider & Stanat 2010). Die TREE-Studie (Schweizerische Jugend-
längsschnittstudie) hat den Bildungsverlauf der Jugendlichen der PISA-Kohorte
von 2000 nach deren Schulabgang weiterverfolgt. Sie konnte aufzeigen, dass die
Jugendlichen mit höheren Lesekompetenzen eine anspruchsvollere Ausbildung
antreten. Entgegen der Erwartung begannen aber auch 56 Prozent der leseschwachen Schülerinnen und Schüler mit einer Lesekompetenz, die unterhalb der
Stufe II angesiedelt war, direkt nach dem Schulabschluss eine Berufsausbildung
mit geringen oder mittleren Anforderungen. Davon schlossen rund 60 Prozent
die Ausbildung ab. 30 Prozent der Schülerinnen und Schüler traten nicht direkt
eine Ausbildung an, sondern nutzten ein Brückenangebot (z. B. 10. Schuljahr),
welches sie auf den Beruf vorbereiten und schulische Defizite ausgleichen sollte
(Stalder, Meyer & Hupka-Brunner 2008).

Die TREE-Studie verweist also darauf, dass es trotz geringer Lesekompetenz für einen Teil der Jugendlichen möglich ist, eine Berufsausbildung abzu-
schließen. Sie offenbart aber auch, dass diese Jugendlichen im Vergleich zu den
anderen sehr früh aus dem Bildungssystem ausscheiden. Ziel der Bildungspolitik
müsste es sein, dass alle Schülerinnen und Schüler am Ende der Schulzeit mindestens Kompetenzstufe II erreichen. Die niedrigen Lesekompetenzwerte bei
rund 20 Prozent der Schulabgängerinnen und -abgänger stellt ein gesellschaftli-
ches Problem dar, das die Schulen nicht alleine lösen können. Die folgenden
Ausführungen zur Lesekompetenz sollen aufzeigen, wie vielfältig die Ursachen
von fehlender Lesekompetenz sind und wie komplex der Verstehensprozess ist.

3 Verstehensprozesse beim Lesen

Das Lesen ist für die meisten Erwachsenen so weit automatisiert, dass sie sich kaum Gedanken machen, welche Prozesse dabei ablaufen. Sie erinnern sich kaum noch an ihre eigenen Schwierigkeiten beim Erlernen des Lesens. Sie sind sich daher der Komplexität der ablaufenden Prozesse und der Vielzahl von möglichen Ursachen fehlender Lesekompetenz kaum bewusst. Verschiedene Fachbereiche, darunter Psychologie, Linguistik, Gesellschaftswissenschaften und Pädagogik, erforschen die Leseprozesse auf verschiedenen Ebenen. Dabei können Verstehensprobleme auf der Prozessebene liegen, also beim eigentlichen Lesevorgang, beim Leser oder der Leserin selbst wie auch auf der Textebene. Ebenso können sie durch den Kontext hervorgerufen werden. Auf der Prozessebene geht es in erster Linie um die kognitive Verarbeitung auf Wort-, Satz- und Textebene. Die Textebene beschäftigt sich damit, welche Textmerkmale das Leseverstehen erleichtern. Die Subjektebene führt Verständnisprobleme auf individuelle Merkmale wie beispielsweise kognitive Fähigkeiten oder Motivation zurück, welche für das Textverstehen relevant sind. Zu Kontextmerkmalen gehören Bedingungen im Bereich der verschiedenen Sozialisationsinstanzen. Hierunter werden auch die familiären Ressourcen und das Leseklima gefasst, sowie für den schulischen Bereich die Zusammensetzung der Schülerschaft und das Lehrerverhalten, welche sich auf die schulischen Leistungen der Schülerinnen und Schüler auswirken.

3.1 Prozessebene

Auf der Prozessebene werden die Verstehensprozesse auf Wort-, Satz- und Textebene untersucht. Psycholinguisten unterscheiden zwischen hierarchieniedrigen und hierarchiehöheren Prozessen der Kohärenzbildung (Schnotz & Dutke 2004). Bei hierarchieniedrigen Prozessen läuft die Wort- und Satzidentifikation automatisiert ab. Für das eigentliche Verstehen sind hierarchiehöhere Prozesse verantwortlich. Der Leser/die Leserin muss sich eine Vorstellung über das Gelesene machen und das Gelesene mit bestehendem Wissen verbinden. Diese Prozesse zur Bildung von mentalen Modellen und zur Kohärenzbildung laufen strategisch und zielbezogen ab (Schnotz 2006; Schnotz & Dutke 2004). Es wird dabei zwi-

schen Prozessen auf lokaler und globaler Ebene unterschieden. Bei der lokalen
Kohärenzbildung werden semantische Zusammenhänge zwischen zwei aufei-
nanderfolgenden Sätzen hergestellt. Bei der globalen Kohärenzbildung müssen
solche Zusammenhänge über größere Textabschnitte hinweg gebildet werden
(Schnotz 2006; Schnotz & Dutke 2004).

Im Folgenden wird auf die Verstehensprozesse auf der Wort-, Satz- und
Textebene näher eingegangen. Bei den Verstehensprozessen auf der Wortebene
befassen sich Psycholinguisten damit, wie Buchstaben, Buchstabengruppen oder
ganze Wörter beim Lesen verarbeitet werden. Vertreter des morphemzentrierten
Modells (z. B. Taft, Hambly & Kinoshita 1986) gehen davon aus, dass lediglich
Morpheme, die kleinsten bedeutungstragenden Einheiten eines Wortes, verarbeitet werden. Dabei teilen sich Wörter mit dem gleichen Wortstamm einen Eintrag
im mentalen Lexikon (z. B. Taft et al. 1986). Das wortzentrierte Modell beruht
hingegen auf der Annahme, dass ganze Wörter im mentalen Lexikon aufgenommen werden (Prestin 2003). Rumelhart (1981) integriert diese beiden Annahmen
im Zwei-Routen-Modell. Er geht davon aus, dass im menschlichen Wortschatz-
speicher (mentalen Lexikon) sowohl Morpheme als auch ganze Wörter gespeichert werden. Während des Lesens kann der Leser entweder direkt auf das Wort
zugreifen oder bei neuen oder komplexen Wörtern über die morphologische
Struktur das Wort erschließen (Christmann & Groeben 2006).

Das Verstehen von Wörtern allein sichert aber noch nicht das Verstehen
ganzer Sätze. Die Fähigkeit zur Bedeutungskonstruktion über mehrere Sätze und
Textabschnitte hinweg ist ein zentraler Bestandteil der Lesekompetenz. Bei
komplexen Texten müssen unter Umständen multiple thematische Ebenen unterschieden und in Verbindung gebracht werden (Schnotz 2006; Schnotz & Dutke
2004). Dazu ist es notwendig, dass die Wörter und Sätze aufeinander bezogen
werden. Dies erfordert die Analyse der semantischen und syntaktischen Relationen der einzelnen Satzelemente (Christmann & Groeben 2006). Autonome Modelle gehen davon aus, dass die syntaktische und die semantische Analyse unabhängig voneinander ablaufen. Demnach erfolgt in einem ersten Schritt eine syntaktische Analyse, eine semantische Analyse schließt daran an. Im Gegensatz
dazu gehen interaktive Theorien von einer wechselseitigen Beeinflussung aus, in
der neben lexikalischen Repräsentationen auch mögliche Argumente eines Wortes und syntaktische Strukturen gespeichert werden (Prestin 2003). Beim kogni-
tionspsychologischen Ansatz der propositionalen Textrepräsentation (Kintsch &
van Dijk 1978) wird von einer zyklischen Verarbeitung ausgegangen. Der Leser
erstellt dabei eine Liste von Propositionen, welche die Bedeutung des Textes
repräsentieren. Da das Kurzzeitgedächtnis nicht alle Informationen gleichzeitig
verarbeiten kann, erfolgt der Prozess der Kohärenzbildung zyklisch. Dabei werden die einzelnen Propositionen der vorherigen Sätze im Kurzzeitgedächtnis

behalten und die neuen Informationen der folgenden Sätze integriert (Kintsch 1987). Während des Vorgangs werden die gebildeten Repräsentationen laufend überprüft und modifiziert, bis eine widerspruchsfreie Interpretation des Textes vorliegt. Dazu werden die Informationen flexibel mit dem Vor- und dem Weltwissen verbunden (Kintsch 2004).

In diesen Bereich der Kohärenzbildung sind die Schematheorie und das Situationsmodell sowie die mentalen Modelle einzuordnen. Nach der Schematheorie sucht der Leser eine adäquate Erklärung für das Gelesene. Diese wird als Schema bezeichnet. Armbruster (1986) unterscheidet zwischen inhaltsspezifischen und textspezifischen Schemas. Inhaltsspezifische werden im Laufe der Sozialisation aufgebaut und enthalten Wissen über Objekte, Ereignisse oder Situationen, wie beispielsweise das Einkaufen oder den Besuch in einem Restaurant. Textspezifische Schemas umfassen das Wissen über Textkonventionen, Textformen und Genres (Christmann & Groeben 2006). Johnson-Laird (1980) geht davon aus, dass bei der sprachlichen Verarbeitung neben der Repräsentation der Textoberfläche auch ein mentales Modell der im Text beschriebenen Sachverhalte entworfen wird (Dutke 1993). Mentale Modelle enthalten Vorstellungen über durch visuelle oder andere Sinneswahrnehmungen gewonnene Informationen. Sie repräsentieren auch Sachverhalte, die der Wahrnehmung nicht direkt zugänglich sind (Schnotz & Bannert 1999). Durch die Verbindung von Textelementen mit dem bestehenden Wissen des Lesers entsteht ein Situationsmodell. Schrittweise werden Erwartungen und Überzeugungen aufgebaut, indem textbezogene Ereignisse mit Handlungen und früheren Erfahrungen des Lesers verbunden werden (Christmann & Groeben 2006). Daher kann ein Text nur so weit verstanden werden, wie der Leser über das notwendige Hintergrundwissen verfügt. Das Leseverständnis ist aus diesem Grunde auch kulturell geprägt (Carrell & Eisterhold 1983).

3.2 Textebene

Auf der Prozessebene konnte gezeigt werden, dass das Verstehen auf einer komplexen kognitiven Verarbeitung beruht. Ursachen für das fehlende Verständnis beim Lesen eines Textes liegen nicht allein in der kognitiven Verarbeitung, sondern können auch auf der Textebene verortet werden, wenn Autoren versuchen, durch unnötig komplizierte Sprache ihren Wissensvorsprung zu manifestieren oder mit der Verwendung von Spezialvokabular ihre Unsicherheiten zu verbergen (Langer 1993). Während das Textverstehen auf der Prozessebene von individuellen Unterschieden im Verstehensprozess ausgeht, befasst sich die Lesbarkeitsforschung (Groeben & Christmann 1995) damit, wie ein Text beschaffen sein muss, um das Lesen zu erleichtern. Textorientierte Modelle versuchen, die Textstruktur möglichst objektiv und präzise zu beschreiben, um den Einfluss bestimmter Merkmale der Textstruktur auf das Lesen und Verstehen nachzuweisen (Christmann & Groeben 2006).

Das Hamburger Verständlichkeitsmodell wurde in den 70er-Jahren entwickelt. Das Modell geht davon aus, dass die Verständlichkeit durch Einfachheit, klare Gliederung und Ordnung, Kürze und Prägnanz sowie durch anregende Zusätze erhöht werden kann (Langer, Schulz v. Thun, Meffert & Tausch 1973; Schulz v. Thun, Weitzmann, Langer & Tausch 1974). Die Einfachheit bezieht sich auf die sprachliche Formulierung bei der Wortwahl und dem Satzbau. Texte werden besser verstanden, wenn einfache Wörter in kurzen, anschaulichen und konkreten Sätzen zusammengefügt sind. Fremdwörter sollten vermieden oder wenigstens erklärt werden (Langer, Schulz v. Thun & Tausch 2006). Die Gliederung umfasst die hierarchische Ordnung von Textinhalten. Ein gut gegliederter Text zeichnet sich durch die Folgerichtigkeit der Informationen aus. Der Aufbau des Textes wird sichtbar gemacht, indem zusammengehörende Teile übersichtlich gruppiert werden. Wesentliche Informationen werden klar von weniger wichtigen abgegrenzt, z. B. durch Hervorhebungen oder Zusammenfassungen. Damit wird der „rote Faden" für den Leser sichtbar (Langer et al. 2006). Beim Aspekt Kürze und Prägnanz geht es um ein angemessenes Verhältnis zwischen der dargebotenen Information und der Textlänge. Ein zu dicht gedrängter Text ist genauso hinderlich wie ein weitschweifiger mit umständlicher Ausdrucksweise, Wiederholungen oder Füllwörtern. Der Text soll lediglich die notwendigen Informationen enthalten (Langer et al. 2006). Mit zusätzlichen Stimuli, welche den Leser persönlich ansprechen, soll die Anteilnahme und die Motivation des Leser aufrechterhalten werden (Langer et al. 2006). In mehreren Untersuchungen konnten Schulz von Thun und Langer nachweisen, dass Texte, welche nach diesen vier Kriterien gestaltet werden, zu einer besseren Verständnis- und Behaltensleistung führen (Steinbach, Langer & Tausch 1972). Der Anstieg der Verständnis- und Behaltensleistung konnte unabhängig von der schulischen Vorbildung bei allen Personen festgestellt werden (Schulz v. Thun 1974). Die Zufriedenheit beim Lesen nahm bei nach diesen Kriterien optimierten Texten zu. Neben der besseren Verständlichkeit stellten die Autoren bei den Lesern auch ein stärkeres Vertrautheitserlebnis fest (Schulz v. Thun 1974).

Das Verständlichkeitsmodell nach Groeben (1978) bezieht die Textdimensionen Stilistik, kognitive Strukturierung und konzeptuelle Konflikte ein. Die Stilistik umfasst syntaktische und semantische Bedingungen des Textverstehens. Auf der syntaktischen Ebene wird die Satzlänge auf den Verstehensprozess hin untersucht. Hierzu wird auf den Flesch-Index verwiesen. In einer Lesbarkeitsformel wird durch die Auszählung von Silben die Lesbarkeit eines Satzes ermit-

telt (vgl. Talburt 1985). Die Lesbarkeitsforschung geht davon aus, dass insbesondere die Wortwahl sowie die Satzgliederung von entscheidender Bedeutung
für das Verstehen sind. Satzschachtelungen, syntaktisch komplizierte Sätze,
Nominalisierungen sowie eine Ballung von Inhaltsworten erschweren das Verstehen, wohingegen die Verwendung von aktiven Verben sowie von kurzen
Sätzen das Behalten erleichtern (Groeben 1978). Beim Lernen müssen neue
Informationen in die hierarchische Organisation der kognitiven Strukturen integriert werden. Das Verständnis von generellen Konzepten wird erleichtert, wenn
vom Allgemeinen zu den Details geführt wird und die wichtigen Informationen
oder Konzepte besonders hervorgehoben werden. Konzepte werden verständli-
cher, wenn die Unter- und Überordnung klar ersichtlich ist. Ähnlichkeiten bzw.
Differenzen von Konzepten sollten explizit hervorgehoben werden. Überblicke
und Zusammenfassungen erleichtern es dem Lernenden, neue Informationen mit
dem bisherigen Wissen zu verknüpfen. Sie führen zu einem besseren Überblick
über das Gelesene, die neuen Informationen können somit einfacher und schneller in einen Gesamtzusammenhang eingeordnet werden. Die Vorhersagbarkeit
der folgenden Textteile wird durch eine gute Strukturierung erleichtert (Groeben
1978). Ein Text muss die Wissensneugier des Lesers anregen – Neugier auslö-
sende Konfliktzustände entstehen durch Komplexität, Neuheit und Widersprüche
(Berlyne 1978). Eine optimale Darbietung zur Befriedigung des Informationsbe-
dürfnisses heißt, dass dem Leser möglichst viele Alternativen dargeboten werden, die nach Möglichkeit gleich sinnvoll und möglich erscheinen. Auf diese
Weise wird ein Konflikt hervorgerufen, der nur mittels Einführung neuer Informationen gelöst werden kann (Groeben 1978).

Bei der empirischen Überprüfung des Modells erwies sich die inhaltliche
Strukturierung für das Fakten- wie Konzeptlernen als wichtigster Faktor. Die
stilistischen Formulierungen zeigten sich hingegen als nicht relevant (Groeben
1978). Für das konzeptuelle Lernen scheint eine Mischform zwischen kognitiver
Strukturierung und konzeptuellen Konflikten besonders günstig zu sein. Eine
völlig den Rezipienten angepasste Strukturierung stellt keine Herausforderung
dar. Daher ist ein mittleres Verständlichkeitsniveau anzustreben, das dem Le-
ser/der Leserin noch einen Anreiz im kognitiven und motivationalen Bereich
bietet (Christmann & Groeben 2002).

Das Hamburger und das Verständnismodell decken inhaltlich ähnliche Be-
reiche ab. Sie unterscheiden sich insbesondere anhand der unterschiedlichen
fachwissenschaftlichen Benennungen. Das Hamburger Modell ist ein pädagogisches Modell, das von Groeben hingegen ein psycholinguistisches. Der Bereich
der Stilistik wird im Hamburger Modell durch Einfachheit in Wortwahl und
Satzbau umschrieben. Zudem enthält die Stilistik die Aspekte der Kürze und
Prägnanz. Einen Aspekt, welchen das Hamburger Modell nicht explizit an-

spricht, ist die Verwendung von aktiven Verben. Betont wird hingegen, dass lediglich notwendige Informationen im Text enthalten sein sollen. Den Aspekt der Gliederung, wie ihn das Hamburger Modell einbezieht, nimmt Groeben im Bereich der kognitiven Strukturierung auf. Beide Ansätze akzentuieren die hierarchische Ordnung und Strukturierung. Das Hamburger Modell hebt die Sichtbarkeit des Aufbaus im Text sowie eine klare Trennung zwischen Wichtigem und Unwichtigem hervor. Die im Hamburger Modell einbezogenen zusätzlichen Stimuli, welche die Motivation des Lesers und der Leserin aufrechterhalten sollen, nimmt Groeben in Form des konzeptuellen Konfliktes auf, der nach Silvia (2005) das Interesse weckt und somit auch die Motivation fördert.

3.3 Subjektebene

Beim Lesen handelt es sich um einen komplexen Prozess, welcher hohe Anforderungen an die kognitiven Fähigkeiten der Rezipienten stellt. Leseschwäche wird unter anderem auf individuelle Defizite, beispielsweise bei den kognitiven Fähigkeiten, den Verarbeitungsstrategien, dem Vorwissen und der Motivation, zurückgeführt.

Unter kognitiven Fähigkeiten versteht man Informationsverarbeitungsprozesse, welche das Lösen von unvertrauten Problemen unterstützen. Dazu gehören beispielsweise die Aufmerksamkeit, das Erinnern und das Steuern von Lernprozessen. Der Erwerb dieser Fähigkeiten hängt von fachspezifischem Wissen, Verarbeitungsstrategien und aufgabenspezifischer Metakognition ab (Weinert & Helmke 1998). Unterschiedliche individuelle Lesefähigkeiten werden auf Abweichungen bei der Intelligenz, der Dekodierfähigkeit, der Arbeitsgedächtniskapazität und den metakognitiven Verarbeitungsstrategien zurückgeführt. Gute und schlechte Leser unterscheiden sich insbesondere in der Effizienz des Verarbeitungsprozesses, bei dem das Arbeitsgedächtnis eine wichtige Ressource darstellt (Daneman & Carpenter 1980; Daneman & Merikle 1996). Das Arbeitsgedächtnis ist eine Teilkomponente des kognitiven Systems, welches bei der Informationsverarbeitung sowie der Speicherung der Informationen eine zentrale Rolle spielt. Die individuellen Unterschiede im Leseverstehen werden in der Austauschbeziehung zwischen Verarbeitungs- und Speicherprozess gesehen. Je effizienter die Verarbeitungsprozesse sind, umso mehr Speicherkapazität wird freigesetzt (Daneman & Carpenter 1980). Die Kapazität der Informationsmenge, die simultan im Arbeitsgedächtnis verfügbar gehalten wird, sowie die Ressourcen zur Informationsverarbeitung sind begrenzt. Beim Verstehen eines Textes muss die Leserin/der Leser frühere Repräsentationen von Wörtern und Sätzen mit dem nachfolgenden Text verbinden. Nach der Aktivationstheorie von Just und Car-

penter (1992) gelingt die Verknüpfung von neuen Informationen mit Bekanntem
nur, wenn die Repräsentationen ein bestimmtes Aktivitätslevel haben, ansonsten
geht die Information innerhalb weniger Sekunden verloren (Baddeley 2000). Die
Anzahl der Einheiten, die simultan verarbeitet werden können, liegt nach Miller
(1956) bei maximal 7 +/-2 Einheiten. Gerade bei Leseanfängern, die Probleme
beim Rekodieren haben, wird das Arbeitsgedächtnis so stark beansprucht, dass
bei langen Wörtern jenes vergessen wird, das direkt vorher gelesen wurde. Sätze
mit komplexer Syntax und Schachtelungen können das Kurzzeitgedächtnis ebenfalls so stark auslasten, dass sie Verstehensprobleme verursachen (Snow 2002).

Die Theorie der verbalen Effizienz (Perfetti 1992) lokalisiert unterschiedliche Lesefähigkeiten auf der Wortebene. Die Theorie geht davon aus, dass ein
schnellerer und effizienterer Abruf von Wörtern die kognitive Verarbeitung
hierarchiehöherer Prozesse erleichtert. Je besser die Wortidentifikation funktio-
niert, umso mehr Ressourcen stehen dem Leser zur Inferenzbildung zur Verfügung (Perfetti 2007). Verstehensprobleme treten auf, wenn einzelne Wörter nicht
verstanden werden und daher keine mentalen Modelle aufgebaut werden können.
Ein Text mit vielen unbekannten Wörtern wird somit schlechter verstanden
(Beck, Perfetti & McKeown 1982). Gute Leser zeichnen sich durch einen schnel-
len Zugriff auf das mentale Lexikon aus. Sie können Defizite im Wortschatz
durch die adäquate Nutzung des Satzkontextes kompensieren (Richter & Christmann 2002; Schnotz & Dutke 2004). Leseschwache Kinder haben nicht nur
größere Mühe, schwierige Wörter zu erklären, sondern können die Wortbedeu-
tung schlechter aus dem Satzkontext erschließen. Diesen Kindern fällt es folglich
auch schwerer, ihren Wortschatz zu erweitern (Klicpera & Gasteiger-Klicpera
1998). Für das Erfassen des Gesamttextes muss allerdings gar nicht jedes Wort
verstanden werden. Der Rezipient muss lediglich in der Lage sein, die Hauptgedanken des Autors nachzuvollziehen. Gute Leser und Leserinnen zeichnen sich
dadurch aus, dass sie die Hauptideen eines Textes leichter erfassen und mit eigenem Wissen verbinden können, was das Textverständnis und das Erinnern des
Inhaltes erleichtert (Oakhill, Yuill & Parkin 1986).

Wird Lesen zum Erwerb von Wissen eingesetzt, tragen vorgegebene oder
selbst gesetzte Lernziele dazu bei, dass Verarbeitungsstrategien zielgerichtet
eingesetzt werden und damit der Aufbau eines mentalen Modells erleichtert
wird. Unter Lernstrategien werden alle kognitiven und metakognitiven Lernakti-
vitäten verstanden, die zur Erreichung eines Lernzieles genutzt werden (Schrader
& Helmke: 2008). Für das Verstehen sind insbesondere Elaborations- und Kontrollstrategien wichtig. Bei Elaborationsstrategien werden die Textinhalte mit
schon vorhandenem Wissen in Beziehung gebracht. Mit Kontrollstrategien wird
das Verstehen laufend kontrolliert. Gute Leser zeichnen sich nicht nur durch
effizientere Kontrollstrategien aus, sondern auch dadurch, dass sie schon wäh-

rend des Lesens Schlussfolgerungen ziehen und die im Text nicht explizit enthaltenen Informationen mit eigenem Wissen vervollständigen (Klicpera & Gasteiger-Klicpera 1998). Leseschwache Schülerinnen und Schüler greifen laut Schaffner et. al (2004) auf weniger Strategien zurück, die ihnen helfen würden, einen Text besser zu verstehen. Nach van Elsäcker und Verhoeven (2002) hingegen wenden leseschwache Kinder zwar mehr Strategien an als die guten Leserinnen und Leser, setzten sie aber weniger effizient ein.

Der Intelligenz wurde lange Zeit der größte Einfluss auf die Lesekompetenz zugeschrieben. Rund 25 Prozent der Unterschiede in der schulischen Leistung ließen sich, so die Annahme, durch die Intelligenz erklären (Schrader & Helmke 2008). Neuere Untersuchungen weisen dem Vorwissen eine größere Bedeutung zu, da Wissensdefizite durch Intelligenz nicht kompensiert werden können (Schrader & Helmke 2008). Umgekehrt können auch bei relativ niedriger Intelligenz gute Leistungen erbracht werden, wenn die Wissensvoraussetzungen gegeben sind (Schrader & Helmke 2008). Das Vorwissen erleichtert die Bildung kohärenter Textrepräsentationen und somit die Integration des Textinhaltes in das Wissenssystem des Lesers/der Leserin (Kintsch 1998a; Schnotz & Dutke 2004). Nach der Konstruktions-Integrations-Theorie ist das Vorwissen Voraussetzung zur Konstruktion eines vollständigen Situationsmodells (Kintsch 2004; McNamara, Kintsch, Songer & Kintsch 1996). Defizite beim Vorwissen können sich auf Wortschatz, Sprachwissen, fachspezifisches oder kulturelles Wissen beziehen. Um sprachimmanente Verbindungen, beispielsweise zwischen den Worten „ertrinken" und „Wasser" herzustellen, oder um ironischen und metaphorischen Sprachgebrauch zu erkennen, muss der Leser/die Leserin über das spezielle Sprachwissen der jeweiligen Sprache verfügen. Zur Frage, inwieweit die grammatikalische Analyse zum Textverstehen beiträgt, herrscht in der Literatur kein Konsens. Groeben und Christmann (2006) gehen davon aus, dass die Sätze erst dann grammatikalisch analysiert werden, wenn beim Lesen Schwierigkeiten auftreten. Oakhill und Yuill (1986) zeigten, dass Kinder mit Leseschwierigkeiten die lokalen Referenzbeziehungen auf der satzübergreifenden Ebene nur ungenügend erkennen und benennen konnten. Ebenso wenig konnten sie in einfachen Sätzen die passenden Pronomen einsetzen. Ein Text kann nur verstanden werden, wenn zum Gelesenen Anknüpfungspunkte bestehen und damit dem Gelesenen eine Bedeutung zugeordnet werden kann (Grzesik 2005; Kintsch 1998b; Schiefele 1996b). Shapiro (2004) legt in seiner Untersuchung dar, dass zwischen Fach- und Sachwissen unterschieden werden müsse. Er weist auf die besondere Bedeutung von Fachwissen hin, welches für das Verstehen wichtiger sei als das Sachwissen. Fachwissen meint die in einem Fach behandelten Themen und Sachverhalte, Sachwissen die Kenntnis zu bestimmten Gebieten in einem Fach. Das Sachwissen ist dementsprechend detaillierter und spezifischer. Fachwissen erleichtert das Verstehen, auch wenn das spezifische Sachwissen nicht vorhanden ist, da übergeordnete Strukturen des Fachwissens die Einordnung von Sachwissen vereinfacht.

Vorwissen fördert das Verstehen allerdings nicht nur, sondern kann es auch behindern, wenn der Lernende über falsche Konzepte verfügt. Falsche Konzepte führen dazu, dass die Informationen in falsche oder unangemessene Zusammenhänge gebracht werden. Dies beeinträchtigt nicht nur das Verstehen des Textes, sondern kann weiterführende Tätigkeiten wie das Lösen von Problemen behindern (Kendeou & van den Broek 2005; Shapiro 2004). Erschwerend kommt hinzu, dass solche Fehlkonzepte sehr resistent gegenüber Veränderungen sind. Falsches Vorwissen kann das Verstehen stärker beinträchtigen als mangelndes Vorwissen (Shapiro 2004).

Neben kognitiven Fähigkeiten beeinflussen motivationale Faktoren die Verstehens- und Lernleistung. Aus dieser eher psychologischen Forschungsperspektive konnten Krapp (1999), Schiefele (1991, 1996a) sowie Schraw und Lehmann (2001) einen positiven Zusammenhang zwischen Motivation und Lernprozessen und damit der Kompetenzentwicklung nachweisen (z. B. Guthrie 2008b; Guthrie, Wigfield, Metsala & Cox 1999; Hidi 2001). Interessierte Leserinnen und Leser verwenden häufiger elaborative Lernstrategien (tiefenverarbeitende Strategien). Hingegen begnügen sich extrinsisch motivierte Lernende mit Wiederholungsstrategien (Krapp 1999), welche sich in besseren Lernleistungen und geringerem Verstehen auswirken. Schaffner und Schiefele (2007) verbinden in ihrem theoretischen Modell die Einflüsse der intrinsischen und extrinsischen Motivation auf die situative Textrepräsentation über die Mediatoren Vorwissen, Strategiewissen und Dekodierfähigkeit. Sie können den positiven Einfluss der intrinsischen Lesemotivation auf das Vor- und das Strategiewissen sowie die Dekodierfähigkeit nachweisen. Vorwissen und Dekodierfähigkeit, jedoch nicht das Strategiewissen, wirken ihrerseits auf die situative Textrepräsentation. Dahingegen prägt die extrinsische Motivation Vorwissen, Strategiewissen sowie die Dekodierfähigkeit negativ (Schaffner & Schiefele 2007).

Die fehlende Lesemotivation kann auf Überforderung oder Langeweile zurückgeführt werden. In beiden Fällen ist aus Sicht des Lesers kein Informationsgewinn zu erwarten und Aufwand und Ertrag werden als nicht lohnend eingeschätzt (Grzesik 2005; Silvia 2005). Ein Text, der das Interesse der Leserinnen und Leser wecken soll, muss zwar herausfordernd sein, darf aber gleichzeitig nicht überfordern. Gerade Schülerinnen und Schüler haben ein Bedürfnis nach Texten, die für sie relevant sind und mit ihrer Lebenssituation in Beziehung stehen (Guthrie 2008b).

3.4 Kontextebene

Die Handlungsmöglichkeiten einer Familie hängen von kulturellen, sozialen und ökonomischen Ressourcen ab (Bourdieu 2005b). Das ökonomische Kapital bildet eine wichtige Grundlage für den Erwerb von kulturellem Kapital (Bourdieu 2005b). Das ökonomische Kapital stellt dabei Eigentum oder/ und Eigentumsrechte dar und ist direkt in Geld konvertierbar (Bourdieu 2005a). Kulturelles Kapital hingegen unterteilt sich in drei Arten: 1. kulturelle Güter in Form von Büchern, Bildern, Musikinstrumenten; 2. kulturelles Kapital in Form eines verinnerlichten, inkorporierten Zustandes, des Habitus, welcher durch Herkunft und Sozialisation vermittelt wird, sowie 3. eine institutionalisierte Form als Bildungstitel (Bourdieu 1979, 2005a). Das kulturelle Kapital wird gemäß Bourdieu von Herkunft und Sozialisation bestimmt. Kulturelle Güter sind materiell als Eigentum übertragbar. Die eigentliche Aneignung von kulturellen Gütern, wie die Betrachtung eines Gemäldes, das Genießen eines Musikstückes oder eines Buches, ist Bestandteil des inkorporierten kulturellen Kapitals. Dieses kann nur erworben werden, wenn persönlicher Aufwand und Zeit investiert werden. Die Aneignung ist mithin auch von Persönlichkeitsmerkmalen und individuellen Fähigkeiten abhängig. Dies gilt ebenso für den Erwerb von Bildungszertifikaten (Bourdieu 1979, 2005a). Der Erwerb von Bildungszertifikaten ist wegen deren Vergleichbarkeit auf dem Arbeitsmarkt direkt in ökonomisches Kapital transformierbar (Bourdieu 2005a). Es wird davon ausgegangen, dass Eltern mit einem höheren kulturellen Kapital ihren Kindern eine anregendere Lernumgebung und damit mehr Lerngelegenheiten schaffen, die sich auf die kognitive Entwicklung auswirken (Helmke & Schrader 2006). Für die Leseentwicklung spielen die in einer Familie vorhandenen Bücher und das damit verbundene Leseklima eine maßgebliche Rolle. Gemeinsame Leseaktivitäten und die dadurch ausgelöste Anschlusskommunikation wirken sich positiv auf den Erwerb des Wortschatzes (Leseman, Scheele, Mayo & Messer 2007), die Lesehäufigkeit und die Lesemotivation aus (Hurrelmann, Hammer & Nieß 1993).

Um ökonomisches und kulturelles Kapital aufzubauen, sind soziale Netzwerke in Form von sozialen Beziehungen und Gruppenzugehörigkeiten wichtig (Bourdieu 1980, 2005a). Solche Netzwerke beruhen auf materiellen und symbolischen Tauschbeziehungen. Um Beziehungen aufrechtzuerhalten, muss sowohl Zeit als auch Geld investiert werden (Bourdieu 1980). Infolge des Austauschs entstehen wechselseitige Erwartungen und Verpflichtungen, welche die Basis für Vertrauen schaffen und Zusammenarbeit zulassen (Baumert & Schümer 2001). Die Höhe des Sozialkapitals hängt sowohl vom Umfang als auch von der Qualität der Beziehungen ab. Die Bedingungen von sozialen Netzwerken wurden von Coleman (1996) weiter ausdifferenziert: Für die Entwicklung von sozialen Beziehungen müssen diese von gewisser Dauer sein. Vielfältige Beziehungen in dem Sinne, dass die Personen über diverse soziale Kontexte miteinander verbunden sind, beispielsweise am gleichen Arbeitsplatz arbeiten und im gleichen Verein Mitglied sind, sind besonders günstig. Des Weiteren sollten die Netzwerke eine gewisse Geschlossenheit aufweisen. Einen hohen Stellenwert nehmen hier generationsübergreifende Netzwerke ein, die beispielsweise durch Kontaktopportunitäten mit der Schule entstehen können. Durch die Kontakte mit anderen Eltern können gemeinsame Bildungsnormen und Wertehaltungen leichter ausgebildet und durchgesetzt werden (Coleman 1996).

Für die Leistungsentwicklung des einzelnen Schülers/der einzelnen Schülerin sind neben familiären auch schulische Kontextmerkmale relevant. Hattie (2009) führte in einer Metaanalyse von über 800 Studien lernwirksame Faktoren auf. Auf der Schulebene spielen das Schul- und Klassenklima und der Umgang mit störendem Verhalten eine zentrale Rolle. Lehrpersonen, denen es gelingt, störendes Verhalten zu verhindern oder zu minimieren, schaffen eine angenehme Arbeitsatmosphäre und damit eine Voraussetzung für den Kompetenzerwerb. Die Lehrer-Schüler- wie auch die Peer-Beziehungen sind wichtige Einflussfaktoren, die das Klassenklima prägen. Wenn diese Beziehungen funktionieren, entstehen weniger Konflikte und die Schülerinnen und Schüler verhalten sich insgesamt sozialer. Auf der Ebene des Unterrichts wirkt sich ein entwicklungsorientierter Unterricht besonders positiv aus. Zudem sind Rückmeldungen, Zielorientierung sowie Vermittlung von Lerntechniken und metakognitiven Lernstrategien hervorzuheben (Hattie 2009). Schülerinnen und Schüler lernen in der Schule aus extrinsischen Gründen, mithin unter Druck lesen und schreiben. Entsprechend wichtig ist, dass die Lehrpersonen und Eltern diesen Lernprozess mit Lob und Anerkennung unterstützen. Nur so kann eine intrinsische Lesemotivation aufgebaut werden (Csikszentmihalyi 1990). Für ältere Schülerinnen und Schüler zeigt sich, dass Texte besser verstanden werden, wenn Informationen zielorientiert ermittelt werden (Gold 2010). Hierzu benötigt der Leser Lern- und Lesestrategien, die er gezielt einsetzen kann. Metakognitive Strategien und Elaborationsstrategien helfen das Gelesene mit dem Vorwissen zu verbinden. Ebenso sind Kontrollstrategien notwendig, mit denen das Verstehen überwacht und die Lernziele im Auge behalten werden (Schaffner et al. 2004).

3.5 Zusammenfassung

Verstehensprozesse laufen auf mehreren Ebenen ab. Auf der Prozessebene läuft die kognitive Verarbeitung von der Dekodierung einzelner Buchstaben bis hin zu ganzen Texten ab. Dabei wird zwischen hierarchieniedrigen, automatisierten Prozessen der Wort- und Satzidentifikation und hierarchiehöheren Prozessen, welche den Aufbau mentaler Modelle ermöglichen, unterschieden (Schnotz 2006; Schnotz & Dutke 2004). Die Textstruktur kann diese Verstehensprozesse und den adäquaten Aufbau von mentalen Modellen erleichtern. Die Verständlichkeit eines Textes erhöht sich durch einfache Sätze, eine nachvollziehbare Gliederung mit klarer Unter- und Überordnung (Groeben 1978), durch Kürze und Prägnanz sowie zusätzliche Anregungen (Langer et al. 1973; Schulz v. Thun et al. 1974). Überblicke und Zusammenfassungen erleichtern es dem Lernenden, neue Informationen mit dem bisherigen Wissen zu verknüpfen und in einen Gesamtzusammenhang zu bringen (Groeben 1978). Verstehensprozesse beruhen zu einem großen Teil auf kognitiven Leistungen. Aus diesem Grund spielen auf der Subjektebene die Intelligenz und das Vorwissen sowie die Steuerung von Lernprozessen eine wichtige Rolle. Das Vorwissen erleichtert es dem Leser, neue Informationen in ein mentales Modell zu integrieren. Die Motivation spielt in zweierlei Hinsicht eine wichtige Rolle: Einerseits kann sie beeinflusst werden und bietet daher eine Handhabe für Interventionen. Andererseits wirkt sie sich positiv auf das Vorwissen (Schaffner & Schiefele 2007) sowie auf die Verwendung von elaborativen Lernstrategien (Krapp 1999; Schiefele 1991, 1996a) aus.

Auf der Kontextebene sind die Vorerfahrungen der Kinder für den Kompetenzerwerb maßgeblich. Der Schule gelingt es nur bedingt, die unterschiedlichen Ausgangvoraussetzungen der Schülerinnen und Schüler auszugleichen (Ditton & Krüsken 2009; Pfost, Karing, Lorenz & Artelt 2010). Hattie (2009) zeigt in seiner Metaanalyse, dass engagierte Lehrerinnen und Lehrer mit einem guten Klassenmanagement und einem am Lernenden ausgerichteten Unterricht die Kompetenzen der einzelnen Schülerinnen und Schüler zu steigern vermögen.

4 Anschlusskommunikation

Die Lesesozialisationsforschung weist der Familie eine zentrale Rolle bei der Entwicklung der Lesekompetenz zu (Hurrelmann 2004a). Die familiären Kontextmerkmale, insbesondere die familiären Ressourcen, sind schwierig zu verändern. Relevante Faktoren für die Leseentwicklung sind das Leseklima in der Familie und die Kommunikation über Bücher und Gelesenes. Vor allem beim Vorlesen und gemeinsamen Anschauen von Büchern mit kleinen Kindern könnte eine Intervention ansetzen und in der Folge die Leseentwicklung der Kinder gefördert werden. Im Folgenden wird darauf eingegangen, wie kommunikative Prozesse das Leseverstehen und die Lesemotivation erhöhen.

Die auf dem individuellen Lesen aufbauenden Kommunikationsprozesse mit anderen Personen werden als Anschlusskommunikation oder rezeptionsbegleitende Kommunikation bezeichnet. Es handelt sich um die Fähigkeit, sich über Texte auszutauschen (Garbe 2009b). Unter Anschlusskommunikation versteht Sutter (2002; 2010c) individuelle wie auch soziale Verarbeitungsprozesse, die zu einem vertieften Verständnis des Gelesenen führen. Die Anschlusskommunikation ermöglicht es, die Bedeutungsoffenheit von Medienangeboten bzw. von Texten zu reduzieren und damit die Texterschließung und das Leseverstehen zu erleichtern. Sie bildet eine wichtige Basis für den Erwerb von Wissen und die Teilhabe am gesellschaftlichen Leben. In diesem Sinne stellt die Anschlusskommunikation eine kulturelle Praxis dar, die der alltäglichen Kommunikation dient. Zusätzlich stellt sie einen Themenvorrat für Gespräche in verschiedenen sozialen Gruppen zur Verfügung (Charlton & Sutter 2007).

Die mit der Medienrezeption verbundenen Verstehensprozesse erklärt Sutter (2008, 2010a) anhand der von ihm entwickelten Theorie des interaktionistischen Konstruktivismus. Er versucht konstruktivistische und interaktionistische Ansätze, mithin die Argumentationen der Ko-Konstruktion und der Selbstsozialisation zusammenzuführen. Das Verhältnis von subjektiven und sozialen Prozessen steht hierbei im Zentrum des Interesses (Charlton & Sutter 2007). Die Beziehung zwischen psychischen und sozialen Systemen erfolgt über eine strukturelle Kopplung. Die Systeme sind durch ihre Offenheit bzw. Geschlossenheit in ihren Operationen eingeschränkt. Die Geschlossenheit eines Systems äußert sich darin, dass es niemals über seine Systemgrenzen hinaus operieren kann. Folglich weisen unterschiedliche Systeme in ihren wechselseitigen Prozessen keine Überschneidungsbereiche auf. Ein Medienangebot ist ein in sich geschlossenes System; ein Text beispielsweise, der in seiner Form besteht, kann sich durch die Rezeption nicht verändern. Das psychische System ist insofern geschlossen, als die Art und Weise, wie ein Text gelesen und verarbeitet wird, individuell ist und von den Lesarten anderer Rezipienten abweicht, sodass ein Text entsprechend unterschiedlich verstanden werden kann. Offenheit weisen die Systeme in der Hinsicht auf, als Medienangebote Deutungsräume eröffnen und damit mehrere Interpretationen zulassen. Durch Anschlusskommunikation und rezeptionsbegleitende Kommunikation kann die Offenheit von Medienangeboten verringert werden. Die Verarbeitung selbst ist wiederum individuell und hängt von den bestehenden kognitiven Strukturen und den Wissensbeständen der Rezipienten ab, die in sich wiederum ein geschlossenes System bilden (Charlton & Sutter 2007; Sutter 2010c). Die Systeme, die an der Medienrezeption beteiligt sind, zeichnen sich auf der einen Seite durch Unabhängigkeit von psychischen und sozialen Prozessen aus, andererseits stellen sie sich durch Wechselbeziehungen gewissermaßen gegenseitig Komplexität zur Verfügung. Diese kann vom Individuum zum kognitiven Strukturaufbau genutzt werden (Sutter 2002, 2008). Es werden drei Formen von Kopplungen der Systeme unterschieden (vgl. Abbildung 1): Inklusion, Sozialisation und Integration (Charlton & Sutter 2007).

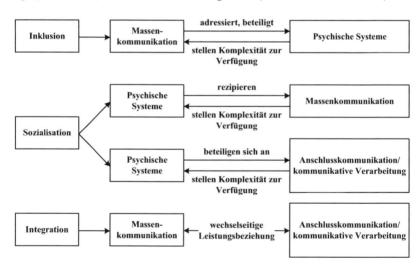

Abbildung 1:   Strukturelle Kopplungen von Massenkommunikation, Anschlusskommunikation und Rezeption (Sutter 2010c: 51)

Die Inklusion beschreibt die Beziehung zwischen Medienangebot (sozialem System) und Rezipient (psychischem System) aus der Perspektive des sozialen Systems (Sutter 2002; Sutter 2010c). Soziale Systeme beziehen psychische Systeme ein, indem das soziale System beispielsweise über Telefonate, Interviews oder Leserbriefe den Rezipienten kommunikativ beteiligt. Dabei stellt das psychische System in dieser Inklusionsbeziehung dem Medium wiederum Komplexität zur Verfügung, indem es Informationen ergänzt oder andere Sichtweisen zu einem Thema einbringt, und verändert damit auch die Strukturen des Mediums (Sucharowski & Schwennigcke 2008).

Im Bereich der Sozialisation wird die strukturelle Kopplung zwischen psychischem und sozialem System vom Rezipienten aus beschrieben (Sutter 2010c: 86). Beispielsweise nutzen Leser einen Text zum Aufbau kognitiver Strukturen. Die Inklusion wie auch die Sozialisation sind Bestandteile der Sozialintegration, welche die Beziehungen zwischen Individuum und Gesellschaft sowie die Einbeziehung der einzelnen Personen oder Personengruppen in die Gesellschaft umfasst. Inklusion und Sozialisation sind zwar voneinander abhängig, gehen aber nicht mit wechselseitigen Vermittlungsprozessen, direkter Beeinflussung oder Instruktionen einher (Sutter 2010c: 86 f.).

Bei der Inklusion und der Sozialisation steht die Sozialintegration im Zentrum, welche das Verhältnis zwischen Individuum und Gesellschaft bestimmt. Bei der Integration nach dem Modell von Sutter (2010b) geht es um die Systemintegration, welche die Beziehung zwischen operationell geschlossenen gesellschaftlichen Systemen bestimmt, die sich gegenseitig mit Komplexität versorgen. Bei der Integration bestehen zwischen Funktionssystemen wie Politik, Wirtschaft, Recht und Massenkommunikation wechselseitige Leistungsbeziehungen. In diesem Sinne ist die Massenkommunikation über Nachrichten im Fernsehen mit der Politik oder die Werbung, mit der Wirtschaft verbunden. Massenmedien entsprechen somit einer Art gesellschaftlichem Gedächtnis, welches Hintergrundwissen für die gesellschaftliche Kommunikation bereitstellt (Sutter 2010b). In der Integration werden also die verschiedenen gesellschaftlichen Teilsysteme mittels Kommunikation über Massenmedien mit Informationen versorgt und dort weiterverarbeitet (Sutter 2010b).

Püschel (1993) beschreibt bei der Medienrezeption drei Interaktionskreise: Bei isolierten Gesprächsäußerungen handelt es sich um eine Art Selbstgespräch, welches zu keinen weiteren Interaktionen führt. Bei der parasozialen Interaktion tritt der Rezipient in eine Interaktion mit der Medienfigur, beispielsweise einem Reporter oder Talkmaster, und zwar in der Form, dass er sich zum Verhalten der Medienfigur äußert, ihr Ratschläge gibt oder sie zu einem bestimmten Verhalten auffordert. In Bezug auf die Rezeption von Texten kann die parasoziale Interaktion als innere Involviertheit (Schallert & Reed 1997) beschrieben werden. Sie ist durch hohe intrinsische Motivation gekennzeichnet. Der Rezipient vertieft sich dabei emotional und kognitiv so weit in einen Text, dass er in eine Beziehung zum Autor oder den dargestellten Charakteren tritt und dabei in einen „Flow"-artigen Zustand (Csikszentmihalyi 1990) gerät. Das damit verbundene Glücksgefühl ist Grundlage des Genusserlebens. Die innere Involviertheit bedeutet starke emotionale Anteilnahme, in der Gefühle wie Freude, Angst und Trauer der Medienfiguren miterlebt werden. In diesem Kontext nimmt die Selbstsozialisation einen hohen Stellenwert ein, da Probleme bzw. Entwicklungsaufgaben stellvertretend gelöst werden können (Charlton & Sutter 2007; Schallert & Reed 1997). Die Involviertheit kann aber so stark ausfallen, dass ganz eigene Interpretationen des Textes vorgenommen werden, die von der sozialen Umwelt des Rezipienten nicht geteilt werden (Schallert & Reed 1997). Bei der face-to-face-Interaktion handelt es sich im Gegensatz zur parasozialen Interaktion nicht um rein subjektive, sondern um soziale Aneignungsprozesse. Die Interaktionsformen verändern sich je nach Kontext. Es können informelle und offizielle Interaktionsformen unterschieden werden. Der Begriff informelle Kommunikation verweist auf die rezeptionsbegleitende Kommunikation in der Familie, mit Freunden, Gleichaltrigen sowie in Leseforen oder Literaturkreisen. Die offizielle oder formelle Interaktion läuft primär im schulischen Kontext des Literaturunterrichts ab. In dieser Interaktion wird in einem kommunikativen Aneignungsprozess die Textoffenheit reduziert (Charlton & Sutter 2007). Dabei ist aber zu beachten, dass die individuellen Verarbeitungsprozesse das Verstehen zwar vertiefen und erweitern, aber eben individuell verlaufen. Dementsprechend führen sie zu eigenen, persönlichen Interpretationen und Schlussfolgerungen.

Bei der informellen Anschlusskommunikation nimmt die Familie eine zentrale Rolle ein. Sie stellt nicht nur die erste, sondern auch die wirksamste Sozialisationsinstanz bei der Sprach- und späteren Leseentwicklung dar (Hurrelmann 2004b). Die familiäre Sozialisation ist dadurch gekennzeichnet, dass sie in das alltägliche Leben eingebunden ist. Sie ist zwar unspezifisch, wenig geplant und auch wenig zielorientiert. Ihre Stärke liegt aber darin, dass sie durch dauerhafte Beziehungen über einen langen Zeitraum auf die Entwicklung der Kinder und Jugendlichen einwirken kann (Hurrelmann 2004a). Die Grundlage für die spätere Leseentwicklung beginnt nicht erst mit dem Erwerb der Schriftsprache, sondern schon mit dem Spracherwerb und den damit verbundenen Kommunikationsprozessen zwischen Eltern und Kleinkind. Dazu gehören auch Geben-Nehmen-Spiele, welche als wiederkehrendes Interaktionsmuster Handlungsabläufe strukturieren und schrittweise einüben (Bruner 1975, 1987). Diese Muster finden sich ebenfalls in Benennspielen beim gemeinsamen Betrachten von Bilderbüchern. Hier gliedert sich die Interaktion in vier Äußerungstypen: Aufruf und Frage: „Schau, was ist das?", Bezeichnung und Rückmeldung: „Das ist ja ein Hund!".

Diese Interaktionsform führt dem Kind zum einen klare Handlungsmuster vor. Zum anderen wird seine Aufmerksamkeit gelenkt und auch aufrechterhalten. In der frühen Phase ist das Kind nach Charlton und Sutter (2007) noch eher passiv an solchen Interaktionsstrukturen beteiligt. Durch den wiederholenden Charakter werden dem Kind verschiedene Bedeutungen angeboten. Das Kind wird durch die richtigen Antworten in seinem Handeln bestätigt und kann zusätzlich seinen Wortschatz vergrößern (Charlton & Sutter 2007). Diese Formen der prä- und paraliterarischen Kommunikation konfrontieren das Kind mit einer elaborierten Sprache, welche über seinen alltäglichen Erfahrungsraum hinausgeht. Wigotsky bezeichnet diesen Bereich als „Zone der nächst höheren Entwicklung" (Textor 2000). Im Zuge des Betrachtens von Bilderbüchern entwickelt das Kind eine symbolische Konstruktion der Welt, die ihm nicht nur beim Sprachverstehen hilft, sondern auch beim späteren Schriftspracherwerb den Umgang mit den symbolischen Textzeichen erleichtert (Hurrelmann 2004a). Bezogen auf den interaktionistischen Konstruktivismus stellen die Eltern beim Betrachten von Bilderbüchern und der damit verbundenen präliterarischen Kommunikation dem Kind Komplexität zur Verfügung, welche das Kind kognitiv verarbeitet, indem es beispielsweise neue Wörter aufgreift. Das Erlernen von Kinderversen und Reimen oder das Singen von Kinderliedern erleichtert es dem Kind, die Logik der Sprache zu erkennen. Das Kind kann dabei ein phonologisches Bewusstsein aufbauen (Artelt et al. 2001; Garbe 2009a; Hurrelmann 2004a). Es beteiligt sich aber auch selbst an der Anschlusskommunikation, indem es auf Bilder zeigt oder mit der Zeit selber benennt, was es sieht. Diese Kommunikationsprozesse mit den Kindern sind an die enge Beziehung zwischen Eltern und Kindern gebunden. In der Vorlesesituation fühlt das Kind eine emotionale Geborgenheit (Graf 1995); die Situation stellt einen emotionalen Rückzugsraum bereit (Garbe 2009a). Es wird angenommen, dass diese erlebten Gefühle in den Vorlesesituationen eine wichtige Rolle für die spätere Lesemotivation spielen (Hurrelmann 2004a).

Die Integration solcher Rezeptionsprozesse kann in unterschiedliche Phasen unterteilt werden. Beim Buchlesen oder gemeinsamen Betrachten eines Bilderbuchs wird zunächst eine Situation geschaffen, die dem Kind einen bestimmten Handlungsspielraum eröffnet. So kann der oder die Vorlesende ein Sitzarrangement einrichten, bei dem er/sie und das Kind gleichzeitig in das Buch schauen können. Das Kind kann unter Umständen die Seiten selber umblättern. Während der Rezeption findet eine thematische Fokussierung statt, in der die Mutter oder der Vater die Aufmerksamkeit des Kindes lenkt, indem sie/er thematische Schwerpunkte setzt. Es können bestimmte Themen angesprochen und solche, die dem Kind beispielsweise Angst machen, weggelassen werden. Die Mutter/der Vater kann Inhalte aufgreifen und Bezüge zur Alltagswelt des Kindes herstellen.

Die Rollen können während des Rezeptionsprozesses immer wieder neu ausgehandelt werden, beispielsweise: Wer hält das Buch, blättert um, zeigt auf die
Bilder oder hört zu? Nach Beendigung des gemeinsamen Lesens kann das Ge-
hörte oder Gesehene weiter verarbeitet werden, indem es beispielsweise ins Spiel
eingebaut wird (Charlton & Sutter 2007). Es wird angenommen, wie oben schon
erwähnt, dass emotional geprägte Gesprächsformen zwischen Kindern und Erwachsenen eine wichtige Grundlage für die spätere Lesemotivation und Lesetä-
tigkeiten darstellen (Hurrelmann 2004a).

Der Eintritt in die Schule und der damit verbundene Schriftspracherwerb
markieren den Übergang von informeller zu formeller Kommunikation. Dieser
Übergang stellt eine kritische Phase dar, da die sprachlichen und kognitiven
Verstehensfähigkeiten weiter entwickelt sind als die Fähigkeiten bei der Deko-
dierung von Wörtern. Die Kinder sind mit Geschichten mit komplexen Hand-
lungsmustern vertraut. Die in der Schule verwendeten Erstlesebücher bauen auf
einfachen Wörtern, Sätzen und Geschichten auf, die wenig motivierend sind
(Garbe 2009a). Für die Überbrückung dieser Phase ist die Unterstützung der
Eltern erforderlich (Hurrelmann 2004a). Hier kann es hilfreich sein, dass sich die
Eltern und das Kind beim gemeinsamen Lesen abwechseln.

Eine an die familiäre Leseerfahrung anknüpfende literarische Gesprächs-
form in der Schule ist das Vorlesegespräch. Das Vorlesen in der Grundschule
wie auch in der Sekundarstufe erfüllt wichtige Funktionen: Es stimuliert die
Leselust, da es an die Erfahrungen aus der Kindheit anknüpft. Für Kinder ohne
Vorleseerfahrungen stellt das schulische Vorlesen eine Kompensation dar (Merkelbach 2010). In diesem Zusammenhang hat die Schule also die Aufgabe, die
familiären Leseerfahrungen weiter auszubauen und möglicherweise vorkom-
mende Defizite auszugleichen (Fritzsche 2004). Kinder können auf vielfältige
Art in den Vorleseprozess einbezogen werden, z. B. indem man Vorwissen akti-
viert. Beim Höhepunkt einer Geschichte, bei rätselhaftem Geschehen oder in
Dilemmasituationen können die Kinder dazu ermuntert werden, Vorstellungen
zu entwickeln, wie die Geschichte weitergehen könnte. Die Kinder können dazu
angeregt werden, sich in die Rolle und die Gedanken von Figuren hineinzuver-
setzen oder über das Verhalten der Figuren nachzudenken (Spinner 2010). Kinder lernen nicht nur, ihre mentalen Repräsentationen zu versprachlichen, sondern
können beim weiteren Vorlesen ihre Vermutungen überprüfen und werden zugleich in ihren Annahmen bekräftigt (Wieler 2010). Das Einfügen von Als-Ob-
Spielen regt die Kinder zum Denken an und ermöglicht ihnen stellvertretend
Gefühle zu erleben. Die Strukturierung von Erfahrungen sowie die Wahrnehmung eigener und fremder Perspektiven lassen elaborierte Formen des Handelns
zu (Wieler 2010).

Der Begriff der Anschlusskommunikation verweist auf die deskriptive Gesprächspraxis von Literatur in einer sozialen Gruppe (Härle & Steinbrenner 2010). Somit gilt er auch für die Schule, in der institutionalisierte Formen der Anschlusskommunikation eingeübt werden (Gold 2010). Die institutionalisierte Form der literarischen Auseinandersetzung im schulischen Umfeld umfasst auch widersprüchliche Aufgaben. Sie geht einerseits von der Maxime der kommunikativen Verständigung aus, in der die Schülerinnen und Schüler sich Textdeutungen erschließen, andererseits wird aus sprachlichen Äußerungen die individuelle Leistungsfähigkeit abgeleitet und bewertet (Wieler 1989). Dies führt dazu, dass Schülerinnen und Schüler gemeinsame Kommunikationsprozesse nicht nur zur Konstituierung von Sinnhaftigkeit nutzen, sondern in erster Linie eine Handlungsverpflichtung im Gefolge von Lehreraufforderungen im Unterrichtskontext zu erfüllen versuchen (Wieler 1989). Dies läuft den eigentlichen Zielen von literarischen Gesprächen im Unterricht entgegen, welche nicht nur auf das individuelle Verstehen und den Austausch von Texterfahrungen, sondern auch auf die Einübung kulturell tradierter Formen der Annäherung an Texte ausgerichtet sind (Spinner 2003). Die Kritik an der schulischen Literaturrezeption richtet sich insbesondere gegen einen fragend-entwickelnden Literaturunterricht, welcher häufig in der Sekundarstufe anzutreffen ist (Mayer 2010). Dieser Unterrichtsform wird unterstellt, dass der Prozess der kommunikativen Verständigung nicht dem literarischen Verstehen diene, sondern über Wissensvermittlung realisiert werde (Wieler 1989). Die Anschlusskommunikation diene dabei der Vermittlung einer textanalytischen Interpretation, in deren Besitz einzig die Lehrperson sei. Dahinter stehe die Vorstellung, dass eine Interpretationsaufgabe gelöst werden könne, wenn man nur über die richtigen Werkzeuge und Strategien verfüge (Mayer 2010). Eine solche Form der Kommunikationsprozesse widerspricht sowohl der Offenheit als auch der Geschlossenheit von Texten sowie des psychischen Systems. Um die Verstehensprozesse durch das literarische Gespräch zu unterstützen, schlägt Merkelbach (2010) die themenzentrierte Interaktion als didaktische Modellierung im Literaturunterricht vor. Bei der themenzentrierten Interaktion (Cohn 2009) steht die Offenheit in der Textdeutung im Vordergrund. Die Gesprächsteilnehmerinnen und -teilnehmer erarbeiten gleichberechtigt eine Problemstellung (Wieler 1998). Der dialogische Verstehensprozess beruht auf dem Prinzip, dass man sich einerseits mit dem Text auseinandersetzt, andererseits aber auch mit realen Personen ins Gespräch kommt. Das Verstehen ist individuell unterschiedlich und wird als nicht abschließbar angesehen. Es ist davon auszugehen, dass das Verständnis dadurch gefördert wird, dass man das Verstandene selber artikulieren muss. Infolge der Kommunikation mit anderen Personen werden andere Lesarten des Textes wahrgenommen. Des Weiteren geht es aber auch darum, Erfahrungen des Nicht-Verstehens und der Fremdheit auszuhalten

(Steinbrenner & Wiprächtiger-Geppert 2006). Der Verstehensprozess ist dabei als Pendelbewegung zwischen Text und Individuum zu verstehen (Mayer 2010). Hier soll eine Balance zwischen Selbstkundgabe, Ernstnehmen des Anderen und Textbezug bestehen (Mayer 2010). Diese Kommunikationsformen müssen von den Schülern gelernt und eingeübt werden.

Wie schon beim Vorlesen in der Familie müssen die Gespräche auch im schulischen Unterricht arrangiert werden. Der Gesprächsverlauf nach der themenzentrierten Interaktion gliedert sich in sechs Phasen (Steinbrenner & Wiprächtiger-Geppert 2006): In der ersten Phase wählt die Lehrperson einen Text aus, welcher die Schülerinnen und Schüler anspricht, ihr Interesse weckt und geeignet ist, Gespräche anzuregen. Die Lehrperson arrangiert in der zweiten Phase eine angenehme Atmosphäre, indem beispielsweise alle in einem Kreis sitzen. In der dritten Phase wird der Text vorgelesen. Oft erhalten die Schülerinnen und Schüler anschließend die Möglichkeit, den Text noch einmal für sich zu lesen. Ziel ist es, den Text möglichst präsent zu machen. In der folgenden Phase wird den Beteiligten die Möglichkeit geboten, sich kurz zum Text zu äußern. Auf dieser Grundlage eröffnet die Leitung das Gespräch, welches den Schülerinnen und Schülern Raum für Deutungen und Ideen lässt sowie die Möglichkeit bietet, nicht Verstandenes offenzulegen. Bei einer rigiden Auffassung der themenzentrierten Interaktion hält sich die Lehrperson in ihren Äußerung zurück, um der Textoffenheit gerecht zu werden. Die Inputs sollen sich nach Zabka (2010) nach Möglichkeit auf die Anfangsphase beschränken, in der die Lehrperson Informationen einbringt, um damit die gemeinsame Basis für die Texterschließung zu schaffen. In der Gesprächsführung unterscheidet Zabka (2010) zwischen vertiefenden und weiterführenden Inputs, in denen Schüler dazu aufgefordert werden, Äußerungen zu präzisieren oder zu begründen. Bei weiterführenden Inputs kann die Lehrperson Zusammenfassungen vornehmen oder die Teilnehmer auf Punkte aufmerksam machen, wo noch keine gemeinsam akzeptierten Ergebnisse vorliegen. Im Gegensatz zu dieser Position hat die Lehrperson nach Merkelbachs Ansicht (2010) eine aktivere Rolle. Das Gebot der Zurückhaltung stellt auch bei ihm ein zentrales Element dar. Er hält aber Eingriffe der Lehrperson für angebracht, wenn Gespräche ins Stocken geraten oder aus Mangel an Wissen in die Irre zu laufen drohen. In einer Schlussrunde werden die Verstehensaspekte noch einmal aufgegriffen und reflektiert.

Den Verfechtern der themenzentrierten Interaktion wird vorgeworfen, dass diese Technik fast ausschließlich in kleinen Gruppen untersucht worden sei. Bei normalen Klassengrößen von 25 bis 35 Schülern sei sie nur begrenzt anwendbar, da solche Gruppengrößen eine starke Disziplinierung der Gesprächsinputs verlangen und somit auch die Spontaneität einschränken würden (Spinner 2010). Des Weiteren merkt Spinner kritisch an, dass an solchen Gesprächen in der Klasse häufig nur einige wenige Schülerinnen und Schüler teilnehmen und die erarbeiteten Ergebnisse dennoch als Verstehensleistung aller angesehen würden.

Zusammenfassend kann festgehalten werden: Das Kommunikationsmodell des interaktionistischen Konstruktivismus analysiert Medienkommunikationsprozesse und die damit einhergehenden Verstehensprozesse. Dieses Modell ist in erster Linie auf Kommunikationsprozesse in Verbindung mit Massenmedien wie beispielsweise dem Fernsehen ausgerichtet, wird aber auch für die Rezeption von Texten herangezogen. Anhand der Theorie wird versucht, explizit konstruktive, kognitive Verstehensleistungen mit kommunikativen Prozessen zu verbinden und so die Verstehensleistung mit kommunikativer Verarbeitung zu erklären. Das Modell vermag in seinem Ansatz den Einfluss von Gleichaltrigen auf das Leseverhalten zu verdeutlichen, indem es die durch die Massenkommunikation entstehenden Trends und Beeinflussungen einbezieht. Analysiert wird beispielsweise, wie es möglich ist, dass Bestseller in aller Munde sind und dazu führen können, dass auch Wenigleser zum Lesen motiviert werden, weil sie dann an gesellschaftlichen Diskursen teilnehmen können. Dieses Modell macht verständlich, wie individuelle Verstehensleistungen von der Kommunikation mit anderen Menschen beeinflusst werden können. Es zeigt aber auch klare Grenzen auf, indem es darauf verweist, dass Verstehen in erster Linie ein individueller Konstruktionsprozess ist und daher das Ergebnis der Verstehensleistung nicht von außen bestimmt werden kann. Die Anschlusskommunikation sowie die individuelle Verarbeitung werden als Wechselbeziehung angesehen. Die Stärke dieses Ansatzes liegt in seiner Mikroperspektive. Er trägt einen sehr kleinen Teil zur Erklärung der Entwicklung von Verstehensleistungen bei, vermag aber dennoch durch Inklusion und Integration einen Bezug zu den gesellschaftlichen Ebenen herzustellen.

Die Anschlusskommunikation stellt einen sozialen Akt dar. Die ersten Grundlagen werden in der Familie gelegt und in der Schule aufgegriffen und erweitert. Die Art und Weise, wie Anschlusskommunikation durchgeführt wird, kann sich auf die Leseentwicklung und Lesemotivation positiv oder negativ auswirken. Ein interaktiver Austausch in der Familie, bei dem das Kind und die Eltern ihre Rollen laufend aushandeln, erweist sich als günstig für das Leseklima und die Entwicklung der Lesemotivation.

5 Lesemotivation

Die Lesemotivation ist ein Persönlichkeitsmerkmal, welches die Lesehäufigkeit und damit auch die Lesekompetenz maßgeblich begünstigt (z. B. Baker & Wigfield 1999; Möller & Schiefele 2004). Aus diesem Grund liegt es nahe, pädagogische Kontexte und Situationen zu identifizieren, welche die Lesemotivation steigern. Im Folgenden wird auf die Bestimmungsfaktoren der Lesemotivation und deren Beziehung zur Lesekompetenz und Anschlusskommunikation eingegangen.

Bei der Lesemotivation handelt es sich um ein multidimensionales Konstrukt, welches auf unterschiedlichen Motivationstheorien beruht (Wigfield & Guthrie 1995). Guthrie und Aloa (1997) untersuchten schulische Kontextmerkmale mit dem Ziel, die Lesemotivation und damit auch die Leseleistung langfristig zu steigern. Auf dieser Grundlage entwickelten Baker und Wigfield (1999) die Taxonomie der Lesemotivation. Sie unterscheiden zwischen der Einstellungsperspektive und der Leistungsmotivation und bilden drei Kategorien mit insgesamt elf Motivationskonstrukten. Die erste Kategorie umfasst Kompetenz und Wirksamkeitsüberzeugungen, mit den Konstrukten Selbstwirksamkeit (Bandura 1997) und Selbstkonzept (Shavelson & Bolus 1982), Herausforderung und Arbeitsvermeidung (Wigfield & Eccles 1994). Die zweite Kategorie bezieht sich auf die Ziele des Lesens. Sie setzt sich aus Konstrukten der intrinsischen bzw. extrinsischen Motivation zusammen (Deci & Ryan 1985) und enthält die Konstrukte Neugier (Berlyne 1966), Involviertheit (Schallert & Reed 1997), Wichtigkeit, Anerkennung, Schulnoten, Pflichterfüllung sowie 10. Wettbewerb. Die dritte Kategorie verweist auf den sozialen Aspekt des Lesens. Dieser Faktor schließt lesebezogene soziale Aktivitäten ein. Diese Skala erfasst im weitesten Sinne das Leseklima (Hurrelmann, Hammer & Nieß 1995) sowie die Lesekommunikation (Charlton & Sutter 2007) in der Familie (Hurrelmann 2002), mit Gleichaltrigen (Rosebrock 2004) und in der Schule (Sutter 2002). Die Konstrukte von Wigfield und Guthrie (1995) wurden mehrfach empirisch überprüft und liegen in mehreren Versionen vor. Watkins und Coffey (Watkins & Coffey 2004) konnten nur acht der elf Dimensionen faktorenanalytisch bestätigen.

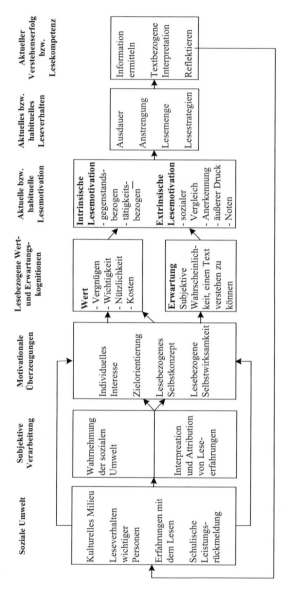

Abbildung 2:   Erwartungs-Wert-Modell der Lesemotivation
(Möller & Schiefele 2004: 105)

Im deutschsprachigen Raum erweiterten Möller und Schiefele (2004) im Bereich der Lesemotivation die Erwartungs-Wert-Theorie (Atkinson 1957; Eccles & Wigfield 2002). Das Modell umfasst nicht nur motivationale Faktoren, sondern erklärt auch die Wirkung zwischen sozialer Umwelt und Lesemotivation, Leseverhalten und der Lesekompetenz (vgl. Abbildung 2). Das Erwartungs-Wert-Modell der Lesemotivation geht davon aus, dass die soziale Umwelt über die subjektive Verarbeitung die motivationalen Überzeugungen beeinflusst. Die motivationalen Überzeugungen umfassen das Interesse (Hidi 2001; Krapp 1999, 2007; Schiefele 1991), die Zielorientierung (Elliot 1999; Elliot & Murayama 2008; Harackiewicz, Barron, Pintrich, Elliot & Thrash 2002; Pintrich 2000; Schunk 2003), das lesebezogene Selbstkonzept (Chapman & Tunmer 1995) und die lesebezogene Selbstwirksamkeit (Pajares & Schunk 2005; Schunk 2003; Yudowitch, Henry & Guthrie 2008). Die lesebezogenen Wert- und Erwartungskognitionen werden von den motivationalen Überzeugungen bestimmt. Die Wertekognitionen beziehen sich auf die Einschätzung von Vergnügen, Wichtigkeit, Nützlichkeit und Kosten. Die subjektiven Erwartungen beziehen sich auf die Wahrscheinlichkeit, mit der ein Text vom Rezipienten verstanden wird (Möller & Schiefele 2004). Die Erwartungen und Werte formen die aktuelle und habituelle Lesemotivation, die sich aus intrinsischen und extrinsischen Motivationskomponenten der Selbstbestimmungstheorie zusammensetzt (Deci & Ryan 1993). Diese bestimmen ihrerseits das aktuelle und habituelle Leseverhalten, welches sich in Ausdauer, Anstrengung, Lesemenge und Verarbeitungsstrategien äußert und die Lesekompetenz direkt beeinflusst.

Im Folgenden wird auf einzelne Aspekte der motivationalen Überzeugungen und deren Wirkungsgefüge näher eingegangen. Hinsichtlich der motivationalen Überzeugungen wird speziell auf die beiden Wirksamkeitsüberzeugungen lesebezogene Selbstwirksamkeit und lesebezogenes Selbstkonzept behandelt. Die lesebezogenen Werte und Erwartungen beinhalten das Leseinteresse. Die aktuelle und habituelle Lesemotivation umfasst die intrinsische und extrinsische Lesemotivation.

5.1 Wirksamkeitsüberzeugungen

Verstehensprobleme lassen sich nicht nur auf kognitive Voraussetzungen zurückführen, sondern sind oft die Folge negativer Selbstwahrnehmung (Chapman & Tunmer 2005). Unterschiede in den Wirksamkeitsüberzeugungen (Glauben an die eigenen Fähigkeiten) wirken sich bei Kindern auf das kognitive und soziale Engagement in der Schule aus (Bong & Skaalvik 2003). Kinder, die von der Wirksamkeit ihres Tuns überzeugt sind, zeigen größeres Interesse, arbeiten härter, lesen mehr und zeigen dadurch auch bessere Leistungen (Schunk & Pajares 2009; Yudowitch et al. 2008). Für diese Kinder und Jugendlichen stellen Aufgaben eine Herausforderung dar; sie arbeiten gewissenhaft und mit Ausdauer an der Lösung und tragen damit zu einem produktiven Arbeitsklima in der Klasse bei. Im Gegensatz dazu vermeiden Schülerinnen und Schüler mit geringen Wirksamkeitsüberzeugungen, also mit wenig Glauben an die eigenen Fähigkeiten, die Auseinandersetzung mit schwierigen Aufgaben, was den Unterricht und das Lernklima beeinträchtigen kann (Schunk 2003). Beim Lesenlernen führen schwache Wirksamkeitsüberzeugungen zu Widerständen mit der Folge, dass wenig oder gar nicht gelesen wird. Solche negativen Verhaltensmuster verfestigen sich bis zum 9. Lebensjahr, was zu anhaltenden Leseschwierigkeiten führen kann. Um dies zu verhindern, sind Erfolgserlebnisse gerade bei Leseanfängern wesentlich und Bedingung dafür, dass das Lesen zur Informationsgewinnung wie auch zum Vergnügen genutzt werden kann (Chapman & Tunmer 2005). Es sollte daher ein zentrales Ziel von Bildungsinstitutionen sein, die Wirksamkeitsüberzeugungen der Kinder zu stärken und negative Überzeugungen und Gewohnheiten zu verändern.

Je nach Forschungslinie wird bei den Wirksamkeitsüberzeugungen zwischen Selbstwirksamkeit (Bandura 1997) und Selbstkonzept (z. B. Shavelson & Bolus 1982) unterschieden. Diese Trennung ist nicht immer eindeutig. In manchen Studien wird das Selbstkonzept als Bestandteil der Selbstwirksamkeit aufgefasst, in anderen gerade umgekehrt (Pajares & Schunk 2005). Dies dürfte darauf zurückzuführen sein, dass die Konstrukte zwar theoretisch voneinander abweichen, sich aber bei der Operationalisierung teilweise so weit annähern, dass sie sich empirisch nicht mehr trennen lassen (Bong & Clark 1999). Der Hauptunterschied zwischen Selbstwirksamkeit und Selbstkonzept liegt darin, dass sich die Selbstwirksamkeit auf den Glauben bezieht, eine festgelegte Aufgabe auf einem bestimmten Niveau bewältigen zu können (Bandura 1997). Das Selbstkonzept umfasst wahrgenommene Kompetenzen in einem Fachbereich (Bong & Clark 1999; Pajares & Schunk 2005) und ist im Gegensatz zur Selbstwirksamkeit nicht an eine spezifische Situation gebunden, sondern hängt stärker von sozialen Prozessen ab (Valentine, DuBois & Cooper 2004).

Das theoretische Modell bei der Entwicklung von Selbstwirksamkeitsüberzeugungen geht von einer triadischen, wechselseitigen Kausalität aus, in der sich Persönlichkeitsfaktoren, Verhalten und Umgebung gegenseitig beeinflussen (Bandura 1997). Das Selbstkonzept hingegen ist hierarchisch aufgebaut und fachspezifisch (Shavelson, Hubner & Stanton 1976). Eine Person kann sich also beispielsweise im Lesen als kompetent, in Mathematik aber als wenig kompetent einschätzen. Das lesebezogene Selbstkonzept ist eine Unterkomponente des akademischen Selbstkonzeptes. Im akademischen Bereich werden je nach Fach sprachliche, historische, mathematische und naturwissenschaftliche Selbstkonzepte unterschieden. Bei den nichtakademischen Selbstkonzepten wird zwischen sozialem, emotionalem und physischem Selbstkonzept differenziert. Das soziale Selbstkonzept bezieht sich auf Gleichaltrige oder andere relevante Bezugspersonen. Das emotionale Selbstkonzept bildet spezifische emotionale Zustände ab; das physische Selbstkonzept bezieht sich auf die Wahrnehmung des Aussehens und der körperlichen Fähigkeiten. Marsh hat die Struktur des akademischen Selbstkonzeptes empirisch überprüft und konnte zeigen, dass sich ein mathematisches und ein verbales Selbstkonzept unterscheiden lassen (Marsh 1990b). Es handelt sich um zwei unabhängige Konstrukte, die nur schwach miteinander korrelieren. Im Gegensatz dazu korrelieren die mathematischen und verbalen Selbstwirksamkeitsüberzeugungen stark miteinander (Bong & Skaalvik 2003). Da sich die korrelativen Zusammenhänge zwischen mathematischem und verbalem Selbstkonzept im Unterschied zu den Selbstwirksamkeitsüberzeugungen nicht zeigen, scheint das Selbstkonzept spezifisch auf das Fach ausgerichtet zu sein. Die Selbstwirksamkeit erfasst anscheinend allgemeinere, fachübergreifende Überzeugungen. Es lassen sich aber anhand beider Konstrukte die Leistungen direkt oder über einen Mediator vorhersagen (Marsh & Craven 2005), wobei sich das Selbstkonzept als ein besserer Prädiktor und Mediator bei affektiven und motivationalen Variablen erweist (Ferla, Valcke & Cai 2009).

Das lesebezogene Selbstkonzept und die lesebezogene Selbstwirksamkeit sind zentrale Konstrukte zur Erklärung von Leseverhalten und Lesekompetenz. Die Selbstwirksamkeit bezieht sich insbesondere auf kognitive Aspekte der Selbstwahrnehmung in einer spezifischen Situation. Die lesebezogene Selbstwirksamkeitsüberzeugung ist daher für das Lesen von bestimmten Texten zentral; sie variiert je nach Themengebiet und Text (Yudowitch et al. 2008). Die Schülerinnen und Schüler mit einer positiven lesebezogenen Wirksamkeitsüberzeugung lesen häufiger und länger, setzen sich vor dem Lesen Ziele, verwenden angemessene Lesestrategien und überwachen die Verstehensprozesse, was mit einem besseren Leseverständnis belohnt wird (Schunk & Pajares 2009).

Das lesebezogene Selbstkonzept bezieht sich auf die Einschätzungen der eigenen Lesekompetenz – beispielsweise, dass man von sich den Eindruck hat, gut laut vorlesen zu können, oder sich insgesamt als guten Leser einschätzt. Das Selbstkonzept umfasst dabei Aspekte der Entwicklung und Formen der Evaluation von Situationen, wie z. B. dem Vorlesen in der Klasse, in denen ein direkter Vergleich mit den Mitschülerinnen und Mitschülern möglich ist. Neben kognitiven Aspekten beinhaltet das Selbstkonzept auch affektive Bewertungen des Selbst. Diese beziehen sich beispielsweise auf Selbstwertgefühle während des Lesens, aber auch die Wertschätzung des Lesens als wichtige und wertvolle Tätigkeit oder, im negativen Fall, als Zeitverschwendung. Solche Bewertungen sind eine Folge der wahrgenommenen Kompetenz im Vergleich zu Normen und Standards (Bong & Clark 1999). Während die Entwicklung der lesebezogenen Selbstwirksamkeit theoretisch auf früheren Leistungserfahrungen beruht, baut das lesebezogene Selbstkonzept auf Kompetenzerfahrungen auf, welche Kinder beim Lesenlernen und schulischen Lesen machen. Solche Erfahrungen schließen Einstellungen und Gefühle mit ein. Lesebezogene Wirksamkeitsüberzeugungen bilden sich durch die Einschätzung der eigenen Lesefähigkeiten und die emotionalen Bewertungen dieser Fähigkeiten. Das lesebezogene Selbstkonzept hängt mit dem erfolgreichen bzw. weniger erfolgreichen Verlauf der Leselernprozesse zusammen (Beutel & Hinz 2008; Chapman & Tunmer 1995). Schon wenige Wochen nach Schuleintritt weisen Kinder mit schwachen Selbstkonzepten pessimistischere Einstellungen zum Lesen auf (Chapman, Tunmer & Prochnow 2000). Chapman et al. (2000) konnten zeigen, dass diese Kinder ein schwächeres phonologisches Bewusstsein aufweisen und weniger Buchstaben kennen als Kinder mit einem positiveren Selbstkonzept. Die vorschulischen Erfahrungen sind nicht nur für die späteren Leseleistungen entscheidend, sondern auch für den Aufbau der lesebezogenen Selbstkonzepte und die Einstellungen gegenüber dem Lesen. Kinder, denen das Lesenlernen schwerfällt, haben Mühe, sich für das Lesen zu engagieren (Chapman & Tunmer 2003). Die Kombination aus Leseschwierigkeiten und mangelnder Motivation führen zu negativen Matthäus-Effekten beim Lesen (Stanovich 1986). Das bedeutet, dass Kinder mit Leseschwierigkeiten weniger lesen, sich damit die Leseschwierigkeiten verstärken und die Motivation zu lesen weiter abnimmt. Im Gegensatz dazu können Kinder mit ausgeprägten vorschulischen Erfahrungen, einem größeren Wortschatz und einem besseren phonologischen Bewusstsein schneller lesen lernen. Sie können damit ihre Kompetenzen und die Lesemotivation ausbauen. Kinder mit Leseschwierigkeiten verhalten sich hingegen passiver. Dadurch vergrößern sich die Leistungsunterschiede zusätzlich und es wird eine Abwärtsspirale in Gang gesetzt (Yudowitch et al. 2008).

Die Schule kann den Aufbau von Wirksamkeitsüberzeugungen mit didaktischen Methoden wie Modellhandlungen, Rückmeldungen über Lernfortschritte und klare Zielvorgaben sowie mit der Vermittlung von Lern- und Kontrollstrategien unterstützen (Schunk 2003). Chapman und Tunmer (2003) empfehlen, die Jugendlichen mit guten Leseleistungen bei der Verwendung von konkreten, aufgabenspezifischen Strategien zu unterstützen, sie zum Durchhalten zu animieren und darin zu bestätigen, dass sie die Fähigkeiten zur Aufgabenlösung besitzen. Schülerinnen und Schüler mit Leseschwierigkeiten sollten dabei unterstützt werden, unangemessene und falsche Lesestrategien zu vermeiden. Die Anstrengungen sollten sich auf korrekte Vorgehensweisen richten. Zur Steigerung des lesebezogenen Selbstkonzeptes schlägt Hattie (2002) vor, den Schülerinnen und

Schülern durch Herausforderungen die Gelegenheit zu erweiterten Erfahrungen zu geben. Mit Wahlmöglichkeiten sollte ihnen die Chance eröffnet werden, eigene Ziele zu verfolgen. Rückmeldungen, welche die positiven Aspekte einer Arbeit in den Vordergrund stellen, stärken das Selbstkonzept zusätzlich (Valentine & DuBois 2005).

Die Ausbildung fachspezifischer Selbstkonzepte hängt maßgeblich von der Umgebung ab. Kinder gleichen Leistungsniveaus bauen in einer leistungsschwachen Gruppe ein besseres Selbstkonzept auf als in einer leistungsstarken Gruppe. Dieser sogenannte „big-fish-little-pond effect" (Marsh 1987) tritt auch auf der höheren Ebene der Schule ein: Schülerinnen und Schüler mit gleichen Leistungen bilden auf einer Schule, die generell ein niedrigeres Leistungsniveau hat, ein stärkeres Selbstkonzept aus (Köller, Schnabel & Baumert 2000). Kinder und Jugendliche profitieren daher von wenig selektiven Schulen, wo sie im Gegensatz zu selektiveren Schulen ein höheres Selbstkonzept aufbauen können (Marsh & Hau 2003). Eine kritische Phase beim Aufbau von Selbstkonzepten ist der Übergang von der Grundschule auf die Sekundarstufe; die Übergangsempfehlung ist für die Jugendlichen ein kritisches Ereignis (Billmann-Mahecha & Tiedemann 2006). Die Fähigkeitskonzepte schwächen sich infolge der Übergangsempfehlung bei allen ab, wobei die Schülerinnen und Schüler mit einer Gymnasialempfehlung allerdings doch noch stärkere Selbstkonzepte aufweisen als jene mit einer Real- oder Hauptschulempfehlung. Schülerinnen und Schüler stehen nach dem Übergang ins Gymnasium in stärkerer Konkurrenz mit leistungsstarken Schülerinnen und Schülern als in der Grundschule, was ihr Selbstkonzept schwächt. Hingegen fallen für die Hauptschülerinnen und Hauptschüler die starken Mitschüler weg; infolgedessen wird ihr Selbstkonzept besser (Retelsdorf & Möller 2008). Der „big-fish-little-pond effect" lässt sich auch für den kulturellen Hintergrund nachweisen. Kinder und Jugendliche, die benachteiligten kulturellen Gruppen in einer Gesellschaft angehören, entwickeln schlechtere Selbstkonzepte, da sie ihre Fähigkeiten im Vergleich zur Mehrheit der Gesellschaft unterschätzen (Marsh 1987). Diese Effekte scheinen universell gültig zu sein (Marsh & Hau 2003). Lehrpersonen können dem „big-fish-little-pond effect" entgegenwirken, indem sie bei den Bewertungen der Schülerinnen und Schüler auf die individuelle Bezugsnorm zurückgreifen und damit stärker die früheren Leistungen der einzelnen Schüler bewerten (Lüdtke & Köller 2002).

Das lesebezogene Selbstkonzept entwickelt sich aber nicht nur anhand des externalen Vergleichs mit anderen Kindern, sondern auch vergleichend mit eigenen Kompetenzen in einem anderen Bereich, also durch einen internalen Referenzrahmen (Marsh 1986). So wird das lesebezogene Selbstkonzept auch von den Kompetenzeinschätzungen in Mathematik beeinflusst und umgekehrt. Marsh (1986) konnte zeigen, dass das lesebezogene wie auch das mathematische

Selbstkonzept mit den Leistungen im jeweiligen Bereich stark korreliert. Während zwischen dem verbalen und mathematischen *Selbstkonzept* nur ein schwacher oder gar kein Zusammenhang nachzuweisen ist, besteht ein negativer Zusammenhang zwischen der mathematischen *Leistung* und dem verbalen *Selbstkonzept* und umgekehrt. Das Modell des internalen/externalen Referenzrahmens geht davon aus, dass sich die Schulleistungen in einem Fach durch den sozialen und externalen Vergleich positiv auf das fachspezifische Selbstkonzept auswirken. Im Zuge des internalen Vergleichs mit einem anderen Fach wird das Selbstkonzept relativiert, es entsteht ein negativer Zusammenhang in der Selbstkonzeptbildung zwischen den Fächern. So bilden zwei Schüler mit den gleichen mathematischen Leistungen, aber unterschiedlichen sprachlichen Fähigkeiten abweichende mathematische Selbstkonzepte auf. Der Schüler mit besseren Noten im Fach Deutsch hat dementsprechend im Durchschnitt ein schwächeres mathematisches Selbstkonzept. Nach Möller und Köller (2004) sind die positiven Einflüsse der Leistungen in einem Fach auf die fachspezifischen Selbstkonzepte ausgeprägter als die negativen Effekte auf die Selbstkonzepte in einem anderen Fach. Im Gegensatz dazu weist die Untersuchung von Pohlmann et al. (2006) auf Abwärtsvergleiche hin. Bei Schülerinnen und Schülern mit einer durchschnittlichen Mathematikleistung weisen jene mit den schlechtesten Deutschnoten ein stärkeres mathematisches Selbstkonzept auf. Bei durchschnittlichen Deutschleistungen weisen wiederum die Schülerinnen und Schüler mit schwachen mathematischen Leistungen vergleichsweise starke verbale Selbstkonzepte auf (Pohlmann et al. 2006).

Die Effekte des internalen/externalen Referenzrahmens sind geschlechtsspezifisch. Die Unterschiede werden auf die Geschlechterrollensterotype zurückgeführt. Jungen weisen demnach ein besseres mathematisches und Mädchen ein besseres verbales Selbstkonzept auf (Skaalvik & Rankin 1990). Geschlechtsspezifische Unterschiede zeigen sich beim Einfluss der sprachlichen Leistung auf das verbale Selbstkonzept, welches bei den Jungen stärker ausgeprägt war als bei den Mädchen. Für die Mädchen dagegen war der Einfluss der mathematischen Leistung auf das mathematische Selbstkonzept höher als bei den Jungen. Hier zeichnen sich gegensätzliche Wirkungszusammenhänge ab. Während bei den Mädchen zwischen mathematischer Leistung und verbalem Selbstkonzept direkte Wirkungen festgestellt werden konnten, aber keine zwischen den verbalen Leistungen und dem mathematischen Selbstkonzept, sind bei den Jungen Zusammenhänge zwischen den verbalen Leistungen und dem mathematischen Selbstkonzept erkennbar, aber nicht zwischen mathematischen Leistungen und verbalem Selbstkonzept (Skaalvik & Rankin 1990). Im Gegensatz dazu fanden Brunner, Lüdtke und Trautwein (2008) keine geschlechtsspezifischen Unterschiede: Die fachspezifischen Fähigkeiten korrelieren in ihrer Studie positiv mit dem Selbstkonzept im entsprechenden Bereich und negativ zu den anderen. Die Wirkmechanismen des internalen/externalen Referenzrahmens konnten in verschiedenen Ländern nachgewiesen werden; sie scheinen kulturunabhängig zu sein. Während die Wirkungszusammenhänge zwischen Wirksamkeitsüberzeugungen und Leistung bei der sozialkognitiven Theorie als wechselseitig angenommen werden, sind sie bei beim Selbstkonzept weniger klar definiert. Für Einflüsse in beiden Richtungen – Selbstkonzept auf Leistung und Leistung auf Selbstkonzept – werden theoretische Begründungen und empirische Belege angeführt (Skaalvik & Valas 1999). Vertreter des Selbsterhöhungsmodells (self-enhancing model) gehen davon aus, dass das Selbstkonzept die Leistung erhöhen kann, aber keine Wirkung von der Leistung auf das Selbstkonzept nachzuweisen ist (z. B. Helmke & van Aken 1995). Nach dem Leistungsentwicklungsmodell (skill-development model) wird das Selbstkonzept durch die Leistung bestimmt (z. B. Chapman et al. 2000). Das Selbstkonzept selbst soll aber keine Wirkung auf die Leistung haben. Das Wechselwirkungsmodell (reciprocal effect model) beruht auf der Annahme, dass sowohl das Selbstkonzept auf die Leistung als auch die Leistung auf das Selbstkonzept wirkt (z. B. Bandura 1997; Marsh & Craven 2005; Skaalvik & Skaalvik 2006). In einer Metaanalyse von Valentine et al. (2004), in die mehr als 60 Studien eingingen, verdichten sich die Hinweise auf eine wechselseitige Beeinflussung von Wirksamkeitsüberzeugungen und Leistung. Offenbar ist insgesamt der Einfluss von Wirksamkeitsüberzeugungen auf die Leistung älterer Schülerinnen und Schülern stärker, während bei jüngeren die Leistung auf das Selbstkonzept wirkt (Marsh & Craven 2005).

Die sozialkognitive Theorie geht davon aus, dass Umwelt, Persönlichkeitsmerkmale und Verhalten sich wechselseitig beeinflussen (Bandura 1997). Die Entwicklung der Selbstwirksamkeit hängt vom ökonomischen und sozialen Kapital der Familie ab. Eltern mit einem höheren Bildungsstand und höherem Einkommen verfügen in der Regel auch über ausgedehnte soziale Beziehungen. Diese sind hilfreich, wenn es darum geht, die Kinder in Kontakt mit effizienten, hoch motivierten Gleichaltrigen zu bringen, die als Vorbilder dienen können (Schunk & Pajares 2009). Dank größerer finanzieller Ressourcen können solche Eltern den Kindern eine förderliche und anregende Lernumgebung bieten und damit positive Lernerfahrungen ermöglichen. Kinder benötigen dazu positive Rückmeldungen von Lehrpersonen und Eltern. Diese Erfahrungen sind zentral für den Aufbau von Selbstwirksamkeitsüberzeugungen. Diese entwickeln sich nicht nur auf der Basis von Erfolgen, sondern auch durch die Beobachtung von anderen Kindern. Bewältigen beispielsweise Gleichaltrige eine Leseaufgabe erfolgreich, traut man sich die Aufgabenbewältigung ebenfalls zu (Bong & Skaalvik 2003; Pajares & Valiante 2008). Die Selbstwirksamkeitsüberzeugungen beinhalten auch emotionale Reaktionen. Schülerinnen und Schüler mit schwachen Selbstwirksamkeitsüberzeugungen schätzen eine bevorstehende Aufgabe als schwieriger und unangenehmer ein, als sie in Wirklichkeit ist, was zu Angst und Stress führen kann (Pajares & Valiante 2008).

5.2 Interesse am Lesen

Schiefele (1996a) beschreibt das Interesse als ein bereichs- und themenspezifisches Persönlichkeitsmerkmal, das sich aus gefühls- und wertbezogenen Valenzüberzeugungen zusammensetzt und Objekten oder Sachverhalten bestimmte Attribute zuweist. In der Motivationspsychologie wird Interesse als ein Zustand beschrieben, welcher sich in positiven Gefühlen (Hidi 2006) und der Wertschätzung gegenüber einem Gegenstand (Krapp 1993, 2003) ausdrückt. Diese führen zu einer erhöhten Aufmerksamkeit und Konzentration (Hidi 2006), welche die Lern- und Verstehensprozesse begünstigen. Das Interesse überschneidet sich mit der intrinsischen Motivation (Krapp 2007). Der wesentliche Unterschied liegt darin, dass sich das Interesse auf einen bestimmten Inhalt richtet (Krapp 2003).

Die Person-Objekt-Theorie trennt zwischen situationalem und individuellem Interesse (Schiefele 2009). Das individuelle Interesse gilt als relativ stabiles Persönlichkeitsmerkmal oder als Charakteranlage (Hidi 2006; Krapp 2007). Es bezieht sich auf die Lernumgebung und die Interessantheit eines Lerngegenstandes oder Themengebietes (vgl. Abbildung 3). Die Einschätzung der Interessantheit hängt vom Wissensstand, den Erfahrungen sowie der emotionalen Beurteilung ab (Krapp 2007). Das situationale Interesse tritt spontan auf und ist situationsspezifisch. Es beschreibt eine emotionale Reaktion auf eine bestimmte Umgebung (Hidi 2006).

Das Interessenkonstrukt enthält kognitive, emotionale und wertbezogene Komponenten (Krapp 2007; Schiefele 1996a). Der kognitive Aspekt umfasst das Wissen, welches eine Person über einen bestimmten Gegenstand erworben hat. Eine Person mit starkem individuellem Interesse versucht, neue Informationen zu einem Themengebiet zu beschaffen, um das eigene Wissen zu erweitern und die eigenen Kompetenzen zu fördern (Krapp 2007). Die emotionale Komponente ist mit einem gewissen Erregungszustand verbunden, welcher sich in Gefühlen wie beispielsweise Vergnügen und innerer Beteiligung ausdrückt. Diese werden von Situationen ausgelöst, welche als neu wahrgenommen werden oder durch ihre Komplexität eine Herausforderung darstellen. Sie treten auch auf, wenn widersprüchliche Informationen vorliegen (Silvia 2008). Es wird angenommen, dass die emotionalen Aspekte des Interesses mit den Bedürfnissen nach Kompetenz, Autonomie und sozialer Eingebundenheit in Beziehung stehen (Krapp

2005). Die Wertekomponente ergibt sich aus dem Interessensgegenstand, der subjektiven Wertzuschreibung und dem erwarteten persönlichen Gewinn durch die Auseinandersetzung mit einem Gegenstand (Krapp 2007).

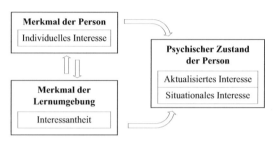

Abbildung 3:   Struktur des Interessenkonstrukts (Krapp 1992: 10)

Das Interesse kann sich über einen situationalen Auslöser oder über einen mehrstufigen, kumulativen Entwicklungsprozess zu individuellem Interesse entwickeln (Hidi & Renninger 2006; Krapp 2007). In der ersten Phase löst ein Umwelt- oder Textmerkmal eine emotionale Reaktion aus, die dazu führen kann, dass eine Tätigkeit aufgenommen wird. In der zweiten Phase muss das Interesse durch externe Stimulation aufrechterhalten werden. In der dritten Phase wird individuelles Interesse geweckt, indem auf bestehendes Wissen zurückgegriffen werden kann. Basierend auf früheren Erfahrungen wird die Tätigkeit positiv bewertet und ein Engagement als wertvoll beurteilt. In der vierten Phase entwickelt sich eine stabile, über einen längeren Zeitraum bestehende Interessenneigung (Hidi & Renninger 2006).

Die verschiedenen Phasen unterscheiden sich in der Stärke der externen Stimulanz, ihrer affektiven Erregung, der Wertzuschreibungen und dem Ausmaß von Wissensbeständen, auf die zurückgegriffen werden kann. Die Phasen können je nach Erfahrung und Temperament einer Person unterschiedlich lange andauern. Wird das Interesse während des Prozesses nicht weiter external unterstützt, schläft es ein, fällt auf eine frühere Stufe zurück oder schwindet vollständig (Hidi 2006). Der Aufbau von Interesse wird durch Vorbilder oder andere Personen unterstützt. Mithilfe didaktischer Mittel kann situationales Interesse auch im schulischen Kontext geweckt werden (Linnenbrink-Garcia et al. 2010). Herausfordernde Aufgaben, wie beispielsweise projektbasiertes Lernen oder Arbeiten in kooperativen Gruppen, können als interessant wahrgenommen werden. Interessierte Schülerinnen und Schüler beschäftigen sich länger mit dem Gegenstand und können frustrierende Phasen leichter überwinden (Hidi & Renninger 2006).

Bezogen auf die Interessenentwicklung beim Lesen beschreibt Guthrie (2008a) vier Phasen. Der initiale Funke, welcher zum Lesen eines Textes führt, ist an den Moment gebunden, in dem das Interesse stark geweckt wird. Der Leser konzentriert sich mit Hingabe auf den Text. In der zweiten Phase fokussiert er einzelne Aspekte im Text und kann dabei die Aufmerksamkeit über einen längeren Zeitraum aufrechterhalten. Das Interesse ist in dieser Phase noch stark an das Thema und an die Art des Lesematerials gebunden. Erst auf der dritten Stufe sucht der Leser bzw. die Schülerin/der Schüler gezielt nach Lesemöglichkeiten. Dabei beschäftigt er/sie sich wiederholt und über einen längeren Zeitraum mit einem Themengebiet und erarbeitet sich dadurch einen beträchtlichen Wissensstand. Das Interesse ist dabei noch stark an die jeweiligen persönlichen Präferenzen gebunden. In der vierten Phase, wenn die Person über ein beträchtliches Wissen verfügt und dem Lesen und Lernen einen hohen Stellenwert zuweist, beginnt sie, tiefenverarbeitende Strategien zu entwickeln, um sich gezielt in die Thematik eines Themengebietes einzuarbeiten. Diese positive Entwicklung ist aber nicht immer gegeben. Gerade Schülerinnen und Schüler, denen das Lesen schwer fällt, bauen nur ein begrenztes Interesse am Lesen auf.

Daher ist es besonders wichtig, nichtlesende Kinder und Jugendliche oder solche mit Leseschwierigkeiten zum Lesen zu animieren. Guthrie (2008b) nimmt hier eine Unterteilung in drei Motivationstypen vor und spricht vom resistenten Leser, vom extrinsisch motivierten Leser sowie vom Leser mit tiefer Leseleistung. Der resistente Leser vermeidet das Lesen jeglicher Texte und lehnt das Lesen grundsätzlich ab. Diese Vermeidungshaltung führt dazu, dass sich der Wissenserwerb verflacht und keine weitere Leseentwicklung stattfindet. Dies setzt eine Abwärtsspirale in Gang, welche mit sinkender Kompetenz und Selbstwirksamkeit verbunden ist. Der extrinsisch motivierte Leser ist zwar in der Lage, einen Text zu lesen, zeigt aber wenig Interesse an schulischen Inhalten und erledigt Leseaufgaben nur um der Noten willen oder um mögliche Strafen zu vermeiden. Bei beiden Motivationstypen kann mit didaktischen Maßnahmen das Interesse geweckt werden. Durch kooperative Leseformen mit Gleichaltrigen ist es bei diesen Schülern möglich, die Abwärtsspirale aufzuhalten. Bei Kindern und Jugendlichen mit tiefen Leseleistungen reicht die Initiierung von Interesse nicht aus. Bei diesen Schülern und Schülerinnen müssen zunächst mit gezieltem Lese- und Wortschatztraining notwendige Fähigkeiten aufgebaut und gestärkt werden.

Die Bedeutung des Leseinteresses für die Leistung ist seit mehreren Jahrzehnten gut belegt. Schiefele (1996a) konnte in seiner Metaanalyse von Studien aus den Jahren 1951 bis 1993 sowie in seiner eigenen Studie einen Zusammenhang zwischen Interesse und Leseleistung aufzeigen. Diese Studien belegen einen durchschnittlichen positiven Zusammenhang von $r = .27$ ($SD = .13$) zwischen thematischem Interesse und Textlernen. Beim situationalen Interesse liegt der durchschnittliche Zusammenhang bei r = .33 (SD = .17). Diese Ergebnisse wurden auch in jüngeren Untersuchungen immer wieder bestätigt (Ainley, Hidi & Berndorff 2002a; Hidi 2001, 2006; Rotgans & Schmidt 2011). Die Lernwirksamkeit durch Interesse wird einer erhöhten Aufmerksamkeit, dem Setzen von Zielen, elaborierteren Lernstrategien (Boekaerts & Boscolo 2002; Krapp 1999; Schiefele 1990) und der größeren Ausdauer (Ainley et al. 2002a) bzw. längeren Lesezeiten (Krapp 1999) zugeschrieben. In den Metaanalysen von Schiefele (1996a) erklärt das thematische Interesse 46 Prozent des Textverstehens, beim situationalen Interesse liegt die Varianzaufklärung bei 33 Prozent. In der PISA-Studie 2000 (Artelt, Schiefele, Schneider & Stanat 2002a) wird insgesamt 72 Prozent der Varianz aufgeklärt. Die größte Erklärungskraft haben dabei die kognitiven Fähigkeiten, die 55 Prozent der Varianz erklären. Das Interesse klärt sieben Prozent auf. Auf den verschiedenen Kompetenzstufen zeigten sich kaum Unterschiede im Interesse. Ab der Kompetenzstufe III (vgl. Kapitel 6.1 S. 58 f.) konnte aber ein deutlicher Anstieg des Leseinteresses nachgewiesen werden, während auf niedrigeren Stufen eine deutliche Zunahme des Desinteresses verzeichnet wurde (Artelt et al. 2002a). Alexander et al. führen 26 Prozent der Verstehensleistung auf das Fachwissen zurück, für dessen Entwicklung das Interesse von Bedeutung ist. Die Verstehensleistung könne durch den Einbezug des Interesses zusätzlich um fünf Prozent gesteigert werden (Alexander, Kulikowich & Schulze 1994). Der Zusammenhang zwischen Wissenszuwachs und Interesse hat weitreichende Auswirkungen auf das Selbstkonzept (Köller, Trautwein, Lüdtke & Baumert 2006) und die Kurswahl in den höheren Schulstufen (Köller et al. 2006).

Silvia verweist im Zusammenhang mit der Entwicklung von Interesse auf die Wichtigkeit der Ausgewogenheit zwischen Neuheit und damit verbundener Herausforderung einerseits und der Fähigkeit, diese bewältigen zu können, andererseits (Silvia 2005, 2008). Ein weiterer wichtiger Aspekt ist die Bewertung der zu lesenden Inhalte und die Relevanz, die sie für den Leser oder die Leserin haben. Relevante Texte werden als interessanter wahrgenommen (Gibb & Guthrie 2008). Auf diese Relevanz wies schon Paulo Freire (1973) in seinen Alphabetisierungskampagnen hin und knüpfte die Auswahl von Themen eng an die Lebenserfahrung der Rezipienten. Texte sollten sich an den Lebensthemen ausrichten. Diese Forderung schließt eine Ausrichtung auf kulturspezifische Literatur für Jugendliche mit Migrationshintergrund ein. Wichtige Hinweise geben die Textpräferenzen von Kindern und Jugendlichen. Sie orientieren sich an den Entwicklungsaufgaben der geschlechtsspezifischen Identität beim Übergang von der Kinder- zur Jugendlektüre (Graf 2010).

5.3 Intrinsische und extrinsische Lesemotivation

Leser und Leserinnen unterscheiden sich nicht nur in der Art, sondern auch in der Stärke ihrer Lesemotivation (Ryan & Deci 2000). Deren Bedeutung zeigt sich darin, dass motivierte Leserinnen und Leser ungünstige Sozialisationsbedingungen in der Familie überwinden können (Guthrie 2008b). Die Selbstbestimmungstheorie befasst sich damit, wie durch externale Einflüsse die intrinsische Motivation unterstützt und in ein selbstbestimmtes, autonomes Handeln überführt werden kann. Je nach Ausmaß der wahrgenommenen Selbstbestimmung wird dabei zwischen intrinsischer und extrinsischer Motivation differenziert (Deci & Ryan 1985). Die intrinsische Motivation stellt die reine Form einer selbstbestimmten Tätigkeit dar, die aus einer inneren Zufriedenheit heraus durchgeführt wird. Sie dient dem reinen Lustgewinn, dem Streben nach Kompetenz oder nach sozialer Eingebundenheit (Ryan & Deci 2000). Diese Form der intrinsischen Motivation ist an Kindern beim Spielen zu beobachten oder an einem Jugendlichen, der völlig im Lesen aufgeht und dabei die Umgebung um sich herum vergisst. Dieser Zustand wird von Csikszentmihalyi (1990), wie oben schon erwähnt, als „Flow" bezeichnet. Der Leser taucht dabei so tief in eine Geschichte ein, als wäre er mit der Hauptperson und deren Handlungen eins. Das Lesen ermöglicht es, für eine kurze Zeit die Begrenzungen der gewohnten Welt zu verlassen und neue Bewusstseinszustände zu erleben (Guthrie et al. 1999; Schallert & Reed 1997; Taboada, Tonks, Wigfield & Guthrie 2009). Ein solche Leselust stellt sich allerdings nicht von alleine ein, sondern wird in sozialen Kontexten erlernt und eingeübt (Graf 1995, 2010). Die Kinder müssen die Erfahrung machen, dass das Lesen Freude bereiten kann. Gerade in der Phase des Lesenlernens ist dies nicht der Fall, wenn das Dekodieren der Schrift große Anstrengungen erfordert und die zu lesenden Texte inhaltlich wenig reizvoll sind. Um die Lesemotivation aufrechtzuerhalten, ist das familiäre Umfeld zentral. Zhou & Salili (2008) konnten zeigen, wie durch die Gestaltung der familiären Leseumwelt diese Phase erfolgreich bewältigt werden kann. Eine immense Bedeutung hat das Rollenverhalten der Eltern: Indem sie den Kindern Geschichten vorlesen, ihnen Bücher zur Verfügung stellen und selber lesen, wirken sie positiv auf die Lesemotivation ein. Bei Kindern, die beim Schriftspracherwerb motiviert bleiben, folgt im Alter zwischen 8 und 13 Jahren eine Phase des intensiven Lesens (Garbe 2009a), in der sie ihre Fantasiebedürfnisse befriedigen können (Graf 1995).

Der Zusammenhang zwischen Lesemotivation und Lesekompetenz ist vielfach belegt. Schülerinnen und Schüler, die außerhalb der Schule lesen, erzielen bessere Leseleistungen als die Nichtleserinnen und Nichtleser (Cunningham & Stanovich 1997; Möller & Schiefele 2004; Wigfield 1998). Die Verweigerung von schulischem Lesen bezeichnen Deci und Ryan (1993) als Amotivation. Der extrinsisch motivierte Leser hat wenig Interesse an schulischen Inhalten. Es mangelt ihm an Hingabe, sodass Texte nur oberflächlich zur Kenntnis genommen werden. Er liest in der Regel nur, um gute Noten zu erhalten oder um Strafe zu vermeiden.

Die organismische Integrationstheorie (Organismic Integration Theory) besagt, dass die extrinsische Motivation in mehreren Formen vorkommt. Je nach Grad der wahrgenommenen Selbstbestimmung werden die vier Typen externale, introjizierte, identifizierte und integrierte Regulation unterschieden (Ryan & Deci 2009). Bei der externalen Regulation fühlt sich die handelnde Person fremdbestimmt. Eine Tätigkeit wird lediglich ausgeführt, um eine Belohnung zu bekommen oder um negative Folgen zu vermeiden. Eine Person liest, um die Anerkennung von Lehrpersonen und Eltern oder eine gute Note zu erhalten. Bei der introjizierten Regulation ist die Person immer noch stark fremdbestimmt, sie erkennt aber den Wert einer Tätigkeit an und führt sie aus, um den Selbstwert aufrechtzuerhalten und um Schuld- oder Schamgefühle zu vermeiden. Die identifizierte Regulation stellt die erste Stufe mit selbstbestimmten Anteilen dar. Die Person hat die Ziele und Werte anerkannt und identifiziert sich mit den Tätigkeiten. Die integrierte Regulation ist völlig selbstbestimmt. Die Ziele und Werte einer Tätigkeit sind im Selbstkonzept integriert. Der Unterschied zur intrinsischen Motivation liegt in den Zielen: Die intrinsische Motivation hat die reine Selbstverwirklichung zum Ziel, während die integrierte Regulation instrumentellen Zielen dient. Es stehen fachliche Interessen im Vordergrund, die einen gewünschten Schulabschluss ermöglichen.

Bei diesen vier Regulationstypen handelt sich nicht um ein Stufenmodell; sie sind unabhängig voneinander und hängen von situationalen Faktoren und früheren Erfahrungen ab (Ryan & Deci 2000). Mit diesen Teilaspekten befasst sich die organische Integrationstheorie. Sie beschreibt soziale Faktoren, welche die Internalisation von Werten und Zielen begünstigen bzw. verhindern (Reeve, Deci & Ryan 2004; Ryan & Deci 2000). Schülerinnen und Schüler profitieren von autonomieunterstützendem Verhalten, z. B. von aufgeschlossenem Zuhören und Lob. Lehrpersonen, welche den Schülerinnen und Schülern Zeit geben, Lösungen selbst zu finden, und die Interessen der Schülerinnen und Schüler aufgreifen und unterstützen, können deren Motivation steigern. Im Gegensatz dazu wirken stark lenkende Unterrichtssituationen, bewertende und kritisierende Äußerungen sowie Druck und Kontrolle demotivierend (Reeve 2004; Reeve & Jang 2006). Diese Effekte zeigen sich auch, wenn Eltern ihre Kinder zu stark unter Druck setzen. Das häufige Auffordern zum Lesen wirkt sich negativ auf die Lesemotivation aus und führt zur Verweigerung (Guthrie 2008b; Hurrelmann et al. 1993). Obwohl die Bedürfnisse nach Autonomie und Kompetenz universell sind, bestehen kulturelle Unterschiede in der Bewertung der Bedürfnisse. Die Unterstützung von Autonomie löst in allen Kulturen positive Gefühle und Wohlbefinden aus. In kollektiven Gesellschaften wird aber die soziale Einbindung am stärksten gewichtet. In diesen Kulturen wirken sich daher die Folgen von Druck und Zwang weniger negativ auf die Motivation aus als in individualisierten Gesellschaften (Reeve et al. 2004). Die kognitive Integrationstheorie erklärt die Wirkung solcher externalen Einflüsse.

Deci und Ryan (1993) konnten zeigen, dass eine soziale Umwelt, die das Bedürfnis nach Kompetenz und Autonomie unterstützt, die intrinsische Motivation stärkt. Positive Rückmeldungen steigern die Motivation, da sie das Bedürfnis nach Kompetenz befriedigen. Bei Kindern, die keine positiven Rückmeldungen erhalten, verringert sich dahingegen die intrinsische Motivation (Deci & Ryan 2000). Für leseschwache Schülerinnen und Schüler ist es daher zentral, dass die Texte ihren Fähigkeiten angepasst sind, damit positive Leseerfahrungen möglich sind (Yudowitch et al. 2008). Fehlende Lesemotivation führt Csikszentmihalyi (1990) auf das Ungleichgewicht zwischen Fähigkeit und Herausforderung zurück. Der Mangel an Freiheit bei der Wahl von Texten und entsprechenden Inhalten, die dann letztlich weder die Erfahrungen der Kinder aufgreifen noch deren Bedürfnissen entsprechen, wirkt demotivierend und verhindert somit auch den Aufbau von Lesekompetenz (Logan, Medford & Hughes 2011). Die großen motivationalen Unterschiede zwischen guten und schwachen Leserinnen und Lesern weisen in der PISA-Studie 2000 im OECD-Durchschnitt eine Effektstärke von d = .80 auf (Artelt, Baumert, Julius-McElvany & Peschar 2004). In der PISA-Studie 2009 zeigt die Regressionsanalyse, dass sich die Lesekompetenz bei einer Steigerung der Lesefreude um einen Messpunkt durchschnittlich um 21.6 Punkte erhöht. Wird Lesen zum Vergnügen praktiziert, steigt die Lesekompetenz um zusätzliche 16.6 Punkte (Artelt, Naumann & Schneider 2010: 107). Hier liegt ein großes Förderpotenzial verborgen, um die Lesekompetenz insbesondere von schwachen Leserinnen und Lesern zu steigern.

5.4 Zusammenfassung

Bei der Lesemotivation handelt es sich um ein multidimensionales Konstrukt, welches auf unterschiedlichen theoretischen Ansätzen aufbaut (Wigfield & Guthrie 1995). Im deutschsprachigen Raum haben Möller und Schiefele (2004) das Erwartungs-Wert-Modell der Lesemotivation entwickelt. Ausgehend von diesem Modell werden im Bereich der motivationalen Überzeugungen das lesebezogene Selbstkonzept und die lesebezogene Selbstwirksamkeit aufgegriffen. Im Bereich der lesebezogenen Wert- und Erwartungskognition sollen die Lesefreude und im

Bereich der aktuellen und habituellen Lesemotivation die Involviertheit als intrinsische Motivation und die Aufforderung zum Lesen als extrinsische Motivation näher beschrieben werden. Die Wichtigkeit der Lesemotivation wird darin gesehen, dass durch die Motivation selbst ungünstige familiäre Sozialisationsbedingungen überwunden werden können (Guthrie 2008b).

Während bei der lesebezogenen Selbstwirksamkeit von einer triadischen und wechselseitigen Beziehung zwischen Persönlichkeitsfaktoren, dem Verhalten und Umgebung ausgegangen wird (Bandura 1997), ist das Selbstkonzept fachspezifisch und hierarchisch aufgebaut (Shavelson & Bolus 1982). Der Aufbau des lesebezogenen Selbstkonzeptes hängt von der Vergleichsgruppe ab, in der sich die Kinder und Jugendlichen befinden. In einer leistungsstarken Klassen entwickelt dasselbe Kind ein schwächeres Selbstkonzept als in einer leistungsschwachen Klasse (Marsh 1987). Der Aufbau des lesebezogenen Selbstkonzeptes erfolgt aber nicht nur im externalen Vergleich, sondern auch fachbezogen. Durch den internalen Vergleich mit den Leistungen in einem anderen Fach wird das Selbstkonzept relativiert (Marsh 1986). Beim lesebezogenen Selbstkonzept wird eine wechselseitige kausale Wirkung mit der Lesekompetenz angenommen (Marsh & Craven 2005). Man geht also davon aus, dass sich das lesebezogene Selbstkonzept nicht nur durch die Lesekompetenz steigert, sondern auch die Lesekompetenz infolge eines gut ausgebildeten lesebezogenen Selbstkonzeptes steigt.

Das Interesse kann sich beim Lesen auf den Inhalt (Krapp 1993), aber auch auf die Gefühle beim Lesen beziehen (Schiefele 1996a). Das Interesse überschneidet sich somit mit der intrinsischen Motivation (Krapp 2007). Der Aufbau von Interesse erfolgt in Phasen und kann durch Vorbilder und durch didaktische Mittel initiiert und unterstützt werden (Guthrie 2008a; Hidi & Renninger 2006). Die Wirkung von Leseinteresse auf die Leseleistung ist gut belegt (Schiefele 1996a). Es wird davon ausgegangen, dass durch das Interesse die Aufmerksamkeit und Anstrengung erhöht werden (Hidi 2006), der Leser sich Ziele setzt und Fragen an den Text stellt und damit auch Lesestrategien (Boekaerts & Boscolo 2002) gezielter einsetzt, das Leseverständnis überwacht und sich insgesamt die Lesezeit verlängert (Ainley et al. 2002a).

In der Selbstbestimmungstheorie wird die intrinsische und extrinsische Lesemotivation nach dem Grad der wahrgenommenen Selbstbestimmung unterschieden (Deci & Ryan 1993). Die intrinsische Lesemotivation verweist auf die reine Form des selbstbestimmten Lesens. Das Lesen erfolgt aus einer inneren Zufriedenheit heraus und dient dem reinen Lustgewinn, dem Streben nach Kompetenz oder nach sozialer Eingebundenheit (Ryan & Deci 2000). Kinder müssen erfahren, dass Lesen Freude macht; dies ist in der Leselernphase oft nicht der Fall. Das Lesen muss von außen initiiert werden. Diese Form der extrinsischen

Motivation kann aus äußerem Druck bestehen oder in der Aufforderung zum Lesen durch die Eltern. Kinder lesen teilweise, um von Lehrpersonen und den Eltern Lob zu erhalten oder gute Noten zu bekommen. Autonomieunterstützendes Verhalten durch Lehrpersonen und Eltern fördern daher den Aufbau intrinsischer Lesemotivation, während Druck und Kontrolle demotivierend wirken (Reeve & Jang 2006). Für leseschwache Schülerinnen und Schüler ist es zentral, dass die Texte, die sie lesen sollen, ihren Fähigkeiten entsprechen, damit sie positive Leseerfahrungen machen können, die ihrem Bedürfnis nach Kompetenz entsprechen (Yudowitch et al. 2008).

6 Theorien der Lesekompetenz

Eggert und Garbe (1995) unterscheiden bei den literarischen Kompetenzen zwischen Lesefertigkeiten, Lesekompetenz und literarischer Rezeptionskompetenz. Im Bereich der Lesefertigkeiten wird grob getrennt zwischen Leser und Nichtleser im Sinne der Beherrschung der Schriftsprache. Die Lesefertigkeiten stellen dementsprechend eine Verbindung zur Lesemotivation her, und zwar derart, dass sich Nichtleser dem Lesen verweigern (Guthrie 2008b). Bezogen auf die Beherrschung der Schriftsprache werden die Lesefertigkeiten auch im Rahmen der kognitionstheoretischen Lesekompetenz erfasst. Die Lesekompetenz differenziert graduell zwischen geübten und nicht geübten Lesern. Im Rahmen der kognitionstheoretischen Lesekompetenz werden die individuellen Fähigkeiten verschiedenen Kompetenzstufen zugeordnet (Deutsches-PISA-Konsortium 2001; Naumann et al. 2010). Bei der literarischen Rezeptionskompetenz werden die Fähigkeiten erfasst, die zur Teilhabe an der literarischen Kultur befähigen. In diesem Bereich spielen die Ko-Konstruktionsprozesse (Groeben 2004) sowie die Anschlusskommunikation (Hurrelmann 2006; Sutter 2002) eine zentrale Rolle, da die Teilhabe an der literarischen Kultur zu einem beachtlichen Teil über kommunikative Prozesse erfolgt.

Während im englischsprachigen Raum die Lesekompetenz auf der Prozessebene (vgl. Kapitel 3.1) diskutiert wird, werden im Folgenden vier theoretische Lesekompetenzmodelle näher vorgestellt, welche im deutschsprachigen Raum dominieren. Das kognitionstheoretische Modell nach PISA beruht auf einem Stufenkonzept, welches die kognitiven Fähigkeiten Verstehen, Interpretieren und Reflektieren bewertet (Artelt et al. 2001; Naumann et al. 2010). Dieses Modell orientiert sich an der angelsächsischen Literacy-Konzeption (Artelt et al. 2001). Das Mehrebenenmodell der familiären Lesesozialisation nach Hurrelmann (2006) berücksichtigt neben kognitiven Fähigkeiten auch motivationale und soziale Faktoren. Das Mehrebenenmodell der Ko-Konstruktion nach Groeben (2004) erklärt die Entwicklung der Lesekompetenz mit interaktiven Konstruktionsprozessen auf verschiedenen sozialen Ebenen, welche die Lesekompetenzentwicklung begünstigen bzw. beeinträchtigen. Das didaktische Modell der Lesekompetenz (Rosebrock & Nix 2010) schließlich liefert Anhaltspunkte für die didaktische Intervention bei Leseproblemen.

6.1 Das kognitionstheoretische Lesekompetenzmodell nach PISA

Beim Programme for International Student Assessment, kurz: PISA, handelt es sich um eine internationale Vergleichsstudie, die Kompetenzen von 15-jährigen Schülerinnen und Schülern am Ende der Schulzeit erfasst. Bei der Ermittlung der Lesekompetenz orientiert sich die Studie an Textarten, mit denen Schulabgängerinnen und Schulabgänger im privaten und öffentlichen Leben konfrontiert werden (Schleicher 1999). Sie bezieht sich auf gedruckte, handgeschriebene sowie digitale Texte, die sowohl in kontinuierlicher als auch in diskontinuierlicher Form vorkommen. Diese Text können Bilder, Tabellen, Karten oder Grafiken enthalten. Ziel ist es, eine möglichst große Spannbreite an möglichen Textarten abzudecken (Artelt et al. 2001).

Bei der Bestimmung der Lesekompetenz betont das kognitionstheoretische Modell die interaktive Rolle des Lesers bei der Verstehensleistung. Der Leser verbindet dabei das Gelesene mit seinem Weltwissen (Schleicher 1999). Lesekompetenz in diesem Sinne beschreibt die Fähigkeit, geschriebene Texte zu verstehen, sie zu reflektieren und für die eigenen Bedürfnisse zu nutzen, um angestrebte Ziele zu erreichen, Wissen zu erwerben und die eigenen Potenziale auszuschöpfen (Artelt et al. 2001; Schleicher 1999). Bei der Erfassung der Lesekompetenz wird zwischen textimmanentem und wissensbasiertem Textverstehen unterschieden (vgl. Abbildung 4), ob also die Erschließung des Textes einzig auf Basis der Informationen aus dem Text erfolgt oder ob zusätzlich auf eigenes Vorwissen zurückgegriffen werden muss. Diese Kompetenzen werden bei PISA in einem Verhältnis von 70 zu 30 Prozent gewichtet (Artelt et al. 2001). Beim textinternen Textverstehen werden die Informationen aus dem Text als Ganzes oder nur aus bestimmten Teilen zur Interpretation herangezogen. Dabei geht es einerseits um die Identifikation einzelner Informationen, andererseits müssen verschiedene Informationen miteinander in Beziehung gesetzt werden. Bei der Kompetenz der textbezogenen Interpretation wird zwischen einem allgemeinen Verständnis des Textes und der Entwicklung von textbezogenen Interpretationen getrennt. Bei Kompetenzen, die sich auf externes Wissen beziehen, differenziert man zwischen inhaltlichem und strukturellem Wissen. Hier geht es um die Fähigkeit, Inhalt und Form des Textes zu reflektieren und zu bewerten. Die Lesekompetenz wird, den Anforderungen entsprechend, anhand der empirischen Unterkategorien „Informationen ermitteln", „textbezogenes Interpretieren", „Reflektieren über Inhalt und Form des Textes" sowie „Bewerten" erfasst (Artelt et al. 2001: 83).

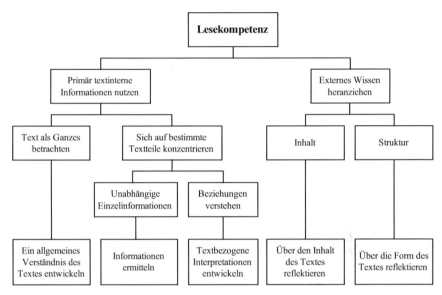

Abbildung 4:   Theoretische Struktur der Lesekompetenz gemäß PISA
              (Artelt et. al. 2001: 82)

Die Lesefähigkeiten der Schülerinnen und Schüler werden in fünf Kompetenzstufen eingeteilt. Die Stufen werden so ermittelt, dass eine Person auf einer bestimmten Kompetenzstufe die Aufgaben der nächsthöheren Stufe nicht mehr lösen kann. Auf der untersten Stufe geht es um die Erfassung der elementaren Lesefähigkeiten. Hierfür werden einfache Texte verwendet, die in Form und Inhalt den Schülerinnen und Schülern vertraut sind. Sie müssen explizit angegebene Informationen lokalisieren. Des Weiteren wird geprüft, ob die Schülerinnen und Schüler den Hauptgedanken des Textes folgen können. Auf der Kompetenzstufe II müssen die Leserinnen und Leser in der Lage sein, einfache Verknüpfungen herzustellen. Die verschiedenen Textteile müssen miteinander in Beziehung gesetzt und nicht relevante Informationen ignoriert werden. Um diese Aufgabe zu lösen, werden die ermittelten Informationen mit dem Alltagswissen in Verbindung gebracht. Auf der Kompetenzstufe III müssen zusätzliche einfache Schlussfolgerungen gezogen werden. Die Schülerinnen und Schüler sind auf dieser Stufe in der Lage, Leseaufgaben mittleren Anspruchsniveaus zu lösen. Dazu ist es notwendig, dass implizite oder explizite Relationen wie beispielsweise Ursache-Wirkungs-Beziehungen über mehrere Sätze oder Textabschnitte erkannt werden. Die Bedeutung des Textes kann teilweise nur indirekt erschlossen werden. Die Schülerinnen und Schüler sind auf dieser Stufe in der Lage, mit auffällig konkurrierenden Informationen umzugehen. Auf der nächsthöheren Stufe IV verfügen die Schülerinnen und Schüler über ein detailliertes Verständnis für komplexe Texte. Sie können mit Texten umgehen, die sowohl inhaltlich wie auch formal relativ unvertraut sind. Sie sind in der Lage, mit Mehrdeutigkeiten und sprachlichen Nuancen umzugehen und können linguistischen oder thematischen Verknüpfungen über mehrere Abschnitte folgen. Dieses Kompetenzniveau wird nur unter Rückgriff auf externes Wissen erreicht. Auf der höchsten Kompetenzstufe V sind die Schülerinnen und Schüler befähigt, unbekannte und komplexe Texte kompetent zu nutzen und tief in den Text eingebettete Informationen zu lokalisieren. Sie können mit Texten umgehen, deren Argumentationsstruktur wenig offensichtlich bzw. wenig gekennzeichnet ist und können diese mit den Intentionen des Autors in Beziehung setzen (Artelt, Stanat, Schneider, Schiefele & Lehmann 2004; Drechsel & Artelt 2008).

Die Ergebnisse der PISA-Studien von 2000 bis 2009 ergaben, dass im OECD-Durchschnitt die Kompetenzstufe III (480 bis 552 Punkte) erreicht wird (Naumann et al. 2010: 27). Deutschland erreichte im Jahr 2000 484 Punkte und konnte sich in der Erhebung 2009 um 13 auf 497 Punkte deutlich verbessern (Naumann et al. 2010). In der Schweiz erzielten die Schülerinnen und Schüler im Jahr 2000 494 Punkte und im Jahr 2009 501 Punkte. Dies stellt keine bedeutsame Verbesserung dar (Naumann et al. 2010). In Deutschland konnten sich insbesondere die Schülerinnen und Schüler auf den untersten Kompetenzstufen steigern. Dennoch war der Anteil der Schülerinnen und Schüler, welche die Kompetenzstufe II nicht erreichten – also die Stufe, welche für die Bewältigung von beruflichen Anforderungen notwendig ist – noch erschreckend hoch. In Deutschland betrug der Anteil der Schülerinnen und Schüler, welche an dieser Kompetenzstufe II scheiterten, im Jahr 2009 immer noch 18.5 Prozent, in der Schweiz 16.8 Prozent. Der OECD-Durchschnitt liegt bei 18.8 Prozent (Naumann et al. 2010: 60).

6.2 Der kulturwissenschaftliche Ansatz der Lesekompetenz

Die Lesekompetenz ist das Ergebnis von Sozialisationsprozessen in Familie, Schule und der Gruppe der Gleichaltrigen (Peer Group). Unter Sozialisation versteht man die Entwicklung der Persönlichkeit eines Individuums in wechselseitiger Abhängigkeit von der gesellschaftlich vermittelten sozialen und materiellen Umwelt (Hurrelmann 1995). Die Lesesozialisation im Speziellen beschreibt die Aneignungsprozesse im Zuge des Schriftspracherwerbs mit Blick auf Medienangebote und unterschiedliche Textsorten (Garbe 2009a: 170). Dabei wird der

Familie die wichtigste Rolle zugewiesen (Ennemoser & Schneider 2004; Hurrelmann 2004a; McElvany, Herppich, Van Steensel & Kurvers 2010), da die erfolgreiche Leseentwicklung nicht erst in der Schule mit dem Erwerb der Schriftsprache beginnt, sondern von der sprachlichen Anregung und dem damit verbundenen Leseklima in der Familie abhängt (Hurrelmann 2004a; Hurrelmann et al. 1995). Bei einem förderlichen Leseklima ist das Lesen in den familiären und sozialen Alltag eingebunden, indem mit Vorschulkindern Bücher angeschaut werden, vorgelesen wird oder indem Kinder in einer spielerischen Form mit Sprache und Reimen umzugehen lernen. Die Kinder beteiligen sich aktiv an diesen Prozessen, indem sie sich Bücher aussuchen oder mit den Eltern Bibliotheken aufsuchen. Ein ideales Leseklima in der Familie entsteht, wenn über das Gelesene gesprochen wird und dem Lesen eine hohe Wertschätzung entgegengebracht wird (Hurrelmann 2004b). Kinder erwerben in einem emotional anregenden Kontext sprachliche Fähigkeiten, die über die Alltagserfahrungen hinausgehen. Dies ist eine wichtige Voraussetzung für den darauf aufbauenden Schriftspracherwerb. Das Lesen selbst wird als ein konstruktiver Akt angesehen, in dem Leser und Text interagieren und welcher durch anschließende Kommunikation vervollständigt wird. Lesekompetenz entsteht nach Hurrelmann (2002) durch die Wechselwirkung zwischen kognitiven Leistungen, motivationalen und emotionalen Fähigkeiten, Reflexion und Anschlusskommunikation (vgl. Abbildung 5). In diesem Sinne stellt das sozialisationstheoretische Modell der Lesekompetenz eine Erweiterung des rein kognitionswissenschaftlichen Kompetenzbegriffes dar, da die Entwicklung motivationaler und emotionaler Komponenten sowie die Anschlusskommunikation als Grundlage für die Entwicklung von Lesekompetenz besonders hervorgehoben werden.

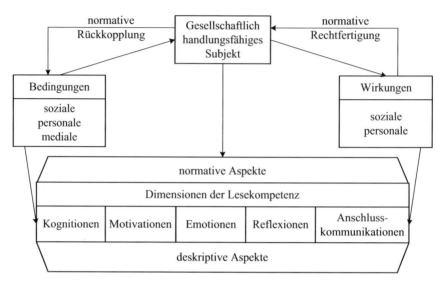

Abbildung 5:   Bedingungskontext und Struktur der Lesekompetenz
                    (Hurrelmann 2006: 173)

Im Rahmen der Entwicklung eines gesellschaftlich handlungsfähigen Subjektes
sind für den Aufbau von Lesekompetenz die deskriptiven Dimensionen Kognitionen, Motivationen, Emotionen sowie Reflexionen und Anschlusskommunikation zentral. Auf der Prozessebene stellen die kognitiven Elemente bei der Lesekompetenz eine wichtige Grundvoraussetzung dar. Das Leseverstehen wird als
ein konstruktiver Prozess gesehen, an dem sowohl hierarchieniedrige, automati-
sierte Prozesse bei der Dekodierung von Wörtern und Sätzen eine Rolle spielen,
als auch strategische und zielbezogene hierarchiehöhere Prozesse, die der Kohärenzbildung dienen. Für den Aufbau von mentalen Modellen beziehungsweise
eines Situationsmodells wird dabei das Gelesene mit dem eigenen Vorwissen
verbunden. Die Leserin/der Leser muss die Bereitschaft entwickeln, den Leseprozess aufzunehmen sowie den Anforderungen entsprechende Strategien einzusetzen und bei auftretenden Problemen durchzuhalten (Hurrelmann 2002). Die
Fähigkeit der Lesemotivation schließt die Mobilisierung positiver Erwartungen
und das Ausbalancieren lesebegleitender Gefühle ein (Hurrelmann 2007). Die
Motivation einen Text zu lesen kann vielseitig sein und ist von der Zielbestim-
mung abhängig. Sie kann ebenso auf Wissenserwerb ausgerichtet sein wie der
Aussicht auf Anschlusskommunikation oder einem Bedürfnis nach emotionaler
Anregung und Genusserleben entspringen. Die emotionale Komponente der

Lesekompetenz befasst sich mit den auftretenden Gefühlen während des Lesens. Hurrelmann vermutet, dass beim Lesen eine Art Selbstbeobachtung erfolgt, die auf Lust oder Unlust bezogen ist (Hurrelmann 2002). Bei der Regulation der Emotionen geht es um die Fähigkeit, Frustration zu überwinden und Lesebedürfnisse und Leseangebot aufeinander abzustimmen. Die beim Lesen entstehenden Emotionen betreffen die Involviertheit, also inwieweit sich ein Leser/eine Leserin in eine Geschichte hinein gibt, am Geschick der Figuren emotional beteiligt ist und seine/ihre Fantasie anregen lässt. Diese Involviertheit kann von Neugier, Spannung oder dem ästhetischen Reiz eines Textes geprägt sein (Hurrelmann 2007). Reflexionen sind bedeutsam für die fortlaufende Überprüfung der Bedeutungskonstruktion, die im Zuge der Verbindung des Gelesenen mit dem eigenen Vorwissen erfolgt. Sie beinhalten eine kritische Auseinandersetzung mit dem Gelesenen. Mit dem Lesen geht zudem eine Art Selbstreflexion einher, in der Einstellungen, Erfahrungen und Überzeugungen vor dem Hintergrund des Gelesenen reflektiert werden. Diese reflexiven Prozesse werden durch diskursiven Austausch über das Gelesene unterstützt (Hurrelmann 2007). Dabei werden individuelle Bedeutungskonstruktionen und Textreflexionen an den sozialen Kontext gebunden und in der sozialen Interaktion neu ausgehandelt. Kinder lernen schon im Vorschulalter, eigene Erfahrungen mit medial vermittelten kulturellen Deutungsmustern in Beziehung zu setzen (Sutter 2002).

6.3 Das Mehrebenenmodell der Ko-Konstruktion

Das Modell der Ko-Konstruktion nach Groeben (2004) zeigt die Handlungsspielräume auf den verschiedenen Sozialisationsebenen auf und ermöglicht so die gesamte Spannbreite von völliger Leseabstinenz bis hin zu einer stabilen emotionalen Lesemotivation zu erklären. Das Individuum nutzt gemäß diesem Ansatz Handlungsspielräume aktiv aus, indem es die gesellschaftlichen Normen seinen spezifischen Bedürfnissen entsprechend gestaltet und modifiziert. Anzunehmen ist eine wechselseitige Beeinflussung, in der die verschiedenen Ebenen miteinander verbunden sind. Groeben geht insbesondere auf die Wechselwirkungen zwischen der Meso- und der Mikro-Ebene ein; die Sozialisationsprozesse erfolgen aber auf allen Ebenen. Die Makro-Ebene stellt die gesellschaftliche Norm dar. Auf der Meso-Ebene werden die Familie sowie die Gleichaltrigengruppe als informelle und die Schule als formelle Sozialisationsinstanz angesiedelt. Die Mikro-Ebene beschreibt das individuelle Verhalten des Kindes bzw. des Jugendlichen. Das Kind übernimmt dabei ganz oder in modifizierter Form die Handlungsnormen der übergeordneten Ebene, also von Familie, Schule oder Gleichaltrigengruppe, wobei verschiedene Handlungsmuster verschiedener Akteure zu neuen Mustern verschmelzen können (Garbe 2009a). Die Rückkopplung erfolgt dadurch, dass das individuelle Verhalten seinerseits auf die Meso-Ebene zurückwirkt und somit beispielsweise das Familienklima beeinflusst (vgl. Abbildung 6).

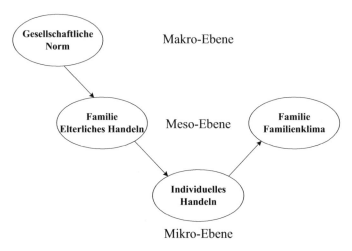

Abbildung 6:   Mehrebenenmodell der Ko-Konstruktion (Groeben 2004: 160)

Die Makro-Ebene verweist, wie erwähnt, auf die gesellschaftliche Norm, die auch hinsichtlich des Lesens einem Wandel unterworfen ist. Die Ausbreitung des Lesens und dessen Wertschätzung gehen auf die Aufklärung zurück. Die Menschen sollten durch den Zugang zu Wissen religiösen Aberglauben überwinden und ihr Verhalten an Vernunft und Moral orientieren. Im 19. Jahrhundert wurde der literaturästhetische Aspekt und damit die Persönlichkeitsentwicklung in den Vordergrund gestellt, und Mitte des 20. Jahrhunderts trat die motivational-emotionale Erlebnisorientierung und damit das Lesen als Genuss in den Vordergrund (Groeben & Schroeder 2004). Auf der Meso-Ebene ergibt sich daraus ein Spannungsverhältnis zwischen der Lesefunktion des Wissenserwerbs und der damit verbundenen gesellschaftlichen Teilhabe einerseits und dem Unterhaltungsaspekt des Lesens andererseits (Groeben & Schroeder 2004). Dieses Spannungsverhältnis kann insbesondere von sozial benachteiligten Familien nicht aufgelöst werden (Groeben & Schroeder 2004). Die schichtspezifischen Ausprägungen der Lesekompetenz (Artelt, Drechsel, Bos & Stubbe 2009) werden damit begründet, dass in Unterschichtfamilien die Lebensfreude betont wird und die Wissensvermittlung und Nachwuchsförderung vollständig an die Schule delegiert werden (Groeben & Schroeder 2004). Solche Familien sehen ihre Aufgabe darin, den Kindern in erster Linie einen Rückzugsraum fern den leistungsbezogenen gesellschaftlichen Anforderungen zur Verfügung zu stellen. Die daraus resultierenden typischen Verhaltensweisen führen dazu, dass in Unterschichtfamilien im Vorschulalter selten prä- und paraliterarische Kommunikation gepflegt wird. Wenn den Kindern vorgelesen wird, werden ihnen kaum Möglichkeiten geboten, an der Bedeutungskonstruktion aktiv mitzuwirken (Hurrelmann 2004a). Schlechte Leseleistungen in der Grundschule führen dazu, dass die Eltern die Kinder zu Leseübungen anhalten, was in Konfliktsituationen mündet (Groeben & Schroeder 2004). Dies kann die Entwicklung von Lesefreude verhindern (Hurrelmann 2006). Die Freizeit wird in sozial benachteiligten Familien insgesamt eher passiv gestaltet: Eltern wie auch Kinder sehen mehr fern (Brinkmann & Marschke 2011). Zusätzlich ist eine Verlagerung des Fernsehers vom Wohnzimmer in die Kinderzimmer festzustellen (Bucher & Bonfadelli 2006). Die Lesesituation wird vom Kind als unattraktiv wahrgenommen. Dies verhindert, dass die Kinder sprachliche Erfahrungen machen, die über den alltäglichen Sprachgebrauch hinausgehen. Eine anregungsarme soziale Umwelt wirkt sich nicht nur auf die Entwicklung der mündlichen Sprache aus, sondern auch auf den Schriftspracherwerb (Ennemoser & Schneider 2004). Im Grundschulalter liest das Kind nur widerwillig und unter Druck. Das Lesen wird zugunsten nicht-literarischer Aktivitäten zurückgestellt. Das Kind ist nicht in der Lage, Lesen als eine Möglichkeit der Lösung von Entwicklungsaufgaben zu nutzen (Groeben & Schroeder 2004).

Der Mittelschicht gelingt es besser, die Qualifizierungsaufgabe und die Lebensfreudefunktion zu vereinen. Die Familien realisieren eine lesefreundliche Atmosphäre, in die das Lesen sozial eingebunden ist (Hurrelmann 2004b). Das Kind ist in Vorlesesituationen aktiv an der Bedeutungskonstruktion beteiligt und erwirbt dadurch die Fähigkeit, Textdeutungen zu reflektieren und zu bewerten (Groeben & Schroeder 2004). Die Eltern sind aufgrund ihres eigenen Leseverhaltens ein Vorbild (McElvany & Becker 2009), welches von den Kindern imitiert wird. Die Mediennutzung ist flexibler; eine strikte Trennung zwischen Wissenserwerb und Genuss besteht nicht. Eine solche Umgebung ermöglicht es dem Kind, selbstbestimmte Interessenstrukturen aufzubauen und das Lesen zur Lösung von Entwicklungsaufgaben einzusetzen. In einem solchen sozialintegrativen Leseklima wird dem Lesen eine hohe Wertschätzung entgegengebracht. Es eröffnet aber auch große Freiräume für die eigenen Interessen und Bedürfnisse (Groeben & Schroeder 2004).

6.4 Das didaktische Modell der Lesekompetenz

Das didaktische Modell der Lesekompetenz von Rosebrock und Nix beruht auf einer Verbindung von Lesetheorie und Lesepraxis (Rosebrock & Nix 2010: 9). Eine Systematisierung der Lesedidaktik ermöglicht es den Lehrpersonen, für verschiedene Schülergruppen im Anschluss an den Schriftspracherwerb entsprechende Fördermaßnahmen abzuleiten. Das Modell geht davon aus, dass beim Lesen drei Ebenen involviert sind. Auf der Prozessebene wird die kognitive, auf der Subjektebene die individuelle Verarbeitung beschrieben. Die soziale Ebene umfasst kommunikative Prozesse in der Familie, in der Schule und mit Gleichaltrigen (vgl. Abbildung 7).

Abbildung 7:   Mehrebenenmodell des Lesens (Rosebrock & Nix 2010: 16)

Das Ziel, das mit der Anwendung des Mehrebenenmodell verfolgt wird, liegt darin, wahrgenommene Kompetenzdefizite bei Schülerinnen und Schülern auf den verschiedenen Ebenen zu lokalisieren und mit einer systematischen Leseförderung zu minimieren (Rosebrock & Nix 2010). Auf der Prozessebene geht es um die Identifikation von Problemen bei der Dekodierung von Buchstaben, Wörtern und Sätzen sowie bei der lokalen und globalen Kohärenzbildung. Ein großer Teil der Schülerinnen und Schüler kommt mit umfassenden vorschulischen Erfahrungen in die Schule. Diese Kinder sind dank der erlebten Praxis des Vorlesens und Geschichtenzählens in der Lage, mit differenzierten Satzmustern umzugehen. Sie verfügen über einen beachtlichen Wortschatz und ein breites Kontextwissen. Folglich sind sie in der Lage, präzisere Vorstellungen beim Aufbau von mentalen Modellen zu entwickeln, und können Hinweise schon auf hierarchieniedrigen Stufen verarbeiten (Rosebrock & Nix 2010).

In den ersten zwei Schuljahren erfolgt der Schriftspracherwerb. Die Schule steht vor dem Problem, dass die Selbstlesefähigkeit der Schülerinnen und Schüler weit hinter der literarischen Verstehens- und Genussfähigkeit zurückliegt und die Texte, an denen das Entziffern geübt wird, nicht als lohnend oder motivierend wahrgenommen werden. Für Leseanfänger ist das Entziffern von Buchstaben und Wörtern so aufwendig, dass die kognitiven Ressourcen nicht ausreichen, um Zusammenhänge zu verstehen. Erst gegen Ende des zweiten Schuljahres haben die Schülerinnen und Schüler das Lesen so weit automatisiert, dass sie Texte lesen können, die sie auch inhaltlich befriedigen. Zur globalen Kohärenzbildung sowie zum Umgang mit rhetorischen Stilmitteln wie Metaphern sind Kinder erst ab der Vorpubertät in der Lage; Satire oder Ironie können sogar erst in der Spätpubertät verstanden werden (Eggert 1997). Hierfür müssen zunächst in erster Linie flüssiges Lesen, exaktes Dekodieren sowie die Automatisierung der Dekodierprozesse sichergestellt werden (Rosebrock & Nix 2010). Diese Lesefähigkeiten wiederum werden in der Regel erst nach der Grundschule erworben; viele Hauptschüler erreichen dieses Niveau allerdings gar nicht (Rosebrock & Nix 2010: 33). Zur Behebung entsprechender Defizite werden Lautleseverfahren vorgeschlagen, welche insbesondere die Dekodierung sowie die lokale Kohärenzbildung schulen (Rosebrock & Nix 2010). Durch das wiederholte Lesen und die anhaltende Übung wird die Dechiffrierung automatisiert, damit auch die Lesegeschwindigkeit erhöht und kognitive Kapazitäten für die Kohärenzbildung werden freigesetzt (Rosebrock & Nix 2010: 36). Im Zuge des wiederholten Lesens prägt sich der Schüler/die Schülerin neue Buchstaben und Wortkombinationen ein und vergrößert dadurch den Sichtwortschatz (Rosebrock & Nix 2010: 40). In internationalen Studien konnten Schüler und Schülerinnen dank derartiger Fördermaßnahmen das flüssige Lesen sowie das Textverstehen bedeutend verbessern (Rosebrock & Nix 2006).

Bei Problemen mit der lokalen und globalen Kohärenzbildung sind die Lesestrategien als zentraler Aspekt zu nennen. Unter Lesestrategien werden mentale Lesehandlungen verstanden, die ein Leser/eine Leserin in bestimmten Lesesituationen zur Erreichung bestimmter Ziele einsetzt (Bimmel 2002: 117). Es wird dabei zwischen ordnenden, elaborierenden und wiederholenden Lesestrategien unterschieden. Die ordnenden Strategien helfen den Text zu strukturieren und auf wesentliche Kernaussagen zu reduzieren. Bei elaborierenden Strategien wird das Gelesene bewusst mit Vorwissen, Gefühlen und Meinungen in Beziehung gesetzt. Durch mehrfaches Lesen bei wiederholenden Strategien wird die Verstehens- und Behaltensleistung verbessert (Rosebrock & Nix 2010: 66). Das Einüben von Lesestrategien wird insbesondere für kompetente Leser und Leserinnen empfohlen, die bereits über ausreichenden Lesefluss, aber noch ungenügende Informationsverarbeitungskompetenz verfügen (Artelt et al. 2001; Rosebrock & Nix 2010).

Auf der subjektiven Ebene soll in erster Linie eine positive motivationale Haltung und damit ein positives lesebezogenes Selbstkonzept aufgebaut werden. Ziel dieser Förderungsebene ist es, die für das Lesen notwendigen kognitiven Prozesse aufrechtzuerhalten. Die Kinder sollen sich emotional am Gelesenen beteiligen und einen Bezug zur eigenen Lebenswelt herstellen (Rosebrock & Nix 2010: 21). Die Jugendlichen sollen an das habituelle Lesen herangeführt werden. Zum Aufbau von Lesemotivation und lesebezogenem Selbstkonzept werden Vielleseverfahren empfohlen. Hierzu zählen beispielsweise stille Lesezeiten im Unterricht oder Leseolympiaden, bei denen die Jugendlichen mindestens ein Buch pro Woche lesen. Es wird angenommen, dass Vielleseverfahren die Lesegeschwindigkeit erhöhen und dadurch neue Wissensbestände aufgebaut werden können. Der Nutzen dieser Verfahren konnte bislang jedoch nicht nachgewiesen werden (Rosebrock & Nix 2010; Rosebrock, Rieckmann, Nix & Gold 2010). Insbesondere schwache Leserinnen und Leser scheinen das Gelesene nicht weiter zu verarbeiten. In der vorgegebenen Lesezeit lesen die Schülerinnen und Schüler Seite um Seite, ohne die dazu notwendigen Verstehensleistungen zu erbringen (Rosebrock & Nix 2010).

Der Aufbau der Lesemotivation sowie das lesebezogene Selbstkonzept als Leser/in oder Nichtleser/in sind eng an den sozialen Kontext in der Familie gebunden. Der Aufbau eines lesebezogenen Selbstkonzepts wird durch Vorbilder, Erfahrungen und Rückmeldung in der Familie, in der Schule oder von anderen Personen stark beeinflusst und ist von einem Bedürfnis nach sozialer Interaktion geprägt (Rosebrock & Nix 2010). Die Anschlusskommunikation trägt dabei nicht nur zum vertieften Verstehen bei (Charlton & Sutter 2007; Sutter 2010d), sondern bietet auch einen Leseanlass (Rosebrock & Nix 2010). Auf der didaktischen Ebene werden für den Aufbau von Anschlusskommunikation und lesebezogenem Selbstkonzept Leseanimationsverfahren eingesetzt. Hierzu gehören beispielsweise Bücherkisten, Klassenbibliotheken, der Einsatz von Hörbüchern sowie Buchvorstellungen. Diese Verfahren eignen sich aber nur für Schülerinnen und Schüler ohne Leseschwierigkeiten, die altersgemäße Texte mühelos lesen können (Rosebrock & Nix 2010).

6.5 Zusammenfassung

Die kognitionstheoretischen, kulturwissenschaftlichen Ansätze der Lesekompetenz, das Mehrebenenmodell der Ko-Konstruktion sowie das didaktische Lesekompetenzmodell bilden unterschiedliche Facetten der Lesekompetenz bzw. Erklärungen zur Lesekompetenzentwicklung ab. Dabei nimmt jede dieser Theorien einen eigenen Blickwinkel ein, aus dem sie Teilbereiche aus unterschiedlichen Perspektiven beleuchtet.

Der kognitionstheoretische Ansatz konzentriert sich auf individuelle Verstehensprozesse auf der Textebene. Er orientiert sich an gesellschaftlichen Normen bzw. Anforderungen, die für eine gesellschaftliche Teilhabe vorausgesetzt werden. Dieser Ansatz wurde zur Überprüfung des Leistungsstandes entwickelt und ermöglicht eine Ist-Soll-Analyse von gesellschaftlich geforderten Kompetenzen. Er beschränkt sich auf die kognitiven Fähigkeiten und blendet Prozesse des Kompetenzerwerbs sowie deren Förderung aus. Diese reine Ausrichtung auf die kognitiven Fähigkeiten wird insbesondere von Hurrelmann (2006) kritisiert. Im kulturwissenschaftlichen Ansatz steht als Ergebnis von Sozialisationsprozessen, wie beim kognitionstheoretischen Ansatz, ein gesellschaftsfähiges Subjekt im Zentrum. Im Gegensatz zum kognitionstheoretischen Ansatz werden die Entwicklungsbedingungen in die theoretischen Überlegungen miteinbezogen. Der kulturwissenschaftliche Ansatz bezieht sich überwiegend auf die familiäre Sozialisation, soll aber ebenso für die schulische Sozialisation gelten. Lesekompetenz umfasst neben Kognition und Reflexion auch Motivation, Emotion und Anschlusskommunikation. Versteht man das Modell als eine Gegenreaktion auf die rein kognitive Ausrichtung der Lesekompetenzbestimmung durch die Schulleistungsstudien ist der Einbezug von Motivation, Emotion und Anschlusskommunikation verständlich und nachvollziehbar. Diesen Aspekten sollte als Ziele der Lesesozialisation Rechnung getragen werden. Das kulturwissenschaftliche Modell widerspricht aber den theoretischen Annahmen der pädagogischen Psychologie, die in der Motivation, Emotion und Anschlusskommunikation eher Prädikatoren von Kompetenz sieht und nicht deren Bestandteile. Es stellt sich hier die Frage, in welcher Beziehung diese Elemente zueinander stehen. Sehr häufig treffen wir beim Lesekompetenzerwerb auf wechselseitige Einflüsse, wobei sich Prädikatoren und Kompetenz je nach Situation in einer Positivspirale oder im negativen Fall in einer Abwärtsspirale verstärken. Von wechselseitigen Beeinflussungen geht auch der interaktionistische Konstruktivismus von Sutter (2008, 2010a) aus, indem sich verschiedene soziale und gesellschaftliche System wechselseitig Komplexität zur Verfügung stellen und sich durch den gegenseitigen Austausch die Textoffenheit verringert. Selbst nach Hurrelmann kann die Anschlusskommunikation sowohl die Motivation als auch die Lesehäufigkeit steigern (Hurrelmann 2004a). Aus dieser Sicht scheint auch die Anschlusskommunikation, wie die Erwartungs-Wert-Theorie der Lesemotivation besagt (Möller & Schiefele 2004), eher ein sozialer Bedingungsfaktor zu sein als ein Bestandteil der Lesekompetenz. Doch besteht hier abermals die Möglichkeit von wechselseitigen Beziehungen, wobei empirische Belege noch ausstehen. Der Gewinn des kulturwissenschaftlichen Ansatzes der Lesekompetenz liegt darin, dass als Ziele der Lesesozialisation nicht einzig kognitive Fähigkeiten im Vordergrund stehen, sondern auch Ziele wie Lesemotivation, Freude beim Lesen, Lesen zur Entspannung oder Lesen als soziale Interaktion.

Das Mehrebenenmodell der Ko-Konstruktion beschreibt Sozialisationsprozesse, die zur Entwicklung von Leseverhalten beitragen bzw. diese verhindern. Das Modell geht von wechselseitigen Beeinflussungen zwischen individuellen Aneignungsprozessen auf der Mikro-Ebene und sozialem Umfeld auf der Meso-Ebene aus. Das Modell erklärt nicht die Lesekompetenz an sich, sondern nur die Prozesse der Aneignung, wie sie zwischen den Ebenen ablaufen. So bietet es die Möglichkeit, ungünstige, von der erworbenen Kompetenz unabhängige Entwicklungsverläufe zu analysieren. Es blendet aber individuelle Prozesse aus. Erfolgreicher Kompetenzerwerb oder im negativen Fall Leseverweigerung werden einzig als Sozialisationsprozesse angesehen, in deren Verlauf ein Individuum positive oder negative Einstellungen entwickelt. Das Modell blendet individuelle Prozesse der Texterschließung in der konkreten Lesesituation aus (Groeben 2004). Es beschränkt sich auf die Erklärung von Lesehandlungen, vermag jedoch nicht aufzuzeigen, wie diese zum Erwerb von Lesekompetenz beitragen.

Das didaktische Modell der Lesekompetenzentwicklung bezieht sich auf die verschiedenen Ebenen der Verstehensprozesse. Dieses Modell ist darauf ausgerichtet, Verstehensprobleme zu identifizieren und zu klären, wie diese mit didaktischen Mitteln überwunden werden können. Das didaktische Modell zur Lesekompetenzförderung ist daher defizitorientiert. Auf der Prozessebene wird auf psycholinguistische Modelle der Verstehensleistung zurückgegriffen. Es lokalisiert die Verstehensprobleme auf der Wort-, Satz- und Textebene. Auf der Subjektebene greift das Modell kognitive und motivationale Persönlichkeitsmerkmale auf. Die didaktischen Vorschläge fokussieren auf den Aufbau von lesebezogenen Selbstkonzepten bzw. darauf, wie dem Aufbau eines Selbstkonzeptes als Nichtleser entgegengewirkt werden kann. Die soziale Ebene umfasst die verschiedenen Sozialisationsinstanzen und behandelt die sozialen Interaktionen zwischen den verschiedenen Akteuren. Die Effektivität der vorgestellten Methoden zur Kompetenzförderung ist teilweise umstritten oder empirisch noch nicht nachgewiesen. Dieser didaktisch ausgerichtete Ansatz liefert wenig Anhaltspunkte, wie auftretenden Problemen didaktisch so vorgebeugt werden kann, dass Verstehensprobleme gar nicht erst entstehen.

7 Integration der theoretischen Ansätze in einem Prozessmodell

Die einzelnen Ebenen der Verstehensprozesse (vgl. Kapitel 3), die Anschlusskommunikation (vgl. Kapitel 4), die Lesemotivation (vgl. Kapitel 5) und die
Lesekompetenztheorien (vgl. Kapitel 6) bilden unterschiedliche Aspekte der
Lesekompetenz bzw. der Lesekompetenzentwicklung ab. Im Folgenden soll
versucht werden, diese vielfältigen Aspekte in einem Prozessmodell zusammenzuführen (vgl. Abbildung 8).

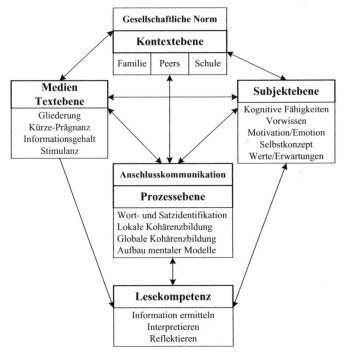

Abbildung 8:   Prozessmodell der Lesekompetenz

Die herrschenden gesellschaftlichen Normen begründen die Wichtigkeit des Lesens für die Teilhabe eines Menschen an der Gesellschaft und tragen indirekt über die Ausbildung der Lesekompetenz zum Verständnis des gesellschaftlichen und sozialen Wandels bei (Groeben 2004). Die Funktionen des Lesens beinhalten die Vermittlung von Information, dienen der Aufrechterhaltung des kulturellen Gedächtnisses, sollten aber auch das Bedürfnis nach Unterhaltung und Entspannung erfüllen. Das Lesen wird nicht mehr einzig zum Erwerb von Bildung und Wissen eingesetzt, sondern auch zur Befriedigung von motivational-emotionalen Erlebnisbedürfnissen und zum Hervorrufen von Glücksgefühlen (Groeben & Schroeder 2004). Die formalisierten Bildungsprozesse stehen in unserer Gesellschaft in einem Spannungsverhältnis zueinander. Der individuelle Kompetenzerwerb soll einerseits zur gesellschaftlichen Teilhabe befähigen und auf der anderen Seite eine soziale Platzierung vornehmen, welche von Differenz gekennzeichnet ist (Baumert & Schümer 2001).

Die Sozialisation hat die Aufgabe, Prozesse der Entstehung und Entwicklung der Persönlichkeit in Abhängigkeit von der gesellschaftlichen und sozialen Umwelt zu beschreiben (Fritzsche 2004). Familie, Schule und Beziehungen zu Gleichaltrigen haben dabei unterschiedliche Funktionen. Die diversen Instanzen sind keine nach außen geschlossenen Einheiten. Sie stehen untereinander in Wechselwirkung, was zu Spannungen, Ergänzungen, Disparitäten oder Kompensationen führen kann (Groeben & Schroeder 2004: 335). Die Instanzen übernehmen die Normen nicht einfach, sondern interpretieren sie. Es erfolgen Anpassungen je nach den sozialen, materiellen und kulturellen Ressourcen, über die die Akteure verfügen (Hurrelmann 2004a). Die Familie hat einerseits die Funktion, die persönlichen Bedürfnisse der einzelnen Mitglieder zu erfüllen. Auf der anderen Seite ist sie für die Nachwuchsqualifizierung zuständig (Groeben & Schroeder 2004). Diese ist in der Regel auf mindestens den Statuserhalt ausgerichtet (Becker 2000). Die familiären Bedingungen sind entscheidend für die kognitive Entwicklung der Kinder und den Wissensstand, mit dem Kinder in die Schule eintreten. Die Schule ihrerseits interpretiert die gesellschaftlichen Werte und Normen, die sie in Bildungspläne aufnimmt und zu vermitteln versucht (Fritzsche 2004). Zusätzlich hat die Schule die Aufgabe, eine leistungsgerechte Selektion vorzunehmen und damit eine soziale Platzierung vorzubereiten (Groeben & Schroeder 2004). Die literarische Sozialisation sowie die Vermittlung der Schriftsprache sind Aufgaben der Schule. Die Schülerinnen und Schüler sollen an literarische Texte herangeführt werden. Ziel ist es dabei auch, das kulturelle Gedächtnis aufrechtzuerhalten.

Die Gleichaltrigengruppe hat die Aufgabe, den Jugendlichen in erlebnisorientierten Freiräumen Probehandeln zu ermöglichen. Sie bereitet kollektive Identitätsentwürfe vor, welche die Voraussetzungen für eine innovative Teilnahme an der Gesellschaft bilden (Groeben & Schroeder 2004). Die Kontextebene steht in einer Wechselbeziehung mit dem Individuum in Form von Ko-Konstruktionsprozessen (Groeben & Schroeder 2004), in denen das Individuum die unterschiedlichen Inputs aus den verschiedenen Instanzen interpretiert und modifiziert. Diese veränderten Inputs werden von den verschiedenen Sozialisationsebenen wieder aufgenommen.

Zwischen Kontext-, Subjekt- und Prozessebene besteht eine triadische, wechselseitige Beziehung. Familiäre und schulische Bedingungen sowie Beziehungen mit Gleichaltrigen sind wichtig für die kognitive und persönliche Entwicklung der Kinder und Jugendlichen. Sie stellen wichtige Voraussetzungen für die kognitive Verarbeitung von Texten auf der Prozessebene dar. Sie bestimmen nicht nur die Lesekompetenz, sondern auch die lesebezogenen Handlungen. Diese zeigen sich in der Anschlusskommunikation, aber auch in der Entwicklung von Motivation und lesebezogenen Selbstkonzepten.

Die Anschlusskommunikation verbindet alle vier Ebenen. Das Sprechen über Texte verbindet das Individuum mit allen Sozialisationsinstanzen. Die familiäre Anschlusskommunikation bildet die Grundlage für den Schriftspracherwerb auf der Prozessebene. Auf der individuellen Ebene unterstützt die Anschlusskommunikation den Erwerb von kognitiven Fähigkeiten, steigert die Wissensbestände und wirkt sich auf die motivationale und emotionale Verarbeitung von Texten sowie die Einstellung zum Lesen und die Wertschätzung des Lesens aus. Die Anschlusskommunikation mit Gleichaltrigen beeinflusst die Lesetätigkeit, indem Freunde Leseanregungen geben und so die Lesemotivation fördern. Die Schule übernimmt institutionell festgelegte Aufgaben, indem sie Kommunikationsformen mit den Schülern einübt und auf diesem Wege auch gesellschaftliche Werte vermittelt. Der Leser oder die Leserin bestimmt, auf welche Art ein Medium rezipiert wird, und setzt damit auch Trends. Die Medien wiederum passen sich den Lesern an, indem sie versuchen, deren Bedürfnissen gerecht zu werden, und verfolgen dabei ihrerseits kommerzielle Ziele über Angebot und Nachfrage. Die Medien selbst stellen nach Sutter (2002, 2008) den Individuen Komplexität zur Verfügung. Die Beteiligung an Kommunikation mit anderen macht den verschiedenen Akteuren neue Deutungsmuster zugänglich, die aber individuell verarbeitet werden. Diese individuellen Verarbeitungen bestimmen schließlich, welche Informationen einem Text entnommen und wie sie interpretiert und reflektiert werden.

8 Unterschiede in der Lesekompetenz

Internationale Leistungsstudien ermöglichen es den einzelnen Staaten, die Leistungen der Schülerinnen und Schüler der jeweiligen Nationen miteinander zu vergleichen. Die Tatsache, dass die durchschnittlichen Leseleistungen in Deutschland und auch in der Schweiz hinter dem OECD-Durchschnitt rangierten, erschütterte die Bildungspolitiker. Auf der Suche nach den Ursachen wurde versucht, die Risikogruppen einzugrenzen. Mögliche Ursachen der Leistungsunterschiede wurden nach PISA in den kognitiven Fähigkeiten und im inhaltlichen Vorwissen gesehen. Es zeigten sich aber größere Abweichungen zwischen Mädchen und Jungen. Je nach familiärem Hintergrund und nach Migrationsstatus konnten ebenfalls Unterschiede festgestellt werden. Insgesamt zeigte sich, dass vor allem männliche Jugendliche aus sozial benachteiligten familiären Verhältnissen und mit Migrationshintergrund in der Gruppe der Leseschwachen überrepräsentiert sind (Stanat & Schneider 2004). Ramseier und Brühwiler (2003) konnten nachweisen, dass die individuellen kognitiven Fähigkeiten den größten Einfluss auf die Lesekompetenz haben ($\beta = .42$), gefolgt von der sozialen Herkunft ($\beta = .32$), dem Migrationshintergrund ($\beta = .16$) und dem Geschlecht ($\beta = .11$). Wie diese gruppenspezifischen Diskrepanzen zustande kommen, ist noch weitgehend ungeklärt. In den folgenden Abschnitten werden sie hinsichtlich der Lesekompetenz detailliert aufgeführt.

8.1 Schichtspezifische Unterschiede in der Lesekompetenz

Schichtspezifische Unterschiede in den schulischen Leistungen sind kein neues Phänomen (Bradley & Corwyn 2002). In der Sozialisationsforschung ist seit den 60er-Jahren bekannt, dass sich die soziokulturellen Bedingungen in der Familie auf die schulischen Leistungen auswirken (Baumert et al. 2009). So kann ein Zusammenhang zwischen dem Einkommen sowie dem Bildungsniveau der Eltern einerseits und der Lesekompetenz andererseits nachgewiesen werden (Becker 2007). PISA 2000 bis 2009 belegt in allen Staaten Leistungsunterschiede, die auf die soziale Herkunft zurückzuführen sind (Klieme, Jude, Baumert & Prenzel 2010b). Einigen Schulsystemen scheint es aber besser zu gelingen, diese Unterschiede auszugleichen. Während in Japan die Differenz zwischen dem obersten und untersten Viertel der Sozialstruktur lediglich 27 Punkte beträgt, liegt sie in Deutschland, Belgien, der Schweiz, Luxemburg und dem Vereinigen Königreich im Durchschnitt bei über 100 Punkten (Baumert & Schümer 2001: 385; Coradi Vellacott, Hollenweger, Nicolet & Wolter 2003: 15). In den Jahren von 2000 bis 2006 konnte Deutschland den Zusammenhang zwischen sozialer Schicht und Lesekompetenz von r = .39 auf r = .33 verringern (Baumert & Maaz 2010: 167). Der Unterschied zwischen den sozialen Schichten ist aber immer noch stark ausgeprägt (Ehmke & Jude 2010). Fehlende Lesekompetenz kann aber nicht nur als schichtspezifisches Phänomen angesehen werden. Leseschwache Schülerinnen und Schüler sind zwar in niedrigen sozialen Schichten überproportional stark vertreten, es gibt aber in allen sozialen Schichten starke wie schwache Leserinnen und Leser, sodass große Überlappungsbereiche vorhanden sind (Baumert & Schümer 2001: 365; Kronig 2007a).

Es wird angenommen, dass die lesebezogenen Aktivitäten und die kulturelle Praxis in der Familie sowie die elterlichen Kompetenzen zur Förderung der Kinder die späteren schulischen Leistungen beeinflussen (Leseman et al. 2007; McElvany, Becker & Lüdtke 2009). Besser ausgebildete Eltern fühlen sich in der Förderung ihrer Kinder kompetenter und können diese bei schulischen Aufgaben mehr unterstützen. In besser gestellten Familien wird dem Lesen eine höhere Wertschätzung entgegengebracht. Somit stehen den Kindern in der Regel auch mehr Bücher zur Verfügung (McElvany et al. 2009). Im Zuge des Vorlesens und Bilderbuchanschauens lernen die Kinder, dass Geschichten durch Bilder und Buchstaben vermittelt werden und nicht nur über die mündliche Sprache. Die Kinder erwerben schon vor Schulbeginn Kenntnisse über Buchstaben und weisen ein gut entwickeltes phonologisches Bewusstsein auf (Aikens & Barbarin 2008; Hecht, Burgess, Torgesen, Wagner & Rashotte 2000; Leseman et al. 2007; Noble, Farah & McCandliss 2006). Durch das Vorlesen und Erzählen von Geschichten erwerben die Kinder nicht nur einen größeren Wortschatz (McElvany et al. 2009), sondern werden auch dazu stimuliert, eine akademische Sprache zu verwenden (Leseman et al. 2007). Kinder aus sozial schlechter gestellten Milieus verfügen häufig über einen kleineren Wortschatz und weniger ausgeprägte Kommunikationsfähigkeiten, was den Schriftspracherwerb und die späteren Leseaktivitäten erschwert (Bradley & Corwyn 2002; Ferguson, Bovaird & Mueller 2007; Roos & Schöler 2009).

Zur Erklärung von schichtspezifischen Besonderheiten ist es notwendig, zwischen familiären und schulischen Bedingungen zu trennen. Bourdieu (2005a) führt die statusspezifischen Abweichungen bei schulischen Leistungen auf die unterschiedlichen Ressourcen an ökonomischem, kulturellem und sozialem Kapital der Familien zurück. Soziale Ungleichheit entsteht infolge der ungleichen Ausstattung mit Kapital und somit der unterschiedlichen Möglichkeiten, in die

Bildung der nächsten Generation zu investieren (Ditton & Maaz 2011) und den Kindern eine förderliche Lernumgebung bereitzustellen (Roos & Schöler 2009). Die sozialmilieubedingten Leistungsunterschiede von Kindern führen Watermann und Baumert (2006) überwiegend auf die spezifische kulturelle Praxis zurück, hingegen scheinen das ökonomische und das soziale Kapital eher eine untergeordnete Bedeutung zu haben (Becker & Schubert 2006). Wegen ihrer Zugehörigkeit zu bestimmten sozialen Milieus starten die Kinder die schulische Laufbahn mit unterschiedlichen Ausgangsbedingungen. In der Schweiz und in Deutschland sind sozial schlechter gestellte Familien zudem häufig noch bildungsfern. Die separierten Bildungsgänge selektiver Schulsysteme verstärken schichtspezifische Bildungsungleichheiten zusätzlich (Baumert & Schümer 2001; Ditton & Krüsken 2006; Maaz, Baumert, Gresch & McElvany 2010a).

Nach Boudon (1974) beruhen soziale Ungleichheiten auf individuellen Bildungsentscheidungen, die in einem institutionellen Rahmen getroffen werden. Grundlage für die Entscheidungen sind die schulischen Leistungen der Kinder. Diese sind von den sozialen Bedingungen sowie Selektionsmechanismen des Bildungssystems geprägt (Maaz, Gresch, McElvany, Jonkmann & Baumert 2010c: 67). Boudon trennt daher zwischen primären und sekundären Herkunftseffekten (Boudon 1974). Die primären Herkunftseffekte sind auf die Entwicklungswelten von Familie und familiärem Umfeld wie die Nachbarschaft (Aikens & Barbarin 2008) zurückzuführen, die sich direkt auf die Leistungsentwicklung auswirken und somit zu ungleichen Startbedingungen führen (Maaz & Nagy 2009; Maaz, Schroeder & Gresch 2010d). Sekundäre Effekte kommen unabhängig von den individuellen kognitiven Leistungen zum Tragen. Sie resultieren aus unterschiedlichem Entscheidungsverhalten von Eltern und Schülern (Maaz & Nagy 2009; Maaz et al. 2010d). Diese Abweichungen kommen nach Ditton (2009) dadurch zustande, dass selbst bei gleichen schulischen Leistungen die Kosten-Nutzen-Relationen je nach sozialer Herkunft anders bewertet werden. Höhere soziale Schichten streben für den Erhalt der sozialen Position hochwertigere Bildungsabschlüsse an und können die dadurch entstehenden Kosten leichter tragen, als dies bei sozial benachteiligten Gruppen der Fall ist. Dies führt insgesamt zu einer Kumulation von primären und sekundären Effekten.

Maaz und Nagy (2009) haben auf der Grundlage von Boudons Überlegungen (1974) die primären und sekundären Herkunftseffekte weiter ausdifferenziert. Sie trennen zwischen Herkunftseffekten, die über die Schulleistungen vermittelt werden, und solchen, welche nicht über die Schulleistung vermittelt werden. Es wird dabei zwischen primären und sekundären Effekten schulischer Beurteilung in Form von Noten und den Konsequenzen aus Schullaufbahnempfehlungen und Übergangsverhalten unterschieden (vgl. Abbildung 9). Die Herkunftseffekte sind so angeordnet, dass die primären grundsätzlich den sekundären zeitlich vorgelagert sind. Die primären und sekundären Leistungsbeurteilungen sind immer auch die Grundlage für die Schullaufbahnempfehlungen, die ihrerseits das Übergangsverhalten mitbestimmen (Maaz & Nagy 2009: 160).

Vermittlung der Herkunftseffekte

			Über objektive Schulleistungen vermittelt	Nicht über objektive Schulleistungen vermittelt
Konsequenzen der Herkunftseffekte	Schüler-beurteilung	Noten	Primäre Herkunftseffekte der Leistungsbeurteilung	Sekundäre Herkunftseffekte der Leistungsbeurteilung
		Schullaufbahn-empfehlung	Primäre Herkunftseffekte der Laufbahnbeurteilung	Sekundäre Herkunftseffekte der Laufbahnbeurteilung
	Schüler-verhalten	Übergangs-verhalten	Primäre Herkunftseffekte des Übergangverhaltens	Sekundäre Herkunftseffekte des Übergangverhaltens

Abbildung 9:   Ordnungsschema Herkunftseffekte (Maaz & Nagy 2009: 159)

Mit primären Herkunftseffekten in der *Leistungsbeurteilung* sind die Einflüsse der sozialen Herkunftseffekte auf die Schulnoten gemeint (Maaz & Nagy 2009: 160). Der Zusammenhang zwischen Leseverhalten bzw. Lesekompetenzen und der Bildung der Eltern wurde vielfach nachgewiesen (Becker & Schubert 2006; Hurrelmann et al. 1993). Das familiäre Leseklima bestimmt nicht nur die Disparitäten beim Schuleintritt, sondern trägt zur sozialen Selektivität am Ende der Grundschule bei (Ditton, Krüsken & Schauenberg 2005). Kinder aus sozial benachteiligten Familien weisen zu Beginn des Kindergartens eine geringere verbale Intelligenz, ein weniger ausgeprägtes phonologisches Bewusstsein und eine niedrigere Dekodierfähigkeit auf (Hecht et al. 2000). Benachteiligte Kinder lernen in den ersten vier Schuljahren insgesamt zwar mehr dazu, sind aber nicht in der Lage, den großen Anfangsrückstand auszugleichen (Kronig 2007a; van Elsäcker & Verhoeven 2002). Hill (2001) konnte zudem nachweisen, dass das Familieneinkommen, die elterliche Kontrolle, ein inkonsistenter Erziehungsstil und das Vorlesen zusammenhängen. Diese Faktoren dürften sich insgesamt auch auf die sekundären Effekte der Notenvergabe von Lehrpersonen auswirken, wenn sich die Kinder aufgrund ihrer Erziehung im Unterricht weniger angepasst verhalten.

Die sekundären Herkunftseffekte in der *Leistungsbeurteilung* beschreiben herkunftsbedingte Effekte auf die Notenvergabe, die nicht mit den Leistungen zusammenhängen. So werden beispielsweise Kinder aus niedrigen sozialen Schichten weniger positiv wahrgenommen. Die Kinder erhalten deswegen weniger Zuwendung und Lob bei guten Leistungen (Bradley & Corwyn 2002). Die Lehrkräfte benoten nicht einzig die Leistung. Bei der Notenvergabe werden zusätzlich die Entwicklung der Leistung und die Leistungsmotivation berücksichtigt. So wirken sich die Sorgfalt bei den Hausaufgaben sowie die Teilnahme der Eltern an Elternabenden positiv auf die Noten der Kinder aus (Stocké 2010). Diese statusabhängigen Schülerbeurteilungen wiederum beeinflussen die Schullaufbahnempfehlungen (Maaz & Nagy 2009).

Die primären Herkunftseffekte der *Laufbahnbeurteilung* verweisen auf die Schullaufbahnempfehlungen, die an den schulischen Leistungen festgemacht werden. Lehrpersonen richten sich bei ihren Übergangsempfehlungen stärker an den Schulnoten als an den Bildungsaspirationen der Eltern aus (Ditton et al. 2005). Die Empfehlung orientiert sich in erster Linie an der Deutschnote, gefolgt von Mathematik und Heimat- und Sachkunde. Demnach wäre die soziale Segregation bei der Übergangsempfehlung vorwiegend auf primäre und sekundäre Effekte der Schulnotenvergabe zurückzuführen. Es zeigen sich aber auch sekundäre Herkunftseffekte bei den Laufbahnempfehlungen, die sich nicht direkt aus den schulischen Leistungen ableiten lassen (Maaz & Nagy 2009). Diese Effekte treten nicht erst beim Übergang in die Sekundarstufe auf, sondern zeigen sich schon vor Schulbeginn. Kinder aus Arbeiterfamilien werden häufiger bei der Einschulung zurückgestellt. Der verzögerte Schulbeginn wirkt sich später auf die Übergangsempfehlung der Sekundarstufe aus. Diesen Kindern wird generell ein geringeres Leistungsvermögen unterstellt, was dazu führt, dass ihnen bzw. ihren Eltern bei gleicher Leistung ein weniger anspruchsvoller Schultyp empfohlen wird (Kronig 2007a; Maaz & Nagy 2009). Diese Unterschiede zeigen sich insbesondere bei Empfehlungen für das Gymnasium, bei den weniger anspruchsvollen Schultypen sind die sozialen Disparitäten etwas abgemildert. Ein Jugendlicher aus höheren Schichten hat in Deutschland eine fast sechsmal größere Chance das Gymnasium zu besuchen als ein Jugendlicher aus einem Arbeiterhaushalt (Baumert & Schümer 2001: 356). Diese Ergebnisse können auf die Schweiz übertragen werden. Für ein Kind hoch angesiedelter sozialer Herkunft beträgt die Übertrittswahrscheinlichkeit in ein Gymnasium 42 Prozent im Vergleich zu 12 Prozent für ein Kind aus einer Familie mit niedrigem sozialem Status (Ramseier & Brühwiler 2003).

Beim eigentlichen Übergangsverhalten kann wiederum zwischen primären, über die Schulleistung vermittelten Effekten und nicht über die Leistung vermittelten sekundären Effekten unterschieden werden (Maaz & Nagy 2009). Herkunftsabhängige Bildungsentscheidungen kommen durch die heterogenen Leistungen der Kinder zustande (Maaz et al. 2010c). Während die Lehrpersonen die Übergangsempfehlung in erster Linie auf die Deutschnote stützen, ist für die Eltern die Mathematiknote für den Übergang zum Gymnasium maßgeblich (Ditton et al. 2005: 296). Der Eintritt in ein Gymnasium hängt nicht nur von der Empfehlung ab, sondern nicht zuletzt von der Entscheidung der Eltern. Auch Schülerinnen und Schüler mit mittleren Leistungen ohne Gymnasialempfehlung besuchen das Gymnasium – auch hier sind mit einer Übergangswahrscheinlichkeit von 33 Prozent Kinder aus begünstigten Familien vorherrschend. Bei Familien mit niedrigem sozialem Status liegt die Übergangswahrscheinlichkeit deutlich darunter, und zwar lediglich bei 13 Prozent (Maaz & Nagy 2009: 177). Schichtspezifische Unterschiede zeigen sich zudem bei der Übergangswahrscheinlichkeit von Jugendlichen, die eine Gymnasialempfehlung erhalten. Während bei privilegierten sozialen Schichten rund 96 Prozent dann tatsächlich das Gymnasium besuchen, sind es bei mittlerem sozialem Status nur 69 Prozent und bei niedrigem sozialem Status lediglich 17 Prozent (Maaz & Nagy 2009: 177). Diese Abweichungen beim Übergangsverhalten werden mit dem Erwartungs-Wert-Modell (Eccles et al. 1983) und dem Rational-Choice-Modell (Breen & Goldthorpe 1997) erklärt, welche auf einer Einschätzung der Erfolgswahrscheinlichkeit sowie einer Kosten-Nutzen-Abschätzung beruhen. Die soziale Distanz, die ein Kind aus einer Arbeiterfamilie für den Gymnasialbesuch überwinden muss, ist weitaus größer als für ein Kind aus einer Akademikerfamilie. Der Übergang auf das Gymnasium ist daher mit einem höheren Risiko verbunden.

Der Nutzen der Bildungsabschlüsse wird je nach soziokulturellem Hintergrund anders bewertet (Maaz et al. 2010c). Mit der Bildungsentscheidung wird in erster Linie versucht, mindestens den Statuserhalt zu sichern (Becker 2000; Ditton & Maaz 2011; Maaz, Baumert & Trautwein 2010b). Die Erfolgschancen sind für Kinder aus privilegierten Familien wegen der familiären ökonomischen und kulturellen Bedingungen größer als für Kinder aus Arbeiterfamilien. Die Kosten eines Statusverlustes werden von den Familien höher eingeschätzt als die anfallenden Bildungskosten (Becker 2000). Für Kinder aus den unteren Sozialgruppen bedeutet ein Schulabschluss mit erweiterten Ansprüchen bereits einen sozialen Aufstieg (Ditton et al. 2005). Die geringe Wahrscheinlichkeit, dass die Kinder das Gymnasium erfolgreich abschließen, und die entstehenden Bildungskosten bergen für Familien der unteren Sozialgruppen ein höheres Risiko. Sie beziehen die ökonomischen Konsequenzen bei der Wahl des Schultyps in die

Entscheidung mit ein und votieren daher öfter gegen das Gymnasium (Becker 2007).

Kronig (2007a) hingegen bezweifelt, dass die Bildungsentscheidungen der Eltern auf rationalen Maximierungsüberlegungen beruhen. Er vermutet, dass sie eher auf unreflektierte Gewohnheiten zurückzuführen sind, welche im Nachhinein legitimiert werden. Es stellt sich zudem die Frage, inwiefern die Eltern über ein Entscheidungsrecht verfügen und es dort dann tatsächlich nutzen, wo es ihnen eingeräumt wird. Es ist nicht ohne Weiteres davon auszugehen, dass ihnen bekannt ist, dass den Empfehlungen der Lehrpersonen nicht zwangsläufig gefolgt werden muss. Hier dürften gerade Eltern aus niedrigeren sozialen Schichten oder mit Migrationshintergrund weniger gut aufgeklärt sein als Eltern mit einer höheren Bildung, welche besser in der Lage sind, ihre Bildungsvorstellung auch gegen die Empfehlung der Grundschule durchzusetzen (Becker 2000).

Bei der Entstehung schichtspezifischer Diskrepanzen in den schulischen Leistungen wirken primäre wie sekundäre Herkunftseffekte zusammen, die sich in Noten, Übergangsempfehlungen und schließlich in den Übergangsentscheidungen niederschlagen. Schereneffekte kommen zum Tragen, die nicht allein auf die Kumulation anfänglicher Leistungsunterschiede zurückzuführen sind, sondern von der Schule selbst verstärkt werden. Insbesondere Schülerinnen und Schülern aus privilegierten Familien gelingt es, ihren anfänglichen Leistungsvorsprung während der Primarschulzeit weiter auszubauen (Kronig 2007a). Der anteilige Einfluss primärer und sekundärer Effekte wurde von Maaz und Nagy (2009) näher untersucht. Sie zeigen, dass bei der Notenvergabe die primären Effekte überwiegen. Für Deutsch machen sie 60 Prozent und für Mathematik 67 Prozent aus. Bei der Laufbahnempfehlung gleichen sich die Wirkungsanteile der primären und sekundären Effekte einander an. Die primären Herkunftseffekte für eine Gymnasialempfehlung werden auf 49 Prozent beziffert. Beim Übergangsverhalten nehmen die sekundären Herkunftseffekte noch zu und wirken am stärksten. Maaz und Nagy (2009) weisen darauf hin, dass sowohl im Bereich der primären als auch der sekundären Effekte Präventionsmaßnahmen ergriffen werden müssen. Bei den sekundären Herkunftseffekten schlagen sie in erster Linie vor, die ungerechte Notenvergabe zu bekämpfen.

8.2 Besonderheiten in der Lesekompetenz bei Migrationshintergrund

Unter Jugendlichen mit Migrationshintergrund werden im Rahmen dieser Arbeit Jugendliche verstanden, die selbst oder deren Eltern schon aus einem anderen Sprachraum eingewandert sind. Außer mit kulturellen Unterschieden sind manche dieser Kinder und Jugendlichen auch mit einer neuen Sprache konfrontiert.

Für den schulischen Erfolg ist die Kenntnis der Unterrichtssprache eine der wichtigsten Voraussetzungen (Baumert & Schümer 2001; Roos & Schöler 2009). Jugendliche mit Migrationshintergrund, welche die Unterrichtssprache beherrschen, sind eher in der Lage, ihre Bildungsziele zu realisieren (Mansel 2007). Dies zeigt sich vor allem bei Jugendlichen aus Familien, in denen nur ein Elternteil zugewandert ist. Sie unterscheiden sich in ihren Leseleistungen nicht von den deutschsprachigen Kindern (Baumert & Schümer 2001; Coradi Vellacott et al. 2003). Dies könnte als Hinweis gedeutet werden, dass einzig die Kenntnisse in der Unterrichtssprache für den schulischen Erfolg bzw. Misserfolg von Jugendlichen mit Migrationshintergrund verantwortlich sind. Im Folgenden wird versucht, nach dem Modell von Maaz und Nagy (2009) primäre und sekundäre Effekte der Migration auf die Leseleistung näher zu betrachten. Es wird der Frage nachgegangen, inwiefern solche Effekte in Bezug auf Notenvergabe, Laufbahnempfehlungen und Übergangsverhalten vorhanden sein könnten (vgl. Abbildung 10).

			Vermittlung der Migrationseffekte	
			Über objektive Schulleistungen vermittelt	Nicht über objektive Schulleistungen vermittelt
Konsequenzen der Migrationseffekte	Schüler-beurteilung	Noten	Primäre Migrationseffekte der Leistungsbeurteilung	Sekundäre Migrationseffekte der Leistungsbeurteilung
		Schullaufbahn-empfehlung	Primäre Migrationseffekte der Laufbahnbeurteilung	Sekundäre Migrationseffekte der Laufbahnbeurteilung
	Schüler-verhalten	Übergangs-verhalten	Primäre Migrationseffekte des Übergangsverhaltens	Sekundäre Migrationseffekte des Übergangsverhaltens

Abbildung 10: Ordnungsschema Migrationseffekte
(in Anlehnung an Maaz & Nagy 2009: 159)

Primäre Effekte der Migration auf die Noten und Leseleistung sind auf die mangelnden Deutschkenntnisse der Schülerinnen und Schüler zurückzuführen. Es geht dabei um Kompetenzunterschiede, die nach Kontrolle von soziökonomischen Faktoren auch weiterhin bestehen und beispielsweise auf die spezifischen Möglichkeiten des Spracherwerbs zurückzuführen sind (Kristen & Dollmann 2010: 119). Die diversen Migrationsgruppen können nicht auf die gleichen Ressourcen zurückgreifen, wobei z. B. Kinder aus Italien und der ehemaligen Sowjetunion hier durchaus vergleichbar sind, während Familien aus der Türkei wesentlich geringere Ressourcen zur Verfügung stehen (Walter 2008). Familien aus der ehemaligen Sowjetunion und aus Polen konnten von der ersten zur zweiten Generation einen sozialen Aufstieg verwirklichen, was bei türkischen Familien nicht der Fall ist (Stanat, Rauch & Segeritz 2010a). Da in anderen Ländern erworbene Bildungszertifikate oft nicht anerkannt werden, führt dies zu einem sozialen Abstieg (Steinbach & Nauck 2004). Sogenannte Spätaussiedler aus der ehemaligen Sowjetunion haben dessen ungeachtet ein größeres kulturelles Kapital und weisen andere familiäre Prozessmerkmale auf als Angehörige anderer Nationen, was zu mehr Bildungserfolg in dieser Migrationsgruppe führt (Müller & Stanat 2006).

Die Lesekompetenz von Jugendlichen mit Migrationshintergrund ist deutlich geringer als bei einheimischen Jugendlichen. Je nach Herkunftsland können hier große Unterschiede festgestellt werden. In Deutschland haben türkische Kinder am wenigsten Lesekompetenz und erreichen rund 120 Punkte weniger als Kinder ohne Migrationshintergrund. Jugendliche aus Italien erzielen im Durchschnitt 80 Punkte weniger und Jugendliche aus der ehemaligen Sowjetunion rund 65 Punkte weniger (Walter 2008: 80). Während sich zwischen PISA 2000 und 2009 die Lesekompetenz deutschsprachiger Schülerinnen und Schüler nicht verändert hat, zeichnet sich bei Jugendlichen mit Migrationshintergrund eine Verbesserung ab. Die bestehenden Unterschiede sind aber immer noch beträchtlich (Stanat et al. 2010a). Der Anteil der leseschwachen Schülerinnen und Schüler ist besonders groß, wenn in der Familie nicht die Testsprache gesprochen wird. In der Schweiz erreichen Schülerinnen und Schüler dieser Gruppe im Durchschnitt 25 Punkte weniger in den Leistungstests. 17 Prozent dieser mehrsprachigen Jugendlichen erreichen die zweite Kompetenzstufe nicht, in Deutschland sind es 19 Prozent (Nidegger et al. 2010).

Trotz langer Verweildauer in Deutschland haben die Familien mit Migrationshintergrund eine deutlich andere Sozialstruktur als die einheimische Bevölkerung. Fast zwei Drittel sind als Arbeiter und Arbeiterinnen beschäftigt, von denen wiederum knapp die Hälfte Anlerntätigkeiten ausübt. Die Differenz des mittleren Sozialschichtindex beträgt zwischen Familien mit und ohne Migrationshintergrund fast eine halbe Standardabweichung (Baumert & Schümer 2001).

In der Schweiz erreichen 2.9 Prozent (Deutschland 3.6 Prozent) der einheimischen Jugendlichen, 7.9 Prozent (Deutschland 9.8 Prozent) der zweiten Generation – beide Eltern wurden im Ausland, der Jugendliche ist im Aufnahmeland geboren – und 13.5 Prozent (Deutschland 9.7 Prozent) der ersten Generation – der Jugendliche ist mit den Eltern eingewandert – die erste Kompetenzstufe nicht (Klieme et al. 2010a). In Deutschland erzielen einheimische Jugendliche im Durchschnitt 514 Punkte, in der Schweiz 512. Jugendliche mit Migrationshintergrund kamen 2009 hingegen im Durchschnitt nur auf 470 Punkte und in der Schweiz auf 487. Wenn bei den Jugendlichen mit Migrationshintergrund nur ein Elternteil im Ausland geboren wurde, weicht ihre Lesekompetenz nicht von der einheimischer Jugendlichen ab. In Deutschland beläuft sich die Punktzahl der Jugendlichen der zweiten Generation auf 457, jene der ersten Generation auf 452. Auch hier liegen für die Schweiz ähnliche Ergebnisse vor. Jugendliche der ersten Generation erreichen im Durchschnitt 454 Punkte und Jugendliche der zweiten Generation 471 Punkte (Stanat et al. 2010a: 212).

Die Unterschiede in der Lesekompetenz zwischen den verschiedenen Immigrationsgenerationen sind zumindest teilweise auf die Familiensprache zurückzuführen. In der Schweiz wird von rund 65 Prozent (Deutschland: 58 Prozent) der Immigrantinnen und Immigranten die Unterrichtssprache in der Familie gesprochen. Bei Familien, in denen nur ein Elternteil im Ausland geboren wurde, sprechen sogar 91 Prozent die Unterrichtssprache in der Familie (Deutschland: 89 Prozent). In der zweiten Generation sprechen rund 45 Prozent (Deutschland: 50 Prozent) und in der ersten Generation 38 Prozent (Deutschland: 26 Prozent) die Unterrichtssprache in der Familie (Stanat et al. 2010a: 209). Bei Kontrolle der Familiensprache[1] reduziert sich die Diskrepanz in der Lesekompetenz sowohl in Deutschland – von 91 auf 43 Punkte – als auch in der Schweiz – von 106 auf 67 Punkte – beträchtlich (Marks 2005: 940). Marks zeigt, dass in vielen Ländern der sozioökonomische Status für die schlechteren Leseleistungen von Immigrantinnen und Immigranten vor allem der ersten Generation verantwortlich ist (Marks 2005: 943). In Deutschland lassen sich die Kompetenzunterschiede zwischen der ersten und zweiten Generation auf die Zusammensetzung der Immigrationsgruppen zurückführen. Familien der zweiten Generation sind häufig sogenannte Arbeitsimmigranten aus der Türkei, denen eine schlechtere beziehungsweise kürzere Schulbildung zuteilwurde, während sich die erste Generation zu einem erheblichen Teil aus Spätaussiedlern aus der ehemaligen Sowjetunion zusammensetzt (Stanat & Edele 2011; Stanat et al. 2010a). Bei türkischstämmigen Familien lassen sich oft begrenzte Deutschkenntnisse feststellen. In diesen Familien wird häufiger türkisch gesprochen. Spätaussiedler hingegen verfügen

---

[1] Der Einfluss der Familiensprache auf die Lesekompetenz wird kontrolliert, indem die Familiensprache konstant gehalten wird.

über bessere sozioökonomische und kulturelle Ressourcen, daher wird in den meisten dieser Familien deutsch gesprochen (Stanat et al. 2010a; Walter 2008, 2009). Müller und Stanat (2006) führen die vergleichsweise eingeschränkten Lesekompetenzen türkischer Jugendliche auf mangelnde Lerngelegenheiten zurück, was durch ethnische Konzentration noch verstärkt werde (Esser 2006). Dies hat zur Folge, dass sich soziale Kontakte vorwiegend auf Personen aus der Herkunftsgesellschaft beschränken (Steinbach & Nauck 2004). Zusätzlich wird vermutet, dass die Verfügbarkeit von Satellitenfernsehen den Erwerb der deutschen Sprache weiter einschränkt (Bonfadelli 2010; Esser 2006).

Zusammenfassend kann festgehalten werden, dass Immigrantinnen und Immigranten in mehrfacher Hinsicht mit erschwerenden Ausgangsbedingungen konfrontiert sind, die sich auf den Spracherwerb auswirken. Trotz der gängigen sozialen und ökonomischen Benachteiligungen lassen sich jedoch nicht alle Kompetenzunterschiede auf den Sprachgebrauch und den sozioökonomischen Status zurückführen. Es scheinen auch hier sekundäre Effekte bei der Leistungsbeurteilung zu bestehen, die den Bildungserfolg von Immigrantinnen und Immigranten verhindern. Bei den sekundären Migrationseffekten steht die Frage im Vordergrund, ob Kinder und Jugendliche aufgrund ihrer Nationalität bzw. Herkunft bei gleichwertigen Leistungen prinzipiell schlechter benotet werden als Schülerinnen und Schüler ohne Migrationshintergrund. Die Frage an sich, wie gerecht es ist, an die Deutschkompetenzen von Jugendlichen, die Deutsch als Zweitsprache sprechen, den gleichen Bewertungsmaßstab anzulegen, wie er für Jugendliche, die Deutsch als Muttersprache erworben haben, verwendet wird, beinhaltet möglicherweise bereits eine Diskriminierung.

Es besteht die Annahme, dass sekundäre Effekte in der Leistungsbeurteilung mit kulturellen Einstellungen und Stereotypen zusammenhängen. Diese Annahmen sind aber noch weitgehend ungeprüft (Esser 2006; Stanat & Edele 2011). Walter geht davon aus, dass Lehrpersonen die schulischen Probleme von Kindern mit Migrationshintergrund den Eigenschaften der Kinder und ihrer Familien zuschreiben, ohne andere Ursachen in Betracht zu ziehen (Walter 2005). Jungbluth (1994) konnte in den Niederlanden nachweisen, dass die Notenvergabe von Stereotypen geprägt ist. Türkische und marokkanische Schülerinnen und Schüler wurden in ihrer Leistungsfähigkeit schlechter eingeschätzt; überdurchschnittlich intelligente Schülerinnen und Schüler dieser Herkunft wurden in der Regel nicht erkannt. In der Schweiz konnte Kronig (2003, 2007a) nachweisen, dass Lehrpersonen je nach Nationalität der Kinder unterschiedliche Erwartungshaltungen einnehmen. Die Kinder mit Migrationshintergrund wurden von den Lehrpersonen bei vergleichbaren Leistungen signifikant schlechter eingeschätzt (Kronig, Haeberlin & Eckhart 2007). Schülerinnen und Schüler werden dementsprechend aufgrund leistungsfremder Merkmale systematisch unterschätzt (Kronig 2007a: 191). Mansel (2007) vermutet, dass Lehrpersonen bei Kindern mit Migrationshintergrund prinzipiell von Sprachproblemen ausgehen und daher dazu tendieren, ihnen schlechtere Noten zu geben. Dies dürfte sich insgesamt nicht nur auf die Entwicklung von Selbstkonzept und Motivation negativ auswirken, sondern auch und hauptsächlich auf die Schullaufbahnempfehlung.

Für die meisten Kinder mit Migrationshintergrund stellt nicht erst der Übergang in die Sekundarstufe einen Einschnitt in die Bildungskarriere dar. Vielmehr beginnt die Diskriminierung schon mit der Einschulung. Kinder mit Migrationshintergrund werden im Vergleich zu deutschen Kindern dreimal häufiger bei der Einschulung zurückgestellt (Mansel 2007). Diese Zurückstellung wird in der Regel mit sprachlichen Defiziten begründet. Dies trifft vor allem für Grundschulen zu, die nicht über Förderschulen verfügen (Gomolla 2006). Um solche Praktiken zu vermeiden, empfehlen die Bildungsbehörden sowohl in der Schweiz als auch in Deutschland, Kinder nicht aufgrund mangelnder Deutschkenntnisse in Sonderklassen unterzubringen oder Schuljahre wiederholen zu lassen (Kronig 2003). Trotz dieser Empfehlungen hat sich in der Schweiz die Zahl der Sonderklassen für Lernbehinderte zwischen 1992 und 1999 verdreifacht. In der gleichen Zeitspanne hat die Zahl an einheimischen Kindern in Sonderklassen um 25 Prozent abgenommen (Kronig 2003: 127). In Deutschland werden Kinder mit Migrationshintergrund doppelt so häufig in Förderklassen überwiesen. In der Schweiz ist die Wahrscheinlichkeit im Vergleich zu einheimischen Kindern viermal so hoch (Kronig 2003: 128). Kronig (2007b) konnte nachweisen, dass von mehr als 1700 Schülerinnen und Schülern eigentlich nur drei Kinder aufgrund ihrer kognitiven und schulischen Leistungen in Förderklassen für Lernbehinderte sein sollten. Lediglich 13 Kinder von 75 würden aufgrund ihrer Leistungsmerkmale richtig zugeordnet. Er geht davon aus, dass nicht die Leistung für eine Zuweisung in eine Förderklasse ausschlaggebend ist, sondern die bestehenden Kapazitäten (Kronig 2003: 129). Dies ist umso problematischer, wenn man bedenkt, dass für diese Kinder fast keine Aussicht mehr besteht, wieder in eine Regelklasse integriert zu werden. Die Wahrscheinlichkeit, eine Klasse zu wiederholen, ist bei Kindern mit Migrationshintergrund im Vergleich zu anderen Kindern doppelt so hoch (Mansel 2007).

Beim Übergang zur Sekundarstufe zeigt sich eine ungleiche Verteilung von Jugendlichen mit und ohne Migrationshintergrund. Der Anteil der einheimischen Jugendlichen, welche eine Hauptschule besuchen, liegt unter 25 Prozent, bei Jugendlichen aus der ehemaligen Sowjetunion beträgt der Anteil rund 50 Prozent und bei Jugendlichen mit türkischem Hintergrund fast 60 Prozent. Bezüglich des Besuchs des Gymnasiums ist es umgekehrt: Das Gymnasium wird von 35 Prozent der deutschen Jugendlichen besucht, aus der ehemaligen Sowjetunion sind es knapp 14 Prozent und 10 Prozent bei türkischstämmigen Jugendlichen (Müller

& Stanat 2006: 232). Die Chance, eine Realschule zu besuchen, ist für türkischstämmige Jugendliche um 76 Prozent und Jugendliche aus der ehemaligen Sowjetunion um 58 Prozent geringer als für einheimische Jugendliche (Müller & Stanat 2006: 234). In der Schweiz ist das Risiko, lediglich an einen Schultyp mit Grundansprüchen überwiesen zu werden, für einen Jugendlichen mit türkischer Herkunft je nach Kanton zwischen 1.9- und 3.6-mal höher als für einheimische Jugendliche. Bei Jugendlichen aus dem ehemaligen Jugoslawien liegt dieses Risiko je nach Kanton 1.8- bis viermal höher. Somit ist der Wohnkanton für den Bildungsverlauf der Jugendlichen wichtiger als die eigentliche Leistung (Kronig 2007b).

Um prüfen zu können, inwieweit die unterschiedlichen Schullaufbahnen auf primäre Herkunftseffekte zurückzuführen sind, ist es notwendig, die schulische Leistung und den familiären Hintergrund statistisch zu kontrollieren Nach Kristen und Dollmann (2010) lässt sich ein Großteil der Übergangsempfehlungen mit der schulischen Leistungen erklären. Nachteile bei der Entscheidung zum Übergang ins Gymnasium oder in die Realschule gibt es noch für die zweite Generation. Für die dritte Generation besteht sogar eine größere Chance, die Realschule anstelle der Hauptschule zu besuchen. Wird zusätzlich der Bildungshintergrund der Eltern statistisch kontrolliert, ist es für türkische Kinder sogar wahrscheinlicher, dass sie die Realschule besuchen, als für die einheimischen Jugendlichen (Kristen & Dollmann 2010: 132). Baumert und Schümer (2001) vermuten, dass die Kenntnis der Verkehrssprache den größten Einfluss auf die Schullaufbahn hat.

Es bleiben aber immer noch Unterschiede hinsichtlich der besuchten Schultypen bestehen, auch nach statistischer Kontrolle des Bildungsniveaus, der beruflichen Stellung und der Aufenthaltsdauer der Eltern (Ditton et al. 2005; Mansel 2007; Müller & Stanat 2006). Kinder ohne Migrationshintergrund erhalten bei gleichen kognitiven Leistungen und einer vergleichbaren Lesekompetenz eher eine Gymnasialempfehlung als Kinder, deren beide Elternteile im Ausland geboren sind (Stanat & Edele 2011). In der Schweiz können Ramseier und Brühwiler (2003) keine Benachteiligung von fremdsprachigen Schülerinnen und Schülern feststellen. Im Gegenteil gehen sie davon aus, dass diese bei gleicher Leistung eine höhere Chance haben, einen weiterführenden Schultyp zu besuchen. Diese Ergebnisse sind mit einer starken Bildungsmotivation und hohen Bildungszielen von Immigrantinnen und Immigranten zu erklären (Stanat 2009), die dazu führen, dass sich beim Übergangsverhalten die sekundären Effekte positiv auf die Schullaufbahn auswirken. Demnach gehen die Bildungswünsche der Eltern und die Empfehlungen der Lehrkräfte nicht konform. Mansel (2007) nimmt an, dass die Eltern aufgrund der eigenen Abstiegserfahrungen versuchen, ihren Kindern zu den Positionen zu verhelfen, die ihnen selbst verwehrt waren. Lehrpersonen

empfehlen für Jugendliche mit mindestens einem Elternteil mit Migrationshintergrund am häufigsten die Hauptschule, doch möchten nur 17 Prozent dieser
Eltern, dass ihr Kind diesen Schultyp besucht. Rund 37 Prozent der Eltern wol-
len, dass ihr Kind auf ein Gymnasium geht, aber nur 22 Prozent erhalten eine
Empfehlung dafür (Ditton et al. 2005). Trotz der hohen Leistungsmotivation
gelingt es insbesondere den türkischen Jugendlichen nicht, die primären und
sekundären Effekte der Migration zu überwinden.

8.3 Geschlechtsspezifische Unterschiede in der Lesekompetenz

Sind Mädchen kompetenter im Lesen als Jungen? In allen drei Erhebungen der
PISA-Studie seit 2001 weisen die Mädchen in allen einbezogenen Ländern bes-
sere Leseleistungen auf als Jungen (Artelt et al. 2009; Naumann et al. 2010;
Stanat & Kunter 2001, 2002). Ähnliche Befunde zeigen sich schon am Ende der
Grundschule (Schwippert, Bos & Lankes 2004). Im Gegensatz zu diesen neueren
Erkenntnissen konnte die IEA-Studie 1991 (International Association for the
Evaluation of Educational Achievement) zwar einen leichten Vorsprung der
Mädchen nachweisen; die geschlechtsspezifischen Unterschiede waren aber sehr
klein und eher unbedeutend. Zudem waren die Abweichungen nicht in allen
Ländern nachweisbar (Elley 1992). Auch in der PISA-Studie variieren die Unterschiede zwischen Jungen und Mädchen in den verschiedenen Ländern erheblich,
was darauf hinweist, dass manche Bildungssysteme in der Lage sind, sie teilweise auszugleichen (Stanat & Kunter 2002). Diese Unterschiede haben sich von
2000 bis 2009 nicht verändert. In allen Staaten weisen die Mädchen eine höhere
Lesekompetenz auf (Naumann et al. 2010: 52). Marks (2008) weist darauf hin,
dass die geschlechtsspezifischen Unterschiede in den Ländern mit einem ausge-
dehnten öffentlichen Sektor größer sind. Die Überlegenheit der Mädchen scheint
also nicht so klar zu sein, wie es sich auf den ersten Blick darstellen mag. Lietz
(2006) geht sogar davon aus, dass die Berechnungen der Varianzen zwischen den
Gruppen unangemessen sind und damit die berechneten Effektgrößen und daraus
folgend die Differenzen überbewertet werden. Im Folgenden wird versucht, den
beobachteten Unterschieden auf den Grund zu gehen.

Lafontaine und Monseur (2009) führen die geschlechtsspezifischen Abweichungen auf die unterschiedlichen Kompetenzbereiche der Textsorten und Frageformate zurück (Lafontaine & Monseur 2009). In der PISA-Studie fallen die
Geschlechtsunterschiede zwischen den diversen Kompetenzbereichen unterschiedlich groß aus. Am geringsten sind sie beim Auffinden von Informationen,
am größten beim Reflektieren und Bewerten. Hier scheinen insbesondere die
Jungen Probleme zu haben, das Gelesene mit eigenen Erfahrungen und Wissens-

beständen in Verbindung zu bringen, was ein tiefgehendes Verständnis des Gelesenen verhindert (Stanat & Kunter 2001). In der IGLU-Studie wurden hingegen keine geschlechtsspezifischen Unterschiede hinsichtlich der diversen Verstehensaspekte nachgewiesen (Schwippert et al. 2004). Die IEA-Studie 1991 enthielt keine argumentativen Texte (Lafontaine & Monseur 2009); inwiefern dies einen Einfluss hat, ist unbekannt. In der IGLU-Studie lösen die Mädchen die Aufgaben zu literarischen Texten etwas besser als die Jungen (Schwippert et al. 2004). Dieser Vorsprung der Mädchen bei kontinuierlichen Texten (z. B. Erzählungen, Argumentationen) zeigte sich auch bei PISA 2000 (Stanat & Kunter 2002). Bei den diskontinuierlichen Texten (z. B. Tabellen, Diagramme, Karten) nehmen die Unterschiede zwischen Mädchen und Jungen ab. Die Mädchen sind aber immer noch etwas besser als die Jungen. In PISA 2009 konnten die Mädchen in nicht-kontinuierlichen Texten aufholen und sind nun auch in diesem Bereich den Jungen deutlich überlegen (Naumann et al. 2010: 54).

Bezogen auf die Schulformen können keine Leistungsunterschiede zwischen den Mädchen und Jungen bei nicht-kontinuierlichen Texten nachgewiesen werden. Bei den kontinuierlichen Texten zeigen aber die Mädchen in allen Schulformen bessere Leistungen (Stanat & Kunter 2001). Diese Unterschiede hinsichtlich der Textformen lassen sich mit den Lesepräferenzen und den ungleichen Gewohnheiten bei der Mediennutzung von Jungen und Mädchen erklären. Während in den ersten zwei Schuljahren sowohl Mädchen als auch Jungen eine Vorliebe für Erzählungen und die Fantasie anregende Geschichten haben, weichen die Entwicklungen später voneinander ab. Während die Mädchen auch weiterhin fiktionale Texte lesen und ihre Leseinteressen auf andere Genres ausweiten, wenden sich die Jungen von fiktionalen Geschichten ab. Ihre Lesepräferenzen verändern sich in Richtung Comics und Sachtexte (Graf 2010). Nach Richter und Plath (2007) führen diese Lesegewohnheiten zur vermehrten Nutzung von Bildschirmmedien.

Anhand der Frageformate können die geschlechtsspezifischen Unterschiede ebenfalls nicht eindeutig geklärt werden. Während nach Lafontaine & Monseur (2009) die Abweichungen bei Multiple-Choice-Aufgaben geringer werden, gehen Schwippert et al. (2004) von einem Vorteil für die Mädchen aus, der aber so gering sei, dass er vernachlässigt werden könne. Bei Multiple-Choice-Aufgaben schneiden Länder mit schwächeren Schülern besser ab als bei offenen Frageformaten (Lafontaine & Monseur 2009). Im Hinblick auf die Schwierigkeit der Aufgaben lösen die Mädchen die einfachen Aufgaben sicherer als die Jungen, welche ihrerseits schwierigere Aufgaben besser lösen (Schwippert et al. 2004).

Eine Hypothese lautet, dass die skizzierten Abweichungen auf die ungleiche Verteilung der Jungen und Mädchen auf die verschiedenen Schultypen zurückzuführen sind. Die Leistungsunterschiede sind in Schulsystemen mit einer starken

Leistungsdifferenzierung besonders ausgeprägt (Marks 2008). Mädchen sind in den anspruchsvolleren Schultypen überrepräsentiert, wodurch die durchschnittliche Lesekompetenz der Mädchen insgesamt steigt (Logan & Johnston 2010; Stanat & Kunter 2001). Innerhalb der Schulformen fallen die Leistungsunterschiede zwischen Jungen und Mädchen geringer aus. Die Mädchen erreichen aber in Gymnasien und Realschulen bessere Leseleistungen als Jungen, während in der Hauptschule keine geschlechtsspezifischen Unterschiede bestehen (Stanat & Kunter 2001).

Verbale Intelligenz gilt als wichtiger Prädikator für das Leseverständnis (Rost & Sparfeldt 2007). Daher stellt sich die Frage, ob die Mädchen über eine höhere verbale Intelligenz verfügen als Jungen oder ob es sich lediglich um Vorurteile handelt, die Mädchen eher verbale Fähigkeiten und Jungen eine bessere räumliche Wahrnehmung unterstellen. Eine Übersicht über den Forschungsstand gibt einen Einblick in die Erkenntnisse zu diesem Thema.

Hirnstein und Hausmann (Hausmann 2007; Hirnstein & Hausmann 2010) zeigen, dass sich in der Raumkognition tatsächlich gewisse geschlechtsspezifische Unterschiede nachweisen lassen. Unter den Aspekt der Raumkognition fallen die Kategorien räumliche Wahrnehmung, räumliche Visualisierung, mentale Rotation sowie Ortsgedächtnis. Besonders bei den Rotationsaufgaben kann die Überlegenheit der Jungen belegt werden. Beim Ortsgedächtnis erreichen die Mädchen bessere Ergebnisse. Diese Unterschiede lösen sich auf, wenn keine Zeitbegrenzung in den Tests vorgegeben wird (Voyer 1997). Hirnstein und Hausmann heben hervor, dass Mädchen bei Rotationsaufgaben alle Lösungsvorschläge prüfen, während Jungen, wenn sie die richtigen Figuren identifiziert haben, umgehend zur nächsten Aufgabe weitergehen. Daher sei anzunehmen, dass die geschlechtsspezifischen Unterschiede eher auf die angewendeten Lösungsstrategien zurückzuführen seien. Bei den sprachlichen Kognitionen untersuchten Hyde und Linn (1988) auf der Basis von 165 Studien geschlechtsspezifische Unterschiede bei der Lösung diverser sprachlicher Aufgaben. Im Alter zwischen 5 und 25 Jahren konnten sie keine Abweichungen feststellen. Bei den Jüngeren und Älteren wurden zwar Unterschiede erkannt, aber als unbedeutend interpretiert. Diese Ergebnisse werden von Wallentin bestätigt, der geringe Diskrepanzen zwischen Jungen und Mädchen in den sprachlichen Fähigkeiten während der frühen Sprachentwicklung belegen konnte. Diese lösen sich aber im Laufe der Kindheit auf. Geschlechtsspezifische Unterschiede bezüglich der verbalen Fähigkeiten konnte er nicht identifizieren (Wallentin 2009). Die teilweise widersprüchlichen Ergebnisse zu den verbalen Fähigkeiten führt Hausmann (2007) darauf zurück, dass die Schulbildung nicht berücksichtigt wurde. Die geschlechtsspezifischen Unterschiede verschwinden, wenn Schulbildung, Alter und kulturelle Besonderheiten in die Analyse einbezogen werden.

Sehr viele Studien beziehen sich auf die Überlegenheit der Jungen in mathematischen und naturwissenschaftlichen Bereichen (Stanat & Kunter 2002). Die Unterschiede werden oft mit bestehenden Geschlechterrollenstereotypen begründet. Nach einer Untersuchung von Plante et al. (2009) haben sich diese allerdings in Bezug auf Mathematik verändert. Die Autoren führen die Veränderungen auf Förderprogramme für Mädchen in mathematisch-naturwissenschaftlichen Fächern zurück. Mit Ausnahme der Sechstklässler glauben die Schüler heute nicht mehr, dass Mathematik eine männliche Domäne ist. In der 8. und 10. Klasse wird Mathematik von Jungen als geschlechtsneutral eingeschätzt. Die Mädchen sprechen sich im Gegenteil sogar dafür aus, dass Mathematik eine weibliche Domäne sei. Die sprachlichen Geschlechterrollenstereotype hingegen haben sich nicht gewandelt. Nach wie vor wird die Sprache von Jungen und Mädchen aller Altersstufen als weibliche Domäne angesehen (Plante et al. 2009). Diese Geschlechterrollenstereotype wirken sich auf die mathematischen Selbstkonzepte aus. Stärkere mathematische Geschlechterrollenstereotype gehen mit schwächeren mathematischen Selbstkonzepten und Leistungen einher. Die sprachbezogenen Geschlechterrollenstereotype scheinen hingegen keinen Einfluss auf die verbalen Selbstkonzepte und Leistungen zu haben (Steffens & Jelenec 2011). Die größten Unterschiede zwischen Mädchen und Jungen bestehen in deren jeweiligen Einstellungen zum Lesen (Logan & Johnston 2009; Lynn & Mikk 2009). Mädchen nehmen Lesen als Mädchendomäne wahr und sind daher im Gegensatz zu Jungen eher bereit, einen Text zu lesen, der sie wenig interessiert. Es wird vermutet, dass der fehlende Zusammenhang von Interesse und Leistung bei Mädchen im breiteren Lesespektrum der Mädchen begründet ist (Oakhill & Petrides 2007). Vergleicht man die Leseleistungen bei gleicher Motivation, so verschwinden die geschlechtsspezifischen Unterschiede (Stanat & Kunter 2001, 2002). Marks (2008) stellt einen Zusammenhang fest zwischen den Bemühungen, die Heterogenität in mathematischen und naturwissenschaftlichen Fächern zu verringern, und der Zunahme der Unterschiede in der Lesekompetenz. Er geht davon aus, dass bei einer Verringerung der Bedeutung sprachlicher Geschlechterrollenstereotype mit einer Zunahme von geschlechtsspezifischen Unterschieden in Mathematik zu rechnen sei. Es muss als eine pädagogische Aufgabe angesehen werden, die Geschlechterrollenstereotype in allen Bereichen zu reduzieren und die Leistung zu steigern.

Kronig (2007a) konnte nachweisen, dass Mädchen und Jungen je nach sozialem und kulturellem Hintergrund anders bewertet werden. Mit Ausnahme von Kindern aus privilegierten Zuwandererfamilien erhalten Mädchen bei gleicher Leistung bessere Noten als Jungen. Insbesondere die Jungen mit Migrationshintergrund aus niedrigen sozialen Schichten werden bei gleicher Leistung am schlechtesten bewertet. Es ist damit zu rechnen, dass sich dies nicht nur negativ auf die Motivation, sondern vor allem auch auf die Entwicklung des Selbstkonzeptes auswirkt. In dieser Hinsicht dürfte das Phänomen der selbsterfüllenden Prophezeiung (Rist 2000) hauptsächlich für Jungen mit mehrfachen Belastungen für die schulischen Leistungen am Ende der Schulzeit mitverantwortlich sein. Wenn die Kinder und Jugendlichen immer negative Rückmeldungen erhalten, werden schließlich tatsächlich schlechte Leistungen erbracht.

8.4 Zusammenfassung

Gruppenspezifische Unterschiede in der Lesekompetenz lassen sich an der sozio-ökonomischen und kulturellen Herkunft festmachen sowie zwischen Jungen und Mädchen feststellen. Dabei verhalten sich die Risikofaktoren von primären und sekundären Herkunftseffekten kumulativ, was sich insbesondere in den schwachen Leseleistungen von Jungen aus benachteiligten sozialen Milieus mit Migrationshintergrund manifestiert. Im Folgenden werden die Versuche, die aufgezeigten Gruppenbesonderheiten zu erklären, sowie die primären und sekundären Herkunftseffekte kurz zusammengefasst.

Schichtspezifische Unterschiede sind kein neues Phänomen, sondern seit den 1960er-Jahren bekannt (Baumert et al. 2009). Sie werden in erster Linie auf die primären Herkunftseffekte zurückgeführt, nach denen sozial schwächere Schichten über weniger ökonomisches, kulturelles und soziales Kapital verfügen (Bourdieu 2005b). Aus dem Grund sind solche Schichten nicht so gut in der Lage, den Kindern eine lernfördernde Umgebung bereitzustellen – mit der Folge, dass diese Kinder ihre Schullaufbahn unter schlechteren Ausgangsbedingungen beginnen. Die negativen Auswirkungen werden durch sekundäre Effekte bei der Notenvergabe zusätzlich verstärkt, da diese Kinder weniger positiv wahrgenommen werden (Bradley & Corwyn 2002) und ihnen ein geringeres Leistungsvermögen unterstellt wird (Kronig 2007a). Bei den Übergangsempfehlungen kommt erschwerend hinzu, dass Jugendliche aus niedrigeren sozialen Schichten selbst bei gleicher Leistung seltener eine Empfehlung für anspruchsvollere Bildungsgänge erhalten (Baumert & Schümer 2001; Ramseier & Brühwiler 2003). Auch bei den Bildungsentscheidungen an sich sind privilegierte Schichten besser in der Lage, ihre Bildungsvorstellungen gegebenenfalls gegen die Empfehlung der Lehrpersonen durchzusetzen, als sozial schlechter gestellte Familien. Diese primären und sekundären Effekte, welche bei sozial benachteiligten Gruppen zum Tragen kommen, sind in großem Umfang auch im Bereich der kulturellen Herkunft wirksam. Sie sind dementsprechend für Kinder und Jugendliche mit Migrationshintergrund aus sozial benachteiligten Familien schwerwiegend, da diese Gruppe gleich auf beiden Ebenen benachteiligt ist.

Für den schulischen Erfolg von Kindern und Jugendlichen mit Migrationshintergrund sind die Kenntnisse in der Verkehrssprache ausschlaggebend. Obwohl in der Schweiz wie auch in Deutschland Empfehlungen vorliegen, dass Kinder und Jugendliche aufgrund von sprachlichen Schwierigkeiten nicht zurückversetzt werden sollen, zeigen sich in der Realität bereits bei der Einschulung starke sekundäre Effekte. Kinder mit Migrationshintergrund werden öfter nicht altersgemäß eingeschult, in Sonderschulen überwiesen und wiederholen überproportional häufig Klassen. Zusätzlich sind die Leistungsbewertungen der Lehrpersonen von kulturellen Einstellungen geprägt, die zu unterschiedlichen Erwartungshaltungen und damit auch zu negativeren Beurteilungen (Jungbluth 1994; Kronig 2003) bzw. zu niedrigeren Übergangsempfehlungen führen (Kristen & Dollmann 2009). Diese Leistungsunterschiede vermögen die Jugendlichen mit Migrationshintergrund trotz ihrer hohen Bildungsmotivation nicht auszugleichen (Stanat 2009).

Im Zuge der IEA-Studie aus dem Jahr 1991 konnten kaum geschlechtsspezifische Unterschiede ausgemacht werden (Elley 1992). In der aktuelleren PISA-Studie wurden solche Unterschiede hingegen schon ab 2000 in allen Ländern nachgewiesen. Es bestehen aber offensichtliche Besonderheiten in den jeweiligen Ländern; das Bild ist keineswegs einheitlich (Artelt et al. 2009; Naumann et al. 2010; Stanat & Kunter 2001, 2002). Ursachen für die nachgewiesenen Unterschiede sind schwierig zu finden. Erklärungen wurden beispielsweise an den Textsorten (Lafontaine & Monseur 2009; Stanat & Kunter 2002) oder Frageformaten (Lafontaine & Monseur 2009; Schwippert et al. 2004) festgemacht. Die Hypothese, dass Mädchen über eine höhere verbale und Jungen über eine höhere räumliche Intelligenz verfügen, konnte ebenfalls nicht bestätigt werden (Hausmann 2007; Hirnstein & Hausmann 2010). Stanat und Kunter (2001) vermuten, dass die Überlegenheit der Mädchen im Lesen dadurch zustande kommt, dass die Mädchen in den anspruchsvolleren Schultypen stärker vertreten sind und dadurch den Durchschnittswert insgesamt anheben. In weniger anspruchsvollen Schultypen stellen sie keine Geschlechtsunterschiede fest. Plante et al. (Plante et al. 2009) erkannten sowohl bei Mädchen als auch bei Jungen lesebezogene Stereotypen: Lesen wird insgesamt als weibliche Domäne angesehen. Diese Rollenstereotype wirken sich auf Selbstkonzept und Leistungen aus. Eine weitere Annahme geht davon aus, dass die Unterschiede in der Lesekompetenz durch das breitere Lesespektrum (Oakhill & Petrides 2007) und die höhere Lesemotivation (Logan & Johnston 2009) der Mädchen zustande kommt. Stanat und Kunter (2001, 2002) zeigen, dass bei gleicher Lesemotivation keine Unterschiede zwischen Mädchen und Jungen in der Lesekompetenz festzustellen sind. Für die geschlechtsspezifischen Unterschiede scheinen also insbesondere lesebezogene Stereotypen sowie die Lesemotivation verantwortlich zu sein.

Zusammenfassend erweist sich, dass die Schule nicht in der Lage ist, primäre Herkunftseffekte auszugleichen. Es scheint vielmehr, dass sekundäre Herkunftseffekte die ungünstigen Ausgangsbedingungen noch verstärken. Insbesondere dürften sich die sekundären Effekte negativ auf die Lesemotivation und die Ausbildung von lesebezogenen Selbstkonzepten auswirken, welche die ohnehin geringere Lesemotivation von Jungen noch zusätzlich schwächen. Somit kann die geringe Lesekompetenz vor allem von Jungen mit Migrationshintergrund aus niedrigen sozialen Schichten mit kumulativen Effekten erklärt werden.

9 Unterschiede in der Motivation und der Anschlusskommunikation

Gruppenspezifische Unterschiede zeigen sich nicht nur in der Lesekompetenz, sondern auch in der Lesemotivation und der Anschlusskommunikation. In der Theorie werden die Ursachen für das Zustandekommen von gruppenspezifischen Besonderheiten bei der Lesemotivation und der Anschlusskommunikation in der familiären und schulischen Sozialisation vermutet. Im Folgenden wird auf diese Abweichungen mit Blick auf die soziale Schicht, den Migrationshintergrund und das Geschlecht näher eingegangen.

9.1 Unterschiede in der Lesemotivation

Die Bedeutung der Lesemotivation ist zentral, da schichtspezifische Unterschiede in der Lesekompetenz hierdurch ausgeglichen werden können (Guthrie 2008b: 6). Unterschiede in der Lesemotivation werden auf den jeweiligen Stellenwert, der dem Lesen in den diversen sozialen Schichten eingeräumt wird, zurückgeführt. Wie schon beim Mehrebenenmodell der Ko-Konstruktion beschrieben, weisen Unterschichtfamilien der Schule dezidiert die leistungsbezogenen Bildungsnormen zu, während die Familie selbst die Lebensfreude betont und den Kindern einen Rückzugsraum von der leistungsbezogenen Gesellschaft zur Verfügung stellt (Groeben & Schroeder 2004). Entstehen Vorlesesituationen, wird den Kindern weniger die Möglichkeit geboten, sich an der Bedeutungskonstruktion zu beteiligen, was dazu führt, dass sie das Interesse verlieren und sich lieber anderen Aktivitäten zuwenden. Die Kinder entwickeln in der Grundschule andere Interessen und ziehen das Fernsehen dem Lesen vor (Bonfadelli 2010). In der Jugendphase haben die Aktivitäten mit Gleichaltrigen Priorität (Groeben & Schroeder 2004). In der Mittelschicht rückt die Nachwuchsförderung stärker in den Blick, ohne dass die Lebensfreude vernachlässigt wird. Dies zeigt sich nicht zuletzt in einem offenen Gesprächs- und Interaktionsklima, in dem auch das Lesen in die Alltagskommunikation eingebunden ist (Groeben & Schroeder 2004). Dementsprechend variiert je nach sozialer Schicht die familiäre Mediennutzung. Während in der Mittelschicht die Medien vielfältiger – und zwar sowohl zum Wissenserwerb als auch zum Vergnügen – genutzt werden, hat in der Unterschicht vor allem das Fernsehen die Funktion der Entspannung (Ennemoser & Schneider 2004; Möller & Retelsdorf 2008). Bei den herkömmlichen Lesemedien weist Graf lediglich beim Lesen von Romanen auf schichtspezifische Unterschiede hin: Nur Romane werden in niedrigeren sozialen Schichten weniger gelesen. Sachbücher, Zeitschriften und Zeitungen werden von allen Schichten gleich häufig gelesen (Graf 2010). Den geringen Stellenwert des Buchlesens in Migrationsfamilien führen Bonfadelli und Bucher (2008) weniger auf den Migrationshintergrund als auf den häufig niedrigen Bildungsstatus der Migrationsfamilien zurück.

Die Lesemotivation wird nach Zhou und Salili (2008) am stärksten durch die Anzahl der Bücher in der Familie, die Häufigkeit von Bücherkäufen sowie das Vorlesen gefördert. Dies sind aber eher schichtspezifische denn kulturelle Einflüsse. Die kulturellen Unterschiede in der Lesemotivation sind jedoch noch wenig erforscht (Bonfadelli & Bucher 2008). Um das Lesen bei Jugendlichen mit Migrationshintergrund zu fördern, müssen die Texte für die Jugendlichen relevant sein (Guthrie & Aloa 1997). Interesse könnte geweckt werden, wenn die Jugendlichen auch Texte aus ihrem Kulturkreis lesen (Gibb & Guthrie 2008) und damit zugleich ihre kulturelle Identität stärken. Für die Einheimischen können Texte aus anderen Kulturkreisen eine Bereicherung sein, da sie dazu beitragen, das Verständnis für andere Kulturen zu erweitern. Solche Texte bieten einen guten Anlass zur Anschlusskommunikation, bei der die eigene mit der fremden Kultur verglichen wird.

Die geschlechtsspezifischen Unterschiede in der Lesekompetenz werden in der Literatur zum Teil auf die Lesemotivation zurückgeführt (z. B. Guthrie 2008b). Gemäß der PISA-Studie 2000 zeigten derzeit in allen Ländern mit Ausnahme von Korea Mädchen ein höheres Leseinteresse als Jungen. Dieser Befund ist aktuell, nach der Studie des Jahres 2009, nach wie vor gültig (Artelt et al. 2010). In Deutschland fiel der Unterschied im internationalen Vergleich besonders groß aus, wobei mangelndes Interesse am Lesen bei den Jungen hervorstach (Stanat & Kunter 2002) – ein Merkmal, das schon in der Grundschule vorhanden ist. Mädchen lesen nicht nur gerner, sondern auch häufiger (Hurrelmann 2004a). Die höhere Motivation wird bei Mädchen auf die stärkere Involviertheit (McGeown, Goodwin, Henderson & Wright 2011; Nickel-Bacon 2003) oder die Geschlechtsidentität zurückgeführt (McGeown et al. 2011), was sich in Lesezeiten und Lesepräferenzen auswirkt. Am Ende der Kindheit verlieren die kindlichen Lesestoffe den Reiz, was zu einem Einbruch bei der Lesefrequenz führt. Gerade Jungen geben in dieser Phase das Lesen oft vollständig auf (Artelt, Schneider & Schiefele 2002b; Graf 1995) und entwickeln eine Identität als Nichtleser (Garbe 2009a). Narrative Texte lösen bei Jungen in dieser Phase eine Vermeidungshaltung und damit verbunden selbstbehindernde Strategien aus (Graham, Tisher, Ainley & Kennedy 2008). Der Zusammenhang zwischen Interesse und Textverstehen ist bei ihnen besonders sensibel: Mangelndes Interesse zieht schlechtere Verstehensleistungen, aber auch bessere Leistungen bei interessanten Texten nach sich (Ainley, Hillman & Hidi 2002b). In dieser Phase der Umorientierung erweitern die weiblichen Jugendlichen ihre Lesegenres, während sich die Jungen in ihrer Rollenfindung von den fiktionalen Texten distanzieren und sich vermehrt Sachtexten oder Comics zuwenden (Farris, Werderich, Nelson & Fuhler 2009; Graf 2010; Nickel-Bacon 2003). Für die Relevanz der Geschlechtsidentität spricht das rigide Bekenntnis der Jungen zu Sachtexten bei gleichzeitiger Ablehnung von fiktionalen Texten (Graf 2010). Für sie scheint der Realitätsbezug sowie die in Sachtexten unterstellte Objektivität zentral für den Identitätsentwurf und die Übernahme der männlichen Geschlechterrolle zu sein (Graf 2010). Bei näherem Betrachten zeigt sich aber, dass der intime Lesemodus nach Graf (2010: 142), der mit Involviertheit und fantasievollem Eintauchen in eine Geschichte beschrieben wird, auch bei männlichen Lesern beim Sachtextlesen zu finden ist. Jungen distanzieren sich von diesem Lesemodus aber explizit, da er nicht zu ihrem männlichen Selbstbild passt (Graf 2010: 143). Sie sehen sich eher als interessenorientierte Leser. Dieser Modus ist bei Mädchen durchaus auch zu finden, er nimmt aber in ihrem Selbstbild einen geringen Stellenwert ein (Graf 2010).

Die familiäre Einbettung in Form eines unterstützenden Erziehungsstils wirkt sich bei Mädchen positiv auf das Selbstbild hinsichtlich der Begabung und die Selbsteinschätzung der Lesekompetenz aus (Kassis & Schneider 2004b). Der unterstützende Erziehungsstil fördert bei Mädchen das private Lesen und mithin die Lesemotivation, die sich ihrerseits auf das lesebezogene Selbstkonzept auswirkt (Kassis & Schneider 2004a, 2004b). Bei den Jungen wird das private Lesen nicht vom Erziehungsstil beeinflusst, sondern durch die Geschlechterrollenstereotype. Das private Lesen fördert dennoch, wie bei den Mädchen, die Lesemotivation sowie das lesebezogene Selbstkonzept (Kassis & Schneider 2004a, 2004b).

Die Lesemotivation und folglich die Lesefrequenz der Jugendlichen variieren stark je nach der besuchten Schulform. In Hauptschulen lesen zwei Drittel der männlichen Jugendlichen wenig oder gar nicht mehr. Bei den Mädchen sind es rund 12 Prozent. Im Gegensatz dazu entwickeln sich über 50 Prozent der Mädchen, welche das Gymnasium besuchen, zu habituellen Leserinnen, bei den Jungen sind es rund 30 Prozent. In der Hauptschule liegt der Anteil der habituellen Leserinnen bei rund 20 Prozent, bei den Jungen lediglich bei rund sechs Prozent (Graf 1995).

9.2 Unterschiede in der Anschlusskommunikation

Bei der prä- und paraliterarischen Kommunikation zwischen Eltern und Kind stellte Wieler (1995, 1997) schichtspezifische Unterschiede fest. In Fallanalysen, die niederländische und deutsche Familien einbezogen, tauschten sich Mittelschichtfamilien deutlich häufiger über literarische und alltägliche Erfahrungen mit Vierjährigen aus, als dies in Unterschichtfamilien der Fall war. Bei niedrigen sozialen Schichten beobachtete sie in der Vorlesesituation, dass die Eltern das Kind nicht an der Bedeutungskonstruktion beteiligen, sondern ihm lediglich die Rolle eines schweigenden Zuhörers zugestehen. Die Eltern vermitteln somit nur den Inhalt, was dazu führt, dass das Vorleseinteresse sehr schnell erlahmt und sich das Kind einer anderen, attraktiveren Aktivität zuwendet (Wieler 1995). Die Kinder können keine positive Beziehung zu Büchern aufbauen. Dies wird zusätzlich verstärkt, wenn das Lesen funktionalisiert wird, z. B. wenn das Vorlesen dazu genutzt wird, ein Kind ruhigzustellen (Hurrelmann et al. 1993, 1995). Jäkel, Schölmerich, Kassis, & Leyendecker (2011) gehen davon aus, dass die Ausprägungen der Lesepraxis nicht alleine auf den sozialen Hintergrund zurückzuführen, sondern auch kulturell begründet sind. Türkischen Eltern ist das Vorlesen und Spielen mit Kindern aufgrund ihrer eigenen Sozialisation fremd. Sie passen sich der westlichen Vorlesekultur zwar an, sehen sich aber der Schwierigkeit gegenüber, dass es im deutschsprachigen Raum kaum Kinderbücher in ihrer Herkunftssprache gibt. In der Folge liest in türkischen Familien überwiegend die Mutter auf Deutsch vor, während deutschen Kindern in der Regel von mehreren Personen vorgelesen wird (Jäkel et al. 2011).

Die Prozesse der familiären Lesepraxis führen Groeben und Schroeder (2004) in den Ko-Konstruktionsprozessen weiter. Die selten praktizierte prä- und paraliterarische Kommunikation in Unterschichtfamilien geht häufig einher mit einem rigiden Handlungsgerüst, welches den Kindern keinen Spielraum für die aktive Teilnahme an der Anschlusskommunikation bietet (Groeben & Schroeder 2004). Bei der Nutzung von audiovisuellen Medien sind die Kinder weitgehend sich selbst überlassen, sodass auch hier keine weitere Kommunikation stattfindet. Dies führt insgesamt dazu, dass die Kinder Texte als starr und unverständlich wahrnehmen. Die Lesesituation mit den Eltern ist nicht mit Vergnügen verbunden. In der Folge wird keine emotionale Beziehung zu Büchern aufgebaut (Groeben & Schroeder 2004), welche jedoch Voraussetzung für die Entwicklung der späteren eigenen Lesetätigkeit und Lesemotivation wäre (Hurrelmann 2004a).

Im Gegensatz dazu ist die Anschlusskommunikation ein wichtiges Element in der Vorlesesituation von Mittelschichtfamilien. Diese realisieren in einem sozial interaktiven Leseklima Interaktionsformen, welche auf die „Zone der nächsten Entwicklung" ausgerichtet sind (Groeben & Schroeder 2004; Textor

1999; Wygotski 1980). Das Vorlesen wird deshalb als emotional angenehme Situation wahrgenommen und insgesamt positiv besetzt. Das Kind beteiligt sich aktiv an der Kommunikation und wird von den Eltern ermuntert, in imaginäre Welten einzutauchen und sich darüber auszutauschen (Groeben & Schroeder 2004). Ein solches familiäres Leseklima wird auch noch von Jugendlichen als anregend empfunden, was sich insgesamt in einer wertschätzenden Haltung gegenüber dem Lesen widerspiegelt. Es lässt den einzelnen Familienmitgliedern aber auch genügend Freiraum für die eigenen Interessen (Groeben & Schroeder 2004). Diese soziale Einbindung des Lesens in den Familienalltag wirkt sich positiv auf die Lesemotivation und die Lesehäufigkeit aus (Hurrelmann 2004a; Hurrelmann et al. 1995). Die Lesemotivation, und hier in erster Linie die Involviertheit beim Lesen, ist nicht nur relevant für die Lesekompetenzentwicklung, sondern fördert zudem das Bedürfnis, über Gelesenes zu sprechen (Schallert & Reed 1997). Diese innerfamiliären Sozialisationsbedingungen sind sowohl in der vorschulischen Zeit und während der Grundschule für die Entwicklung der Lesekompetenz wichtig als auch in der Jugendphase. Ein wertschätzender und zugleich lenkender Erziehungsstil bildet die Basis einer emotionalen Beziehung zwischen Eltern und Jugendlichen, welche die Anschlusskommunikation ermöglicht. Die Wirkung der Erziehungspraxis auf die Anschlusskommunikation und Lesetätigkeit ist in allen sozialen Schichten zu finden. Sie ist aber in sozial benachteiligten Familien besonders stark, wenn sich die Jugendlichen von ihren Eltern unterstützt fühlen (Kassis 2007).

Die Heterogenität in der Anschlusskommunikation ist somit zum einen schichtbedingt. Eine zweite Ursache kommt zum Tragen, wenn eine Familie wegen ihres Migrationshintergrundes in der Aufnahmegesellschaft nicht nur mit einer anderen Kultur, sondern auch mit einer fremden Sprache konfrontiert ist. Die Wertschätzung der Mehrheits- wie auch der Herkunftskultur bildet einen wichtigen Baustein der persönlichen Identität der Heranwachsenden. Sie zeigt sich in der kommunikativen Alltagspraxis und der Mediennutzung der Familie (Ehlers 2002; Wieler 2007). Die Nichtbeachtung der Erstsprache von Migrantenkindern hat durchweg negative Folgen für den Aufbau der Selbstkonzepte (Wieler 2007) und kann zu einer Verzögerung in der Entwicklung der Lesefertigkeiten führen. Dies kann durch die literale Praxis abgeschwächt werden, wenn die literalen Ressourcen und die damit einhergehenden Interaktionen in der Familie gepflegt werden (Ehlers 2002). In vielen Migrantenfamilien, insbesondere in Familien mit einem eher niedrigen sozioökonomischen Status, fehlt es aber häufig an Lesematerialien, die für die Entwicklung der Kinder zentral wären (Wieler 2007); die Familien verfügen insgesamt über weniger Printmedien. Anders sieht es bei der Ausstattung mit elektronischen Medien aus: Hier sind sie besser gestellt als die einheimischen Kinder. Zugleich gibt es bei Migrantenfamilien eine räumliche Verlagerung der elektronischen Medien vom Wohn- ins Kinderzimmer (Bonfadelli 2010; Bucher & Bonfadelli 2006). Die Ausstattung wirkt sich auch auf die Anschlusskommunikation aus. Migrantenkinder sprechen seltener mit ihren Eltern über das in Printmedien Gelesene im Vergleich zu deutschsprachigen Jugendlichen. Dies dürfte darauf zurückzuführen sein, dass die Mediensprache von Druckerzeugnissen in der Regel nicht der Familiensprache entspricht (Bucher & Bonfadelli 2006). Bezogen auf Gespräche über Zeitungen, Zeitschriften und Bücher mit Geschwistern oder Kollegen gibt es keine Unterschiede zu den einheimischen Jugendlichen. Im Hinblick auf Gespräche über elektronische Medien adressieren die Jugendlichen mit Migrationshintergrund eher Kollegen oder Geschwister, während bei einheimischen Jugendlichen der Vater wichtiger Gesprächspartner ist (Bucher & Bonfadelli 2006). Wieler (2007) zeigte in ihrer Untersuchung, dass Interaktionen elektronische Inhalte teilweise zweisprachig stattfinden – es wird in einer Interaktion zwischen deutsch und z. B. türkisch gewechselt. Im Gegensatz dazu läuft die buchbezogene Anschlusskommunikation auf Deutsch ab. Dies dürfte darauf zurückzuführen sein, dass der Schriftspracherwerb auf Deutsch erfolgte und die Jugendlichen in ihrer Muttersprache nur über rudimentäre Lesefähigkeiten verfügen (Ehlers 2002). Die Gesprächsinhalte von Jugendlichen mit Migrationshintergrund und von einheimischen Jugendlichen gleichen einander. Gespräche über Printmedien sind eher randständig. Während nur 25 Prozent der Jugendlichen angeben, mit Kollegen über Bücher zu sprechen, sind es bei Zeitungen 32 Prozent und sogar 40 Prozent bei Zeitschriften. Über 80 Prozent der Jugendlichen führen laut eigener Aussage mit Kollegen Gespräche über Fernsehsendungen , über elektronische Inhalte bzw. Computer reden fast 60 Prozent der Jugendlichen (Treumann et al. 2007: 136). Hierbei ist die heterogene Zusammensetzung der Herkunft der Kollegen zu erwähnen: Schweizer Jugendliche geben an, dass rund 70 Prozent ihrer Kollegen Schweizer sind. Bei den Migrantenkindern stammen hingegen 50 Prozent der Kollegen aus dem gleichen Herkunftsland wie sie selbst, 20 Prozent stammen aus einem anderen Land. Aus anderem Blickwinkel sind die Zahlen noch aussagekräftiger: Nur rund 15 bis 25 Prozent der Jugendlichen mit Migrationshintergrund haben überhaupt Schweizer Kollegen (Bucher & Bonfadelli 2006: 336).

Während unter Gleichaltrigen kaum Unterschiede in den Themen der Anschlusskommunikation festzustellen sind, gibt es größere Abweichungen zwischen Mädchen und Jungen. Mädchen tauschen sich häufiger über Bücher aus, Jungen unterhalten sich häufiger über Computerspiele (Philipp, von Salisch & Gölitz 2008). In der Anschlusskommunikation über Artikel aus Zeitungen und Zeitschriften gibt es keine geschlechtsspezifischen Unterschiede (Philipp et al. 2008). Für die Anschlusskommunikation unter Gleichaltrigen ist die Lesefreudigkeit der Kolleginnen und Kollegen zentral. Rosebrock (2004) vermutet, dass die Mädchen eher lesende Freunde bzw. Freundinnen suchen, da ihre Sozialkontakte stärker auf Gespräche ausgerichtet sind. Die lesebezogene Anschlusskommunikation läuft dabei durchaus auch mit nicht lesenden Mädchen ab, was bei Jungen nicht zu beobachten ist (Rosebrock 2004). In der bücherbezogenen Anschlusskommunikation zeigen sich zudem Diskrepanzen bei Betrachtung verschiedener Schulstufen. Insbesondere in Gymnasien finden bei Mädchen häufig buchbezogene Gespräche statt. In Real- und Hauptschulen ist dies weniger der Fall (Philipp et al. 2008).

Der Umgang mit Büchern in der Familie ist, dies sei nochmals betont, für Mädchen wie Jungen zentral für die Lesezeit, die Lesemotivation sowie für das lesebezogene Selbstkonzept. Bei Jungen ist insbesondere der Zusammenhang von Lesezeit und lesebezogenem Selbstkonzept besonders stark ausgeprägt (Kassis & Schneider 2003, 2004a).

9.3 Zusammenfassung

Gruppenspezifische Besonderheiten lassen sich in der Lesemotivation wie auch in der Anschlusskommunikation identifizieren. Die schichtspezifischen Unterschiede in der Lesemotivation werden auf den jeweiligen Stellenwert, der dem Lesen eingeräumt wird, zurückgeführt. In Unterschichtfamilien wird das Lesen stark mit leistungsbezogenen Bildungsnormen in Verbindung gebracht und die Verantwortung hierfür an die Schule delegiert. Die Familie versucht, den Kindern einen Rückzugsraum zu bieten (Groeben & Schroeder 2004). Der Mittelschicht gelingt es besser, die Nachwuchsförderung voranzutreiben, ohne die Lebensfreude aus dem Blick zu verlieren. Dementsprechend werden elektronische Medien und Printmedien vielfältiger genutzt (Möller & Retelsdorf 2008). Die kulturellen Unterschiede in der Lesemotivation sind noch wenig erforscht (Bonfadelli & Signer 2008). Der geringe Stellenwert des Buchlesens wird aber weniger dem Migrationshintergrund als vielmehr dem häufig niedrigeren Status von Immigranten zugeschrieben.

Die geschlechtsspezifischen Unterschiede in der Lesemotivation zeigen sich in der PISA-Studie in allen Ländern außer Korea (Stanat & Kunter 2002) und wurden auch 2009 noch nachgewiesen (Artelt et al. 2010). Sie sind schon in der Grundschule festzustellen, wenngleich sie zu diesem Zeitpunkt weniger stark ausgeprägt sind. Der Einbruch in der Lesemotivation und der Lesehäufigkeit erfolgt beim Übergang von der Kinder- zur Jugendlektüre (Graf 2010). Bei Jungen findet in dieser Phase eine Umorientierung im Hinblick auf die Lesegenres statt. Während die Mädchen die Genres ausweiten, wenden sich die Jungen von fiktionalen Texten ab und Sachtexten und Comics zu (Graf 2010). Die Lesemotivation ist eine wichtige Voraussetzung für die Anschlusskommunikation. Insbesondere in niedrigen sozialen Schichten gibt es weniger Austausch über das Gelesene. Dies spiegelt sich in der Vorlesesituation mit kleinen Kindern wider, in der die Eltern dem Kind kaum Gelegenheit geben, sich am gemeinsamen Lesen aktiv zu beteiligen. In der Folge verlieren die Kinder schnell das Interesse und wenden sich lieber anderen Tätigkeiten zu (Wieler 1997). Mittelschichtfamilien sind zwar besser in der Lage, die Kinder zu beteiligen und in ihrer Entwicklung zu unterstützen (Groeben & Schroeder 2004). Der Migrationshintergrund erweist sich allerdings auch hier als ein Hindernis. Die Schwierigkeiten wachsen, wenn in der Familie eine andere Sprache gesprochen wird. Zudem fehlt es häufig an Lesematerial (Wieler 1997) und die Kinder, sich selbst überlassen, verbringen mehr Zeit vor dem Fernseher. In der Jugendphase gewinnen die Peers bzw. die Kollegen für die Anschlusskommunikation an Bedeutung. Hiervon könnten Jugendliche mit Migrationshintergrund profitieren. Bonfadelli und Bucher (2007) verweisen aber darauf, dass die einheimischen Jugendlichen unter sich bleiben. Die Jugendlichen mit Migrationshintergrund haben nur relativ wenige Freunde aus der Aufnahmegesellschaft. Sie verbringen ihre Freizeit vor allem mit Peers aus dem gleichen Ursprungsland. Die Gesprächsthemen von Jugendlichen ähneln sich weitgehend. Mädchen tauschen sich allerdings häufiger als Jungen über Bücher aus, während sich die Jungen eher über elektronisch bereitgestellte Inhalte unterhalten (Philipp et al. 2008). Insgesamt geht die Forschung davon aus, dass eine lesefreundliche Gleichaltrigengruppe zentral ist für die Anschlusskommunikation. Da Mädchen stärker auf Gespräche und Reflexion ausgerichtet sind, suchen sich lesende Mädchen konsequenterweise selbst auch eher lesende Freunde/Freundinnen (Rosebrock 2004).

Die Anschlusskommunikation und die Lesemotivation hängen sehr eng zusammen und bedingen einander. Die familiäre Sozialisation, die stark durch Ressourcen bestimmt ist, beeinflusst die Lesemotivation und die damit verbundene Anschlusskommunikation. Für Jungen stellt der Übergang von der Kinder- zur Jugendlektüre ein zusätzliches Risiko dar, sich zu einem Nichtleser zu entwickeln. Insgesamt kann auch hier von kumulativen Effekten ausgegangen werden; die damit einhergehenden Herausforderungen einheimische Mädchen aus privilegierten Familien am besten meistern.

10 Fragestellung und zu prüfendes Modell

Im Zentrum vorliegenden Arbeit steht das Wirkungsgefüge zwischen Anschluss-kommunikation, motivationalen Faktoren und der Lesekompetenz. Dabei soll geklärt werden, inwieweit gruppenspezifische Unterschiede auf Lesekompetenz, Anschlusskommunikation und motivationale Faktoren zurückzuführen sind. Die theoretischen Grundlagen stellen der interaktionistische Konstruktivismus (Sutter 2010c: 51), das Erwartungs-Wert-Modell der Lesemotivation (Möller & Schiefele 2004: 105) sowie die kognitionstheoretische Lesekompetenzbestim-mung bereit (Artelt et al. 2001: 82). Die drei Ansätze wurden im Prozessmodell der Lesekompetenz (vgl. Abbildung 8) zusammengeführt.

Im Folgenden werden Ausschnitte des Lesekompetenzmodells aufgegriffen und weiter ausdifferenziert (vgl. Abbildung 11). Auf der Kontextebene wird das soziale, kulturelle und ökonomische Kapital nach Bourdieu (2005b) aufgenom-men. Die Subjektebene bildet Elemente der motivationalen Überzeugungen, die lesebezogenen Wert- und Erwartungskognitionen und die aktuelle und habituelle Lesemotivation nach Möller und Schiefele ab (2004: 105). Die Anschlusskom-munikation steht in wechselseitiger Beziehung zum psychischen System (Sutter 2008). Im psychischen System erfolgt die kognitive Verarbeitung. Aus diesem Grunde wird sie der Prozessebene zugeordnet, obwohl auch soziale Komponen-ten der Kontextebene enthalten sind. Zwischen Anschlusskommunikation und Massenkommunikation besteht eine wechselseitige Beziehung, und zwar eine leistungsbezogene, die bestimmt, welche Medien genutzt werden und wie die Nutzer sich darüber austauschen (Sutter 2008). Die Gestaltung der Medien, ins-besondere der Printmedien, kann mit Elementen wie der Gliederung, Kürze und Prägnanz, Informationsgehalt und Stimulanz (Langer et al. 2006) die kognitive Verarbeitung, die Lesemotivation und damit auch die Lesezeit beeinflussen.

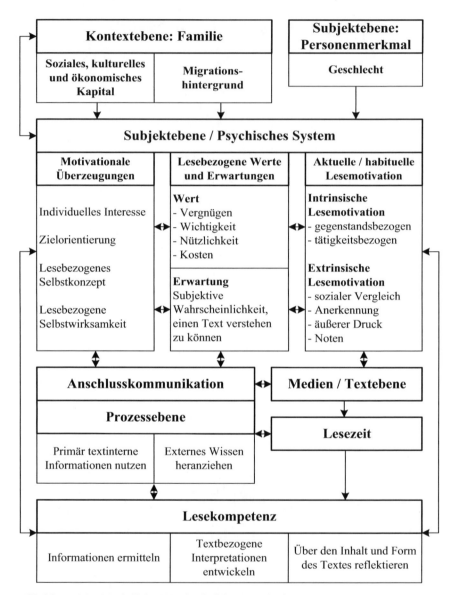

Abbildung 11: Modell der Wechselwirkung zwischen
Anschlusskommunikation, Motivation und Lesekompetenz

In der Forschung wird davon ausgegangen, dass sich gruppenspezifische Unterschiede im soziökonomischen Status nach Migrationshintergrund und Geschlecht auf die motivationalen Überzeugungen und die habituelle Lesemotivation auswirken und sich schließlich auch in der Lesekompetenz äußern. Vorliegende Arbeit folgt dieser Ansicht. Die gruppenspezifischen Unterschiede in der Lesekompetenz wurden, wie oben ausführlich erläutert, in den PISA-Studien seit 2000 mehrfach belegt (Klieme et al. 2010a). Schichtspezifische Unterschiede in der Lesemotivation werden beispielsweise von Groeben und Schroeder (2004) und in der Anschlusskommunikation von Wieler (1997) angenommen. Belege für motivationale Besonderheiten je nach Migrationshintergrund werden von Bonfadelli und Bucher (2008) und hinsichtlich der Anschlusskommunikation, insbesondere bezogen auf die Gleichaltrigengruppe, von Phillip (2010a; Philipp, Gölitz & von Salisch 2010) festgehalten. Hinweise auf geschlechtsspezifische Unterschiede in der Lesemotivation haben sich vielfach bestätigt (z. B. Artelt et al. 2010; Garbe 2002; Graf 2010). In der Anschlusskommunikation zeigen sich geschlechtsspezifische Unterschiede in den Gleichaltrigengruppen (Philipp 2008, 2010a). Gemäß ihres Erwartungs-Wert-Modells der Lesemotivation gehen Möller und Schiefele (2004) davon aus, dass das kulturelle Milieu sich auf die motivationalen Überzeugungen, die lesebezogenen Wert- und Erwartungskognitionen sowie die aktuelle und habituelle Lesemotivation auswirkt und damit das Leseverhalten und die Lesekompetenz bestimmt. Sowohl theoretische als auch empirische Belege legen nahe, dass das Wirkungsgefüge komplex ist und dass wechselseitige Beziehungen zwischen den verschiedenen Aspekten bestehen. So beruht das theoretische Modell der Anschlusskommunikation von Sutter (2008; 2010c) auf der Annahme, dass es Wechselwirkungen zwischen Anschlusskommunikation und psychischem System gibt, welche sich auf die individuelle kognitive Verarbeitung beziehen. Daraus kann geschlossen werden, dass zwischen Anschlusskommunikation und Lesekompetenz ebenfalls eine wechselseitige Beziehung besteht. Laut Kassis' (2007) Untersuchung von Sozialisationsprozessen beeinflusst die Anschlusskommunikation nicht direkt, sondern indirekt über Geschlechterrollenstereotype bzw. Lesetätigkeit die Lesekompetenz. In seinem Modell wird die Anschlusskommunikation durch einen unterstützenden Erziehungsstil bestimmt. In der Lesesozialisationsforschung ist die Anschlusskommunikation eine wichtige Voraussetzung für die Entwicklung von Lesemotivation und Lesekompetenz (Garbe, Holle & Jesch 2009; Hurrelmann 2007; Wieler 1997). Die Lesemotivation kann ihrerseits aber auch wieder den Wunsch nach Anschlusskommunikation anregen (Hurrelmann 2004a).

Die intrinsische Lesemotivation bestimmt nicht nur die Lesezeit (van Elsäcker & Verhoeven 2002), sondern auch die Lesekompetenz (Becker, McElvany & Kortenbruck 2010; Yudowitch et al. 2008). Die Leseleistung ihrerseits prägt aber wiederum die Lesemotivation (Guthrie 2008b). Wechselseitige Beziehungen werden ebenfalls zwischen lesebezogenem Selbstkonzept und der Lesekompetenz angenommen sowie zwischen Interesse und Selbstkonzept (Marsh & Craven 2006). Der Aufbau von lesebezogenen Selbstkonzepten erfolgt im Zuge der sozialen Interaktion (Rosebrock & Nix 2010). Auf dieser Grundlage ist eine Beziehung zwischen lesebezogenen Selbstkonzepten und Anschlusskommunikation anzunehmen. Inwiefern diese Beziehung wechselseitig ist, wurde bislang noch nicht geprüft. Daher soll im Rahmen vorliegender Untersuchung dieser Frage nachgegangen werden.

Bei den beschriebenen Wirkungszusammenhängen handelt es sich teilweise lediglich um theoretische Annahmen. Manche sind in Form von Strukturgleichungsmodellen in Querschnittstudien überprüft worden, welche allerdings keine Aussagen über kausale Wirkungszusammenhänge zulassen. Einzig die wechselseitige Beziehung zwischen Selbstkonzept und Kompetenz wurde von der Forschungsgruppe um Marsh (Marsh & Craven 2005) gut belegt. Die im Umfeld dieser Gruppe entstandenen Studien beziehen sich häufig auf das schulische oder auf das mathematische Selbstkonzept. Das verbale Selbstkonzept wird von Möller, Pohlmann, Streblow, & Kauffmann (2002) näher erforscht. Das lesebezogene Selbstkonzept wird häufig im Rahmen des internalen/externalen Referenzrahmenmodells (Marsh 1986; Möller, Pohlmann, Köller & Marsh 2009) untersucht. Auf wechselseitige Wirkungszusammenhänge zwischen Lesemotivation, Leseverhalten und Lesekompetenz gibt es Hinweise in der Untersuchung von McElvany, Kortenbruck und Becker (2008), die sich mit dem Primarschulbereich befasst. Die Wirkungszusammenhänge von Anschlusskommunikation, Lesemotivation und Lesekompetenz ist in Längsschnittuntersuchungen noch kaum betrachtet worden. Insbesondere gruppenspezifische Unterschiede bei den Wirkungszusammenhängen sind bislang vernachlässigt worden, sodass hier noch ein großer Forschungsbedarf besteht.

Aus den vorangehenden Ausführungen ergeben sich folgende Fragestellungen:
1. Die erste Frage bezieht sich auf die *Stabilität der Konstrukte über die Zeit.*
    Hier geht es also um die Veränderung der Konstrukte zwischen den Zeitpunkten t1 und t2 und somit darum, die Entwicklungen der Schülerinnen und Schüler am Ende der Sekundarstufe I nachzuzeichnen. Zu diesem Zweck wird ein t-Test für Messwiederholungen in SPSS (IBM Software 2011) durchgeführt. Bei den Erhebungen im Abstand von einem Schuljahr in der 8. und 9. Jahrgangsstufe sollten die Veränderungen relativ gering ausfallen. Bezüglich der Lesekompetenz wird davon ausgegangen, dass die Schülerinnen und Schüler eher bessere Leistungen erzielen, da der gleiche Test noch einmal verwendet wird und gewisse Erinnerungseffekte zum Tra-

gen kommen können. Bezogen auf die intrinsische Lesemotivation ist eher mit einer Abnahme zu rechnen, da die intrinsische Motivation fachübergreifend schon im Verlauf des Grundschulbesuchs rückläufig ist (Helmke 1993) – ein Trend, der sich auch in der Oberstufe weiter fortsetzen sollte. Das lesebezogene Selbstkonzept bleibt vermutlich relativ stabil, da eine Relativierung der Selbstkonzepte nach dem Übergang in die Sekundarstufe erfolgt (Billmann-Mahecha & Tiedemann 2006). Nach diesem Übergang stehen Gymnasialschüler mit mehr guten Mitschülern in Konkurrenz als in der Grundschule, daher schwächt sich ihr Selbstkonzept ab. Bei den Hauptschülern ist es gerade umgekehrt. Da es weniger leistungsstarke Schüler in der Klasse gibt, wird ihr Selbstkonzept stärker (Retelsdorf & Möller 2008). Anzunehmen ist, dass die familiäre Anschlusskommunikation abnimmt, da eine Verlagerung weg von der Familie und hin zu den Gleichaltrigen zu vermuten ist (Graf 2010). Dieser Aspekt ist bislang für diese Altersstufe noch nicht untersucht worden.

2. In einem zweiten Schritt wird der Frage nachgegangen, welche *gruppenspezifischen Mittelwertsunterschiede* in der Anschlusskommunikation, den motivationalen Konstrukten und der Lesekompetenz bestehen. In erster Linie sollen bekannte Gruppendiskrepanzen geprüft werden. Die Mittelwertsabweichungen werden mittels t-Tests und Varianzanalyse in SPSS (IBM Software 2011) ermittelt. Dabei wird davon ausgegangen, dass die einheimischen Mädchen aus privilegierten Familien mehr Anschlusskommunikation in der Familie wie mit Gleichaltrigen haben (Philipp 2010b; Philipp et al. 2008; Pieper & Rosebrock 2004), zudem die stärksten lesebezogenen Selbstkonzepte (Beutel & Hinz 2008; Kassis & Schneider 2004b), die höchste intrinsische Motivation (Artelt et al. 2010) und die längsten Lesezeiten sowie die beste Lesekompetenz (Klieme et al. 2010b) aufweisen. Für Jungen sowie für Jugendliche mit Migrationshintergrund oder aus sozial benachteiligten Familien wird analog angenommen, dass sie in diesen Kategorien entgegengesetzt ausgerichtete Werte aufweisen.

3. Die dritte Fragestellung bezieht sich auf die *kausalen Wirkungszusammenhänge* zwischen den einzelnen Konstrukten der Anschlusskommunikation, der motivationalen Konstrukte und der Lesekompetenz. Die Überprüfung erfolgt anhand von Kreuzeffektmodellen in MPlus (Muthén & Muthén 1998-2009). Es werden primär zwischen den lesebezogenen Selbstkonzepten (Marsh & O'Mara 2008), der intrinsischen Lesemotivation (McElvany et al. 2008) und der Lesekompetenz wechselseitige Wirkungszusammenhänge angenommen. Das Wirkungsgefüge verschiedener motivationaler Faktoren bezogen auf das Lesen stellt eine Forschungslücke dar, und zwar in erster Linie für Jugendliche am Ende der Sekundarstufe I. Es sollten aber, so ist zu

vermuten, zwischen den motivationalen Faktoren ebenfalls wechselseitige Effekte offenbar werden.

4. Schließlich wird der Frage nachgegangen, inwieweit sich *gruppenspezifische Unterschiede in den Wirkungszusammenhängen* nachweisen lassen. Da es sich bei den Wirkungszusammenhängen um universelle Konstrukte handelt, muss zwar davon ausgegangen werden, dass sie sich in ihren jeweiligen Ausprägungen recht ähnlich sind. Doch ist anzunehmen, dass sie für die unterschiedlichen Gruppen unterschiedlich stark zum Tragen kommen. Gruppenspezifische Merkmale bei den entsprechenden Steigungskoeffizienten sind noch weitgehend unerforscht. Die Überprüfung der gruppenspezifischen Unterschiede in den Wirkungszusammenhängen erfolgt durch Mehrgruppenanalysen von Kreuzeffektmodellen mit MPlus (Muthén & Muthén 1998-2009).

Das genaue methodische Vorgehen zur Beantwortung dieser Fragen sowie die einzelnen Analyseschritte werden in Kapitel 11.4 näher beschrieben.

11 Methodik und Forschungsdesign

In diesem Kapitel wird zuerst, in Kapitel 11.1, die Stichprobe beschrieben und anschließend auf den konkreten Umgang mit sogenannten fehlenden Werten (Kapitel 11.2) eingegangen. Kapitel 11.3 widmet sich der Problematik bei der empirischen Überprüfung von kausalen Wirkungsmechanismen und beschreibt Lösungsansätze der quantitativen Forschung. In Kapitel 11.4 wird schließlich das methodische Vorgehen genau erläutert.

11.1 Stichprobe

Die Befragung wurde in den Jahren 2006 (t1: 1503 Schüler/innen aus 82 Klassen) und 2007 (t2: 1340 Schüler/innen aus 77 Klassen) in den Kantonen Aargau, Bern und Basel im Rahmen des Schweizerischen Nationalfondsprojektes „Literale Kompetenzen und literale Sozialisation von Jugendlichen aus schriftfernen Lebenswelten – Faktoren der Resilienz oder: Wenn Schriftaneignung trotzdem gelingt" durchgeführt. Bei der Auswahl der Klassen handelt es sich nicht um eine Zufallsstichprobe, sondern um eine anfallende Stichprobe (Klassen nahmen freiwillig an der Erhebung teil). Insgesamt nahmen 1662 Schüler/innen am Anfang des 8. und nochmals zu Beginn des 9. Schuljahres an der Untersuchung teil. In die Analyse wurden nur Jugendliche (N = 1181) aufgenommen, die in beiden Erhebungen berücksichtigt waren. An der zweiten Erhebung beteiligte sich eine Schule mit drei Klassen aus zeitlichen Gründen nicht mehr – zwei Lehrpersonen waren aus gesundheitlichen Gründen ausgefallen. Insgesamt nahmen 323 Schüler/innen (21 Prozent) der ersten Erhebung an der zweiten nicht mehr teil. 159 Schüler/innen kamen in der zweiten Erhebung hinzu, welche in der ersten Erhebung nicht einbezogen waren. An beiden Erhebungen nahmen 625 Mädchen und 556 Jungen teil. Die Jugendlichen waren zum Zeitpunkt der ersten Erhebung im Durchschnitt 15.5 (SD = .60) Jahre alt. 342 (29 Prozent) der Jugendlichen sprechen in ihren Familien überwiegend eine andere Sprache als Deutsch. Es wurden Klassen aller Leistungsstufen erhoben (sog. Grundansprüche n = 277, erweiterte Ansprüche n = 485, hohe Ansprüche n = 416). Die Häufigkeiten für die einzelnen Erhebungszeitpunkte werden detailliert in Tabelle 1 aufgeführt.

Tabelle 1: Stichprobe

	t1 (2006)		
Klassen	82		
Schüler/innen	1503		
Geschlecht	männlich		weiblich
	702 (46.7%)		801 (53.3%)
Familiensprache	deutsch		andere
	1047 (69.7%)		456 (30.3%)
Sozialer Status	niedriger Status	mittlerer Status	hoher Status
	500 (33.3%)	503 (33.5%)	500 (33.3%)
	t2 (2007)		
Klassen	77		
Schüler/innen	1340		
Geschlecht	männlich		weiblich
	647 (48.3%)		693 (51.7%)
Familiensprache	deutsch		andere
	934 (69.7%)		406 (30.3%)
	t1 und t2		
Klassen	77		
Schüler/innen	1181		
Geschlecht	männlich		weiblich
	556 (47.1%)		625 (52.9%)
Familiensprache	deutsch		andere
	839 (71%)		342 (29%)
Sozialer Status	niedriger Status	mittlerer Status	hoher Status
	403 (34.1%)	403 (34.1%)	375(31.8%)

Anmerkung: Sozialer Status (HISEI) wurde zu t2 nicht mehr erhoben.

11.2 Umgang mit fehlenden Daten

Unvollständige Datensätze, sogenannte fehlende Werte (missing value) stellen in der sozialwissenschaftlichen Forschung ein Problem dar, da eine solche Unvollständigkeit neben der Verkleinerung der Stichproben zu verzerrten Parameterschätzungen und damit zu Fehlinterpretationen führen kann (Lüdtke, Robitzsch, Trautwein & Köller 2007). Gründe für fehlende Werte können vielseitig sein, beispielsweise in Antwortverweigerungen bei einer Umfrage liegen. Eine Frage wird evtl. auch übersehen oder kann nicht beantwortet werden. Teilweise sind Antworten nicht lesbar oder eine Frage wird nicht eindeutig beantwortet, indem beispielsweise mehrere Antworten anstatt wie gefordert nur eine angekreuzt werden. Bei Längsschnittuntersuchungen ist evtl. ein Schüler oder eine Schülerin zu einem Erhebungszeitpunkt anwesend, aber fehlt zum anderen, beispielsweise wegen Krankheit oder eines Klassenwechsels.

Für das Zustandekommen von fehlenden Werten unterscheidet Rubin (1976) drei Arten von Ursachen: missing completely at random (MCAR), missing at random (MAR) und missing not at random (MNAR). Wenn die Lücken völlig zufällig sind (missing completely at random), dürfen die fehlenden Werte der abhängigen Variable nicht von anderen Variablen abhängen. Beispielsweise dürfen fehlende Werte in der Lesekompetenz nicht von der sozialen Schicht oder der Schulstufe abhängig sein. Dies wird kontrolliert, indem zwei Gruppen gebildet werden. In der einen Gruppe sind alle Leseleistungen vollständig erhoben. Die zweite Gruppe wird mit jenen Probanden gebildet, bei denen die Werte in der Lesekompetenz fehlen. Diese Schülerinnen und Schüler der beiden Gruppen dürfen sich nicht hinsichtlich der sozialen Schicht oder Schulstufe unterscheiden. Im Falle des MAR dürfen die fehlenden Werte nicht von der Ausprägung der Werte der eigenen Variable abhängen (Wirtz 2004). Fehlende Werte in der Lesekompetenz dürfen nicht dadurch zustande kommen, dass Schülerinnen und Schüler nicht am Test teilnehmen, um ihre schwachen Leseleistungen zu verbergen (Allison 2001). In der Regel ist in solchen Fällen die geforderte Unabhängigkeit der Entstehung von fehlenden Werten nicht gegeben. Es wird hier zwischen vernachlässigbaren und nicht vernachlässigbaren Mechanismen unterschieden. Wenn die fehlenden Werte weder völlig zufällig noch zufällig zustande kommen, wird von nicht zufälligen fehlenden Werten (MNAR) gesprochen. Hier hängt das Zustandekommen der fehlenden Werte der beobachteten Variable Y von den Ausprägungen der fehlenden Werte von Y ab (Lüdtke et al. 2007). Dieser Fall tritt ein, wenn selbst nach Kontrolle von sozialem Status, Migrationshintergrund und Geschlecht die leistungsschwachen Schülerinnen und Schüler nicht am Lesekompetenztest teilnehmen. Folglich fehlen diese Werte nicht zufällig (Lüdtke et al. 2007) und es erweist sich als notwendig, dass sie im Zuge eines geeigneten Schätzverfahrens ersetzt werden. Sie können nicht aus den vorhandenen Daten selbst generiert werden (Allison 2001).

Klassische Verfahren zum Umgang mit fehlenden Werten sind der Ausschluss der Probanden (listwise deletion). Demnach werden alle Fälle (Personen) ausgeschlossen, welche in einer Variablen einen fehlenden Wert aufweisen. Dies führt bei größeren Datensätzen zu einer sehr starken Reduktion der Datenbasis. Dieses Verfahren sollte nur angewendet werden, wenn weniger als fünf Prozent der Fälle ausgeschlossen oder wenn lediglich explorative Analysen durchgeführt werden (Lüdtke et al. 2007). Beim paarweisen Ausschluss (pairwise deletion) werden nur jene Fälle verwendet, bei denen für die durchgeführte Analyse alle

Werte vorhanden sind. Die Standardfehler werden bei dieser Form des Ausschlusses falsch geschätzt. In der Folge kann es dazu kommen, dass in kleinen Stichproben die Kovarianzmatrix nicht positiv definiert ist und die Regressionsberechnung nicht ausgeführt werden kann (Allison 2001). Aus dem Grund sollte dieses Verfahren nicht angewendet werden. Ein weiteres Verfahren stellt die Gewichtung dar. Es ist möglich, wenn für gewisse Personen gar keine Beobachtungen vorliegen. Mithilfe der Verteilung in der Stichprobe werden personenspezifische Gewichtungen in dieser Stichprobe möglichst präzise nachgebildet, indem die Wahrscheinlichkeit für den Ausfall mit der logistischen Regression berechnet wird (Lüdtke et al. 2007). Auch hier kann es zu erheblichen Verzerrungen kommen.

Im Folgenden werden Verfahren vorgestellt, in denen unvollständige Datensätze durch Schätzungen vervollständigt werden. Ein solches Imputationsverfahren ist beispielsweise die Ersetzung durch Mittelwerte: Die fehlenden Werte werden durch den Mittelwert der beobachteten Variable oder als Variante durch die Skalenmittelwerte ersetzt. Durch Anwendung dieses Verfahrens verändert sich die Verteilung und die Varianz verringert sich (Lüdtke et al. 2007). In einem anderen Verfahren werden die fehlenden Werte mithilfe der multiplen Regression geschätzt beziehungsweise durch den entsprechenden Wert auf der Regressionsgerade ersetzt. Dies führt allerdings zu einer Überschätzung der Korrelation zwischen den Variablen. Die Varianzen und Kovarianzen werden verzerrt. Die Folge ist, dass bei den anschließenden Analysen die tatsächliche Stichprobengröße überschätzt wird, was mit einer Unterschätzung der Standardfehler und einer Verengung des Konfidenzintervalls einhergeht. Dies zieht eine liberale statistische Prüfung nach sich (Lüdtke et al. 2007). Aus den skizzierten Gründen wird von diesem Vorgehen abgeraten.

Eine Alternative zu solchen einfachen Ersetzungen stellen modellbasierte Verfahren dar, die im Folgenden kurz erläutert werden. Die *Maximum-Likelihood-Schätzung* (ML) ist weitverbreitet. Bei diesem Verfahren wird der fehlende Wert durch jenen geschätzten Wert ersetzt, der hinsichtlich der wahrscheinlichen Verteilung der beobachteten Werte den fehlenden am besten repräsentiert. Der ML-Schätzer kann für lineare Modelle verwendet werden. Er setzt eine multivariate Normalverteilung voraus. Ein Nachteil dieses Verfahrens ist, dass keine gute Schätzung der Standardfehler möglich ist (Allison 2001). Der *Expectation-Maximation (EM)-Algorithmus* stellt ein Verfahren dar, mit dem auf der Basis von beobachteten Werten die Kovarianzmatrix geschätzt wird (Allison 2001). Nachteil beider Verfahren ist, dass sie normalverteilte Daten verlangen, was in sozialwissenschaftlichen Datensätzen häufig nicht gegeben ist. Zudem werden für die Schätzung relativ große Datensätze benötigt (Schafer & Graham 2002). Diese Probleme versucht man mit multiplen Imputationen zu minimieren.

Je nach Anteil der fehlenden Werte müssen mehrere Schätzungen vorgenommen werden. Nach Rubin (1976) sind bei wenigen fehlenden Werten fünf Imputationen für eine reliable Schätzung ausreichend (Lüdtke et al. 2007). Schafer und Graham (2002) empfehlen, die fehlenden Werte, die zufällig zustande gekommen sind (MAR, MNAR), durch Verfahren, welche auf der Maximum-Likelihood-Schätzung beruhen, zu ersetzen. Ein solches Verfahren ist das sogenannte NORM; das entsprechende Programm kann aus dem Internet gratis heruntergeladen werden[2]. NORM verwendet den EM-Algorithmus. In neuer Statistiksoftware, wie beispielsweise MPlus (Muthén & Muthén 1998-2009), ist der Maximum-Likelihood-Schätzer in der Software integriert, sodass die fehlenden Werte direkt am modellierten Modell geschätzt werden können.

Im Rahmen des durchgeführten Forschungsprojektes wurden die Daten mit verschiedenen Statistikprogrammen – SPSS 18 (IBM Software 2011) und MPlus (Muthén & Muthén 1998-2009) ausgewertet. Die fehlenden Werte wurden mittels NORM ersetzt. Damit etwaige Einflüsse von sozialem Status, Migrationshintergrund und Geschlecht mitberücksichtigt werden können, wurden diese Aspekte als Kontrollvariablen in den Schätzungen der fehlenden Werte aufgenommen. In den für die vorliegende Fragestellung verwendeten Variablen mussten in der Regel unter zwei Prozent der Fälle geschätzt werden.

Um systematisch fehlende Werte zu vermeiden, wurden die doch sehr umfangreichen Fragebögen in unterschiedlicher Reihenfolge in den Klassen zum Ausfüllen ausgeteilt. Als problematisch erwies sich der Ausfall von Schülerinnen und Schülern in der zweiten Erhebung. Insbesondere der Ausfall von insgesamt fünf Klassen hat die Stichprobe stark reduziert. In der Folge wurden Personen, die nur an einer Erhebung teilgenommen haben, in die Schätzung der fehlenden Werte für den Erhebungszeitpunkt, an dem sie anwesend waren, integriert. Sie wurden aber aus den späteren Analysen ausgeschlossen. Somit wurden letztlich nur jene Personen aufgenommen, bei denen zwar einzelne Werte fehlen, aber die an beiden Erhebungen teilgenommen haben.

11.3 Empirische Überprüfbarkeit von Wirkstrukturen

Damit schwache Leserinnen und Leser gefördert werden können, besteht die Notwendigkeit, für die Entwicklung von Lesekompetenz ausschlaggebende Faktoren und Wirkmechanismen zu identifizieren. Dabei geht man von der Annahme aus, dass sich durch die Beeinflussung einzelner Faktoren die Lesekompetenz steigern lässt. Beispielsweise wird versucht, die Kinder und Jugendlichen zum

---

[2] http://www.stat.psu.edu/~jls/misoftwa.html#win

Lesen zu motivieren, in der Hoffnung, dadurch die Lesekompetenz zu steigern. In diesem Sinne geht man von kausalen Wirkungszusammenhängen aus, die in Kausalaussagen spezifiziert werden. Eine Kausalaussage beschreibt eine Ursache, die eine bestimmte Wirkung nach sich zieht (Baumgartner & Graßhoff 2008; Opp 2010). Dabei werden Kausalaussagen gemacht wie: „x verursacht y", oder bei komplexen Zusammenhängen: „x ist eine mögliche Ursache von einer Wirkung y" (Baumgartner & Graßhoff 2008). Bei Kausalität handelt es sich um Zusammenhänge zwischen Objekten, Ereignissen oder Prozessen (van der Meer 2003).

In Psychologie und Philosophie bestehen unterschiedliche Auffassungen darüber, wie Kausalität bestimmt werden soll. Psychologische Theorien sehen in der Kausalität eine mentale Kategorie. Die Menschen richten ihre Aufmerksamkeit auf Informationen, die ihnen die Umwelt liefert. Um angemessen handeln zu können, werden die Informationen in Ursachen-Wirkungs-Zusammenhängen verarbeitet (van der Meer 2003). Philosophische Theorien gehen hingegen der Frage nach, wie ein Geschehen in der Realität bestimmt wird. Aristoteles ging davon aus, dass aus einer materiellen Ursache Dinge entstehen. Nach der Auffassung von Hume bedarf es für die Bestimmung von Kausalität einer raumzeitlichen Nähe von zwei Ereignissen. Das zeitlich vorangehende Ereignis wird als Ursache und das daraus Resultierende als Wirkung angesehen (van der Meer 2003).

Ein wichtiges Prinzip zur Bestimmung der empirischen Überprüfung der Kausalität liegt in der Reihenfolge (Davis 1985). Die Vergangenheit kann nicht verändert werden. In der Annahme, dass die Lesehäufigkeit die Lesekompetenz bestimmt, muss die lesebezogene Tätigkeit zeitlich vor der Bestimmung der Lesekompetenz liegen. Dabei geht es um Durchschnittswerte oder Tendenzen, die eingeschätzt werden. Die lesebezogene Tätigkeit (z. B. Anschlusskommunikation) ist eine Ursache und das daraus resultierende Leseverständnis ist der Effekt. Dabei ist zu bedenken, dass ein statistischer Zusammenhang (Korrelation) noch kein Beweis für die Kausalität ist, da er nichts über die Richtung aussagt (Davis 1985). Nach dem „covering law model", welches auf Hempel und Oppenheim (1948) zurückgeht, wird ein zu klärender Sachverhalt (Explanandum) durch eine Gesetzesaussage definiert, die aus einer Anfangsbedingung abgeleitet wird. Beispielsweise kann das Gesetz bezogen aufs Lesen wie folgt definiert werden: „Durch Gespräche über das Gelesene wird das Leseverständnis verbessert." Die Anfangsbedingung ist dabei eine Person, die sich über das Gelesene austauscht. Das Explanandum ist das verbesserte Leseverständnis. Diese Kausalitätsdefinition beruht entweder auf der Ursache in der Anfangsbedingung oder einer „Wenn-Komponente" eines Gesetzes (Opp 2010). Wenn über das

Gelesene gesprochen wird, erweitert sich das Leseverständnis. In dieser Definition ist die Ursache des zu erklärenden Ereignisses immer zeitlich vorgelagert.

In der zeitlichen Sequenzierung kann nach Mackie (1966) nicht der einzige Unterschied zwischen Ursache und Wirkung liegen, da nach seiner Ansicht Ursache und Wirkung auch gleichzeitig ablaufen oder sogar rückwärts gerichtet sein können, beispielsweise bei Vorahnungen. In seiner Regularitätstheorie der Kausalität beschreibt er die Asymmetrie zwischen Ursache und Effekt, wonach sowohl Ursache wie Effekt notwendig und ausreichend füreinander sein müssen. In seiner hierzu formulierten **INUS**-Bedingung (**I**nsufficient but **N**ecessary part of an **U**nnecessary but **S**ufficient condition) beschreibt er einen unzureichenden, aber notwendigen Teil einer nicht notwendigen, aber ausreichenden Bedingung (Mackie 1966: 445). Die INUS-Bedingungen gehen vom Zusammenwirken mehrerer Faktoren aus, die zwar notwendig sind, um einen gewissen Effekt herbeizuführen, aber alleine nicht ausreichen, um diesen Effekt auszulösen. Als Beispiel führt er einen Wohnungsbrand auf, der infolge eines Kurzschlusses ausbricht. Der Kurzschluss ist dabei zwar eine Bedingung, ohne welche der Brand nicht ausgelöst worden wäre. Der Kurzschluss allein reicht für den Hausbrand jedoch nicht aus. Zum Brand kommt es nur unter der Bedingung, dass leicht brennbares Material in unmittelbarer Nähe infolge des Kurzschlusses entzündet wird. Ohne dieses Material gäbe es zwar den Kurzschluss, dieser führte aber nicht zu einem Brand.

Solche Kombinationen von Wirkzusammenhängen sind auch im sozialwissenschaftlichen Bereich anzunehmen. Gerade in der Lesesozialisation und Psycholinguistik sind unterschiedliche Ursachen für die möglichen Verstehensprobleme identifiziert worden. Wie diese Faktoren zusammenwirken, sich gegenseitig verstärken oder kompensieren, ist weitgehend unklar und vermutlich empirisch nicht zu fassen, da nicht alle Wirkfaktoren bekannt sind und auch gar nicht alle empirisch erfasst werden und in eine Untersuchung eingehen können. Somit können immer nur Teilaspekte solcher Wirkmechanismen geprüft werden. Selbst wenn ein statistischer Zusammenhang (Korrelation) zwischen zwei Wirkfaktoren x und y nachgewiesen werden kann, ist nicht bekannt, wie diese beiden Faktoren zusammenhängen, und daher ist auch keine Aussage über die Kausalität möglich (Davis 1985). Die folgenden Beispiele zeigen Annahmen darüber, wie sich die Faktoren x und y beeinflussen können (Davis 1985):

x beeinflusst y, aber y hat keine Wirkung auf x (X → Y). Annahme: Die Lesemotivation steigert die Lesekompetenz, die Lesekompetenz hat aber keinen Einfluss auf die Lesemotivation.

y beeinflusst x, aber x hat keine Wirkung auf y (X ← Y). Annahme: Die Lesekompetenz steigert die Lesemotivation, die Lesemotivation hat aber keinen Einfluss auf die Lesekompetenz.

x und y beeinflussen sich gegenseitig (X ⇆ Y). Annahme: Die Lesemotivation beeinflusst die Lesekompetenz und gleichzeitig wird die Lesemotivation von
der Lesekompetenz beeinflusst.

x und y weisen einen statistischen Zusammenhang auf, die Richtung ist aber
nicht festgelegt. Hier sind drei Beeinflussungen möglich: Die Wirkung kann von
x nach y, von y nach x sowie in beide Richtungen gleichzeitig gehen (X ↔ Y).
Annahme: Es besteht ein statistischer Zusammenhang zwischen Lesemotivation
und Lesekompetenz.

Solche Ursachen-Wirkungs-Beziehungen werden immer häufiger mit Strukturgleichungsmodellen überprüft. In solchen Modellen werden Bedingungen als
unabhängige Variablen (Ursache) betrachtet, die auf eine oder mehrere abhängige Variablen (Konsequenz) wirken. Diese Beziehung zwischen unabhängiger
und abhängiger Variable werden anhand von Strukturgleichungsmodellen kausal
interpretiert (Weiber & Mühlhaus 2010). Empirische Grundlage ist die Regressionsanalyse. Die kausale Regressionstheorie besagt, dass bei Konstanthaltung
aller Störvariablen (beispielsweise in experimentellen Designs) unter Variation
der unabhängigen Variable x die zeitlich nachgeordnete abhängige Variable y
beeinflusst wird (Steyer 1992). Der Unterschied zu einem einfachen Zusammen-
hangsmaß (Korrelation) besteht darin, dass durch die Regressionsanalyse ein
Steigungskoeffizient bestimmt wird, der die Veränderung von x auf y beziffert.
In dem Sinn lässt sich die Veränderung der unabhängigen Variable x auf die
abhängige Variable y bestimmen. Ein Beispiel wäre: Wenn die durchschnittliche
wöchentliche Lesezeit um eine Einheit (z. B. um eine Stunde) gesteigert wird,
erhöht sich die durchschnittliche Lesekompetenz um einen bestimmten Punkt-
wert. Damit von Kausalität gesprochen werden kann, müssen nach Weiber und
Mühlhaus (2010: 8) die folgenden Bedingungen erfüllt sein:

1. Es muss ein statistischer Zusammenhang zwischen der unabhängigen Variable und der abhängigen Variable bestehen. Dies bedeutet, dass eine Veränderung der unabhängigen Variable zu einer Veränderung der abhängigen
Variable führt.
2. Es muss eine zeitliche Abfolge zwischen der (zeitlich vorgelagerten) unabhängigen Variable x und einer (zeitlich nachfolgenden) abhängigen Variable
y bestehen.
3. Die Veränderung, die durch die Variable x für y entsteht, muss sachlogisch
und theoretisch begründet werden.

Diese hier geforderten Bedingungen sind in der sozialwissenschaftlichen Forschung mit gravierenden Problemen verbunden. Der statistische Zusammenhang
wird häufig in Form von Korrelationsmaßen bestimmt. Dabei ist nicht auszu-
schließen, dass es sich bei den ermittelten Korrelationen um Scheinkorrelationen

handelt. Es wird zwar ein statistischer Zusammenhang zwischen zwei Variablen angezeigt. Er ist aber nicht auf den Ursache-Wirkungs-Zusammenhang zurückzuführen, sondern wird durch eine Drittvariable verursacht (Davis 1985). Beispielsweise wird in der PISA-Studie ein Zusammenhang zwischen Geschlecht und Lesekompetenz festgestellt. Wird aber die Lesemotivation kontrolliert, dann verschwinden die Geschlechtsunterschiede (Stanat & Kunter 2002). Die zeitliche Abfolge ist teilweise ebenfalls nur schwierig zu bestimmen, da manche Faktoren gleichzeitig wirken können und in Querschnittsstudien alle Daten gleichzeitig erhoben werden. Das Leseverständnis beziehungsweise die Lesekompetenz kann aber nicht durch eine einzige Ursache erklärt werden. Kurz gesagt: Die Entwicklung der Lesekompetenz hängt von mehreren Ursachen ab, deren zeitliche Wirkung nur schwer bestimmt werden kann (Weiber & Mühlhaus 2010: 8). So geht man davon aus, dass die vorschulische Entwicklung die spätere Lesekompetenz beeinflusst. Im Leseprozess selbst sind Interesse, Motivation und Strategien für das Leseverständnis bekannte Einflussfaktoren. Auch wenn beispielsweise die Lesemotivation die Lesezeit bestimmt, bleibt sie während des Lesens bestehen und kann nicht klar zeitlich abgegrenzt werden. Die theoretisch angenommenen Wirkungszusammenhänge sind zudem häufig nicht klar oder es bestehen konkurrierende theoretische Modelle, wie sie beispielsweise im Zusammenhang mit dem lesebezogenen Selbstkonzept diskutiert wurden (vgl. Kapitel 5.1), oder es bestehen wechselseitige Wirkungsbeziehungen. Die Lesekompetenz steigert das lesebezogene Selbstkonzept und das lesebezogene Selbstkonzept begünstigt wiederum die Lesekompetenz (Marsh & Craven 2005). Eine theoretische oder sachlogische Begründung von Wirkungszusammenhängen ist in der Bestimmung von Lesekompetenz häufig schwierig, da sich widersprechende theoretische Modelle einander gegenüberstehen und der aktuelle Forschungsstand nicht unbedingt eine eindeutige Erklärung zur Verfügung stellt. Folgt man dem Verständnis der drei Bedingungen von Weiber und Mühlhaus, so wird eine Monokausalität unterstellt (Weiber & Mühlhaus 2010: 8). Bei der Bestimmung von Lesekompetenz handelt es sich jedoch um multikausale Zusammenhänge. Es ist nicht klar, wie viele Faktoren für das Eintreten eines Ereignisses, zur Erklärung von beispielsweise der Lesekompetenz, verantwortlich sind.

Dieses Problem wird in Regressionsanalysen und damit auch in Strukturgleichungsmodellen mittels Einführen einer Fehlervariable gelöst, welche die nicht erklärte Varianz durch die unabhängige Variable auf die abhängige Variable (z. B. Lesekompetenz) abbildet. Diese Fehlervariable umfasst auch Messungenauigkeiten und alle nicht gemessenen Einflussgrößen auf die abhängige Variable, die nicht kontrolliert werden können (Weiber & Mühlhaus 2010: 8). Nach kausaltheoretischer Sicht wird davon ausgegangen, dass, je präziser die Kausalhypothese aus theoretischer Sicht formuliert ist, desto eher eine empirisch nachweisbare Abhängigkeit zwischen zwei Variablen als Indiz für einen kausalen Zusammenhang vermutet werden kann (Weiber & Mühlhaus 2010: 8). Es gilt auch hier, wie in allen statistischen Verfahren, dass eine Kausalhypothese nie belegt, sondern nur ausgeschlossen, falsifiziert, werden kann. Bei einer Falsifikation nach Popper (Keuth 2005) wird lediglich die Hypothese beibehalten (Opp 2010). Aus diesem Grund sind Regressionsmodelle nicht dazu geeignet, kausale Hypothesen zu prüfen (Opp 2010: 26). Auch wenn ein kausaler Zusammenhang vermutet wird, können keine Aussagen über die Wirkrichtung gemacht werden, da Strukturgleichungsmodelle äquivalente Modelle zulassen (Hancock & Mueller 2006: 13). Solche Modelle unterscheiden sich zwar in ihrer Struktur, aber nicht in den statistischen Kennwerten, welche die Güte eines Modells prüfen. Die folgenden drei Modelle (vgl. Abbildung 12) weisen alle die gleichen statistischen Kennwerte auf und lassen sich empirisch nicht unterscheiden.

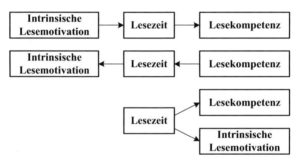

Abbildung 12: Äquivalente Modelle

Teilweise wird versucht, die Kausalität über Mediationsmodelle (vgl. Abbildung 13) abzuleiten. In solchen Modellen wird die kausale Aussage derart formuliert, dass eine unabhängige Variable (uV) den Mediator und dieser die abhängige Variable beeinflusst (Iacobucci 2008: 3). Beispielsweise kann bezogen auf die Lesekompetenz die Hypothese formuliert werden, dass die intrinsische Lesemotivation (uV) die Lesezeit (Mediator) und diese die Lesekompetenz (aV) beeinflusst.

Wenn die intrinsische Lesemotivation über einen Mediator die Lesekompetenz bestimmt, dürfte die Beziehung zwischen intrinsischer Lesemotivation und der Lesekompetenz nicht mehr nachweisbar sein. Falls ein Zusammenhang zwischen intrinsischer Lesemotivation und Lesekompetenz noch vorhanden ist, also alle drei Pfade signifikant sind, spricht man von einer partiellen Mediation (Iacobucci 2008: 12).

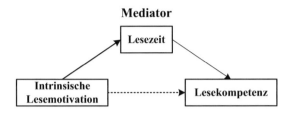

Abbildung 13: Mediationsmodell

Auch Mediationsmodelle bauen auf Regressionen auf und sind daher nur be-grenzt für die Bestimmung von Kausalität geeignet. Die zeitliche Ordnung birgt auch hier ein Problem (Iacobucci 2008). Eigentlich müssten drei Messzeitpunkte vorhanden sein, damit eine klare zeitliche Ordnung vorgenommen werden kann. Am Beispiel des Mediationsmodells lässt sich das Problem der zeitlichen Ord-nung sehr gut illustrieren. Geht man von der Annahme aus, dass die intrinsische Lesemotivation die Lesezeit bestimmt und die Lesezeit wiederum die Lesekom-petenz, ist zu vermuten, dass die intrinsische Motivation auch während des Le-sens selbst noch weiter besteht und somit die Lesezeit bestimmt. Die Motivation ist also eine zeitlich nicht klar abgrenzbare Kategorie. Des Weiteren können auch in Mediationsmodellen weitere Gründe und mehrere Ursachen vorliegen, welche auf die Beziehungen zwischen unabhängiger Variable (z. B. Lesemotivation) und abhängiger Variable (z. B. Lesekompetenz) einwirken (Iacobucci 2008). Auch in Mediationsmodellen besteht das Problem von alternativen Modellen. Zur Lösung schlägt Iacobucci (2008: 37) vor, ein weiteres Konstrukt Q aufzunehmen, wodurch sich zwei Freiheitsgrade anstelle von nur einem testen lassen. Die Ein-führung dieses Konstruktes muss von der Theorie bestimmt sein. Aus der spezi-fischen Position von Q können unterschiedliche Modelle entstehen. Daher muss dieser Faktor Q so platziert werden, dass sich die Beziehungen im Mediations-modell nicht verändern. Dies ist der Fall, wenn Q als Vorhersagefaktor von x (Lesemotivation) oder als Konsequenz von x (Lesemotivation), M (Lesezeit) oder y (Lesekompetenz) eingesetzt wird (Iacobucci 2008: 37). Für die Überprü-fung von kausalen Wirkungszusammenhängen müssten nach Iacobucci (2008) auch Mediationsmodelle in einem experimentellen Design untersucht werden.

Für die empirische Überprüfung von kausalen Aussagen gilt das Experi-ment als Königsweg (Jakob 2008: 115). In einem experimentellen Design müs-sen zwei Bedingungen erfüllt sein (Huber 1995: 62): Erstens muss eine Variable x systematisch variiert werden und ihr Effekt muss eine Veränderung bei y be-wirken. Zweitens muss gleichzeitig die Wirkung von anderen Faktoren ausge-

schaltet werden, indem mögliche Störvariablen kontrolliert werden. Es sei beispielsweise angenommen, dass eine bestimmte Lesetechnik das Textverständnis
erhöht. Es könnten Schülerinnen und Schüler einer bestimmten Klasse nach dem
Zufallsprinzip in zwei Gruppen eingeteilt werden. Die eine Gruppe wird in der
Lesetechnik unterwiesen (Experimentalgruppe), die andere Gruppe erhält keine
Unterweisung (Kontrollgruppe). Beiden Gruppen gibt man nun einen Text zu
lesen und prüft anschließend das Leseverständnis aller Schüler. Mögliche Störvariablen, die das Leseverständnis beeinflussen können, sind beispielsweise das
Geschlecht oder das Interesse am gelesenen Text. Im Zuge der Kontrolle wird
daher der Einfluss von Geschlecht oder Interesse geprüft. Dies bedeutet, dass
man den Einfluss von Geschlecht oder/und Interesse ausschaltet, indem man das
Leseverständnis von Personen aus der Kontroll- und Experimentalgruppe vergleicht, die das gleiche Geschlecht und/oder gleich starkes Interesse aufweisen.
Befürworter experimenteller Forschung gehen davon aus, dass eventuelle Störvariablen ebenfalls zufällig in beiden Gruppen auftreten und somit der Effekt der
Unterweisung an der durchschnittlichen Differenz im Leseverständnis in beiden
Gruppen nachzuweisen ist (Nachtigall, Steyer & Wütherich-Martone 1999).
Gegner von experimentellen Designs kritisieren, dass in solchen Untersuchungen
nur Aufschlüsse über Phänomene gewonnen werden, die in der wirklichen sozialen Welt nicht vorkommen (Jakob 2008: 121). Randomisierte Experimente sto-
ßen in den Human- und Sozialwissenschaften oft an ihre Grenzen. Dies kann auf
ethische Gründe zurückzuführen sein (Opp 2010) – man kann beispielsweise
nicht für einen Teil der Versuchsgruppe die Armut erhöhen, um zu prüfen, ob
sich die Lesekompetenz unter Armut schlechter entwickelt. Praktisch stößt man
bei solchen Einflussfaktoren an Grenzen, die sich experimentell nicht manipulie-
ren lassen. Beispielsweise lässt sich der sozioökonomische Status einer Person
nicht verändern, um dessen Einfluss auf die Leseentwicklung zu untersuchen
(Nachtigall et al. 1999: 46).

Diesen Schwierigkeiten versucht man mit Längsschnittdesigns entgegenzu-
treten. Der Vorteil solcher Forschungsvorhaben liegt darin, dass eine klare zeitliche Sequenzierung der verschiedenen Einflussfaktoren möglich ist. Infolge der
Befragung zu zwei oder mehreren Messzeitpunkten, mithin einer zeitversetzten
Messung der unabhängigen und der abhängigen Variablen, lässt sich deren Beziehung zueinander ermitteln (Reinders 2006). Für die Erfassung von kausalen
Wechselbeziehungen gilt das Cross-Lagged-Modell oder Kreuzeffektmodell als
geeignetes Verfahren (Finkel 1995: 24). In diesem Modell werden die Kreuzpfa-
de zwischen den Variablenpaaren im Längsschnitt untersucht (Reinders 2006).
Am Beispiel von lesebezogenem Selbstkonzept und der Lesekompetenz soll das
Modell veranschaulicht werden (vgl. Abbildung 14).

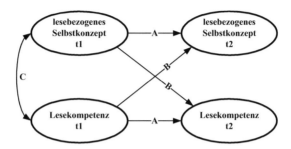

Abbildung 14: Kreuzeffektmodell für lesebezogenes Selbstkonzept und Lesekompetenz

In Abbildung 14 stellen die Pfade (A) zwischen den latenten Konstrukten „lesebezogenes Selbstkonzept" und „Lesekompetenz" von t1 zu t2 die mittlere intraindividuelle Stabilität über die Zeit dar (Reinders 2006). Die Kreuzpfade (B) von Lesekompetenz t1 auf das lesebezogene Selbstkonzept t2 und vom lesebezogenen Selbstkonzept t1 auf die Lesekompetenz t2 bestimmen die mittlere Veränderung zwischen den beiden Variablen. Es ist von einem kausalen Zusammenhang auszugehen, wenn einer der beiden Kreuzpfade signifikant höher oder nur eine Kreuzpfad signifikant ausfällt (Reinders 2006). Sind beide Pfade signifikant, kann von einer wechselseitigen Beziehung ausgegangen werden. Im weiteren Verlauf wird der Zusammenhang (Korrelation) zwischen lesebezogenem Selbstkonzept t1 und der Lesekompetenz t1 (C) erfasst, welcher eine Voraussetzung zur Bestimmung der Kausalität darstellt. Dieses Modell erfasst nicht die absoluten Ausprägungen zum zweiten Messzeitpunkt, sondern lediglich die Veränderung über die Zeit, also die Differenz zwischen t2 und t1 (Reinders 2006: 570). Die Ursache der Veränderung kann nicht bestimmt werden; demzufolge stößt auch das Kreuzeffektmodell an seine Grenzen und kann mithin nicht alle Probleme von kausalen Rückschlüssen beheben (Finkel 1995: 2).

11.4 Methodisches Vorgehen

Ziel der Untersuchung ist es, gruppenspezifische Unterschiede in der Anschlusskommunikation, bei motivationalen Faktoren und bei der Lesekompetenz sowie deren Wirkungszusammenhänge untereinander zu identifizieren. Die gruppenspezifischen Abweichungen nach Geschlecht, Migrationshintergrund und sozialer Herkunft sind im Bereich der Lesekompetenz und Lesemotivation gut belegt (Klieme et al. 2010a). Im Bereich der Anschlusskommunikation gibt es vereinzelte Studien, die auf Geschlechtsunterschiede hinweisen (Philipp et al. 2008). Im Bereich der Wirkungszusammenhänge, insbesondere zwischen verschiedenen motivationalen Faktoren, bestehen noch größere Forschungslücken. Bezogen auf gruppenspezifische Diskrepanzen sind die Wirkungszusammenhänge noch kaum untersucht.

Im Folgenden werden zuerst die Analyseschritte im Allgemeinen vorgestellt. Anschließend wird konkret auf die verwendeten Berechnungsarten in MPlus und das konkrete Vorgehen bei den Analysen der Kreuzeffektmodelle, und der Mehrgruppenanalyse, eingegangen. In diesem Zusammenhang rückt auch der Chi-Quadrat-Differenztest in den Fokus, welcher bei der statistischen Prüfung der Modelle zur Anwendung kommt. Die konkreten Analysen werden für die Vorarbeiten überwiegend mit der Software SPSS (IBM Software 2011) Version 18 und teilweise Version 19 durchgeführt. Die Analysen der Wirkungszusammenhänge in den Kreuzeffektmodellen sowie die Mehrgruppenanalysen erfolgen in Strukturgleichungsmodellen mit dem Programm MPlus Version 5.21 (Muthén & Muthén 1998-2009).

In einem ersten Analyseschritt wird die Stabilität der Konstrukte über die Zeit untersucht, um die Entwicklungsverläufe gegen Ende der Sekundarstufe I aufzuzeigen. Zu prüfen ist, ob die Anschlusskommunikation in der Familie eher abnimmt und jene in der Gleichaltrigengruppe zunimmt (Philipp 2010b), ob die motivationalen Faktoren eher abnehmen (Retelsdorf & Möller 2008) und ob die Lesekompetenz gesteigert werden kann. Die Veränderungen über die Zeit werden mittels eines t-Tests für abhängige Variablen nachvollzogen.

Im zweiten Analyseschritt werden gruppenspezifische Unterschiede in den verschiedenen Konstrukten festgehalten. Hier sollen bestehende Forschungsergebnisse überprüft werden, nach denen insbesondere einheimische Mädchen aus privilegierten Familien in der Lesekompetenz und Lesemotivation den Jungen überlegen sind (Klieme et al. 2010a). Aufgrund der höheren Lesemotivation und Lesetätigkeit der Mädchen sollten sich diese Unterschiede ebenfalls in der Anschlusskommunikation zeigen. Die Hypothesenprüfung erfolgt mit einem t-Test für unabhängige Daten sowie einer Varianzanalyse bei der Ermittlung von schichtspezifischen Unterschieden.

Der dritte Analyseschritt zielt darauf ab, die Anzahl der Indikatoren zur Bestimmung der Lesekompetenz explorativ zu reduzieren. Eine zentrale Voraussetzung für die Bestimmung kausaler Wirkungszusammenhänge ist der korrelative Zusammenhang zwischen den Konstrukten. Aus diesem Grund werden die Zusammenhänge der unterschiedlichen Konstrukte zum ersten und zweiten Erhebungszeitpunkt ermittelt. Die Korrelationsmatrix gibt auch Hinweise auf sehr ähnliche Konstrukte, die eine hohe Korrelation aufweisen (Multikollinearität). Zur Bestimmung der indikativen Items wird eine multiple Regression für die

Messzeitpunkte t1 und t2 durchgeführt. Dabei wird geprüft, ob dieselben Einflussfaktoren zur Erklärung der Lesekompetenz relevant sind. Nachdem für die beiden Erhebungszeitpunkte ein übereinstimmendes Modell entwickelt wurde, wird überprüft, inwieweit diese Einflussfaktoren für die spezifischen Untergruppen relevant sind. Ausgehend vom Grundmodell mit der ganzen Stichprobe werden nun Regressionsmodelle für die einzelnen Gruppen gerechnet.

Im fünften, ebenfalls explorativen Schritt wird analysiert, welche kausalen Wirkungszusammenhänge zwischen den Konstrukten nachgewiesen werden können. Diese Überprüfung erfolgt mit Kreuzeffektmodellen, in denen alle Konstrukte gegeneinander geprüft werden. Das Wirkungsgefüge von Anschlusskommunikation, Lesemotivation, lesebezogenem Selbstkonzept und Lesekompetenz in der Gesamtstichprobe wird geklärt. Die einzelnen Wirkungszusammenhänge liefern Anhaltspunkte für Wirkstrukturen zwischen den einzelnen Konstrukten. Ziel ist es, diejenigen Konstrukte zu identifizieren, von denen eine direkte oder indirekte Wirkung zur Lesekompetenz angenommen werden kann. Solche direkten und indirekten Effekte werden in Mediationsmodellen geprüft.

Um die gegenseitigen Einflüsse der einzelnen Indikatoren beurteilen zu können, werden im sechsten Analyseschritt die wichtigsten Indikatoren zur Erklärung der Lesekompetenz in einem erweiterten Kreuzeffektmodell gerechnet. Dieses entwickelte Modell wird schließlich auf Unterschiede in den Untergruppen (sozialer Status, Migrationshintergrund und Geschlecht) untersucht. Im Folgenden wird nun auf die spezifischen Berechnungsarten und das Vorgehen bei den Berechnungen der Kreuzeffektmodelle und der Mehrgruppenanalysen eingegangen. In die Erhebung wurden jeweils ganze Schulklassen einbezogen, was zu Klasseneffekten führt. Diese Klasseneffekte werden bei allen Analysen kontrolliert, indem die Klassenvariable als Kovariate bei den Analysen berücksichtigt wird (Muthén & Muthén 1998-2009). Für die Parameterschätzungen wird der MLR-Schätzer verwendet, welcher robust ist gegenüber Abweichungen von der Normalverteilung und hinsichtlich der Unabhängigkeit von Beobachtungen (Muthén & Muthén 1998-2009). Dieser Schätzer hat aber im Vergleich zum ML-Schätzer den Nachteil, dass Modelle nicht direkt mit einem Chi-Quadrat-Differenztest verglichen werden können.

Die Kreuzeffektmodelle werden mit dem MLR-Schätzer gerechnet. Die Klasseneffekte werden kontrolliert. Für Modelle mit Messwiederholung oder in Mehrgruppenanalysen müssen die Messinvarianzen überprüft werden. Es muss sichergestellt werden, dass die Indikatoren von latenten Konstrukten über die Zeit beziehungsweise in den Gruppen identisch sind (Geiser 2010; Widaman & Reise 1997). Widaman und Reise (1997: 283) differenzieren dabei nach dem Grad der Messvarianz zwischen konfiguraler Invarianz, schwacher, starker und strikter faktorieller Invarianz. Bei der konfiguralen Invarianz handelt es sich um die schwächste Form der Invarianz, bei der die Gleichheit der Faktorstruktur fokussiert wird. Latente Konstrukte müssen über die Zeit hinweg beziehungsweise in den Gruppen gleich sein. Bei der schwachen faktoriellen Invarianz (metrische Invarianz) müssen zusätzlich zur konfiguralen Invarianz die Faktorladungen über die Zeit und/oder in den Gruppen gleich sein (vgl. Abbildung 75 im Anhang). Bei der starken faktoriellen Invarianz (skalare Invarianz) müssen zusätzlich über die Zeit beziehungsweise über die Gruppen hinweg auch die Intercepts (Achsenabschnitte) der Variablen der Messmodelle übereinstimmen (vgl. Tabelle 49 im Anhang). Diese Bedingung wird in der vorliegenden Untersuchung lediglich in den Mehrgruppenanalysen kontrolliert und nicht schon in den Kreuzeffektmodellen der Gesamtstichprobe. Dabei werden in einem ersten Schritt die Intercepts frei geschätzt, d. h. sie können in den Gruppen abweichen. Bei der Prüfung der skalaren Invarianz werden schrittweise die Intercepts gleichgesetzt, indem die Freisetzung der Intercepts sukzessive aufgehoben wird. Bei der strikten faktoriellen Invarianz werden zusätzlich noch die Messfehlervarianzen gleichgesetzt. Diese Prüfung wird allerdings in der vorliegenden Untersuchung nicht mehr durchgeführt, da in den Modellen die skalare Invarianzen nicht überall erfüllt ist.

Die Überprüfung des Grades der Messinvarianz erfolgt über Modellvergleiche. Dabei werden Modelle mit unterschiedlichen Restriktionen geschätzt und mit dem Chi-Quadrat-Differenztest miteinander verglichen. Die Restriktionen werden dabei schrittweise eingefügt. Das genaue Vorgehen wird nun am Beispiel der Überprüfung der schwachen faktoriellen Invarianz (metrische Invarianz) in den Faktorladungen am Modell der Lesekompetenz t1 und t2 illustriert. Als erstes wird das Basismodell ohne Restriktionen berechnet. Dies bedeutet, dass sämtliche Koeffizienten frei geschätzt werden (vgl. Tabelle 50 im Anhang). Im Vergleichsmodell werden die Restriktionen schrittweise eingeführt. Zur Prüfung der metrischen Invarianz werden die Faktorladungen gleichgesetzt. Im folgenden Beispiel werden die Variablen t1_elfin und t2_elfin (Informationsentnahme) über beide Messzeitpunkte gleichgesetzt (vgl. Tabelle 51 im Anhang).

Im Chi-Quadrat-Differenztest wird nun überprüft, ob die Variablen t1_elfin und t2_elfin zu beiden Messzeitpunkten gleich sind, also die Voraussetzung der skalaren Invarianz erfüllt ist. Im Falle einer Abweichung zwischen den beiden Modellen muss die Restriktion wieder freigesetzt werden. Man spricht in diesem Falle von partieller Messinvarianz (Geiser 2010: 109). Wird lediglich mit dem Maximum-Likelihood-(ML-)Schätzer gerechnet, ist die Prüfung einfach. Man bildet die Differenz der Chi-Quadrat-Werte (χ^2) und der Freiheitsgrade (df = degree of freedom) ($\Delta\chi^2 = 67.733 - 63.402 = 4.331$, $\Delta df = 9 - 8 = 1$) zwischen dem Modell mit Restriktion und dem Basismodell. Die Berechnung der Signifikanz (p-Wert) kann in einer $\chi2$-Tabelle nachgeschlagen oder in Excel berechnet werden. Für die Beispielwerte liegt die Signifikanz bei p = .037. Dies bedeutet, dass sich die Pfadkoeffizienten von t1_elfin und t2_elfin unterscheiden und nicht gleichgesetzt werden dürfen. Diese Restriktion muss in diesem Beispiel zurückgenommen werden. Für den MLR-Schätzer ist die Berechnung des Chi-Quadrat-Differenztests etwas aufwendiger (vgl. Tabelle 2), da der Korrekturfaktor MLR einbezogen werden muss. Dieses Verfahren wurde von Satorra und Bentler (2001) entwickelt. Im vorliegenden Beispiel ergeben die Berechnungen einen $\Delta\chi2 = 3.76$ und $\Delta df = 1$. Die Signifikanz liegt bei diesen Werten bei p = .053. Die Voraussetzung der skalaren Invarianz wird also für die Variable Informationsentnahme t1 und t2 erfüllt, die Restriktion wird beibehalten.

Tabelle 2:   Berechnung Chi-Quadrat-Differenz mit MLR-Schätzer

$$\Delta\chi^2 = \frac{(\chi^2_{R(Restriktion)} - \chi^2_{B(Basismodell)})}{\dfrac{(df_R \cdot MLR_R - df_B \cdot MLR_B)}{df_R - df_B}} \qquad \Delta df = df_R - df_B$$

Anmerkung:
R = Werte des Modells mit Restriktionen
B = Werte des Modells ohne Restriktionen (Basismodell)
$\Delta\chi2$ = Chi-Quadrat-Differenz; $\chi2$ = Chi-Quadrat
Δdf = Differenz Freiheitsgrade; df = Freiheitsgrade (degree of freedom)

Da die Prüfung der Messinvarianz relativ aufwendig ist, werden in der vorliegenden Untersuchung bei den Kreuzeffektmodellen mit zwei latenten Konstrukten lediglich die konfigurale und metrische Invarianz kontrolliert. Die Veränderung der Intercepts ist für die Bestimmung der kausalen Wirkungszusammenhänge zwischen den Konstrukten nicht relevant. Es werden aber die Fehlerkorrelationen, wo vorhanden, in die Modelle aufgenommen, da sie sich auf die Pfadkoeffizienten in den Kreuzeffekten auswirken können. In den Modellen mit mehr als zwei latenten Konstrukten und in Mehrgruppenanalysen wird neben der konfiguralen und metrischen Invarianz zusätzlich die skalare Invarianz der Messmodelle überprüft. Erst nach dieser Prüfung der Messmodelle werden die Pfade eingesetzt. Die nicht signifikanten Pfade in den Kreuzeffektmodellen werden auf Null gesetzt. Über die Gruppen hinweg wird zusätzlich geprüft, ob sich die signifikanten Pfadkoeffizienten in den Gruppen unterscheiden. Dies erfolgt über die Gleichsetzung der Pfade und die Prüfung mit dem Chi-Quadrat-Differenztest. Bevor nun die eigentlichen Ergebnisse und Modelle vorgestellt werden, sind im nächsten Kapitel zuerst die Erhebungsinstrumente zu beschreiben.

12 Erhebungsinstrumente

Außer den Erhebungsinstrumenten werden in diesem Kapitel die Bildung der Statusgruppen sowie die Bestimmung des Migrationshintergrundes im Rahmen des NFP-Projektes erläutert. Es wird zuerst die Lesekompetenz (Kapitel 12.1) und die Buchlesezeit (Kapitel 12.2) beschrieben, anschließend die Bestimmung von Status (12.3) und Migrationshintergrund (12.4) erklärt. Im weiteren Verlauf werden die Konstrukte der Anschlusskommunikation (12.5), der motivationalen Überzeugungen (12.6), der lesebezogenen Werte und Erwartungen (12.7) und die aktuelle/habituelle Lesemotivation (12.8) vorgestellt. Weiterführende Tabellen der Faktorenstruktur können im Anhang nachgeschlagen werden.

12.1 Lesekompetenz

Die Lesekompetenz (LK) wurde mit ELFE 1-6 von Lenhard und Schneider (2006) gemessen. Es wurde dabei lediglich der Textverständnistest durchgeführt. Der Test beinhaltet kurze Geschichten, zu denen Fragen mit vier Antwortmöglichkeiten gestellt werden. Dieser Test ist auf die ersten sechs Schuljahre ausgerichtet. Er wurde daher von 20 auf 24 Fragen erweitert, um einem möglichen Deckeneffekt entgegenzuwirken. Zusätzlich wurden die ersten sieben Testfragen von Lenhard und Schneider in unserem Test von der Auswertung ausgeschlossen, da sie von fast allen Schüler/innen richtig beantwortet wurden. Zwei der von uns neu entwickelten Fragen wurden ebenfalls nicht einbezogen, da sie eine zu geringe Trennschärfe aufwiesen (rit < 0.30). Die verbleibenden 15 Items erreichten eine Gesamtreliabilität von $\alpha = .87$. Die Unterkategorien (isolierte Informationsentnahme, anaphorischer Bezug und Inferenzbildung) wurden übernommen und bilden zusammen die kognitive Leseleistung ab. Die zwei zusätzlichen Fragen wurden von Linguisten den entsprechenden Unterkategorien zugeordnet. Dieses Vorgehen wurde gewählt, da zum ersten Erhebungszeitpunkt der LGTV 6-12 (Schneider, Schlagmüller & Ennemoser 2007) noch nicht zur Verfügung stand. Es wird vermutet, dass in unserem Test eher die Lesegeschwindigkeit denn die Kompetenz gemessen wurde. Da aber die Lesegeschwindigkeit und Lesekompetenz eng korrelieren (Schneider et al. 2007), können dennoch Rückschlüsse auf Kompetenzunterschiede gezogen werden.

12.2 Buchlesezeit

Die Buchlesezeit erfasst die durchschnittliche tägliche Zeit, die dem Buchlesen
gewidmet wird. Die Lesezeit wurde in einer sechsstufigen Skala erhoben. Da nur
wenige Jugendliche länger als eine halbe Stunde täglich in einem Buch lesen,
wurde die Skala für die weitere Auswertung auf vier Stufen reduziert und die
Jugendlichen, die länger als 30 Minuten täglich lesen, in einer Kategorie zusammengefasst.

12.3 Status

Der soziale Status wurde mit dem „International Standard Classification of Oc-
cupations" ISCO 88 (Hoffmeyer-Zlotnik & Geis 2003) erhoben und die ermittelten Werte wurden in den HISEI („Highest Standard International Socio-
Economic Index of Occupational Status") umgerechnet. Außerdem wurde der
höchste Bildungsabschluss von Vater und Mutter sowie die Anzahl der Bücher
im Haushalt einbezogen. Die einzelnen Items wurden z-standardisiert und anschließend in einem Mittelwert zusammengefasst. Die Personen wurden danach
in drei Gruppen eingeteilt. Jeweils 500 Personen wurden in die Gruppen niedrigen und hohen Status aufgenommen, 503 Personen in die Gruppe mit mittlerem
Status. Für die Gruppeneinteilung war die Rangfolge der Personen ausschlaggebend. In der Gruppe mit hohem sozialem Status befinden sich Jugendliche, deren
Eltern eine höhere fachliche Ausbildung absolviert haben, beispielsweise eine
Fachhochschule oder eine Universität besucht haben. Hier sind alle Arten von
Akademikern, Managern, aber auch Piloten anzutreffen. In diesen Haushalten
sind in der Regel 250 und mehr Bücher vorhanden. In Familien mit niedrigem
sozialem Status arbeiten die Eltern meist in ungelernten oder angelernten Tief-
lohnberufen, beispielsweise als Fabrikarbeiter oder als Reinigungskraft.

12.4 Migrationshintergrund

Bei Jugendlichen mit Migrationshintergrund ist wenigstens ein Elternteil immi-
griert. Des Weiteren fallen Jugendliche in diese Kategorie, wenn zuhause nicht
Deutsch gesprochen wird. Jugendliche aus dem deutschsprachigen Ausland werden der Gruppe der einheimischen Jugendlichen zugeordnet. Diese Einteilung ist
sehr grob; dennoch wurde auf eine weitere Ausdifferenzierung verzichtet, da die
Gruppengröße nicht ausreichte beziehungsweise die gebildeten Gruppen zu klein
geworden wären.

12.5 Anschlusskommunikation

Die lesebezogenen Gespräche, Anschlusskommunikation (AKF, AKP) bilden nach Wigfield und Guthrie (1997) die soziale Komponente der Lesemotivation ab. Die Skala wurde im Rahmen des Nationalfondprojektes zur literalen Resilienz entwickelt (Schneider 2009). In vorliegender Untersuchung wird zwischen der Anschlusskommunikation in der Familie und in der Gleichaltrigengruppe getrennt. Es werden in beiden Skalen jeweils die gleichen Fragen gestellt, wobei die Kommunikationspartner erstens Familienmitglieder oder Eltern, zweitens die Gleichaltrigengruppe (Peers) darstellen. Beide Skalen bestanden ursprünglich aus fünf Items. In der Familie funktionierte das Item „Meine Eltern kennen sich mit Büchern recht gut aus", es wies jedoch im zweiten Messzeitpunkt eine geringe Trennschärfe auf und wurde aus dem Grund für beide Zeitpunkte entfernt, sodass die Skala Anschlusskommunikation in der Familie letztlich nur aus vier Items, die Skala Anschlusskommunikation mit Gleichaltrigen hingegen aus fünf Items gebildet wurde. Die *Anschlusskommunikation in der Familie* weist eine Reliabilität von αt1 = .82, αt2 = .84 sowie eine Varianzaufklärung von 65.2 Prozent zum Zeitpunkt t1 und 70.0 Prozent zum Zeitpunkt t2 auf (vgl. Tabelle 16 im Anhang). Das indikativste Item lautet: „Meine Eltern und ich sprechen über gelesene Bücher". Dieses Item ist auch bezogen auf die Gleichaltrigengruppe das indikativste Item. In der *Anschlusskommunikation mit Gleichaltrigen* weist die Reliabilität einen Wert von αt1 = .87, αt2 = .87 und die Varianzaufklärung einen Wert von 66.3 Prozent zum Zeitpunkt t1 und 66.5 Prozent zum Zeitpunkt t2 auf (vgl. Tabelle 17 im Anhang).

12.6 Motivationale Überzeugungen

In der vorliegenden Untersuchung wird das *lesebezogene Selbstkonzept* (SK) mit der Situations-Ergebnis-Erwartung in Anlehnung an Rheinberg und Wendland (2003b; 2006) erfasst. Die Situations-Ergebnis-Erwartung bezieht sich auf die Wahrnehmung einer Situation und inwieweit durch eigenes Handeln angestrebte Ziele erreicht werden können. Sie erfasst nach Rheinberg und Wendland (2003b; 2006) das Selbstkonzept. Die Skala wurde auf die Lesesituation umformuliert, mit vier Items erhoben und weist eine Reliabilität von αt1 = .78, αt2 = .78 sowie eine Varianzaufklärung von 60.4 Prozent bei t1 und 60.0 Prozent bei t2 auf. Das indikativste Item lautet: „Im Lesen bin ich gut, auch ohne dass ich mich besonders anstrengen muss" (vgl. Tabelle 18 im Anhang).

Die Skala zur Selbsteinschätzung der Lesekompetenz, das *lesebezogen Selbstkonzept: Printmedien* (SKP) identifiziert die subjektive Wahrnehmung des

Leseverständnisses, des Textaufbaus und der Fähigkeit, einem Text Informationen zu entnehmen (Bachmann, Bertschi-Kaufmann & Kassis 2004). Diese Skala setzt sich aus drei Items zusammen und weist eine Reliabilität von $\alpha t1 = .74$, $\alpha t2 = .75$ und eine Varianzaufklärung von 66.0 Prozent zum Zeitpunkt t1 und 67.3 Prozent zum Zeitpunkt t2 auf (vgl. Tabelle 19 im Anhang). Beide Skalen zu den lesebezogenen Kompetenzüberzeugungen weisen eine vierstufige Likert-Skala mit den Antwortformaten „stimmt gar nicht", „stimmt eher nicht", „stimmt eher" und „stimmt völlig" auf.

Die *lesebezogene Selbstwirksamkeit* (SW) erfasst die Einschätzung zukünftiger lesebezogener Leistung. Die Skala wurde aus der Handlungs-Ergebnis-Erwartung (Rheinberg & Wendland 2003b) übernommen und auf das Lesen umgeschrieben. Sie umfasst vier Items und zeigt eine Reliabilität von $\alpha t1 = .74$, $\alpha t2 = .77$ sowie eine Varianzaufklärung von 56.1 Prozent zum Zeitpunkt t1 und 59.3 Prozent zum Zeitpunkt t2 (vgl. Tabelle 20 im Anhang).

12.7 Lesebezogene Werte und Erwartungen

Möller und Schiefele betonen, dass die mit dem Lesen verbundenen Erinnerungen immer auch eine emotionale Qualität haben. Unangenehme Erfahrungen und Schwierigkeiten beim Lesen führen zu einer geringen Wertschätzung des Lesens und folglich zu einem eher vermeidenden Leseverhalten (Möller & Schiefele 2004: 106). Die folgenden Skalen sind alle vierstufig mit den Antwortkategorien „stimmt gar nicht", „stimmt eher nicht", „stimmt eher" und „stimmt völlig".

Die Skala *Lesefreude* (LF) ist auf den lesebezogenen Wert des Vergnügens ausgerichtet. Die Skala von Rheinberg und Wendland (2003b) wurde auf das Lesen umgeschrieben. Die Skala erfasst, wie gern beziehungsweise wie ungern eine Person liest. Sie schließt fünf Items ein und weist eine Reliabilität von $\alpha t1 = .91$, $\alpha t2 = .87$ und eine Varianzaufklärung von 72.5 Prozent bei t1 und 65.9 Prozent bei t2 auf. Das indikativste Item lautet: „Das Lesen von Büchern macht mir großen Spaß" (vgl. Tabelle 21 im Anhang).

Die *Wichtigkeit des Lesens* (WL) wurde mit der Skala der Ergebnis-Folgen-Erwartung von Rheinberg und Wendland (2003b) erhoben, welche auf das Lesen umgeschrieben wurde. Die Wertschätzung des Lesens bezieht sich auf die Folgen geringer Lesekompetenz und die Frage, wie gravierend ein Leser diese für sich einschätzt. Die Skala umfasst vier Items und weist eine Reliabilität von $\alpha t1 = .67$, $\alpha t2 = .75$ sowie eine Varianzaufklärung von 67.1 Prozent zum Zeitpunkt t1 und 57.2 Prozent zum Zeitpunkt t2 auf (vgl. Tabelle 22 im Anhang). Das indikativste Item lautet: „Ob ich gut oder schlecht lesen kann, ist mir persönlich egal."

Die Skala *Geschlechterrollenstereotype Lesen* (GR) wurde in Anlehnung an die Skala von Krampen (2005) auf das Lesen umgeschrieben. Die so neu entstandene Skala erfasst lesebezogene Geschlechterrollenstereotype, wonach Lesen eine „weibliche Tätigkeit" darstellt. Die Skala umfasst fünf Items und weist eine Reliabilität von $\alpha t1 = .78$, $\alpha t2 = .79$ und eine Varianzaufklärung von 78.2 Prozent bei t1 und 79.1 Prozent bei t2 auf. Das indikativste Item lautet: „Dass Mädchen sich mehr fürs Lesen interessieren als Jungen, ist normal" (vgl. Tabelle 23 im Anhang).

Für die *Betroffenheit und Anstrengungsbereitschaft nach einem Misserfolg* (ASMI) wurde die Skala von Rheinberg und Wendland (2003b) auf das Fach Deutsch umgeschrieben. Die Skala umfasst vier Items und weist eine Reliabilität von $\alpha t1 = .74$, $\alpha t2 = .77$ und eine Varianzaufklärung von 56.5 Prozent bei t1 und 59.0 Prozent bei t2 auf. Das indikativste Item lautet: „Nach einer schlechten Note im Fach Deutsch grüble ich lange darüber nach, woran es lag" (vgl. Tabelle 24 im Anhang).

12.8 Aktuelle/habituelle Lesemotivation

Die aktuelle beziehungsweise habituelle Lesemotivation setzt sich aus der gegenstands- und tätigkeitsbezogenen intrinsischen Lesemotivation und der extrinsischen Lesemotivation zusammen.

Die *Involviertheit* (INEV) bezieht sich auf die tätigkeitsbezogene Lesemotivation. Sie umfasst die theoretischen Teilaspekte des Involvements und des evasiven Lesens. Die Involviertheit zeigt auf, wie stark sich die Leser selbst in eine Geschichte hineinbegeben. Das evasive Lesen wird teilweise auch als Fluchtlesen im negativen Sinn oder im positiven als Flow beschrieben. Die beiden Aspekte lassen sich faktorenanalytisch nicht trennen und werden als intrinsische Lesemotivation zusammengefasst. Die Skala wurde in Anlehnung an Wigfield und Guthrie (1997) im Rahmen des Forschungsprojektes „Mediennutzung und Schriftlernen" entwickelt (Bachmann et al. 2004). Sie besteht aus sechs Items und weist eine Reliabilität von $\alpha t1 = .87$, $\alpha t2 = .86$ und eine Varianzaufklärung von 60.7 Prozent bei t1 und 58.4 Prozent bei t2 auf (vgl. Tabelle 25 im Anhang).

Die *kognitive Herausforderung* (KH) stellt eine tätigkeitsbezogene Lesemotivation dar. Die Skala wurde von Rheinberg und Wendland (2003b) übernommen und auf das Lesen umgeschrieben. Sie besteht aus vier Items und weist eine Reliabilität von $\alpha t1 = .72$, $\alpha t2 = .81$ und eine Varianzaufklärung von 55.2 Prozent bei t1 und 63.6 Prozent bei t2 auf (vgl. Tabelle 27 im Anhang). Das indikativste Item lautet: „Am Lesen mag ich, dass ich genau merke, wie viel ich dazulerne."

Das *Sachinteresse* (SI) erfasst die gegenstandsbezogene intrinsische Lesemotivation. Die Skala wurde aus dem Projekt „Mediennutzung und Schriftlernen" (Kassis & Schneider 2004b) übernommen, besteht aus vier Items und weist eine Reliabilität von $\alpha t1 = .78$, $\alpha t2 = .77$ und eine Varianzaufklärung von 60.7 Prozent bei t1 und 59.3 Prozent bei t2 auf. Das indikativste Item lautet: „Ich lese, weil ich so vieles übers Leben erfahren kann" (vgl. Tabelle 26 im Anhang).

Die *Anerkennung fürs Lesen* (AKL) ist ein Teilaspekt der extrinsischen Motivation. Die Skala wurde in Anlehnung an Guthrie u. a. (1999) gebildet. Sie erfasst, inwieweit es einem Jugendlichen wichtig ist, für das Lesen von Lehrpersonen, Kollegen und Eltern gelobt zu werden. Der Aspekt Anerkennung setzt sich aus vier Items zusammen und weist eine Reliabilität von $\alpha t1 = .90$, $\alpha t2 = .91$ und eine Varianzaufklärung von 77.1 Prozent bei t1 und 79.2 Prozent bei t2 auf. Das indikativste Item lautet: „Ich mag es, wenn ich fürs Lesen gelobt werde" (vgl. Tabelle 28 im Anhang).

Die Skala *Fremdbewertungsfolgen* (FF) beschreibt die Haltung, die andere Personen gegenüber einem Menschen zeigen. Die Skala wurde auf der Grundlage der Skala Folgenanreize von Rheinberg und Wendland (2003a) auf das Lesen umgeschrieben. Die Skala besteht aus fünf Items und weist eine Reliabilität von $\alpha t1 = .77$, $\alpha t2 = .80$ und eine Varianzaufklärung von 59.2 Prozent bei t1 und 62.5 Prozent bei t2 auf. Das indikativste Item lautet: „Gut lesen zu können, ist mir wichtig, damit ich keinen Ärger mit meinen Eltern bekomme" (vgl. Tabelle 29 im Anhang).

Der äußere Druck wird mit der Skala *Aufforderung zum Lesen* (AL) erfasst. Sie stellt ebenfalls einen Aspekt der extrinsischen Motivation dar und bezieht sich darauf, inwieweit die Eltern die Jugendlichen zum Lesen drängen. Die Skala wurde in Anlehnung an Guthrie u. a. (1999) erarbeitet. Sie umfasst drei Items und weist eine Reliabilität von $\alpha t1 = .76$, $\alpha t2 = .76$ und eine Varianzaufklärung von 68.0 Prozent bei t1 und 68.3 Prozent bei t2 auf. Das indikativste Item lautet: „Meine Eltern fordern mich häufig auf, etwas zu lesen" (vgl. Tabelle 30 im Anhang).

Noten (NO) stellen einen weiteren Aspekt der extrinsischen Motivation dar. Dieser Faktor erfasst, inwieweit eine Person liest, um gute Noten zu erhalten. Die Skala wurde nach der Skala „Fremdbewertungsfolgen" nach Rheinberg und Wendland (2003b) auf das Lesen umgeschrieben. Sie umfasst fünf Items und weist eine Reliabilität von $\alpha t1 = .83$, $\alpha t2 = .85$ und eine Varianzaufklärung von 59.9 Prozent bei t1 und 62.7 Prozent bei t2 auf. Das indikativste Item lautet: „Gut lesen zu können ist mir wichtig, weil ich gute Noten bekommen möchte" (vgl. Tabelle 31 im Anhang).

13 Ergebnisse

Der Aufbau des Ergebnisteils folgt den Fragestellungen und dem methodischen Vorgehen. Die Struktur der Unterkapitel orientiert sich thematisch am Wirkungsmodell zwischen Anschlusskommunikation, Motivation und Lesekompetenz (vgl. Abbildung 11, S. 104). Es werden in den Wirkungsmodellen immer zuerst die Anschlusskommunikation, dann die motivationalen Überzeugungen, die lesebezogenen Werte und Erwartungen, die aktuelle/habituelle Lesemotivation und schließlich die Lesekompetenz beschrieben. Bei den deskriptiven Analysen wird die Beschreibung der Lesezeit und Lesekompetenz vorgezogen; die Anschlusskommunikation und motivationalen Faktoren werden anschließend behandelt.

Im Folgenden wird in einem ersten Schritt auf die zeitliche Veränderung der motivationalen Faktoren vom 8. zum 9. Schuljahr eingegangen (Kapitel 13.1) und die gruppenspezifischen Unterschiede (Kapitel 13.2 bis 13.4) zu den Messzeitpunkten im 8. und 9. Schuljahr werden diskutiert. In einem zweiten Auswertungsschritt werden mittels Regressionsanalyse die wichtigsten Indikatoren zur Erklärung der Lesekompetenz identifiziert (Kapitel 13.5). In Kreuzeffektmodellen werden im dritten Auswertungsschritt die Wirkmechanismen der Indikatoren näher beleuchtet (Kapitel 13.6). In Kapitel 13.7 werden die direkten und indirekten Wirkungen in Mediationsmodellen betrachtet. In einem abschließenden Auswertungsschritt werden die Wirkmechanismen in einem Gesamtmodell und auf gruppenspezifische Unterschiede bezogen auf die Lesekompetenzentwicklung untersucht (Kapitel 13.8). Um den Text lesefreundlicher zu gestalten, werden im Folgenden nur diejenigen statistischen Kennwerte aufgeführt, die nicht in den Tabellen enthalten sind.

13.1 Veränderungen in den lesebezogenen Komponenten

Die Lesesozialisationsforschung zeigt, dass sich das Leseverhalten im Laufe der Schulzeit wandelt. Der Übergang von der Kinder- zur Jugendliteratur stellt dabei einen kritischen Zeitpunkt dar, zu dem ein Teil der Jugendlichen wenig oder gar nicht mehr in der Freizeit liest. Im Folgenden wird der Frage nachgegangen, inwieweit sich die lesebezogenen Komponenten im 8. Schuljahr verändern. Dabei werden die Komponenten Anschlusskommunikation, motivationale Faktoren sowie Lesezeit und Lesekompetenz näher betrachtet. Der große Einbruch im Lesen erfolgt zwischen dem 11. und 13. Lebensjahr (Garbe 2009a). Diese Untersuchung soll zeigen, welche Auswirkungen zu Beginn des 8. Schuljahres noch nachzuweisen sind und wie sich die Jugendlichen im 8. Schuljahr weiter entwickeln. Die Auswirkungen der (fehlenden) Lesemotivation sollten sich sowohl in der Anschlusskommunikation als auch in der Lesekompetenz widerspiegeln. Es wird angenommen, dass die Bedeutung der Anschlusskommunikation mit Gleichaltrigen zunimmt. Phillip (2010a) zeigt, dass die Anschlusskommunikation in der Familie jene mit Gleichaltrigen fördert. Hier soll der Frage nachgegangen werden, ob die Anschlusskommunikation mit Gleichaltrigen diejenige in der Familie ergänzt oder ersetzt. Mit der Abnahme der Lesemotivation sollte sich auch eine Verringerung der Lesezeit einstellen. Da im schulischen Kontext auf der Sekundarstufe I anspruchsvollere Texte gelesen werden, dürfte dies in einer höheren Lesekompetenz münden. Eine Übersicht der Veränderungen der Faktoren im 8. Schuljahr sind in Tabelle 3 aufgeführt.

Die Analysen verdeutlichen, dass sich die Lesekompetenz zwischen dem 8. und 9. Schuljahr leicht verbessert. Diese positive Veränderung kann teilweise auf den gleichen Test zurückgeführt werden. Bei den Normwerten für die 6. Klasse weisen 14 richtig beantwortete Fragen einen Prozentrang von 28.6 und 15 richtig beantwortete Fragen einen Prozentrang von 36.6 auf (Lenhard & Schneider 2006). Die Schülerinnen und Schüler der vorliegenden Stichprobe liegen ungefähr in diesem Bereich, wenn man die nicht bewerteten sieben Fragen mit einbezieht. Die Jugendlichen weisen also im Durchschnitt eine ähnliche Leistung auf wie Schüler im 6. Schuljahr der Normgruppe. Die Lesezeit hingegen nimmt im gleichen Zeitraum leicht ab. Die Jugendlichen lesen im Durchschnitt 15 bis 30 Minuten täglich in einem Buch. Dies liegt im erwarteten Bereich. In der PISA-Studie von 2000 gaben rund 30 Prozent der Jugendlichen an, gar nicht zu lesen. Weitere knapp 30 Prozent lesen täglich weniger als 30 Minuten (Tillmann & Meier 2001: 488). Die Abnahme der Buchlesezeit im 8. Schuljahr ist zwar statistisch bedeutsam, aber nur sehr schwach ausgeprägt.

Tabelle 3: Veränderungen der lesebezogenen Komponenten im 8. Schuljahr

	M1	M2	SD1	SD2	t $_{(1180)}$	sig.	d*√2
ELFE Punktwert	7.54	8.19	3.368	3.520	8.459	.000	.27
Lesezeit Buch	2.48	2.36	1.131	1.088	-4.451	.000	-.15
Anschlusskommunikation							
Anschlusskommunikation Familie	2.10	2.14	.703	.723	2.446	.015	.09
Anschlusskommunikation Peers	1.97	2.06	.735	.705	4.536	.000	.17
Motivationale Überzeugungen							
Lesebezogenes Selbstkonzept	2.66	2.67	.618	.616	.656	.512	.02
Selbstkonzept: Printmedien	2.85	2.94	.569	.540	5.602	.000	.22
Lesebezogene Selbstwirksamkeit	2.91	2.90	.556	.561	-.647	.518	-.03
Lesebezogene Werte und Erwartungen							
Lesefreude	2.88	2.78	.824	.759	-5.917	.000	-.18
Wichtigkeit	2.19	2.13	.612	.658	-3.116	.002	-.14
Geschlechterrollenstereotype Lesen	1.89	1.81	.659	.651	-4.327	.000	-.17
Anstrengungssteigerung n. Misserfolg	2.38	2.23	.616	.635	-7.878	.000	-.34
Aktuelle/habituelle Lesemotivation							
Involviertheit/evasives Lesen	2.67	2.60	.820	.783	-4.153	.000	-.13
Involvement Lesen	2.85	2.80	.878	.849	-2.147	.032	-.07
Evasives Lesen	2.50	2.40	.920	.879	-4.583	.000	-.16
Sachinteresse	2.57	2.64	.773	.743	3.443	.001	.14
Kognitive Herausforderung	2.42	2.35	.639	.665	-3.392	.001	-.15
Lesemotivation: Anerkennung, Lob	2.75	2.74	.851	.850	-.410	.682	-.02
Fremdbewertungsfolgen	2.29	2.21	.709	.726	-3.671	.000	-.16
Aufforderung zum Lesen	2.34	2.23	.860	.810	-5.071	.000	-.19
Gute Noten	2.96	2.94	.671	.676	-1.006	.315	-.04

Anmerkung: M = arithmetischer Mittelwert, SD = Standardabweichung, t = Testwert für Mittelwertunterschiede mit Angabe der Freiheitsgrade in der Klammer, sig. = Signifikanzniveau, d = Effektstärke. Nach Cohen (1992: 157) indiziert für unabhängige Daten d ≥ 0.2 einen kleinen Effekt, d ≥ 0.5 einen mittleren und d ≥ 0.8 einen starken Effekt. Für abhängige Daten wird d mit Wurzel 2 multipliziert, da bei einem t-Test für unabhängige Daten mit zwei, bei abhängigen Daten nur mit einer Stichprobe gerechnet wird (Bortz & Döring 2003: 606).

Die *Anschlusskommunikation* in der Familie und mit Gleichaltrigen nimmt in der 8. Klasse leicht zu. Die Effekte sind aber sehr schwach, insbesondere bei der Anschlusskommunikation in der Familie ist die Veränderung praktisch nicht relevant. Insgesamt ist die Anschlusskommunikation sowohl in der Familie als auch mit Gleichaltrigen eher schwach ausgeprägt. Erstere ist etwas höher als die Anschlusskommunikation mit Gleichaltrigen zu beiden Zeitpunkten (t1: t = 4.25, p < .001, d = .18; t2: t = 2.82, p = .004, d = .12). Aber auch hier sind die Effekte sehr schwach und daher die Unterschiede von geringer praktischer Bedeutung. Die Annahme, dass die Bedeutung der Anschlusskommunikation mit Gleichaltrigen größere Bedeutung hat als in der Familie, kann für die untersuchte Altersgruppe nicht bestätigt werden (2010a).

Bei den *motivationalen Überzeugungen* ist das lesebezogene Selbstkonzept erwartungsgemäß stabil geblieben. Auch bei der lesebezogenen Selbstwirksamkeit ist keine Veränderung im 8. Schuljahr zu verzeichnen. Eine Veränderung zeigt sich aber beim Selbstkonzept Printmedien, bei dem eine Zunahme festzustellen ist. Die Veränderung ist allerdings relativ schwach. Die Zunahme des lesebezogenen Selbstkonzepts Printmedien könnte mit der Zunahme von Gratiszeitungen zusammenhängen, die auch bei Jugendlichen sehr beliebt sind.

Die *lesebezogenen Werte und Erwartungen* nehmen bei allen Einflussfaktoren während des 8. Schuljahres leicht ab. Der Rückgang der Lesefreude, der Wichtigkeit des Lesens sowie der lesebezogenen Geschlechterrollenstereotypen ist aber sehr gering und kann vernachlässigt werden. Beim Faktor Betroffenheit und Anstrengungsbereitschaft nach einem Misserfolg ist die Abnahme etwas stärker ausgeprägt, aber auch sie hat lediglich eine geringe Effektstärke. Dies weist darauf hin, dass die meisten Schülerinnen und Schüler im letzten Schuljahr Misserfolge gelassener hinnehmen. In der PISA-Studie wird die hohe Anstrengungsbereitschaft von Jugendlichen mit Migrationshintergrund erwähnt (Stanat & Edele 2011). Dies kann anhand der Gesamtstichprobe nicht bestätigt werden. Inwieweit die Anstrengungsbereitschaft lediglich auf gruppenspezifische Unterschiede zurückgeführt werden kann, wird später im Zusammenhang mit den Gruppenunterschieden beleuchtet.

Die *aktuelle und habituelle Lesemotivation* sinkt insgesamt im letzten Schuljahr, mit Ausnahme des Sachinteresses. Dies dürfte mit der beruflichen Orientierung der Schülerinnen und Schüler zu erklären sein. Die Veränderung der Lesemotivation ist aber insgesamt so schwach, dass sie zu vernachlässigen ist. Hinsichtlich der intrinsischen Lesemotivation ist beim Involvement die Abnahme zwar statistisch signifikant, aber mit einer Effektstärke von -.07 praktisch bedeutungslos. Das evasive Lesen nimmt ebenfalls ab. Dieser Effekt ist zwar mit -.16 etwas stärker, aber immer noch schwach. Das Sachinteresse steigt während des 8. Schuljahres, doch auch hier ist der Effekt mit .14 eher mäßig. Das Lesen als kognitive Herausforderung nimmt ebenfalls leicht ab, die Veränderung ist aber von geringer praktischer Bedeutung. Bei der extrinsischen Lesemotivation gibt es nach den Angaben der Jugendlichen im Laufe des 8. Schuljahres im Bereich von Anerkennung und Lob sowie beim Lesen, um eine gute Note zu erhalten, keine Veränderungen. Bei den Fremdbewertungsfolgen sowie der Aufforderung zum Lesen ist ebenfalls eine leichte Abnahme festzustellen. Diese Abnahme stimmt mit den Ergebnissen von Rheinberg und Wendland überein, die eine stetige Abnahme der Fremdbewertungsfolgen im Laufe der Schulzeit feststellen konnten (Rheinberg & Wendland 2003b). Die Jugendlichen nehmen den Druck der Eltern weniger stark wahr. Die Veränderungen sind aber so schwach, dass sie zu vernachlässigen sind. Die größte Veränderung im 8. Schuljahr kann bei der Betroffenheit und Anstrengungsbereitschaft nach einem Misserfolg festgestellt werden. Aber auch dieser Unterschied ist mit einer Effektstärke von -.34 nur schwach ausgeprägt. Insgesamt liegt die intrinsische Motivation leicht im positiven Bereich und die extrinsische Motivation wird eher verneint. Die sinkende Motivation im Laufe der Schulzeit ist bekannt und erstaunt daher wenig. Sie wurde von Rheinberg und Wendland (2003b) schon für den Bereich Mathematik und Physik und von Schund und Pajares für das Lesen (2009) nachgewiesen. Insgesamt liegen die durchschnittlichen motivationalen Faktoren im positiven Bereich, was auf eine insgesamt eher positive Einstellung gegenüber dem Lesen verweist, die während des 8. Schuljahres relativ stabil bleibt. Daher ist es notwendig, die verschiedenen Risikogruppen näher zu betrachten. In den folgenden Unterkapiteln werden die Abweichungen zwischen den Untergruppen detaillierter beleuchtet. Dabei werden in Kapitel 13.2 die Unterschiede in den sozialen Schichten, in Kapitel 13.3 zwischen Einheimischen und Jugendlichen mit Migrationshintergrund und in Kapitel 13.4 zwischen Jungen und Mädchen analysiert.

13.2 Unterschiede nach sozialer Schicht

Jugendliche mit niedrigem sozialem Status gelten als Risikogruppe und sind in der Gruppe von Leseschwachen überrepräsentiert (Baumert & Maaz 2010; Becker 2007). Durch die Lesemotivation können nach Guthrie (2008b) schichtspezifische Unterschiede in der Lesekompetenz ausgeglichen werden. Im Folgenden werden die schichtspezifischen Unterschiede in der Lesekompetenz, der Anschlusskommunikation und in den motivationalen Komponenten für beide Erhebungszeitpunkte näher beschrieben und in Tabelle 4 und Tabelle 5 dargestellt. Um die Unterschiede in den sozialen Gruppen zu den beiden Erhebungszeitpunkten besser vergleichen zu können, sind die Tabellen direkt hintereinander auf zwei gegenüberliegenden Seiten abgebildet.

Tabelle 4: Mittelwertsunterschiede nach sozialer Schicht t1

	niedrig n = 403		mittel n = 403		hoch n = 375				
	M	SD	M	SD	M	SD	$F_{(2,1178)}$	p	eta^2
ELFE Punktwert	6.31	3.050	7.67	3.314	8.74	3.303	55.35	.000	.086
Lesezeit Buch	2.16	1.080	2.52	1.120	2.78	1.113	30.23	.000	.049
Anschlusskommunikation									
Anschlusskommunikation Familie	1.83	.620	2.10	.643	2.38	.734	67.631	.000	.103
Anschlusskommunikation Peers	1.82	.725	2.03	.717	2.07	.741	13.62	.000	.023
Motivationale Überzeugungen									
Lesebezogenes Selbstkonzept	2.54	.586	2.64	.595	2.81	.645	19.65	.000	.032
Selbstkonzept: Printmedien	2.74	.557	2.81	.547	3.02	.569	25.27	.000	.041
Lesebezogene Selbstwirksamkeit	2.92	.558	2.89	.530	2.94	.583	0.87	.418	.001
Lesebezogene Werte und Erwartungen									
Lesefreude	2.68	.819	2.90	.790	3.08	.818	23.69	.000	.039
Wichtigkeit	2.19	.613	2.20	.577	2.19	.647	0.01	.993	.000
Geschlechterrollenstereotype Lesen	1.99	.654	1.89	.626	1.79	.683	9.73	.000	.016
Betroffenheit und Anstrengungssteigerung nach Misserfolg	2.46	.659	2.37	.570	2.32	.611	4.95	.007	.008
Aktuelle/habituelle Lesemotivation									
Involviertheit/evasives Lesen	2.44	.839	2.69	.774	2.90	.782	31.851	.000	.051
Involvement Lesen	2.59	.922	2.89	.839	3.07	.802	30.86	.000	.050
Evasives Lesen	2.29	.908	2.49	.883	2.73	.919	22.71	.000	.037
Sachinteresse	2.43	.767	2.61	.744	2.67	.792	10.75	.000	.018
Kognitive Herausforderung	2.38	.687	2.45	.604	2.44	.620	1.60	.203	.003
Lesemotivation, Anerkennung, Lob	2.68	.857	2.72	.818	2.86	.872	4.69	.009	.008
Fremdbewertungsfolgen	2.38	.746	2.27	.671	2.21	.699	6.14	.002	.010
Aufforderung zum Lesen	2.37	.895	2.34	.808	2.31	.877	0.58	.562	.001
Gute Noten	2.97	.707	2.97	.640	2.94	.666	0.32	.728	.001

Anmerkung: M = Mittelwert, SD = Standardabweichung, F = Testwert der Varianzanalyse mit den entsprechenden Freiheitsgraden, p = statistische Signifikanz, eta^2 = Effektstärke, sie kann als Anteil der erklärten Varianz interpretiert werden. Dabei entspricht eta$^2 \geq .01$ einem kleinen Effekt, eta$^2 \geq .06$ einem mittleren Effekt und eta$^2 \geq .14$ einem hohen Effekt.

Tabelle 5: Mittelwertsunterschiede nach sozialer Schicht t2

	niedrig n = 403		mittel n = 403		hoch n = 375				
	M	SD	M	SD	M	SD	$F_{(2,1178)}$	p	eta^2
ELFE Punktwert	6.97	3.463	8.33	3.408	9.37	3.270	49.436	.000	.077
Lesezeit Buch	2.13	1.029	2.35	1.113	2.61	1.068	19.688	.000	.032
Anschlusskommunikation									
Anschlusskommunikation Familie	1.89	.667	2.12	.666	2.44	.733	63.443	.000	.096
Anschlusskommunikation Peers	1.90	.676	2.10	.707	2.18	.704	17.108	.000	.028
Motivationale Überzeugungen									
Lesebezogenes Selbstkonzept	2.55	.589	2.68	.585	2.78	.654	13.819	.000	.023
Selbstkonzept: Printmedien	2.82	.522	2.92	.525	3.08	.543	23.094	.000	.038
Lesebezogene Selbstwirksamkeit	2.86	.575	2.91	.538	2.94	.568	1.913	.148	.003
Lesebezogene Werte und Erwartungen									
Lesefreude	2.63	.723	2.77	.752	2.97	.767	20.168	.000	.033
Wichtigkeit	2.15	.664	2.18	.649	2.06	.655	3.634	.027	.006
Geschlechterrollenstereotype Lesen	1.88	.666	1.83	.639	1.73	.642	5.069	.006	.009
Betroffenheit und Anstrengungssteigerung nach Misserfolg	2.27	.655	2.22	.643	2.21	.605	1.115	.328	.002
Aktuelle/habituelle Lesemotivation									
Involviertheit/evasives Lesen	2.41	.809	2.65	.732	2.75	.767	20.790	.000	.034
Involvement Lesen	2.58	.893	2.89	.797	2.95	.805	22.905	.000	.037
Evasives Lesen	2.24	.891	2.42	.839	2.55	.882	12.579	.000	.021
Sachinteresse	2.53	.773	2.66	.737	2.74	.703	7.870	.000	.013
Kognitive Herausforderung	2.30	.663	2.38	.646	2.38	.686	1.942	.144	.003
Lesemotivation, Anerkennung, Lob	2.69	.822	2.76	.849	2.77	.879	1.036	.355	.002
Fremdbewertungsfolgen	2.30	.737	2.19	.722	2.13	.710	5.243	.005	.009
Aufforderung zum Lesen	2.26	.837	2.20	.796	2.24	.796	.598	.550	.001
Gute Noten	2.94	.691	2.94	.673	2.93	.663	.026	.974	.000

Anmerkung: M = Mittelwert, SD = Standardabweichung, F = Testwert der Varianzanalyse mit den entsprechenden Freiheitsgrade, p = statistische Signifikanz, eta^2 = Effektstärke, sie kann als Anteil der erklärten Varianz interpretiert werden. Dabei entspricht $eta^2 \geq .01$ einem kleinen Effekt, $eta^2 \geq .06$ einem mittleren Effekt und $eta^2 \geq .14$ einem hohen Effekt.

In der *Lesekompetenz* können je nach sozialem Status Leistungsunterschiede identifiziert werden. Alle drei Gruppen weichen zu beiden Erhebungszeitpunkten voneinander ab. Personen mit einem niedrigen sozialen Status weisen eine schwache Lesekompetenz und jene mit einem hohen sozialen Status die höchste Lesekompetenz auf. Es können rund neun Prozent der Abweichungen in der Lesekompetenz auf die Schichtzugehörigkeit zurückgeführt werden, was einem mittleren Effekt entspricht (Rasch, Friese, Hofmann & Naumann 2006: 38). Doch ist zu beachten, dass in allen sozialen Schichten große Unterschiede fest-zustellen sind. Es gibt in allen sozialen Schichten Personen, die eine geringe Lesekompetenz, sowie solche, die eine sehr hohe Lesekompetenz aufweisen. Diese Ergebnisse stimmen mit jenen der PISA-Studien überein (Ehmke & Jude 2010).

In den *Lesezeiten* unterscheiden sich ebenfalls alle drei Gruppen. Die durch-schnittlichen Lesezeiten in den verschiedenen sozialen Gruppen können zu Be-ginn des 8. Schuljahres t1 zu fünf Prozent der Varianz durch die soziale Schicht erklärt werden, zu Beginn des 9. Schuljahres t2 sind es noch drei Prozent. Der Anteil der Nichtleser ist besonders in der Gruppe mit niedrigem sozialem Status mit rund 35 Prozent (t1 und t2) sehr ausgeprägt (vgl. Abbildung 15). Beim hohen Status geben 16 Prozent der Schülerinnen und Schüler in t1, 18 Prozent in t2 an, gar nicht zu lesen. Bei denjenigen Personen, welche täglich länger als eine halbe Stunde lesen, finden sich beim niedrigen Status in Zeitpunkt t1 16 Prozent und zum Zeitpunkt t2 13 Prozent; beim hohen sozialen Status lesen 37 Prozent zum Zeitpunkt t1 und 28 Prozent zum Zeitpunkt t2 mehr als eine halbe Stunde täg-lich. In der Mittelschicht gibt es ungefähr gleich viele Nichtleserinnen und Nichtleser wie Personen, die mehr als eine halbe Stunde lesen. Bei den Nichtle-serinnen und Nichtlesern sind es zum Zeitpunkt t1 23 Prozent und bei t2 28 Pro-zent, die angeben, in der Freizeit keine Bücher zu lesen. Bei den Schülerinnen und Schülern, die aussagen, mehr als eine halbe Stunde täglich zu lesen, sind es zum Zeitpunkt t1 27 Prozent und zum Zeitpunkt t2 22 Prozent.

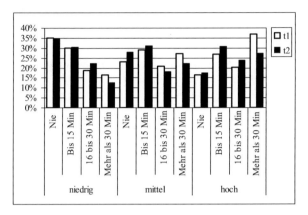

Abbildung 15: Tägliche Buchlesezeit nach sozialer Schicht

Bei der *Anschlusskommunikation* in der Familie weichen alle drei Statusgruppen in beiden Erhebungen voneinander ab. Die Unterschiede sind in beiden Erhebungszeitpunkten mittelstark ausgeprägt. Schichtspezifische Unterschiede zeigen sich auch in der Anschlusskommunikation mit Gleichaltrigen. Hier sind aber die Unterschiede nur schwach ausgeprägt. Das Niveau der angegebenen Anschlusskommunikation in der Familie wie auch mit Gleichaltrigen ist relativ niedrig. Die Jugendlichen aus niedrigen sozialen Schichten sprechen tendenziell nicht über das Gelesene; Angehörige der mittleren sozialen Schichten sprechen relativ selten über Gelesenes. Einzig in der hohen Statusgruppe scheinen Gespräche über das Gelesene, insbesondere in der Familie, stattzufinden. Des Weiteren wird deutlich, dass Jugendliche, die in der Familie über das Gelesene sprechen, auch in der Gleichaltrigengruppe lektürebezogene Gespräche führen (χ^2t1(9) = 277.1, p < .001, eta^2 = .20; χ^2t2(9) = 204.0, p < .001, eta^2 = .15). Die Effekte sind stark ausgeprägt und damit auch von praktischer Relevanz. Die Ergebnisse stützen die Beobachtung von Groeben und Schroeder (2004), dass in niedrigen sozialen Schichten weniger über das Gelesene gesprochen wird als in höheren sozialen Schichten. Es zeichnet sich zudem ab, dass die lesebezogene Kommunikation in der Familie eng an jene der Gleichaltrigengruppe gebunden ist, wie dies auch in der Untersuchung von Philipp (2010a) ersichtlich ist. Eine Verlagerung der Anschlusskommunikation von der Familie zur Gleichaltrigengruppe, wie sie von Graf (2010) angenommen wird, kann aber nicht bestätigt werden. Die Familie bleibt vor allem in den privilegierten sozialen Schichten der zentrale und wichtigste Ort für lektürebezogene Gespräche.

In den *motivationalen Überzeugungen* unterscheiden sich beim lesebezogenen Selbstkonzept alle drei sozialen Schichten in beiden Messzeitpunkten in
ihren Ausprägungen. Die Schülerinnen und Schüler aus niedrigen sozialen
Schichten weisen die niedrigsten Selbstkonzepte und diejenigen aus hohen sozialen Schichten die höchsten Selbstkonzepte auf. Beim Selbstkonzept bezogen auf
Printmedien haben die Jugendlichen mit hohem Status im 8. Schuljahr ein stärkeres Selbstkonzept als die Jugendlichen mit mittlerem oder niedrigem Status.
Im 9. Schuljahr unterscheiden sich erneut alle drei Statusgruppen voneinander,
wobei wiederum Schülerinnen und Schüler mit einem niedrigen sozialen Status
die schwächsten Selbstkonzepte und diejenigen mit einem hohen Status die
stärksten Selbstkonzepte aufweisen. Die Unterschiede sind relativ gemäßigt
ausgeprägt. Lediglich drei und vier Prozent der Unterschiede können auf die
soziale Schicht zurückgeführt werden. Bei der lesebezogenen Selbstwirksamkeit
können keine Abweichungen zwischen den Statusgruppen konstatiert werden.
Die Selbstkonzepte stimmen insgesamt mit den schichtspezifischen Unterschieden in der Lesekompetenz überein. Eher erstaunlich ist, dass sich diese Unterschiede nicht in der lesebezogenen Selbstwirksamkeit widerspiegeln. Die Annahme von Beutel und Hinz (2008), dass sich die lesebezogenen Kompetenzerfahrungen im lesebezogenen Selbstkonzept äußern, kann bestätigt werden. Die
Jugendlichen mit einem hohen Status weisen nicht nur bessere Lesekompetenzen, sondern auch ein stärkeres lesebezogenes Selbstkonzept auf. Dieser positive
Effekt lässt sich aber nicht auf die lesebezogene Selbstwirksamkeit übertragen.

Bei den *lesebezogenen Erwartungen und Werten* können die markantesten
Unterschiede in der Lesefreude festgestellt werden. Jugendliche aus niedrigen
sozialen Schichten weisen auch hier die niedrigsten und diejenigen aus hohen
sozialen Schichten die höchsten Werte auf. Im 8. Schuljahr lassen sich vier Prozent, zu Beginn des 9. Schuljahres lediglich noch drei Prozent der Unterschiede
auf die soziale Schicht zurückführen. Die schichtspezifischen Abweichungen bei
der Lesefreude stimmen mit den Erkenntnissen der PISA-Studie überein (Artelt
et al. 2010). Sie werden von Groeben und Schroeder (2004) auf die unterschiedlichen Bildungsnormen zurückgeführt. An dieser Stelle können lediglich die
Abweichungen festgehalten werden, da nach den Gründen nicht weiter geforscht
wurde. Bei der Einschätzung der Wichtigkeit des Lesens können in der ersten
Erhebung keine Unterschiede zwischen den sozialen Schichten festgestellt werden. Bei der zweiten Erhebung weichen die Jugendlichen mit einem hohen von
den Jugendlichen mit niedrigem und mittlerem Status ab. Dabei messen Letztere
dem Lesen die höchste Wichtigkeit bei und Jugendliche mit hohem Status die
niedrigste. Diese schwach ausgeprägten Unterschiede dürften mit dem bevorstehenden Einstieg ins Berufsleben zusammenhängen. Die Jugendlichen aus den
verschiedenen Schichten und Schultypen bewerben sich teilweise auf die glei-

chen Lehrstellen. Dabei haben Jugendliche aus anspruchsvolleren Schultypen eine bessere Ausgangslage, die Lehrstelle zu erhalten. Bei den höheren Schichten dürfte der Übergang ins Berufsleben wie auch auf weiterführende Schulen weniger problematisch sein, da infolge der besseren sozialen und kulturellen Ressourcen die Berufslaufbahnen häufig durch die Eltern schon vorgespurt sind. Die Einschätzung der Wichtigkeit einer Tätigkeit hängt mit der Nützlichkeit einer Aktivität zusammen (Wigfield 1997), die sich in längeren Lesezeiten und einer höheren Lesekompetenz äußern sollte. Dies ist aber insbesondere bei Jugendlichen mit niedrigem Status nicht der Fall. Die Einschätzung einer höheren Wichtigkeit führt also nicht automatisch zu mehr Leseaktivität. Eine geringere Wichtigkeit des Lesens wird teilweise mit Geschlechterrollenstereotypen begründet, die vor allem für Jungen empirisch belegt sind (Plante et al. 2009; Stanat & Kunter 2002). Kassis und Schneider (2004b) führen die Entwicklung von Geschlechterrollenstereotypen auf einen rigiden Erziehungsstil zurück. Durch die uneinheitliche Bewertung der Bedeutung des Lesens in den sozialen Schichten (Groeben & Schroeder 2004) dürften sich diese Einstellungen ebenfalls für die unterschiedlichen sozialen Schichten nachweisen lassen. Bei den lesebezogenen Geschlechterrollenstereotypen unterscheiden sich zu Beginn des 8. Schuljahres alle drei Statusgruppen, wobei die lesebezogenen Stereotypen bei Jugendlichen aus der niedrigen sozialen Schicht am stärksten ausgeprägt sind und bei jenen aus der hohen sozialen Schicht am niedrigsten. Die lesebezogenen Geschlechterrollenstereotype werden aber insgesamt eher verneint. Zu Beginn des 9. Schuljahres können die Unterschiede zwischen der niedrigen und der mittleren sozialen Schicht nicht mehr festgestellt werden. Die Jugendlichen aus der hohen sozialen Schicht sind weiterhin weniger von lesebezogenen Geschlechterrollenstereotypen geprägt, was den Erwartungen entspricht. Bei der Betroffenheit und Anstrengungssteigerung nach einem Misserfolg im Fach Deutsch weisen bei der ersten Erhebung die Jugendlichen aus niedrigen sozialen Schichten höhere Werte auf als Jugendliche der Mittel- und Oberschicht, die übereinstimmen. Insgesamt sind die Unterschiede nur sehr schwach ausgeprägt und zu Beginn des 9. Schuljahres gar nicht mehr nachzuweisen.

Bei der *aktuellen* und *habituellen Lesemotivation* zeigen sich die größten Diskrepanzen bei der Involviertheit beziehungsweise beim evasiven Lesen. Bei der ersten Erhebung weichen alle drei Statusgruppen voneinander ab. Auch hier weisen die Jugendlichen mit einem hohen sozialen Status die höchsten und diejenigen mit einem niedrigen Status die niedrigsten Werte auf. Die Involviertheit ist eng verbunden mit der Lesefreude. Involviertheit kann nur beim Lesen erlebt werden, also nur dann, wenn tatsächlich gelesen wird. Daher fallen die festgestellten Unterschiede erwartungsgemäß aus. Die Unterschiede sind nur schwach ausgeprägt; lediglich fünf Prozent können auf die Schichtzugehörigkeit zurückgeführt werden. In der zweiten Erhebung können keine Unterschiede in der Involviertheit zwischen Jugendlichen mittleren und hohen Status erkannt werden. Diese beiden Gruppen weisen aber immer noch eine höhere Involviertheit auf als die Jugendlichen mit niedrigem Status. Das Sachinteresse ist bei Jugendlichen mit niedrigem Status schwächer ausgeprägt als bei jenen mittleren und hohen Status. In der mittleren und hohen Statusgruppe stimmen die Jugendlichen im Sachinteresse überein. Beim Tätigkeitsanreiz des Lesens als kognitive Herausforderung können zu beiden Erhebungszeitpunkten keine Abweichungen zwischen den sozialen Gruppen festgestellt werden. Bei der extrinsischen Lesemotivation sind die Unterschiede insgesamt bei allen Faktoren, wenn überhaupt, nur sehr schwach ausgeprägt und vernachlässigbar. Gar keine Unterschiede werden beim Lesen aus dem Anreiz, eine gute Note zu erzielen, und bei der Aufforderung zum Lesen festgestellt. Die Werte bei der Aufforderung zum Lesen sind insgesamt eher niedrig, was darauf hinweist, dass die Aufforderung zum Lesen am Ende der Schulzeit eher selten erfolgt. Der Anreiz der guten Note ist hingegen in allen Statusgruppen mit einem Wert um knapp unter drei hoch und lässt eine eher große Leistungsbereitschaft annehmen. Hinsichtlich der Motivation, für Anerkennung und Lob zu lesen, weisen die Jugendlichen mit hohem Status zu Beginn des 8. Schuljahres noch höhere Werte auf als die Jugendlichen mit mittlerem oder tiefem Status. In der zweiten Erhebung sind keine Unterschiede mehr festzustellen. Die Fremdbewertungsfolgen werden von Jugendlichen mit tieferem Status höher bewertet als von Jugendlichen mit mittlerem und hohem Status. In dieser Statusgruppe scheint das Bild, das andere von einer Person haben, einen schwachen Einfluss auszuüben.

Zusammenfassend können mittelstarke schichtspezifische Unterschiede in der Lesekompetenz und der Anschlusskommunikation in der Familie konstatiert werden. Schwache Unterschiede sind festzustellen: in der Lesezeit, der Anschlusskommunikation mit Gleichaltrigen, bei den lesebezogenen Selbstkonzepten, der Lesefreude, den lesebezogenen Geschlechterrollenstereotypen, der Betroffenheit und Anstrengungssteigerung nach einem Misserfolg im Fach Deutsch, bei der Involviertheit, dem Sachinteresse und der extrinsischen Motivation Anerkennung und Lob zu Beginn des 8. Schuljahres sowie bei den Fremdbewertungsfolgen. Erwartungsgemäß weisen die Jugendlichen aus höheren sozialen Schichten längere Lesezeiten und bessere Lesekompetenzen auf. Das positive Bild bestätigt sich im Punkt der motivationalen Überzeugungen, mit Ausnahme der lesebezogenen Selbstwirksamkeit, wo keine Unterschiede vorliegen. Die Jugendlichen aus privilegierten Schichten weisen positivere lesebezogene Werte und Erwartungen sowie eine höhere intrinsische Motivation auf. In der extrinsischen Motivation sind die Unterschiede, wenn überhaupt, nur sehr schwach nachweisbar. Entgegen den Erwartungen ist das Lesen, um Anerkennung und

Lob zu erhalten, bei den höheren Schichten stärker ausgeprägt. Die Fremdbewertungsfolgen werden aber von den Jugendlichen mit niedrigem Status höher eingeschätzt.

13.3 Unterschiede nach Migrationshintergrund

Jugendliche mit Migrationshintergrund bieten gemäß PISA-Studien schlechtere Leseleistungen (Stanat, Segeritz & Christensen 2010b). Bei der Lesemotivation gehen Groeben und Schroeder (2004) davon aus, dass in Migrationsfamilien die Lesefreude weniger betont wird und daher weniger ausgeprägt ist. Auf der anderen Seite haben Jugendliche mit Migrationshintergrund nach Kirsten und Dollmann (2010) eine hohe Bildungsmotivation; die Kinder und Jugendlichen sind jedoch insgesamt nicht in der Lage, die Unterschiede in der Lesekompetenz durch die höhere Motivation auszugleichen. Im Folgenden wird überprüft, ob Unterschiede im Leseverhalten, der Lesekompetenz und den motivationalen Faktoren zwischen Einheimischen und Jugendlichen mit Migrationshintergrund ersichtlich werden. Die Übersicht über die statistischen Kennwerte wird für die beiden Erhebungszeitpunkte – zu Beginn des 8. und 9. Schuljahres – in den Tabellen 6 und 7 auf zwei gegenüberliegenden Seiten präsentiert. Es werden wiederum zuerst die Lesekompetenz und die Lesezeit beschrieben. Anschließend werden die Anschlusskommunikation und die motivationalen Einflussfaktoren näher betrachtet.

Bezogen auf die *Lesekompetenz* weisen die einheimischen Jugendlichen eine höhere Lesekompetenz auf als die Jugendlichen mit Migrationshintergrund. Die Unterschiede sind in der zweiten Erhebung markanter. Insbesondere die einheimischen Jugendlichen können ihre Lesekompetenz innerhalb des letzten Schuljahres von 7.98 Punkten (SD = 3.26) auf 8.74 Punkte (SD = 3.32) noch steigern (t(838) = -8.465, p < .001), während die Jugendlichen mit Migrationshintergrund sich nur minimal, von 6.48 Punkten (SD = 3.39) auf 6.86 Punkte (SD = 3.65), verbessern (t(341) = -2.594, p = .01). Die Unterschiede in der Lesekompetenz weisen eine niedrige Effektstärke auf. Lediglich vier Prozent davon können auf den Migrationshintergrund zurückgeführt werden. In der *Lesezeit* entsprechen die Jugendlichen mit Migrationshintergrund den Einheimischen. Dies stützt die Befunde von van Elsäcker und Verhoeven (2002), welche unterschiedliche Lesezeiten auf die soziale Schicht und nicht auf den Migrationshintergrund zurückführen.

Tabelle 6: Mittelwertsunterschiede nach Migrationshintergrund t1

	Einheimisch n = 839		Migration n = 342					
	M	SD	M	SD	$t_{(1180)}$	sig.	d	eta^2
ELFE Punktwert	7.98	3.262	6.48	3.393	-7.080	.000	-.45	.041
Lesezeit Buch	2.47	1.138	2.49	1.117	.232	.815	.01	.000
Anschlusskommunikation								
Anschlusskommunikation Familie	2.11	.679	2.07	.758	-.718	.47	-.04	.000
Anschlusskommunikation Peers	1.97	.737	1.96	.731	-.280	.779	-.02	.000
Motivationale Überzeugungen								
Lesebezogenes Selbstkonzept	2.66	.612	2.65	.633	-.242	.812	-.02	.000
Selbstkonzept: Printmedien	2.87	.568	2.81	.568	-1.767	.078	-.11	.003
Lesebezogene Selbstwirksamkeit	2.86	.546	3.03	.563	4.840	.000	.31	.019
Lesebezogene Werte und Erwartungen								
Lesefreude	2.89	.838	2.86	.790	-.565	.562	-.04	.000
Wichtigkeit	2.21	.600	2.15	.639	-1.629	.113	-.10	.002
Geschlechterrollenstereotype Lesen	1.90	.660	1.87	.657	-.739	.459	-.05	.000
Betroffenheit und Anstrengungs-steigerung nach Misserfolg	2.31	.598	2.58	.619	7.014	.000	.45	.040
Aktuelle/habituelle Lesemotivation								
Involviertheit/evasives Lesen	2.71	.819	2.58	.817	-2.363	.018	-.15	.005
Involvement Lesen	2.89	.876	2.74	.877	-2.734	.006	-.18	.006
Evasives Lesen	2.53	.922	2.43	.913	-1.601	.108	-.10	.002
Sachinteresse	2.51	.756	2.70	.801	3.679	.000	.23	.011
Kognitive Herausforderung	2.37	.636	2.55	.627	4.519	.000	.29	.017
Lesemotivation, Anerkennung, Lob	2.73	.847	2.80	.862	1.259	.212	.08	.001
Fremdbewertungsfolgen	2.21	.687	2.48	.729	5.914	.000	.37	.029
Aufforderung zum Lesen	2.23	.836	2.63	.854	7.387	.000	.47	.044
Gute Noten	2.90	.668	3.11	.656	5.092	.000	.33	.022

Anmerkung: M = Mittelwert, SD = Standardabweichung, F = Testwert der Varianzana-lyse mit den entsprechenden Freiheitsgraden, p = statistische Signifikanz, eta^2 = Effekt-stärke, sie kann als Anteil der erklärten Varianz interpretiert werden. Dabei entspricht $eta^2 \geq .01$ einem kleinen Effekt, $eta^2 \geq .06$ einem mittleren Effekt und $eta^2 \geq .14$ einem hohen Effekt.

Tabelle 7: Mittelwertsunterschiede nach Migrationshintergrund t2

	Einheimisch n = 839		Migration n = 342					
	M	SD	M	SD	$t_{(1180)}$	sig.	d	eta^2
ELFE Punktwert	8.74	3.317	6.86	3.651	-8.548	.000	-.54	.058
Lesezeit Buch	2.35	1.084	2.37	1.097	.308	.758	.02	.000
Anschlusskommunikation								
Anschlusskommunikation Familie	2.17	.713	2.07	.746	-2.151	.032	-.14	.004
Anschlusskommunikation Peers	2.08	.703	2.01	.708	-1.499	.134	-.10	.002
Motivationale Überzeugungen								
Lesebezogenes Selbstkonzept	2.68	.606	2.65	.638	-.628	.530	-.04	.000
Selbstkonzept: Printmedien	2.95	.547	2.92	.521	-.816	.415	-.05	.001
Lesebezogene Selbstwirksamkeit	2.88	.545	2.96	.595	2.208	.027	.14	.004
Lesebezogene Werte und Erwartungen								
Lesefreude	2.79	.774	2.76	.721	-.633	.527	-.04	.000
Wichtigkeit	2.16	.659	2.06	.649	-2.320	-.021	-.15	.005
Geschlechterrollenstereotype Lesen	1.85	.660	1.73	.623	-2.789	.005	-.18	.007
Betroffenheit und Anstrengungs-steigerung nach Misserfolg	2.13	.593	2.48	.667	8.952	.000	.56	.064
Aktuelle/habituelle Lesemotivation								
Involviertheit/evasives Lesen	2.62	.790	2.56	.765	-1.052	.293	-.07	.001
Involvement Lesen	2.83	.848	2.73	.847	-1.740	.082	-.11	.003
Evasives Lesen	2.40	.884	2.39	.869	-.195	.845	-.01	.000
Sachinteresse	2.60	.735	2.75	.753	3.250	.001	.21	.009
Kognitive Herausforderung	2.31	.661	2.47	.662	3.851	.000	.25	.012
Lesemotivation, Anerkennung, Lob	2.71	.856	2.81	.830	1.909	.056	.12	.003
Fremdbewertungsfolgen	2.15	.696	2.35	.776	4.480	.000	.28	.017
Aufforderung zum Lesen	2.13	.781	2.48	.829	6.716	.000	.43	.037
Gute Noten	2.88	.669	3.08	.673	4.593	.000	.29	.018

Anmerkung: M = Mittelwert, SD = Standardabweichung, F = Testwert der Varianzana-lyse mit den entsprechenden Freiheitsgraden, p = statistische Signifikanz, eta^2 = Effekt-stärke, sie kann als Anteil der erklärten Varianz interpretiert werden. Dabei entspricht eta^2 ≥ .01 einem kleinen Effekt, eta^2 ≥ .06 einem mittleren Effekt und eta^2 ≥ .14 einem hohen Effekt.

Die Annahme, dass Jugendliche mit Migrationshintergrund weniger lesen und sich mithin auch weniger über das Gelesene austauschen, kann hier nicht bestätigt werden: Weder bei der *Lesezeit* noch bei der Häufigkeit der *Anschlusskommunikation* in der Familie und mit Gleichaltriegen zeichnen sich markante Unterschiede ab. Lediglich ein minimaler Unterschied kann in der Anschlusskommunikation in der Familie zu Beginn des 9. Schuljahres nachgewiesen werden: Die einheimischen Jugendlichen sprechen etwas häufiger über das Gelesene als die Jugendlichen mit Migrationshintergrund. Die Diskrepanzen sind aber so gering, dass sie zu vernachlässigen sind.

Bei den *motivationalen Überzeugungen* können keine Unterschiede bei lesebezogenem Selbstkonzept sowie beim Selbstkonzept bezogen auf Printmedien aufgezeigt werden. Bei der lesebezogenen Selbstwirksamkeit weisen zu beiden Zeitpunkten die Jugendlichen mit Migrationshintergrund einen leicht höheren Wert auf. Abweichungen beim lesebezogenen Selbstkonzept sind demnach nicht kulturspezifisch, sondern schichtspezifisch. Gerade umgekehrt scheint es bei der Selbstwirksamkeit zu sein, an der keine schichtspezifischen Unterschiede festgemacht werden können, sondern lediglich Jugendliche mit Migrationshintergrund stärkere Ausprägungen aufweisen. Die Gründe für eine höhere Selbstwirksamkeit bei Jugendlichen mit Migrationshintergrund sind noch weitgehend unklar. Da diese Jugendlichen bei gleicher Leistung häufiger negative Rückmeldungen erhalten (Kronig 2007a), könnte vermutet werden, dass die höhere Selbstwirksamkeit mit den höheren Leistungserwartungen in der Migrationsfamilie zu tun haben (Nauck 1999). Die höheren Leistungserwartungen wirken sich positiv auf die Selbstwirksamkeit aus (Blickenstorfer 2009).

Bei den *lesebezogenen Werten und Erwartungen* kann hinsichtlich der Lesefreude kein Unterschied zu Beginn des 8. und 9. Schuljahres konstatiert werden. Ebenso wenig werden Unterschiede in der Wichtigkeit des Lesens und den lesebezogenen Geschlechterrollenstereotypen zu Beginn des 8. Schuljahrs ersichtlich. Zu Beginn des 9. Schuljahres stufen die einheimischen Jugendlichen die Wichtigkeit des Lesens etwas höher ein und weisen höhere Werte bei lesebezogenen Geschlechterrollenstereotypen auf. Die Unterschiede sind vernachlässigbar, da weniger als ein Prozent auf den Migrationshintergrund zurückgehen. Die Jugendlichen mit Migrationshintergrund weichen jedoch wesentlich im Punkt der Betroffenheit und Anstrengungssteigerung nach einem Misserfolg im Fach Deutsch von einheimischen Jugendlichen ab. Die Unterschiede zwischen den beiden Gruppen sind mittelstark und daher von praktischer Bedeutung. Aber auch hier können lediglich sechs Prozent der Unterschiede auf den Migrationshintergrund zurückgeführt werden. Dieser Teil der Unterschiede kann mit einer höheren Bildungsmotivation der Jugendlichen mit Migrationshintergrund erklärt werden. Die Betroffenheit und Anstrengungsbereitschaft nach einem Misserfolg im Fach Deutsch liegt zu Beginn des 8. Schuljahres sowohl bei den einheimischen als auch den Jugendlichen mit Migrationshintergrund höher als zu Beginn des 9. Schuljahres (Einheimische: $t = 6.00$, $p < .001$, $d = 1.09$; Migration: $t = 1.96$, $p = .05$, $d = 1.08$). Diese Abnahme in beiden Gruppen ist mit einer hohen Effektstärke verbunden. Dies stützt die Ergebnisse von Rheinberg und Wendland (2003a), die eine Abnahme der Betroffenheit und der Anstrengungsbereitschaft im Gefolge eines Misserfolgs nach dem Übergang in die Sekundarstufe I bis zur 9. Klasse nachweisen konnten.

Im Bereich der *aktuellen und habituellen Lesemotivation* wird bei den einheimischen Jugendlichen zu Beginn des 8. Schuljahres eine etwas stärkere Involviertheit beim Lesen im Vergleich zu Jugendlichen mit Migrationshintergrund ersichtlich. Die niedrige Effektstärke weist darauf hin, dass die Unterschiede in der ersten Erhebung nicht bedeutsam sind, was sich auch darin zeigt, dass zu Beginn des 9. Schuljahres keine Unterschiede mehr nachzuweisen sind. Beim Sachinteresse sind mit den Jugendlichen mit Migrationshintergrund zu Beginn des 8. und des 9. Schuljahres höhere Werte verbunden als mit den einheimischen Jugendlichen. Die Ausprägung der Abweichungen ist aber auch hier nur schwach. Lediglich ein Prozent der Unterschiede im Sachinteresse kann auf den Migrationshintergrund zurückgeführt werden. Ebenfalls gering höhere Werte sind bei den Jugendlichen mit Migrationshintergrund beim Lesen als kognitive Herausforderung zu verzeichnen. Diese geringen Effekte könnten durch die größere sprachliche Herausforderung des Lesens in der Unterrichtssprache für Jugendliche mit Migrationshintergrund erklärt werden. Im Bereich der extrinsischen Motivation kommen hinsichtlich der Lesemotivation Anerkennung und Lob keine Unterschiede zwischen Einheimischen und Jugendlichen mit Migrationshintergrund zum Tragen. Hingegen zeigen sich statistisch bedeutsame Unterschiede in den Fremdbewertungsfolgen, bei der Aufforderung zum Lesen sowie bei dem Aspekt des Lesens zum Zweck einer guten Note. Hier weisen sowohl zu Beginn des 8. als auch des 9. Schuljahres die Jugendlichen mit Migrationshintergrund höhere Werte auf. Auch diese Unterschiede sind von einer niedrigen Effektstärke geprägt. Besonders stark fällt die Diskrepanz beim Auffordern zum Lesen auf, wobei vier Prozent der Unterschiede auf den Migrationshintergrund zurückgeführt werden können. Diese Ergebnisse verdeutlichen, dass sich die Jugendlichen und ihre Eltern der Bedeutung des Lesens bewusst sind und im familiären Umfeld dementsprechend versucht wird, die Jugendlichen zum Lesen anzuregen, beziehungsweise häufiger zum Lesen aufgefordert wird.

Zusammenfassend kann festgehalten werden, dass die Jugendlichen mit Migrationshintergrund weniger Lesekompetenz aufweisen. In der Lesezeit und in der Anschlusskommunikation liegen sie mit den einheimischen Jugendlichen gleichauf. In den motivationalen Überzeugungen sind lediglich Unterschiede in

der Selbstwirksamkeit erkennbar, wo die Jugendlichen mit Migrationshintergrund leicht höhere Werte aufweisen. Im Bereich der lesebezogenen Werte und
Erwartungen sind mit den Jugendlichen mit Migrationshintergrund einzig bei der
Betroffenheit und Anstrengungsbereitschaft nach einem Misserfolg im Fach
Deutsch höhere Werte verbunden. In der Lesefreude, der Beurteilung der Wich-
tigkeit des Lesens und bei den lesebezogenen Geschlechterrollenstereotypen
können keine Abweichungen nachgewiesen werden. Hinsichtlich der aktuellen
und habituellen Lesemotivation sind die einheimischen Jugendlichen etwas stär-
ker involviert. Bei den Jugendlichen mit Migrationshintergrund ist dagegen das
Sachinteresse stärker ausgeprägt. Bei den extrinsischen Faktoren werden keine
Unterschiede bei der Motivation nach Anerkennung und Lob ersichtlich. Die
Fremdbewertungsfolgen werden von Jugendlichen mit Migrationshintergrund als
gravierender eingeschätzt. Zudem werden sie häufiger als die einheimischen
Jugendlichen zum Lesen aufgefordert.

13.4 Unterschiede nach Geschlecht

Die Geschlechtsunterschiede in der Lesezeit, Lesekompetenz und in der Lesemotivation sind in der Leseforschung nicht zuletzt durch die PISA-Studien (Artelt et
al. 2010) gut belegt. Im Folgenden wird geprüft, ob mit den Mädchen mehr Lesezeit, Lesekompetenz und Anschlusskommunikation verbunden sind. Anschließend werden die Geschlechtsunterschiede mit Blick auf die motivationalen Be-
reiche geprüft. Eine Übersicht über die geschlechtsspezifischen Abweichungen
zu Beginn des 8. und 9. Schuljahres bieten Tabelle 8 und Tabelle 9, wobei diese
wieder zur besseren Vergleichbarkeit auf zwei gegenüberliegenden Seiten präsentiert werden.
     Analog zu PISA (Naumann et al. 2010) weisen gemäß vorliegender Studie
Mädchen eine höhere *Lesekompetenz* als Jungen auf. Die Differenz ist aber relativ klein, was ebenfalls mit den PISA-Daten konform geht (Stanat & Kunter
2002). Wie bei Stanat und Kunter (2002) führt die Kontrolle der lesebezogenen
Geschlechterrollenstereotype $(F(t1) = 13.92,   df = 1,   p < .001;   F(t2) = 9.94,$
$df = 1, p = .002)$ dazu, dass keine Geschlechtsunterschiede mehr nachzuweisen
sind $(F(t1) = 2.75, df = 1, p = .10; F(t2) = .56, df = 1, p = .45)$. In der *Lesezeit*
sind zunächst ebenfalls Geschlechtsunterschiede zu erkennen. Während 33 Prozent t1 und 37 Prozent t2 der Jungen in der Freizeit keine Bücher lesen, liegt der
Anteil der Mädchen, die länger als eine halbe Stunde täglich lesen, bei 33 Prozent zu Beginn des 8. und bei 26 Prozent zu Beginn des 9. Schuljahres (vgl.
Abbildung 16). Dementsprechend ist der Anteil der Jungen, die täglich länger als
eine halbe Stunde ein Buch lesen, mit 19 Prozent (t1) und 17 Prozent (t2) relativ

gering. Der Anteil der Mädchen, die nie ein Buch lesen, liegt in beiden Erhebungen bei 18 Prozent. Diese Ergebnisse stimmen mit denen von Graf (2010) überein, wonach die die Mädchen länger lesen als Jungen.

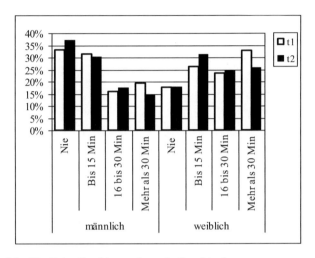

Abbildung 16: Tägliche Buchlesezeit nach Geschlecht

Doch auch bei den Lesezeiten sind die Geschlechtsunterschiede nicht mehr nachzuweisen, wenn die lesebezogenen Geschlechterrollensterotype kontrolliert werden (F(t1) = .004, df = 1, p = .95; F(t2) = 1.79, df = 1, p = .18). Es besteht aber zwischen den Geschlechterrollensterotypen und dem Geschlecht eine Wechselwirkung. Die Mädchen weisen eine höhere Lesezeit bei schwächeren lesebezogenen Geschlechterrollensterotypen auf, die Jungen kürzere Lesezeiten bei stärkeren lesebezogenen Geschlechterrollensterotypen.

   In der *Anschlusskommunikation* mit der Familie ergeben sich bei den Mädchen nur zum ersten Erhebungszeitpunkt höhere Werte als bei den Jungen. Die Unterschiede sind insgesamt eher gering. Größere Unterschiede bestehen bei der Anschlusskommunikation mit Gleichaltrigen, die bei den Mädchen gleich häufig ist wie die Anschlusskommunikation in der Familie. Hingegen tauschen sich Jungen deutlich seltener mit Gleichaltrigen über Gelesenes aus. Der Austausch über das Gelesene findet also bei Jungen häufiger in der Familie statt und nicht mit Gleichaltrigen (t1: t = 6.41, p < .001; t2: t = 5.35, p < .001). Philipp et al. (2008) erläutert in seiner Untersuchung, dass sich die Jungen mit Gleichaltrigen eher über Medien unterhalten als über Bücher, was den Befund teilweise erklären kann.

Tabelle 8: Mittelwertsunterschiede nach Geschlecht t1

	männlich n = 556		weiblich n = 625					
	M	SD	M	SD	$t_{(1180)}$	sig.	d	eta^2
ELFE Punktwert	7.15	3.335	7.90	3.361	3.842	.000	.22	.012
Lesezeit Buch	2.21	1.107	2.72	1.102	7.787	.000	.45	.049
Anschlusskommunikation								
Anschlusskommunikation Familie	2.03	.706	2.16	.694	3.265	.001	.19	.009
Anschlusskommunikation Peers	1.76	.660	2.15	.750	9.545	.000	.55	.071
Motivationale Überzeugungen								
Lesebezogenes Selbstkonzept	2.67	.637	2.64	.600	-.833	.405	-.05	.001
Selbstkonzept: Printmedien	2.86	.585	2.85	.555	-.279	.781	-.02	.000
Lesebezogene Selbstwirksamkeit	2.86	.583	2.96	.527	3.217	.001	.19	.009
Lesebezogene Werte und Erwartungen								
Lesefreude	2.68	.822	3.07	.783	8.348	.000	.49	.056
Wichtigkeit	2.28	.610	2.12	.604	-4.506	.000	-.26	.017
Geschlechterrollenstereotype Lesen	2.06	.738	1.74	.536	-8.545	.000	-.50	.060
Betroffenheit und Anstrengungs-steigerung nach Misserfolg	2.42	.633	2.35	.599	-1.801	.072	-.10	.003
Aktuelle/habituelle Lesemotivation								
Involviertheit/evasives Lesen	2.44	.852	2.88	.733	9.365	.000	.62	.070
Involvement Lesen	2.56	.909	3.09	.769	10.761	.000	.63	.091
Evasives Lesen	2.32	.937	2.66	.874	6.431	.000	.38	.034
Sachinteresse	2.37	.775	2.75	.727	8.647	.000	.51	.060
Kognitive Herausforderung	2.39	.653	2.46	.625	1.896	.058	.11	.003
Lesemotivation, Anerkennung, Lob	2.70	.901	2.80	.802	2.041	.041	.12	.004
Fremdbewertungsfolgen	2.37	.733	2.21	.680	-3.808	.000	-.22	.012
Aufforderung zum Lesen	2.49	.878	2.21	.822	-5.703	.000	33	.027
Gute Noten	2.92	.687	3.00	.655	1.972	.049	.11	.003

Anmerkung: M = Mittelwert, SD = Standardabweichung, F = Testwert der Varianzanalyse mit den entsprechenden Freiheitsgraden, p = statistische Signifikanz, eta^2 = Effektstärke, sie kann als Anteil der erklärten Varianz interpretiert werden. Dabei entspricht $eta^2 \geq .01$ einem kleinen Effekt, $eta^2 \geq .06$ einem mittleren Effekt und $eta^2 \geq .14$ einem hohen Effekt.

Tabelle 9: Mittelwertsunterschiede nach Geschlecht t2

	männlich n = 556		weiblich n = 625					
	M	SD	M	SD	$t_{(1180)}$	sig.	d	eta²
ELFE Punktwert	7.63	3.489	8.70	3.473	5.273	.000	.31	.023
Lesezeit Buch	2.10	1.066	2.59	1.056	7.838	.000	.46	.050
Anschlusskommunikation								
Anschlusskommunikation Familie	2.10	.730	2.18	.717	1,756	.074	.11	.003
Anschlusskommunikation Peers	1.88	.652	2.22	.712	8.470	.000	.50	.057
Motivationale Überzeugungen								
Lesebezogenes Selbstkonzept	2.67	.640	2.67	.594	.087	.930	.01	.000
Selbstkonzept: Printmedien	2.98	.577	2.90	.502	-2.313	.021	-.13	.005
Lesebezogene Selbstwirksamkeit	2.86	.597	2.94	.524	2.526	.012	.15	.005
Lesebezogene Werte und Erwartungen								
Lesefreude	2.55	.742	2.99	.713	10.410	.000	.61	.084
Wichtigkeit	2.26	.671	2.01	.623	-6.660	.000	-.39	.037
Geschlechterrollenstereotype Lesen	2.02	.724	1.63	.515	-10.537	.000	-.62	.089
Betroffenheit und Anstrengungssteigerung nach Misserfolg	2.24	.666	2.23	.608	-.302	.763	-.02	.000
Aktuelle/habituelle Lesemotivation								
Involviertheit/evasives Lesen	2.35	.804	2.82	.694	10.623	.000	.55	.089
Involvement Lesen	2.50	.866	3.07	.734	12.238	.000	.72	.115
Evasives Lesen	2.21	.897	2.57	.828	7.105	.000	.42	.041
Sachinteresse	2.48	.762	2.79	.695	7.237	.000	.42	.043
Kognitive Herausforderung	2.30	.698	2.40	.632	2.682	.007	.16	.006
Lesemotivation, Anerkennung, Lob	2.70	.910	2.77	.792	1.410	.159	.08	.002
Fremdbewertungsfolgen	2.27	.774	2.15	.676	-2.849	.004	-.17	.007
Aufforderung zum Lesen	2.41	.834	2.08	.755	-7.026	.000	-.41	.041
Gute Noten	2.83	.727	3.03	.611	5.157	.000	.30	.023

Anmerkung: M = Mittelwert, SD = Standardabweichung, F = Testwert der Varianzanalyse mit den entsprechenden Freiheitsgraden, p = statistische Signifikanz, eta² = Effektstärke, sie kann als Anteil der erklärten Varianz interpretiert werden. Dabei entspricht eta² ≥ .01 einem kleinen Effekt, eta² ≥ .06 einem mittleren Effekt und eta² ≥ .14 einem hohen Effekt.

Bei den *motivationalen Überzeugungen* können weder zu Beginn des 8. noch des 9. Schuljahres im lesebezogenen Selbstkonzept Unterschiede zwischen Jungen und Mädchen festgestellt werden. Beim Selbstkonzept bezogen auf Printmedien weisen die Jungen lediglich im zweiten Messzeitpunkt höhere Ausprägungen auf. Die Unterschiede sind aber so gering, dass sie zu vernachlässigen sind. Etwas größere Abweichungen sind bei der lesebezogenen Selbstwirksamkeit ersichtlich, wo die Mädchen etwas höhere Werte aufweisen. Daher kann die Annahme, dass die lesebezogenen Selbstkonzepte am Ende der Sekundarstufe relativ stabil sind, bestätigt werden.

Im Bereich der *lesebezogenen Werte und Erwartungen* zeigt sich bei den Mädchen eine größere Lesefreude in beiden Messzeitpunkten. In der ersten Erhebung werden sechs Prozent und in der zweiten acht Prozent der Unterschiede in der Lesefreude durch das Geschlecht erklärt, was einem mittelstarken Effekt entspricht und daher praktisch relevant erscheint. Die Wichtigkeit des Lesens wird hingegen von den Jungen in beiden Erhebungen höher eingestuft. Ebenso sind die lesebezogenen Geschlechterrollenstereotype bei den Jungen stärker. Die Unterschiede sind mittelstark ausgeprägt. Zu Beginn des 8. Schuljahres können sechs Prozent und zu Beginn des 9. Schuljahres sogar neun Prozent der Geschlechtsunterschiede auf die Geschlechterrollenstereotype zurückgeführt werden. Während sich bei den Mädchen die lesebezogenen Geschlechterrollenstereotype im Laufe des 8. Schuljahres verringern (t(624) = 4.92, p < .001, d*√2 = .29), bleiben sie bei den Jungen stabil (t(555) = 1.84, p = .14, d*√2 = .08). Bei der Betroffenheit und Anstrengungssteigerung nach einem Misserfolg im Fach Deutsch sind hingegen keine geschlechtsspezifischen Unterschiede zu konstatieren.

Die Mädchen weisen in der *aktuellen und habituellen Lesemotivation* im Bereich der intrinsischen Motivation stärkere Ausprägungen auf. In der Involviertheit, beim evasiven Lesen, sind die Unterschiede am stärksten ausgeprägt. Zu Beginn des 8. Schuljahres werden sieben Prozent und zu Beginn des 9. Schuljahres neun Prozent der Unterschiede in der Involviertheit durch die Geschlechtszugehörigkeit erklärt, was einem mittelstarken Effekt entspricht. Dieses Ergebnis stimmt mit den Beobachtungen aus der Lesesozialisation überein, in der das Eintauchen in Geschichten in der Jugendphase dem weiblichen Lesen zugeschrieben wird, während dieses Eintauchen von Jungen im Zuge der Identitätsfindung abgelehnt wird (Graf 2010; McGeown et al. 2011). Die Mädchen haben in der vorliegenden Untersuchung ein höheres Sachinteresse. Hier können anscheinend die Jungen trotz ihrer stärkeren Zuwendung zu Sachliteratur (Graf 2010) den Rückstand nicht ausgleichen. Beim Lesen als kognitive Herausforderung weisen die Mädchen lediglich zu Beginn des 9. Schuljahres leicht höhere Werte auf. Die Unterschiede sind aber vernachlässigbar. In der extrinsischen

Lesemotivation sind hinsichtlich der Lesemotivation Anerkennung und Lob keine Geschlechtsunterschiede festzustellen. Das Bedürfnis nach guten Noten ist bei den Mädchen stärker ausgeprägt als bei den Jungen. Bei den Fremdbewertungsfolgen weisen hingegen die Jungen höhere Werte in beiden Erhebungen auf; allerdings sind die Effekte auch hier relativ schwach. Die Jungen werden etwas häufiger als Mädchen zum Lesen aufgefordert, wobei die Effekte wiederum gering sind. Es können lediglich drei Prozent der Unterschiede in der ersten und vier Prozent in der zweiten Erhebung auf das Geschlecht zurückgeführt werden.

Zusammenfassend kann festgehalten werden, dass die Mädchen nicht nur mehr lesen und über eine höhere Lesekompetenz verfügen, sondern insgesamt eine höhere Lesemotivation aufweisen. Dies äußert sich in einer größeren Lesefreude, einer ausgeprägteren Involviertheit und einem höheren Sachinteresse. In der extrinsischen Motivation im Bereich der Fremdbewertungsfolgen und insbesondere bei der Aufforderung zum Lesen durch die Eltern sind hingegen mit den Jungen höhere Werte verbunden.

13.5 Einflussfaktoren zur Erklärung der Lesekompetenz

Es wird davon ausgegangen, dass die Anschlusskommunikation sowie die motivationalen Konstrukte zum Aufbau der Lesekompetenz beitragen. In diesem Unterkapitel wird der Frage nachgegangen, mit welchen Konstrukten die Lesekompetenz am besten erklärt wird, um Anhaltspunkte für die Förderung der Lesekompetenz zu erhalten. Dabei wird ein Regressionsmodell über die Gesamtstichprobe gerechnet. Des Weiteren wird geprüft, ob die Faktoren, welche über die Gesamtstichprobe zentral sind, auch für die Untergruppen (soziale Schicht, Migrationshintergrund und Geschlecht) Voraussagen zur Lesekompetenz zulassen. Bei der Regressionsanalyse handelt es sich um ein exploratives Verfahren, mit dem die Beziehung mehrerer unabhängiger Variablen auf eine abhängige Variable geklärt wird. Falls die unabhängigen Variablen untereinander hoch korrelieren, eine Multikollinearität aufweisen, wird nur die jeweils relevantere, ausschlaggebende Variable ins Erklärungsmodell aufgenommen. Daher werden auch Vorhersagefaktoren, die zur Lesekompetenz beitragen, aus der Analyse ausgeschlossen, obwohl sie für die Förderung der Schülerinnen und Schüler nicht außer Acht gelassen werden dürfen. Die Korrelationsmatrix der diversen Einflussfaktoren wird für die beiden Erhebungszeitpunkte in Tabelle 32 und Tabelle 33 im Anhang aufgeführt.

Die Regressionsmodelle für die Gesamtstichprobe zu Beginn des 8. und des 9. Schuljahres zeigen, dass die Anschlusskommunikation in der Familie, das lesebezogene Selbstkonzept und das Selbstkonzept Printmedien bei den motivationalen Überzeugungen relevante Erklärungsfaktoren der Lesekompetenz darstellen. Im Bereich der motivationalen Werte und Erwartungen sind die Lesefreude, die lesebezogenen Geschlechterrollenstereotype sowie die Betroffenheit und Anstrengungsbereitschaft nach einem Misserfolg im Fach Deutsch wichtige Erklärungsfaktoren. Bei der aktuellen und habituellen Lesemotivation sind die intrinsischen Motivationsfaktoren Involviertheit/evasives Lesen und Lesen als kognitive Herausforderung wichtig. Bei der extrinsischen Motivation erweisen sich die Fremdbewertungsfolgen, die Aufforderung zum Lesen durch die Eltern sowie das Lesen, um eine gute Note zu erhalten, als relevante Vorhersagefaktoren der Lesekompetenz.

Zu Beginn des 8. Schuljahres sind die Lesefreude und das lesebezogene Selbstkonzept die einflussreichsten Vorhersagefaktoren für die Lesekompetenz (vgl. Tabelle 10).

Tabelle 10: Regressionsmodell t1

	B	SE B	Beta	t	p
Anschlusskommunikation Familie	.484	.148	.101	3.270	.001
Motivationale Überzeugungen					
Lesebezogenes Selbstkonzept	1.021	.160	.187	6.398	.000
Selbstkonzept: Printmedien	.550	.175	.093	3.136	.002
Lesebezogene Werte und Erwartungen					
Lesefreude	.871	.168	.213	5.179	.000
Geschlechterrollenstereotype Lesen	.425	.144	.083	2.950	.003
Anstrengungssteigerung nach Misserfolg im Fach Deutsch	-.845	.156	-.155	-5.415	.000
Aktuelle/habituelle Lesemotivation					
Involviertheit/evasives Lesen	.396	.148	.096	2.679	.007
Kognitive Herausforderung	-.606	.173	-.115	-3.507	.000
Fremdbewertungsfolgen	-.690	.151	-.145	-4.567	.000
Aufforderung zum Lesen	-.305	.109	-.078	-2.796	.005
Gute Noten	.327	.162	.065	2.016	.044
$R^2 = .26$, (N = 1181), p < .001					

Anmerkung: B = Regressionskoeffizient, SE B = Standardfehler des Regressionskoeffizienten, Beta = standardisierter Regressionskoeffizient, t = Testwert zur Signifikanzprüfung, p = Signifikanzniveau.

In der zweiten Erhebung zu Beginn des 9. Schuljahres sind ebenfalls das lesebezogene Selbstkonzept sowie die Lesefreude die bedeutendsten Vorhersagefaktoren für die Lesekompetenz. Zusätzlich haben die Fremdbewertungsfolgen einen hohen Erklärungswert zur Bestimmung der Lesekompetenz (vgl. Tabelle 11).

Tabelle 11: Regressionsmodell t2

	B	SE B	Beta	t	p
Anschlusskommunikation Familie	.324	.144	.067	2.256	.024
Motivationale Überzeugungen					
Lesebezogenes Selbstkonzept	.856	.179	.150	4.779	.000
Selbstkonzept: Printmedien	.923	.186	.141	4.962	.000
Lesebezogene Werte und Erwartungen					
Lesefreude	.794	.183	.171	4.353	.000
Anstrengungssteigerung nach Misserfolg	-.366	.169	-.066	-2.162	.031
Aktuelle/habituelle Lesemotivation					
Involviertheit/evasives Lesen	.565	.154	.126	3.656	.000
Kognitive Herausforderung	-.569	.166	-.108	-3.432	.001
Fremdbewertungsfolgen	-.870	.152	-.179	-5.706	.000
Aufforderung zum Lesen	-.468	.125	-.108	-3.754	.000
Gute Noten	.522	.175	.100	2.978	.003
R2 = .26, (N = 1181), p < .001					

Anmerkung: B = Regressionskoeffizient, SE B = Standardfehler des Regressionskoeffizienten, Beta = standardisierter Regressionskoeffizient, t = Testwert zur Signifikanzprüfung, p = Signifikanzniveau.

Die gruppenspezifischen Unterschiede in den Mittelwerten der Lesekompetenz, der Anschlusskommunikation und der motivationalen Faktoren sind ein Hinweis darauf, dass die Konstrukte in den verschiedenen Untergruppen eine unterschiedliche Bedeutung haben. Im Folgenden soll überprüft werden, welchen Beitrag die Konstrukte zur Erklärung der Lesekompetenz in den sozialen Schichten (vgl. Tabelle 12) für die Einheimischen und Jugendlichen mit Migrationshintergrund (vgl. Tabelle 13) sowie für Jungen und Mädchen (vgl. Tabelle 14) leisten. In den Tabellen werden lediglich die standardisierten Regressionskoeffizienten angegeben, da diese aufgrund der Standardisierung miteinander vergleichbar sind. Höhere Werte erklären die Lesekompetenz stärker als schwache Regressionskoeffizienten.

13.5.1 Einflussfaktoren in den Statusgruppen

Die Regressionsanalyse über die sozialen Schichten hinweg (vgl. Tabelle 12) zeigt, dass zur Vorhersage der Lesekompetenz in den Gruppen unterschiedliche Faktoren relevant sind. Einzig das lesebezogene Selbstkonzept stellt für alle sozialen Schichten in beiden Erhebungszeitpunkten einen Vorhersagefaktor dar.

In der *niedrigen sozialen Schicht* sind lesebezogenes Selbstkonzept, Selbstkonzept Printmedien und Aufforderung zum Lesen in beiden Erhebungen Vorhersagefaktoren. Dabei reduziert die Aufforderung zum Lesen die Lesekompetenz. Zu Beginn des 8. Schuljahres sind bei den Jugendlichen mit niedrigem Status die Lesefreude sowie die Betroffenheit und Anstrengungsbereitschaft nach einem Misserfolg weitere Einflussfaktoren zur Erklärung der Lesekompetenz und zu Beginn des 9. Schuljahres die Involviertheit/das evasive Lesen. Die Anstrengungsbereitschaft nach einem Misserfolg im Fach Deutsch wirkt sich dabei negativ auf die Lesekompetenzentwicklung aus. Die Faktoren erklären zu Beginn des 8. Schuljahres 19 Prozent und zu Beginn des 9. Schuljahres 18 Prozent der Varianz in der Lesekompetenz.

Bei den Jugendlichen mit *mittlerem Status* sind als Vorhersagefaktoren der Lesekompetenz einzig das lesebezogene Selbstkonzept und die Lesefreude sowohl zu Beginn des 8. als auch des 9. Schuljahres übereinstimmend zu identifizieren. Im 8. Schuljahr sind des Weiteren die Vorhersagefaktoren lesebezogene Geschlechterrollenstereotype, Betroffenheit und Anstrengungsbereitschaft nach einem Misserfolg im Fach Deutsch, Involviertheit/evasives Lesen, kognitive Herausforderung und die Aufforderung zum Lesen durch die Eltern bedeutsam. Zu Beginn des 9. Schuljahres ist neben dem lesebezogenen Selbstkonzept und der Lesefreude lediglich der Faktor Fremdbewertungsfolgen zentral für die Prognose der Lesekompetenz. Dabei verringern die Anstrengungsbereitschaft nach einem Misserfolg, die kognitive Herausforderung sowie die Aufforderung zum Lesen die Lesekompetenz. Die Faktoren erklären in der Gruppe mit mittlerem Status zu Beginn des 8. Schuljahres 19 Prozent und zu Beginn des 9. Schuljahres 12 Prozent der Varianz in der Lesekompetenz.

Für die *hohe Statusgruppe* sind in beiden Erhebungen die Anschlusskommunikation in der Familie, das lesebezogene Selbstkonzept sowie die Lesefreude wichtige Vorhersagefaktoren zur Erklärung der Lesekompetenz. Zu Beginn des 8. Schuljahres erweisen sich zusätzlich die Fremdbewertungsfolgen und zu Beginn des 9. Schuljahres das Selbstkonzept Printmedien, die Betroffenheit und Anstrengungsbereitschaft nach einem Misserfolg im Fach Deutsch sowie die Aufforderung zum Lesen als relevante Vorhersagefaktoren. Auch in dieser Gruppe tragen die Anstrengungsbereitschaft nach einem Misserfolg, die Fremdbewertungsfolgen und die Aufforderung zum Lesen zu einer Reduktion der Lesekompetenz bei. Diese Vorhersagefaktoren erklären in der ersten Erhebung 27 Prozent und in der zweiten Erhebung 36 Prozent der Varianz in der Lesekompetenz.

Tabelle 12: Einflussfaktoren Lesekompetenz nach sozialem Status

	β-Werte t1				β-Werte t2			
	Tot	n	m	h	Tot	n	m	h
Anschlusskommunikation								
Anschlusskommunikation in der Familie	.101			.104	.067			.190
Motivationale Überzeugungen								
Lesebezogenes Selbstkonzept	.187	.142	.163	.265	.150	.096	.186	.166
Selbstkonzept: Printmedien	.093	.150			.141	.107		.208
Lesebezogene Werte und Erwartungen								
Lesefreude	.213	.160	.183	.246	.171		.191	.232
Geschlechterrollenstereotype Lesen	.083		.122					
Anstrengungssteigerung nach einem Misserfolg	-.155	-.222	-.151		-.066			-.128
Aktuelle/habituelle Lesemotivation								
Involviertheit/evasives Lesen	.096		.202		.126	.221		
Kognitive Herausforderung	-.115		-.145		-.108			
Fremdbewertungsfolgen	-.145			-.185	-.179		-.230	
Aufforderung zum Lesen	-.078	-.168	-.128		-.108	-.241		-.153
Gute Noten	.065				.100			
Varianzaufklärung Lesekompetenz	26%	19%	19%	27%	26%	17%	12%	36%

Anmerkung: Bei den aufgelisteten Werten handelt es sich um die standardisierten Regressionskoeffizienten in der Gesamtstichprobe (Tot) in den Gruppen mit niedrigem (n), mittlerem (m) und hohem (h) Status zu beiden Erhebungszeitpunkten.

Bei Jugendlichen mit niedrigem Status nimmt das Selbstkonzept Printmedien einen wichtigen Stellenwert ein. Hier könnte die Möglichkeit bestehen, die Lesekompetenz über Printmedien zu fördern. Die Lesefreude in der Gruppe mit niedrigem Status ist zu Beginn des 9. Schuljahres nicht mehr nachzuweisen. Dafür gewinnt Involviertheit/evasives Lesen an Bedeutung. Dies ist auf die bestehende Kollinearität zwischen Lesefreude und Involviertheit zurückzuführen. In der ersten Erhebung ist die Lesefreude und in der zweiten Erhebung die Involviertheit für den niedrigen Status der bessere Vorhersagefaktor. Die Anschlusskommunikation in der Familie ist nur bei Jugendlichen mit hohem Status, welche die Anschlusskommunikation am häufigsten angeben, ein Vorhersagefaktor für die Lesekompetenz. Die Betroffenheit und Anstrengungsbereitschaft nach einem Misserfolg im Fach Deutsch ist beim niedrigen und mittleren Status zu Beginn des 8. Schuljahres und in der hohen Statusgruppe zu Beginn des 9. Schuljahres relevant. Dies könnte mit der beruflichen Orientierung zusammenhängen. Die Jugendlichen aus tieferen und mittleren sozialen Schichten streben eher eine Berufsausbildung an, sodass die Anstrengungsbereitschaft der bevor-stehenden Lehrstellensuche geschuldet sein kann. In den Kantonen Aargau, Bern und Basellandschaft steht am Ende des 9. Schuljahres (Baselstadt nach dem 7. Schuljahr) der Übergang auf das Gymnasium an, für welches sich die Jugendli-chen mit hohem Status qualifizieren müssen (Schweizerische Konferenz der Kantonalen Erziehungsdirektoren 2010). Die negative Wirkung der Anstren-gungsbereitschaft nach einem Misserfolg auf die Lesekompetenz lässt vermuten, dass diese Bereitschaft alleine nicht ausreicht, um eine Verbesserung in der Le-sekompetenz zu erreichen, und eher grundlegende Fähigkeiten, wie beispielswei-se Lesestrategien, Leseflüssigkeit und Motivation, ausgebaut werden müssen. Es scheint, dass eine höhere Anstrengungsbereitschaft ohne Kompetenzsteigerung lediglich Frustration und das Gefühl der Hilflosigkeit auslöst, was sich negativ auf das Leseverhalten und damit auf die Lesekompetenz auswirkt. Es muss ver-sucht werden, die Fremdbewertungsfolgen wie auch die Aufforderung zum Le-sen bei niedrigen sozialen Schichten zu reduzieren und durch motivationale und selbstkonzeptsteigernde Interventionen zu ersetzen.

13.5.2 Einflussfaktoren bei Migrationshintergrund

An den Vorhersagefaktoren der Lesekompetenz mit Blick auf den Migrations-hintergrund fällt auf, dass für die einheimischen Jugendlichen das lesebezogene Selbstkonzept und für die Jugendlichen mit Migrationshintergrund das Selbst-konzept Printmedien wichtig sind (vgl. Tabelle 13). Die Lesefreude ist für beide Gruppen ein relevanter Vorhersagefaktor der Lesekompetenz. Für die Jugendli-chen mit Migrationshintergrund stellt neben der Lesefreude auch Involviert-heit/evasives Lesen ein wichtiger Prädikator dar. In dieser Gruppe trägt eine Erhöhung der Fremdbewertungsfolgen zu einer niedrigeren Lesekompetenz bei. Die anderen Prädikatoren sind je nach Gruppe nur in der ersten oder zweiten Erhebung für die Vorhersage der Lesekompetenz relevant. Die Anschlusskom-munikation in der Familie trägt bei den Jugendlichen mit Migrationshintergrund zu Beginn des 8. Schuljahres zur Erklärung der Lesekompetenz bei. Ein Jahr später ist dieser Effekt nicht mehr nachzuweisen. Hingegen erweist sich bei den einheimischen Jugendlichen die Anschlusskommunikation in der Familie zu Beginn des 9. Schuljahres als Erklärungsfaktor; er ist allerdings relativ schwach ausgeprägt. Dieser Effekt ist auf die Zunahme der Anschlusskommunikation in der Familie bei den einheimischen Jugendlichen zurückzuführen. Bei den Ju-gendlichen mit Migrationshintergrund bleibt die Anschlusskommunikation in der Familie während des 8. Schuljahres konstant (vgl. Tabelle 6 und Tabelle 7).

Tabelle 13: Einflussfaktoren Lesekompetenz nach Migrationshintergrund

	β-Werte t1			β-Werte t2		
	Tot	e	m	Tot	e	m
Anschlusskommunikation						
Anschlusskommunikation Familie	.101		.131	.067	.074	
Motivationale Überzeugungen						
Lesebezogenes Selbstkonzept	.187	.270	.153	.150	.182	
Selbstkonzept: Printmedien	.093		.153	.141	.136	.182
Lesebezogene Werte und Erwartungen						
Lesefreude	.213	.327	.158	.171	.196	.194
Geschlechterrollenstereotype Lesen	.083		.151			
Anstrengungssteigerung n. Misserfolg	-.155	-.113	-.167	-.066		
Aktuelle/habituelle Lesemotivation						
Involviertheit/evasives Lesen	.096		.156	.126		.213
Kognitive Herausforderung	-.115	-.131		-.108		-.230
Fremdbewertungsfolgen	-.145		-.197	-.179	-.186	-.238
Aufforderung zum Lesen	-.078		-.157	-.108	-.111	
Gute Noten	.065			.100	.074	.140
Varianzaufklärung Lesekompetenz	26%	20%	36%	23%	24%	24%

Anmerkung: Bei den aufgelisteten Werten handelt es sich um die standardisierten Regressionskoeffizienten in der Gesamtstichprobe (Tot) bei den Einheimischen (e) und den Jugendlichen mit Migrationshintergrund (m) zu beiden Erhebungszeitpunkten.

Während bei den Jugendlichen mit Migrationshintergrund im Bereich der extrinsischen Motivation die Fremdbewertungsfolgen in beiden Erhebungen die Lesekompetenz verringern, ist diese Reduktion bei den einheimischen Jugendlichen lediglich zu Beginn des 9. Schuljahres nachzuweisen. Bei den einheimischen Jugendlichen leisten zu Beginn des 9. Schuljahres neben den Fremdbewertungsfolgen auch die Aufforderung zum Lesen und das Lesen für gute Noten einen Beitrag zur Vorhersage der Lesekompetenz. Wiederum zeigt sich die negative Wirkung der Aufforderung zum Lesen, welche die Lesekompetenz reduziert. Hingegen wirkt sich das Lesen zum Zweck einer guten Note sowohl bei den einheimischen als auch bei den Jugendlichen mit Migrationshintergrund positiv auf die Lesekompetenz aus. Die Zunahme der Fremdbewertungsfolgen zu Beginn des 9. Schuljahres könnte mit dem bevorstehenden Übertritt in die Sekundarstufe II zusammenhängen, da die Jugendlichen sich entweder um eine Berufsausbildung bewerben oder für das Gymnasium qualifizieren müssen. Insgesamt ist aber die Lesefreude sowie das lesebezogene Selbstkonzept für beide Gruppen der wichtigste Prädiktor für die Lesekompetenz. Für die Jugendlichen mit Migrationshintergrund sind die Fremdbewertungsfolgen sowie die Aufforderung zum Lesen durch die Eltern diejenigen Prädiktoren, die sich nicht nur am stärksten auf die Lesekompetenz auswirken, sondern zugleich auch den Aufbau der Lesekompetenz behindern. Dafür fördert bei diesen Jugendlichen nicht nur die Lesefreude, sondern auch das Involvement die Lesekompetenz.

   Zusammenfassend kann für die einheimischen Jugendlichen festgehalten werden, dass als Prädikatoren für die Lesekompetenz das lesebezogene Selbstkonzept und die Lesefreude entscheidend sind. Bei den Jugendlichen mit Migrationshintergrund sind das Selbstkonzept Printmedien, die Lesefreude und die Involviertheit die zentralen Prädiktoren für die Lesekompetenz. Als negativer Prädiktor beeinträchtigen die Fremdbewertungsfolgen den Aufbau der Lesekompetenz. Rheinberg und Wendland (2003a; 2006) stellen in ihrer Längsschnittuntersuchung eine Abnahme der Fremdbewertungsfolgen im Laufe der Schulzeit fest. Dies gilt insbesondere für Jugendliche mit Migrationshintergrund (vgl. Kapitel 13.3). Die Ausprägungen sind bei diesen deutlicher als bei den einheimischen Jugendlichen, somit prägt der Faktor die Lesekompetenz stärker. Die identifizierten Effekte der Fremdbewertungsfolgen stimmen mit dem Erwartungs-Wert-Modell von Deci und Ryan (Ryan & Deci 2009) überein, nach dem sich die wahrgenommene Kontrolle negativ in den Leistungen niederschlägt.

13.5.3 Einflussfaktoren bei Jungen und Mädchen

Zur Vorhersage der Lesekompetenz ist das lesebezogene Selbstkonzept der stabilste Prädiktor über beide Erhebungszeitpunkte, und zwar für Jungen und für Mädchen (vgl. Tabelle 14). Das Selbstkonzept Printmedien ist für die Mädchen zu Beginn des 8. wie auch 9. Schuljahres ein relevanter Prädiktor für die Lesekompetenz; für die Jungen ist es nur zu Beginn des 9. Schuljahres als Vorhersagefaktor relevant. Die Anschlusskommunikation in der Familie ist lediglich zu Beginn des 8. Schuljahres als Prädikator für Mädchen und Jungen relevant.

   Die Lesefreude ist für die Mädchen ein starker Prädiktor für die Lesekompetenz. Bei den Jungen ist die Lesefreude in der ersten Erhebung nachzuweisen. Zu Beginn des 9. Schuljahres wird der Faktor von der Involviertheit überdeckt. Die Involviertheit/das evasive Lesen erweist sich nur bei den Jungen als relevanter Vorhersagefaktor für die Lesekompetenz in beiden Erhebungen.

Tabelle 14: Einflussfaktoren Lesekompetenz nach Geschlecht

	β-Werte t1			β-Werte t2		
	Tot	m	w	Tot	m	w
Anschlusskommunikation						
Anschlusskommunikation Familie	.101	.102	.110	.067		
Motivationale Überzeugungen						
Lesebezogenes Selbstkonzept	.187	.251	.157	.150	.156	.172
Selbstkonzept: Printmedien	.093		.147	.141	.173	.178
Lesebezogene Werte und Erwartungen						
Lesefreude	.213	.247	.239	.171		.274
Geschlechterrollenstereotype Lesen	.083	.146				
Anstrengungssteigerung n. Misserfolg	-.155	-.128	-.169	-.066		
Aktuelle/habituelle Lesemotivation						
Involviertheit/evasives Lesen	.096	.126		.126	.203	
Kognitive Herausforderung	-.115	-.127	-.093	-.108		-.119
Fremdbewertungsfolgen	-.145	-.128	-.095	-.179	-.174	-.177
Aufforderung zum Lesen	-.078		-.102	-.108		-.118
Gute Noten	.065			.100		
Varianzaufklärung Lesekompetenz	26%	23%	28%	23%	18%	26%

Anmerkung: Bei den aufgelisteten Werten handelt es sich um die standardisierten Regressionskoeffizienten in der Gesamtstichprobe (Tot) bei den Jungen (m) und den Mädchen (w) zu beiden Erhebungszeitpunkten.

Die Geschlechterrollenstereotype dienen lediglich für die Jungen in der ersten Erhebung zur Erklärung der Lesekompetenz. Erstaunlich ist, dass die Geschlechterrollenstereotype sich positiv auf die Lesekompetenz auswirken. Die lesebezogenen Geschlechterrollenstereotype würden demnach nicht, wie üblicherweise angenommen, dazu beitragen, dass die Jungen weniger lesen und die Lesekompetenz verringert wird (Kassis & Schneider 2004a). Dieses Resultat könnte damit erklärt werden, dass insgesamt die lesebezogenen Geschlechterrollenstereotype eine niedrige Ausprägung haben und dadurch der positive Effekt zustande kommt. Die folgenden Wirkungsgefüge in Kapitel 16.6 bestätigen wiederum die negativen Effekte der lesebezogenen Geschlechterrollenstereotype. Bei den hier identifizierten positiven Auswirkungen handelt es sich somit vermutlich um ein Zufallsresultat.

Die Betroffenheit und Anstrengungsbereitschaft nach einem Misserfolg im Fach Deutsch beeinträchtigt ebenfalls die Lesekompetenz. Dieser Effekt zeigt sich jedoch nur zu Beginn des 8. Schuljahres bei Jungen und Mädchen. Das Lesen als kognitive Herausforderung reduziert ebenfalls die Lesekompetenz. Es ist zu vermuten, dass dieser negative Effekt Ausdruck einer Überforderung ist und das Lesen von Texten, die nicht den Fähigkeiten der Leserinnen und Leser entsprechen, Verstehensprobleme verstärkt. Dies ist zu Beginn des 8. Schuljahres bei Mädchen und Jungen nachzuweisen, zu Beginn des 9. Schuljahres nur bei den Mädchen. Die Fremdbewertungsfolgen reduzieren die Lesekompetenz in beiden Erhebungszeitpunkten in beiden Gruppen. Die Aufforderung zum Lesen wirkt sich hingegen nur bei den Mädchen negativ auf die Lesekompetenz aus. Das Lesen, um eine gute Note zu erhalten, ist hingegen weder bei den Mädchen noch bei den Jungen ein Prädiktor für die Lesekompetenz.

Zusammenfassend stellt sich für Mädchen und Jungen das lesebezogene Selbstkonzept als wichtigster Vorhersagefaktor für die Erklärung der Lesekompetenz heraus. Zu Beginn des 9. Schuljahres ist das Selbstkonzept Printmedien für beide Geschlechter relevant. Die Lesefreude ist ebenfalls ein zentraler Prädiktor, er wird jedoch bei den Jungen zu Beginn des 9. Schuljahres von Involviertheit/evasives Lesen überlagert. Bei den Mädchen wirken sich die Faktoren der extrinsischen Motivation negativer auf die Lesekompetenz aus als bei Jungen.

13.6 Wirkungszusammenhänge

Aufbauend auf der Regressionsanalyse soll das Wirkungsgefüge zwischen den einzelnen Faktoren untersucht werden. Dabei wird die Struktur der Analyse an das Erwartungswertmodell der Lesemotivation (Möller & Schiefele 2004) angelehnt, indem die Einflüsse der Anschlusskommunikation über die motivationalen Überzeugungen, die lesebezogenen Werte und Erwartungen sowie die habituelle Lesemotivation auf die Lesekompetenz untersucht werden. Das Ziel dieses explorativen Teils ist es, einen Überblick über die einzelnen Wirkungsgefüge zu erhalten. In erster Linie soll aufgezeigt werden, welche Faktoren gestärkt werden müssen, um Prozesse der Leseentwicklung zu fördern. Gemäß der theoretischen Annahme sollten beispielsweise zwischen der Anschlusskommunikation, den motivationalen Faktoren und der Lesekompetenz Wechselwirkungen bestehen. Falls diese Annahme bestätigt wird, können durch die Förderung der Anschlusskommunikation die Motivation und die Lesekompetenz positiv beeinflusst werden. Die Lesekompetenz und die Motivation ihrerseits würden aber auch die Anschlusskommunikation steigern. Die Überprüfung dieser Art von Hypothesen erfolgt mit autoregressiven Modellen oder Kreuzeffektmodellen. In diesen Modellen werden die Kreuzpfade zwischen Variablen oder latenten Konstrukten im Längsschnitt untersucht (vgl. Kapitel 11.3). Bestehende Kreuzpfade zwischen den Variablen oder latenten Konstrukten weisen auf kausale Wirkungen hin. Bei einseitigen Effekten besteht eine Wirkung von einem Konstrukt auf das andere. Wenn beide Variablen oder latenten Konstrukte sich gegenseitig beeinflussen, wird von wechselseitigen Effekten gesprochen. Die Pfade solcher wechselseitigen Effekte können in ihrer Stärke variieren. Daraus können Hinweise für eine Förderung in der Hinsicht abgeleitet werden, als insbesondere die stärkere Wirkrichtung zur Förderung genutzt wird, indem man den vorangehenden Indikator stärkt. Wenn beispielsweise die Wirkung der Anschlusskommunikation auf die Motivation stärker ist als umgekehrt, gilt es zu versuchen, die Anschlusskommunikation zu steigern. In Tabelle 15 ist eine Übersicht der kausalen Wirkungszusammenhänge der einzelnen Faktoren dargestellt. Wechselseitige Wirkungen werden dabei mit „w", einseitige kausale Wirkungen mit „e" und Fälle, in denen keine kausale Wirkung besteht, mit „-" gekennzeichnet. Das Wirkungsgefüge wird systematisch für alle Faktoren abgearbeitet. Im Folgenden werden nur diejenigen Modelle behandelt, bei denen eine einseitige oder wechselseitige Wirkung festgestellt werden kann. Die Messmodelle und Fehlerkorrelationen werden aus Platzgründen nicht abgebildet, sondern nur die latenten Konstrukte mit den Kreuzeffekten. Ebenfalls außer Acht gelassen werden die Korrelationen zwischen den latenten Konstrukten sowie der Pfad zwischen den latenten Konstrukten t1 auf t2 und die aufgeklärte Varianz der latenten Konstrukte. Diese Pfade werden mit den Koeffizienten lediglich in den Abbildungen dargestellt. Bei der Kennzeichnung der Wirkrichtungen wird in Anlehnung an die Befehle in MPlus bei der Beschreibung des Pfades immer zuerst das abhängige und dann das unabhängige latente Konstrukt (MPlus: aV ON uV) angegeben, wobei der ON-Befehl durch ein Komma ersetzt wird (p(aV, uV). Zur Beurteilung der Modellgüte sollte bei den angegebenen Fit-Werten das Verhältnis von Chi-Quadrat (χ^2) und Freiheitsgraden (df) kleiner zwei sein. Der Korrekturfaktor MLR sollte möglichst klein sein, das heißt, dass die Verletzung der Bedingungen einer Normalverteilung relativ geringfügig ist. Der Signifikanzwert p sollte größer als .05, also nicht signifikant sein. Dies steht im Gegensatz zu sonstigen statistischen Prüfungen. Bei Pfadmodellen wird die Übereinstimmung zwischen einem geschätzten Populationsmodell und dem Modell der Stichprobe überprüft. Das Modell der Stichprobe sollte dabei nicht vom geschätzten Populationsmodell abweichen, mithin nicht signifikant sein. Da dieser Signifikanzwert von der Stichprobengröße abhängt, wird er bei großen Stichproben meistens signifikant. Aus diesem Grund wird vornehmlich das Verhältnis von χ^2/df betrachtet. Der CFI und der TLI sollten größer als .95 sein. Der RMSEA und der SRMR sollten hingegen unter .05 liegen. In der sozialwissenschaftlichen Forschung werden diese Kriterien teilweise als zu streng angesehen und folglich leichte Abweichungen akzeptiert (vgl. hierzu im Anhang die Angaben zu den Fit-Werten im Glossar).

Tabelle 15: Übersicht der Kreuzeffekte einzelner Faktoren

Beispiel:
Wechselseitige Effekte (w):
Lesekompetenz ⇆ Lesezeit

Einseitige Effekte (e):
Lesekompetenz →Lesezeit
oder
Lesezeit → Lesekompetenz

	Anschlusskommunikation Peers	Lesebezogenes Selbstkonzept	Lesefreude	Geschlechterrollenstereotype Lesen	Anstrengungssteigerung n. Misserfolg	Involviertheit/evasives Lesen	Kognitive Herausforderung	Fremdbewertungsfolgen	Aufforderung zum Lesen	Gute Noten	Lesezeit	Lesekompetenz
Anschlusskommunikation												
Anschlusskommunikation Familie	w	-	w	e	-	-	-	-	e	e	w	-
Anschlusskommunikation Peers		-	w	w	e	e	w	-	w	-	-	w
Motivationale Überzeugungen												
Lesebezogenes Selbstkonzept			e	-	-	-	-	-	w	e	e	w
Lesebezogene Werte/Erwartungen												
Lesefreude				w	-	w	-	-	w	-	w	e
Geschlechterrollenstereotype Lesen					-	w	e	-	-	-	w	e
Anstrengungssteigerung n. Misserfolg						-	e	w	e	w	-	-
Aktuelle/habituelle Lesemotivation												
Involviertheit/evasives Lesen							-	-	w	e	e	e
Kognitive Herausforderung								-	-	-	-	-
Fremdbewertungsfolgen									e	-	-	e
Aufforderung zum Lesen										-	w	w
FA: Gute Noten											-	-
Lesezeit												w

Die Fit-Werte zu den einzelnen Modellen werden in Tabelle 34 bis Tabelle 42 (im Anhang) für die einzelnen Unterkapitel zusammengefasst. Unterschiede zwischen den Kreuzpfaden in den einzelnen Modellen werden nur statistisch überprüft, wenn Unterschiede nicht offensichtlich sind. In diesen Fällen werden die Kennwerte des Chi-Quadrat-Differenztests angegeben.

13.6.1 Kreuzeffekte: Anschlusskommunikation in der Familie

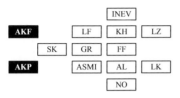

Als erstes werden die Wirkungsgefüge der Anschlusskommunikation in der Familie näher beschrieben. Zwischen der Anschlusskommunikation in der Familie (AKF) und der *Anschlusskommunikation mit Gleichaltrigen, Peers* (AKP) bestehen wechselseitige Wirkungen (vgl. Abbildung 17). Dabei weist der Pfadkoeffizient von der Anschlusskommunikation in der Familie auf die Anschlusskommunikation mit Peers eine Stärke von p(AKP, AKF) = .13 (t = 3.637, p < .001) auf und von der Anschlusskommunikation mit Peers auf die Anschlusskommunikation in der Familie eine Stärke von p(AKF, AKF) = .10 (t = 2.145, p = .03). Die Wirkung von der Anschlusskommunikation in der Familie auf die Anschlusskommunikation mit Gleichaltrigen ist stärker ausgeprägt als umgekehrt ($\Delta\chi2$ = 42.85, Δdf = 1, p < .001). Dieses Resultat deutet auf die Wichtigkeit der Gespräche über Gelesenes in der Familie. Diese Resultate stimmen mit denjenigen von Philipp (2010a) überein, nach denen die Anschlusskommunikation mit den Peers mit der Anschlusskommunikation in der Familie einhergeht. Es erweist sich aber zusätzlich, dass die Anschlusskommunikation mit der Gleichaltrigengruppe auch auf die Anschlusskommunikation in der Familie rückwirkt. Doch bleibt die Familie der wichtigste Ort der Anschlusskommunikation. Durch die Förderung der Anschlusskommunikation in der Familie kann die Anschlusskommunikation mit Gleichaltrigen zusätzlich unterstützt werden, was wiederum jene in der Familie weiter anregt.

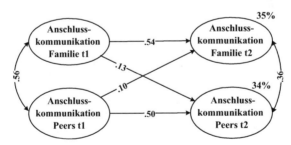

Abbildung 17: Kreuzeffekte: Anschlusskommunikation Familie –
Anschlusskommunikation Peers

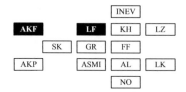

Es besteht ebenfalls eine wechselseitige Beziehung zwischen der Anschlusskommunikation in der Familie (AKF) und der *Lesefreude* (LF), die gleich stark ausfällt ($\Delta\chi 2 = 0.18$, $\Delta df = 1$, $p = .67$) (vgl. Abbildung 18). Der Pfadkoeffizient von der Anschlusskommunikation in der Familie auf die Lesefreude weist ein Stärke von $p(LF, AKF) = .09$ ($t = 2.538$, $p = .01$) und derjenige von der Lesefreude auf die Anschlusskommunikation in der Familie eine Stärke von $p(AKF, LF) = .10$ ($t = 2.872$, $p = .004$) auf. In Erweiterung der Ergebnisse von Hurrelmann (2006) fördert demnach die Anschlusskommunikation in der Familie nicht nur die Lesefreude, sondern die Lesefreude unterstützt ihrerseits das Bedürfnis nach Anschlusskommunikation in der Familie, was mit der Annahme von Schallert und Reed (1997) übereinstimmt.

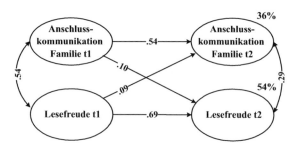

Abbildung 18:   Kreuzeffekte: Anschlusskommunikation Familie – Lesefreude

In dem kausalen Wirkungsgefüge zwischen der Anschlusskommunikation in der Familie (AKF) und lesebezogenen *Geschlechterrollenstereotypen* (GR) kann lediglich eine einseitige kausale Wirkung festgestellt werden (vgl. Abbildung 19). Die Anschlusskommunikation in der Familie trägt zu einer Abnahme der lesebezogenen Geschlechterrollenstereotype bei ($p(GR, AKF) = -.12$, $t = -4.023$, $p < .001$). Eine Beziehung zwischen den lesebezogenen Geschlechterrollenstereotypen und der Anschlusskommunikation in der Familie kann nicht nachgewiesen werden.

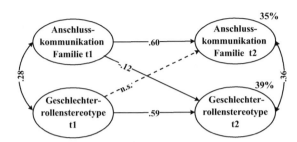

Abbildung 19: Kreuzeffekte: Anschlusskommunikation Familie –
Geschlechterrollenstereotype

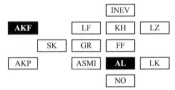

Ebenfalls eine negative kausale Wirkung besteht zwischen der Anschlusskommunikation
in der Familie (AKF) und der *Aufforderung
zum Lesen* (AL) (vgl. Abbildung 20). Je häufiger in der Familie über Gelesenes gesprochen
wird, umso seltener werden die Jugendlichen
zum Lesen aufgefordert (p(AL, AKF) = -.06, t = -2.255, p = .02). Dieses Resultat
ist ein Hinweis darauf, dass ein lesefreundliches Klima in der Familie die Aufforderung zum Lesen hinfällig macht und somit der Druck auf die Jugendlichen
sinkt.

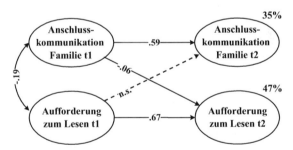

Abbildung 20: Kreuzeffekte: Anschlusskommunikation Familie – Aufforderung
zum Lesen

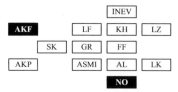 Der Einfluss der Anschlusskommunikation in der Familie (AKF) auf die extrinsische Lesemotivation, eine *gute Note* (NO) zu erhalten, ist noch nicht näher untersucht worden. Es ist lediglich der negative Einfluss der extrinsischen Motivation auf die Lesekompetenz bekannt (Becker et al. 2010). Die Anschlusskommunikation sollte sich in erster Linie auf die intrinsische Motivation sowie die Lesezeit (Hurrelmann 2004a), nicht aber auf die extrinsische Motivation auswirken. Entgegen den Erwartungen zeigt sich in vorliegender Studie jedoch eine kausale Beziehung zwischen der Anschlusskommunikation in der Familie und dem Lesen zum Zweck einer guten Note. Dabei steigert die Anschlusskommunikation den Wunsch, gute Noten zu erhalten (p(NO, AKF) = .10, t = 3.240, p = .001) (vgl. Abbildung 21). Dieses Resultat könnte mit der Bildungsorientierung zusammenhängen. In Familien mit einem ausgeprägten Leseklima dürfte die Bildung einen höheren Stellenwert haben. In der Folge lesen die Jugendlichen mehr und sprechen häufiger über das Gelesene, um ihren schulischen Erfolg zu sichern, der nicht unbedingt über die Kompetenz, sondern eher über die Noten vermittelt wird.

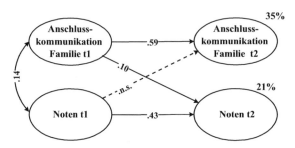

Abbildung 21: Kreuzeffekte: Anschlusskommunikation Familie – Noten

Der positive Einfluss der Anschlusskommunikation in der Familie (AKF) auf die Lesezeit (LZ) ist hinlänglich bekannt (Graf 2010; Hurrelmann 2004a). Hurrelmann geht von einer einseitigen Wirkung von der Anschlusskommunikation auf die Lesefrequenz aus, Rosebrock (2004) hingegen von einer wechselseitigen Wirkung, wobei das Lesen das Bedürfnis, sich über das Gelesene auszutauschen, weckt. In der vorliegenden Untersuchung kann eine wechselseitige Wirkung zwischen den Konstrukten identifiziert werden (vgl. Abbildung 22). Die Wirkstärke von der Anschluss-kommunikation in der Familie hin zur Lesezeit ist mit einem Pfadkoeffizienten von $p(LZ, AKF) = .14$ ($t = 4.993$, $p < .001$) stärker ausgeprägt ($\Delta\chi2 = 14.02$, $\Delta df = 1$, $p < .001$) als in der umgekehrten Richtung ($p(AKF, LZ) = .07$, $t = 2.640$, $p = .008$).

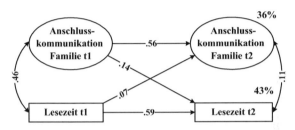

Abbildung 22: Kreuzeffekte: Anschlusskommunikation Familie – Lesezeit

Hurrelmann (2004a) weist der Anschlusskommunikation in der Familie eine zentrale Rolle beim Aufbau der Lesemotivation und Lesekompetenz zu. Entsprechend dem interaktionistischen Konstruktivismus (Sutter 2008) wird durch die strukturellen Kopplungen der Inklusion wie auch der Sozialisation die Offenheit von Texten geschlossen, was zu einem besseren Verständnis führt. Die vorliegenden Modelle bestätigen den wechselseitigen Einfluss von Anschlusskommunikation in der Familie einerseits und Lesemotivation und Lesezeit andererseits (Hurrelmann 2002). Demnach scheint die Anschlusskommunikation in der Familie nur wenig zur kognitiven Konstruktionsleistung und der Schließung der Textoffenheit beizutragen. Sie scheint vor allem einen sozialen Charakter zu haben, der sich in der Lesemotivation und der Lesezeit auswirkt, was den Nutzen der Anschlusskommunikation in der Familie nicht schmälert. Dieser Nutzen entsteht infolge der Förderung von Lesemotivation und Lesezeit, welche durch die Anschlusskommunikation angeregt wird, indem sich die Anschlusskommunikation in der Familie, die Lesefreude wie auch die Lesezeit gegenseitig verstärken und damit zwar nicht direkt, aber indirekt die Lesekompetenz steigern. Positiv zu werten ist ebenfalls, dass infolge einer Stärkung der Anschlusskommunikation in der Familie die Geschlechterrollenstereotype abgeschwächt sowie die Aufforderungen zum Lesen seltener werden und somit die noch zu prüfenden negativen Effekte auf die Lesekompetenz verringert werden. In den folgenden Modellen wird zunächst hinterfragt, ob die Anschlusskommunikation mit Gleichaltrigen vergleichbare positive Wirkungen nach sich zieht.

13.6.2 Kreuzeffekte: Anschlusskommunikation mit Peers

Die Lesesozialisationsforschung geht davon aus, dass in der Jugendphase die Bedeutung der Familie für die Leseentwicklung abnimmt und stattdessen die Peers eine wichtigere Rolle bei der Anregung und als Kommunikationspartner spielen (Graf 2010). Mit den vorangehenden Modellen konnte jedoch gezeigt werden, dass der Einfluss der Familie weiter bestehen bleibt und sich die Anschlusskommunikation mit Gleichaltrigen lediglich in ihrem Ausmaß der familiären Kommunikation annähert.

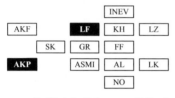 Im Folgenden wird auf die kausalen Beziehungen zwischen der Anschlusskommunikation mit der Gleichaltrigengruppe und den motivationalen Faktoren näher eingegangen. Ebenso wie die Anschlusskommunikation in der Familie wirkt sich auch die Anschlusskommunikation mit Gleichaltrigen auf die Lesefreude aus (vgl. Abbildung 23). Es gibt zwischen der Anschlusskommunikation mit Gleichaltrigen (AKP) und der *Lesefreude* (LF) wechselseitige Wirkungen. Der Pfadkoeffizient von der Anschlusskommunikation mit Peers auf die Lesefreude hat eine Stärke von p(LF, AKP) = .15 (t = 4.334, p < .001), derjenige von der Lesefreude auf die Anschlusskommunikation mit Peers eine Stärke von p(AKP, LF) = .19 (t = 4.645, p < .001). Diese Kreuzeffekte zwischen den beiden Konstrukten unterscheiden sich statistisch nicht voneinander (Δχ2 = .28, Δdf = 1, p = .60). Wie in der Familie, so gilt auch in der Gleichaltrigengruppe: Je intensiver sich die Jugendlichen über das Gelesene austauschen, umso größer ist die Lesefreude. Die Lesefreude führt aber umgekehrt auch dazu, dass sich die Jugendlichen häufiger über das Gelesene austauschen.

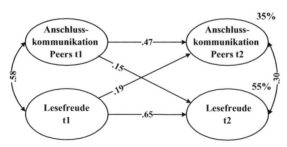

Abbildung 23: Kreuzeffekte: Anschlusskommunikation Peers – Lesefreude

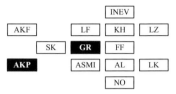 Der Bezug zwischen der Anschlusskommuni-
kation mit Gleichaltrigen (AKP) und den *lese-
bezogenen Geschlechterrollenstereotypen* (GR)
ist in der Leseforschung noch nicht untersucht
worden. Die lesebezogenen Geschlechterrollenstereotype besagen, dass das Lesen vorwie-
gend als eine „weibliche Tätigkeit" angesehen wird (Plante et al. 2009). Sie wirken sich vor allem auf das Interesse-Fähigkeitsselbstkonzept und die Leistung
aus (Steffens & Jelenec 2011). Ausgehend von der Annahme, dass die Geschlechterrollenstereotype sich auf das Interesse auswirken, sollten sie ebenfalls
Gespräche über das Gelesene verhindern. In der untersuchten Stichprobe ergeben
sich zwischen der Anschlusskommunikation mit Gleichaltrigen und den lesebezogenen Geschlechterrollenstereotypen wechselseitige Wirkungen (vgl. Abbildung 24). Der Pfadkoeffizient von der Anschlusskommunikation mit Peers
(AKP) auf die lesebezogenen Geschlechterrollenstereotype (GR) weist einen
Wert von $p(GR, AKP) = -.15$ ($t = -4.387$, $p < .001$) auf, von den lesebezogenen
Geschlechterrollenstereotypen auf die Anschlusskommunikation eine Stärke von
$p(AKP, GR) = -.13$ ($t = -4.335$, $p < .001$). Die Kreuzeffekte sind gleich groß
($\Delta\chi2 = .82$, $\Delta df = 1$, $p = .37$).

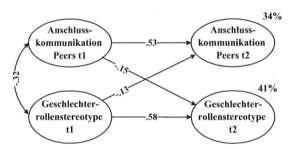

Abbildung 24: Kreuzeffekte: Anschlusskommunikation Peers –
Geschlechterrollenstereotype

Schwache lesebezogene Geschlechterrollenstereotype begünstigen dementsprechend die Anschlusskommunikation in der Gleichaltrigengruppe. Der Austausch
über Gelesenes in der Gleichaltrigengruppe trägt zugleich zur Reduktion der
lesebezogenen Geschlechterrollenstereotype bei. Es muss ein pädagogisches
Anliegen sein, die lesebezogenen Geschlechterrollenstereotype zu reduzieren.
Dies kann mittels Initiierung und Förderung der Anschlusskommunikation mit
Gleichaltrigen erfolgen.

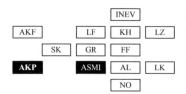

Das folgende Modell (vgl. Abbildung 25) untersucht die Beziehung zwischen Anschlusskommunikation mit Gleichaltrigen (AKP) einerseits und Anstrengungsbereitschaft und Betroffenheit nach einem Misserfolg im Fach Deutsch (ASMI) andererseits. Diese Beziehung ist noch weitgehend unerforscht. Da Anstrengungsbereitschaft eng mit eigenen Zielen und den Forderungen, die in der Familie an die schulischen Leistungen gestellt werden, beziehungsweise mit der Konkurrenz unter Gleichaltrigen zusammenhängen, ist zu vermuten, dass ebenfalls eine Beziehung zwischen der Anschlusskommunikation und der Anstrengungsbereitschaft besteht. Die Prüfung der kausalen Wirkungszusammenhänge zeigt in der untersuchten Stichprobe eine einseitige, negative Wirkung von der Betroffenheit und Anstrengungsbereitschaft im Fach Deutsch auf die Anschlusskommunikation mit den Gleichaltrigen ($p(\text{AKP, ASMI}) = -.08$, $t = -2.578$, $p = .01$).

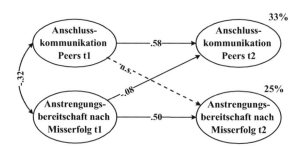

Abbildung 25: Kreuzeffekte: Anschlusskommunikation Peers –
                 Anstrengungsbereitschaft nach einem Misserfolg

Je geringer die Betroffenheit und Anstrengungssteigerung nach einem Misserfolg im Fach Deutsch ist, umso häufiger ist die Anschlusskommunikation mit Gleichaltrigen. Oder: Je stärker die Betroffenheit und Anstrengungsbereitschaft nach einem Misserfolg im Fach Deutsch ist, umso seltener ist die Anschlusskommunikation mit den Gleichaltrigen. Gerade bei Jugendlichen mit einer hohen Anstrengungsbereitschaft sollte aus pädagogischer Sicht die Kommunikation unter Gleichaltrigen gefördert werden. Der gemeinsame Austausch über das Gelesene ist eine wichtige Voraussetzung für die Lesemotivation und den Lernerfolg. Die Resultate deuten darauf hin, dass gerade diejenigen Jugendlichen, die besonders von der Anschlusskommunikation profitieren könnten, diese Möglichkeit nicht nutzen. Hier scheint es unabdingbar, dass die Kommunikation in institutionalisiertem Rahmen initiiert wird, da sie nicht aus dem Bedürfnis der Jugendlichen selbst heraus entsteht.

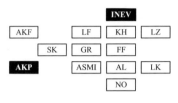

Im Gegensatz zur Anschlusskommunikation in der Familie kann bei der Anschlusskommunikation mit Gleichaltrigen (AKP) eine kausale Wirkung von *Involviertheit/evasivem Lesen* (INEV) auf die Anschlusskommunikation, aber nicht umgekehrt, nachgewiesen werden (p(AKP, INEV) = .20, t = 4.475, p < .001) (vgl. Abbildung 26). Je höher die Involviertheit beim Lesen ist, umso häufiger tauschen sich die Jugendlichen mit Gleichaltrigen über das Gelesene aus. Dieses Resultat lässt darauf schließen, dass die Erfahrungen des intimen Lesens, wie das Eintauchen in Geschichten oder fremde Welten, mit Gleichaltrigen geteilt werden, aber nicht mit der Familie. In diesem Bereich ist die Gleichaltrigengruppe wichtiger als die Familie.

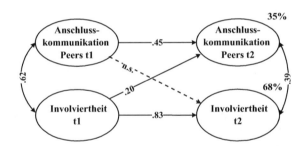

Abbildung 26: Kreuzeffekte: Anschlusskommunikation Peers – Involviertheit

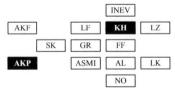

Texte sollen eine kognitive Herausforderung bieten, damit sie als motivierend (Baker & Wigfield 1999; Csikszentmihalyi 1990) oder interessant (Silvia 2008) empfunden werden. Sie sollten aber nicht überfordern. In den autoregressiven Modellen wird eine wechselseitige Wirkung zwischen *kognitiver Herausforderung* (KH) und der Anschlusskommunikation mit Gleichaltrigen (vgl. Abbildung 27) ersichtlich. Die Resultate verweisen darauf, dass kognitiv anspruchsvolle Texte die Anschlusskommunikation unter Gleichaltrigen positiv beeinflussen p(AKP, KH) = .12 (t = 2.667, p = .008). Zusätzlich scheint die Anschlusskommunikation sich auch in der Hinsicht positiv auszuwirken, als sich die Jugendlichen an anspruchsvollere Texte heranwagen (p(KH, AKP) = .11, t = 2.985, p = .003). Diese Ergebnisse untermauern die Annahme, dass insbesondere im schulischen Bereich darauf geachtet werden muss, dass den Jugendlichen Texte angeboten werden, die eine kognitive Herausforderung darstellen, aber nicht überfordern. Somit wird zugleich die gemeinsame Auseinandersetzung mit dem Text in der Gruppe unterstützt, was sich wiederum auf die Wahl anspruchsvollerer Texte seitens der Jugendlichen auswirken kann.

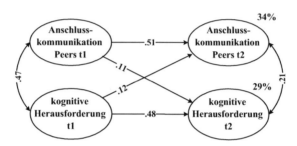

Abbildung 27: Kreuzeffekte: Anschlusskommunikation Peers – kognitive Herausforderung

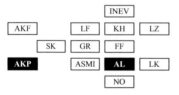

Zwischen der Anschlusskommunikation mit Gleichaltrigen (AKP) und der *Aufforderung zum Lesen durch die Eltern* (AL) gibt es ebenfalls eine wechselseitige Beziehung (vgl. Abbildung 28). Sie ist erwartungsgemäß negativ. Je häufiger die Jugendlichen zum Lesen aufgefordert werden, umso geringer ist die Anschlusskommunikation mit Gleichaltrigen (p(AKP, AL) = -.12, t = -4.404, p < .001). Auf der anderen Seite ist zu erkennen: Je häufiger sich die Jugendlichen mit Gleichaltrigen über Gelesenes austauschen, umso seltener werden sie zum Lesen aufgefordert (p(AL, AKP) = -.08, t = -3.503, p < .001). In der Stärke weichen die Kreuzeffekte nicht signifikant voneinander ab ($\Delta\chi2$ = 1.57, Δdf = 1, p = .21) und bestätigen die demotivierende Wirkung von Aufforderungen zum Lesen (Hurrelmann et al. 1993). Es besteht offenbar ein Widerspruch zwischen dem Wunsch der Eltern, die Kinder zu fördern, indem sie diese zum Lesen auffordern, und dem negativen Effekt, der dadurch ausgelöst wird. Die Aufforderung zum Lesen wird vermutlich als Druck und Autonomieverlust wahrgenommen, was der positiven Intention der Eltern zuwiderläuft (Ryan & Deci 2000). Folglich sollten Aufforderungen zum Lesen in der Familie vermieden werden.

Vielmehr gilt es zu versuchen, das Lesen durch anregende Gespräche über Gelesenes zu fördern oder die Jugendlichen auf Texte aufmerksam machen, die deren Interessen entsprechen.

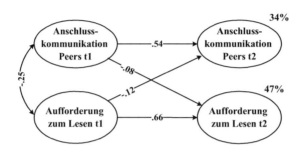

Abbildung 28: Kreuzeffekte: Anschlusskommunikation Peer – Aufforderung zum Lesen

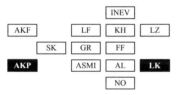

Die Anschlusskommunikation dient außer der Vermittlung und Festigung der Kulturtechnik Lesen, der Unterhaltung und dem Genusserleben auch dem Verstehen von literarischen Texten (Charlton & Sutter 2007). Während bei der Anschlusskommunikation in der Familie lediglich eine Wechselwirkung mit der Lesezeit festgestellt werden kann, wirkt sich die Anschlusskommunikation mit Gleichaltrigen (AKP) direkt auf die *Lesekompetenz* (LK) aus (vgl. Abbildung 29). Die Wirkungen der Lesekompetenz auf die Anschlusskommunikation mit Gleichaltrigen (p(AKP, LK) = .08, t = 2.468, p = .01) und umgekehrt der Anschlusskommunikation mit Gleichaltrigen auf die Lesekompetenz (p(LK, AKP) = .08, t = 2.582, p = .01) sind gleich stark ausgeprägt.

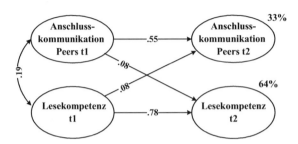

Abbildung 29: Kreuzeffekte: Anschlusskommunikation Peers – Lesekompetenz

Da diese Kreuzeffekte lediglich in der Anschlusskommunikation mit Gleichaltrigen nachzuweisen sind und nicht auch in jener mit der Familie, scheinen die Peers für die Lesekompetenzentwicklung eine wichtigere Rolle zu spielen als die Familie. Es ist zu vermuten, dass in der Familie eher allgemeine Gespräche zu Gelesenem geführt werden, während die Jugendlichen sich untereinander über Lesestoff unterhalten, den beide Kommunikationspartner kennen. So kann mit Peers eine vertiefte inhaltliche Auseinandersetzung stattfinden, welche sich auch auf die Kompetenz auswirkt. Die Gespräche mit Gleichaltrigen scheinen thematisch enger mit dem Gelesenen zusammenzuhängen, was darauf verweist, dass sich die Textoffenheit (Sutter 2008) schließen lässt und damit ein erweitertes Verständnis erreicht wird. Wie bei der Anschlusskommunikation in der Familie verstärkt die Anschlusskommunikation mit Gleichaltrigen die Lesefreude. Im Gegensatz zur Familie betonen die lesebezogenen Gespräche mit Gleichaltrigen gerade auch die emotionale Ebene (Garbe 2009a), welche sich in der Beziehung zur Involviertheit nachweisen lässt. Die Anschlusskommunikation mit Gleichaltrigen kann durch die Steigerung der intrinsischen Motivation sowie durch kognitiv herausfordernde Texte und Förderung der Lesekompetenz verstärkt werden (Baker & Wigfield 1999). Die Modelle zeigen aber auch, dass die Anschlusskommunikation mit Gleichaltrigen reduziert wird, wenn man die Jugendlichen zum Lesen auffordert oder die Jugendlichen eine hohe Betroffenheit und Anstrengungsbereitschaft nach einem Misserfolg im Fach Deutsch aufweisen. Diese beiden Wirkungen bestätigen die Annahmen der Selbstbestimmungstheorie (Deci & Ryan 1993), nach der sozial vermittelte extrinsische Motivation als Autonomieverlust wahrgenommen wird und zu Leseverweigerung führt. Insbesondere diese negativen Effekte der extrinsischen Motivation dürften sich auch auf das lesebezogene Selbstkonzept auswirken. Die entsprechenden Modelle werden als nächstes näher betrachtet.

13.6.3 Kreuzeffekte: lesebezogenes Selbstkonzept

Im den folgenden Modellen geht es um die Wirkungszusammenhänge zwischen lesebezogenem Selbstkonzept mit den motivationalen Faktoren, der Lesezeit und der Lesekompetenz. Die Wirkung des Selbstkonzeptes auf Interesse, (höhere) Anstrengungsbereitschaft und damit auch (höhere) Leseleistung wurde im englischen und im deutschen Sprachraum schon mehrfach erörtert (z. B. Möller & Schiefele 2004; Schunk & Pajares 2009; Yudowitch et al. 2008). Gut belegt sind wechselseitige Beziehungen zwischen Selbstkonzept, Interesse und Leistung durch die Forschungsgruppe um Marsh (Marsh & Craven 2006) sowie die Metaanalyse von Valentin und DuBois (Valentine & DuBois 2005).

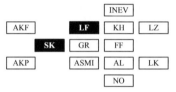

Im ersten Modell wird der Wirkungszusammenhang zwischen lesebezogenem Selbstkonzept (SK) und der *Lesefreude* (LF) geprüft. Entgegen der Erwartung kann lediglich ein einseitiger Effekt von der Lesefreude auf das lesebezogene Selbstkonzept festgestellt werden (p(SK, LF) = .10, t = 2.657, p = .008). Die Wirkung des lesebezogenen Selbstkonzeptes auf die Lesefreude ist hingegen nicht nachweisbar (vgl. Abbildung 30). Nach dem Erwartungs-Wert-Modell der Lesemotivation von Möller und Schiefele (2004) sollte die Wirkrichtung vom lesebezogenen Selbstkonzept zur Lesefreude gehen. Eine Erklärung für die Wirkung von der Lesefreude auf das Selbstkonzept liefern Chapman und Tunmer (1995), welche in der Einstellung zum Lesen eine Subkomponente des lesebezogenen Selbstkonzeptes sehen.

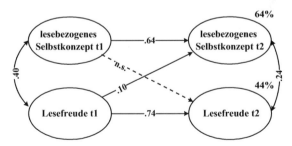

Abbildung 30: Kreuzeffekte: lesebezogenes Selbstkonzept – Lesefreude

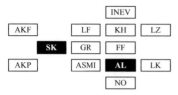 Zwischen dem lesebezogenen Selbstkonzept (SL) und der *Aufforderung zum Lesen durch die Eltern* (AL) besteht eine wechselseitige Wirkung (vgl. Abbildung 31). Je weniger die Eltern die Jugendlichen zum Lesen auffordern, desto stärker ist deren lesebezogenes Selbstkonzept (p(SK, AL) = -.10, t = -3.232, p = .001). Jugendliche mit einem schwächeren lesebezogenen Selbstkonzept werden von den Eltern häufiger zum Lesen aufgefordert (p(AL, SK) = -.07, t = -2.199, p = .03).

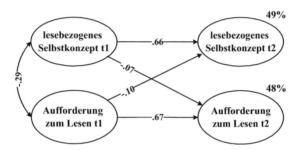

Abbildung 31: Kreuzeffekte: lesebezogenes Selbstkonzept – Aufforderung zum Lesen

Dieses Resultat ist ein Hinweis darauf, dass Eltern versuchen, Jugendliche mit einem geringen lesebezogenen Selbstkonzept zum Lesen anzuregen, wahrscheinlich mit dem Ziel, deren Kompetenzen und Selbstkonzept zu steigern. Die Aufforderung zum Lesen wird von den Jugendlichen jedoch vermutlich als Kritik an den eigenen Lesefähigkeiten wahrgenommen, was zu einem tieferen Selbstkonzept, insbesondere bei schwächeren Schülern, führen dürfte. Die mit einem schwachen Selbstkonzept verbundenen Ängste und Selbstzweifel ziehen Misserfolgsattributionen nach sich und verhindern eine Leistungsorientierung (Jerusalem 1993) und somit letztlich auch das Lesen.

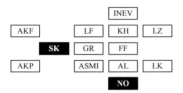

Noten sind eine zentrale Rückmeldung für die Jugendlichen, auf deren Basis diese ihr Selbstkonzept aufbauen. Marsh und O'Mara (2008) gehen von wechselseitigen Effekten zwischen dem Selbstkonzept (SK) und den *Noten* (NO) aus. Im Folgenden wird überprüft, ob dieser Effekt auch für die notenbezogene Motivation gilt. Abbildung 32 illustriert, dass sich einzig das lesebezogene Selbstkonzept auf das Lesen zum Zweck einer guten Note auswirkt, aber nicht umgekehrt (p(NO, SK) = .09, t = 2.718, p = .007). Jugendliche mit einem stärkeren lesebezogenen Selbstkonzept lesen häufiger, um eine gute Note zu erreichen, als Jugendliche mit einem schwächer ausgeprägten lesebezogenen Selbstkonzept. Dies bestätigt die Annahme von Marsh und O'Mara (2008), dass durch die Einführung von Noten die sozialen Vergleiche zunehmen und in der Folge die fachspezifischen Selbstkonzepte insbesondere bei schwachen Schülern schlechter werden (Zeinz & Köller 2006). Es scheinen sich allerdings nicht nur die Noten an sich auf das Selbstkonzept auszuwirken, vielmehr führen auch die eigenen Kompetenzeinschätzungen dazu, dass die Jugendlichen nach besseren Noten streben.

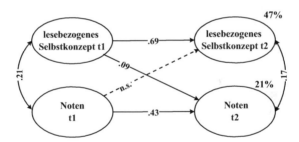

Abbildung 32:   Kreuzeffekte: lesebezogenes Selbstkonzept – Noten

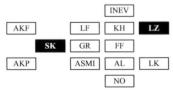

Abbildung 33 verdeutlicht die Beziehung zwischen dem lesebezogenen Selbstkonzept (SK) und der *Lesezeit.* (LZ). Auch dieses Modell spiegelt einzig die Wirkung des lesebezogenen Selbstkonzepts auf die Lesezeit wider (p(LZ, SK = .09, t = 2.985, p = .003). Dieses Ergebnis stimmt mit den Annahmen von Möller und Schiefele (2004) sowie Becker et al. (2010) überein: Personen mit stärkeren lesebezogenen Selbstkonzepten lesen häufiger und länger. Die Lesezeit allein unterstützt die Selbstkonzeptbildung nicht. Dies ist damit zu erklären, dass kompetenzbezogene Rückmeldungen nicht mit der Lesezeit in Verbindung gebracht werden.

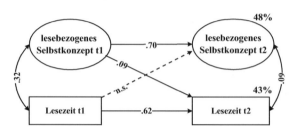

Abbildung 33: Kreuzeffekte: lesebezogenes Selbstkonzept – Lesezeit

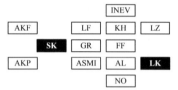

Der Aufbau des Selbstkonzepts erfolgt großteils über Leistungsrückmeldungen. Daher ist das Selbstkonzept stark an die Schulnoten gebunden (Marsh & Craven 2005). In der vorliegenden Untersuchung wird davon ausgegangen, dass eine Beziehung zum lesebezogenen Selbstkonzept nicht nur für die Deutschnote nachzuweisen ist, sondern auch für die standardisierte *Leseleistung.* In Abbildung 34 wird das Wirkungsgefüge zwischen dem lesebezogenen Selbstkonzept (SK) und der *Lesekompetenz* (LK) dargestellt. Ersichtlich wird eine wechselseitige Wirkung, bei der das lesebezogene Selbstkonzept nicht nur die Lesekompetenz steigert (p(LK, SK) = .09, t = 2.860, p=.004), sondern eine höhere Lesekompetenz auch zu einem besseren lesebezogenen Selbstkonzept führt (p(SK, LK) = .12, t = 3.154, p = .002). Die unterschiedliche Stärke der Wirkung von der Lesekompetenz auf das lesebezogene Selbstkonzept ($\Delta\chi2$ = 6,67, Δdf = 1, p = .01) ist in der Regel bei eher jüngeren Schülerinnen und Schüler festzustellen (Skaalvik & Hagtvet 1990). Die Forschungsgruppe um Marsh geht zwar von einer wechselseitigen Beziehung aus, bei der aber im Gegensatz zur hier untersuchten Stichprobe eine stärkere Wirkung vom lesebezogenen Selbstkonzept zur Leistung besteht (Marsh & Craven 2005; Marsh & O'Mara 2008), die auch im deutschsprachigen Bereich repliziert werden konnte (Trautwein, Lüdtke, Köller & Baumert 2006). Inwieweit die stärkere Wirkung von der Lesekompetenz auf das lesebezogene Selbstkonzept mit der insgesamt eher niedrigen Lesekompetenz der Stichprobe zusammenhängen könnte, zeigen evtl. die späteren Modelle, mit denen diverse Gruppen genauer in den Blick gefasst werden.

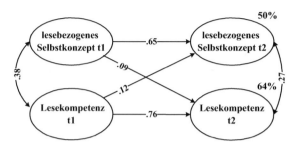

Abbildung 34: Kreuzeffekte: lesebezogenes Selbstkonzept – Lesekompetenz

In der vorliegenden Untersuchung kann die wechselseitige Beziehung zwischen lesebezogenem Selbstkonzept und Leseleistung bestätigt werden (Valentine et al. 2004). Nach den Annahmen von Marsh und Craven (2005) sollte bei älteren Schülern die Wirkung des Selbstkonzeptes auf die Leistung stärker ausgeprägt sein. In der vorliegenden Untersuchung ist der Einfluss der Lesekompetenz auf das Selbstkonzept bedeutsamer. Diese Ergebnisse könnten mit der eher niedrigen Lesekompetenz in der Stichprobe zu erklären sein, die ungefähr der Kompetenzstufe nach dem sechsten Schuljahr entspricht. Der emotionale Aspekt von Wirksamkeitsüberzeugungen äußert sich nach Schunk (2003) in längeren Lesezeiten und einer höheren Lesefreude. Die vorliegende Untersuchung bestätigt diese positive Wirkung auf die Lesezeit. Entgegen den Annahmen von Schunk (2003) stärkt die Lesefreude das lesebezogene Selbstkonzept. Leider wird dieser positive Aspekt der Lesefreude auf das Selbstkonzept teilweise zunichte gemacht, indem die Eltern die Jugendlichen zum Lesen auffordern. Das Augenmerk des pädagogischen Handelns sollte daher auf dem Aufbau des lesebezogenen Selbstkonzeptes liegen, welches auf dem Ausbau der intrinsischen Motivation beruhen sollte. Zentral ist auch, sich im pädagogischen Kontext bewusst zu werden, dass eine extrinsische Motivation in Form der Aufforderung zum Lesen dem Aufbau des gewünschten lesebezogenen Selbstkonzeptes zuwiderläuft und damit auch den Aufbau der Lesekompetenz verhindert.

13.6.4 Kreuzeffekte: Lesefreude

Im Folgenden werden die einzelnen Wirkungszusammenhänge zwischen der Lesefreude und anderen motivationalen Faktoren, der Lesezeit und der Lesekompetenz überprüft. Das Lesen in der Freizeit ist mit einer Wertschätzung des Lesens und mit Erwartungen verbunden. Es hat somit eine emotionale Qualität (Möller & Schiefele 2004). Die PISA-Studien zeigen, dass primär leseschwache Schülerinnen und Schüler eine ungünstige Motivationslage aufweisen (Stanat & Schneider 2004), dementsprechend dem Lesen eine geringe Wertschätzung entgegenbringen und folglich auch weniger lesen (Möller & Schiefele 2004). Die Lesefreude gilt als der wichtigste motivationale Einfluss für die Lesekompetenzentwicklung.

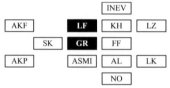

Abbildung 35 gibt das Wirkungsgefüge zwischen Lesefreude (LF) und *Geschlechterrollenstereotypen* (GR) wieder. Es wird angenommen, dass lesebezogene Geschlechterrollenstereotype vor allem bei männlichen Jugendlichen zu einer Reduktion der Lesefreude führt. Im Folgenden wird geprüft, ob dieser negative Zusammenhang in der Gesamtstichprobe nachzuweisen ist. Es zeigt sich dabei eine Wirkung sowohl von der Lesefreude auf die lesebezogenen Geschlechterrollenstereotypen (p(GR, LF) = -.11, t = -2.043, p = .04) als auch umgekehrt von den Geschlechterrollenstereotypen auf die Lesefreude (p(LF, GR) = -.11, t = -3.743, p < .001). Eine Stärkung der Lesefreude schwächt die lesebezogenen Geschlechterrollenstereotype ab. Zugleich wird ersichtlich, dass starke lesebezogene Geschlechterrollenstereotype den Aufbau der Lesefreude verhindern.

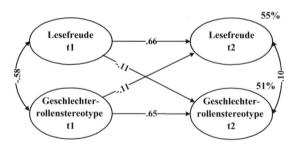

Abbildung 35: Kreuzeffekte: Lesefreude – Geschlechterrollenstereotype

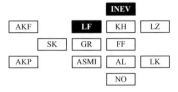

Abbildung 36 illustriert die Beziehung zwischen Lesefreude (LF) und *Involviertheit/evasives Lesen* (INEV). Auch in diesem Modell kann eine wechselseitige Wirkung nachgewiesen werden. Die Lesefreude steigert die Involviertheit und das evasive Lesen (p(INEV, LF) = .11, t = 2.078, p = .04). Die Involviertheit erhöht aber auch die Lesefreude (p(LF, INEV) = .20, t = 2.078, p = .002). Die Pfadkoeffizienten der Kreuzeffekte unterscheiden sich statistisch nicht voneinander ($\Delta\chi2$ = .20, Δdf = 1, p = .65). Die gefundenen Wechselbeziehungen stimmen mit der Annahme von Csikszentmihalyi (1990) überein, nach denen die Involviertheit beim Lesen die Lesefreude steigert und die Lesefreude die emotionale Teilhabe am Gelesenen und damit das Flow-Erleben ermöglicht, was sich in einer hohen Involviertheit äußert. Es kann daher davon ausgegangen werden, dass motivationale Überzeugungen (z. B. Lesefreude) und die intrinsische Motivation (Involviertheit) sich gegenseitig verstärken und damit zu einem intensiven Leseerlebnis beitragen.

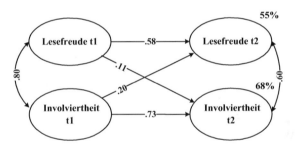

Abbildung 36: Kreuzeffekte: Lesefreude – Involviertheit

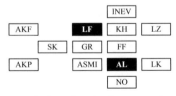

Im folgenden Wirkungsmodell werden die Beziehungen zwischen der *Lesefreude* (LF) und der *Aufforderung zum Lesen* (AL) durch die Eltern untersucht (vgl. Abbildung 37). Auch in diesem Modell zeigen sich wechselseitige Effekte. Die Aufforderung zum Lesen vermindert den Aufbau von Lesefreude (p(LF, AL) = -.12, t = -3.860, p < .001). Es erweist sich aber auch, dass Jugendliche, die Spaß am Lesen haben, von den Eltern seltener zum Lesen aufgefordert werden (p(AL, LF) = -.11, t = -4.217, p = .001). In diesem Modell kann wieder der negative Effekt der Aufforderung zum Lesen nachgewiesen werden, die von den Jugendlichen anscheinend eher demotivierend erlebt wird und die Lesefreude weiter verringert. Dieses Ergebnis bestätigt die Annahmen von Hurrelmann et al. (1993) und (Guthrie 2008b), welche zeigen, dass durch Druck weder die Lesetätigkeit noch die Lesefreude gesteigert werden kann, sondern im Gegenteil Lesetätigkeit und -motivation weiter reduziert werden.

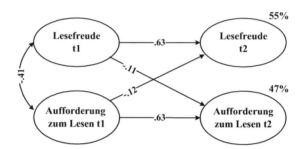

Abbildung 37: Kreuzeffekte: Lesefreude – Aufforderung zum Lesen

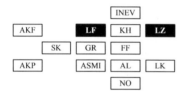 Im Hinblick auf die Lesefreude (LF) wird angenommen, dass sie die Bereitschaft, Zeit und Mühe in die Lektüre zu investieren, erhöht und sich damit positiv auf die Lesemenge und die *Lesezeit* (LZ) auswirkt (Becker et al. 2010; Graf 2010; Guthrie et al. 1999; Krapp 1999). Abbildung 38 zeigt auf, dass sich durch die Lesefreude nicht nur die Lesezeit erhöht (p(LZ, LF) = .33, t = 8.129, p < .001), sondern dass auch die Lesefreude durch häufigeres Lesen gesteigert wird. (p(LF, LZ) = .17, t = 3.795, p < .001). Obwohl eine wechselseitige Beziehung besteht, ist die Wirkung von der Lesefreude auf die Lesezeit stärker ausgeprägt als jene von der Lesezeit auf die Lesefreude ($\Delta\chi2$ = 23.87, Δdf = 1, p < .001).

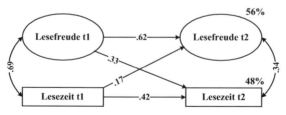

Abbildung 38: Kreuzeffekte: Lesefreude – Lesezeit

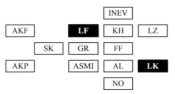

Der Zusammenhang zwischen Lesefreude (LF) und *Lesekompetenz* (LK) ist vielfach belegt (z. B. Artelt et al. 2010) und kann auch mit der vorliegenden Untersuchung bestätigt werden. Entgegen den Erwartungen zeigt sich aber kein wechselseitiger Effekt, sondern lediglich der Einfluss von der Lesefreude auf die Lesekompetenz (p(LZ, LF) = .13, t = 3.548, p < .001).

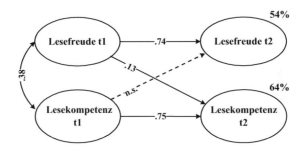

Abbildung 39: Kreuzeffekte: Lesefreude – Lesekompetenz

Insgesamt bestätigen die vorangegangenen Modelle die von Hurrelmann (2007) angenommenen positiven Effekte der Lesefreude auf die Lesezeit wie auch auf die Lesekompetenz. Entgegen den Erwartungen ist aber die Beziehung zwischen der Lesefreude und der Lesekompetenz nicht wechselseitig, sondern verläuft lediglich von der Lesefreude hin zur Lesekompetenz. Erwartungsgemäß kann auch der negative Einfluss der Aufforderung zum Lesen auf die Lesefreude festgehalten werden. Dies dürfte bei den Jugendlichen aus Risikogruppen mit einer niedrigeren Lesemotivation die Negativspirale aus fehlender Lesemotivation und Aufforderung zum Lesen weiter verstärken und somit ihre Leseprobleme zusätzlich verschärfen. Die folgenden Modelle beziehen sich auf die Geschlechterrollenstereotype, welche insbesondere auch für männliche Jugendliche von Bedeutung sein dürften.

13.6.5 Kreuzeffekte: lesebezogene Geschlechterrollenstereotype

Unterschiede in der Lesemotivation und im lesebezogenen Selbstkonzept
(Skaalvik & Rankin 1990) werden auf lesebezogene Geschlechterrollenstereotype zurückgeführt, wonach Lesen eher eine „weibliche Tätigkeit" ist (Plante et al.
2009). Die geschlechtsbezogenen Haltungen zeigen sich daher auch in der Lesetätigkeit und schließlich in der Lesekompetenz (Artelt et al. 2010). In den folgenden Modellen werden die Wirkungszusammenhänge zwischen lesebezogenen
Geschlechterrollenstereotype und den motivationalen Einflussfaktoren, der Lesezeit und der Lesekompetenz näher betrachtet.

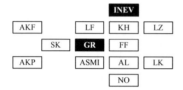

Abbildung 40 gibt das Wirkungsgefüge zwischen den lesebezogenen Geschlechterrollenstereotypen (GR) und dem Faktor *Involviert-
heit/evasives Lesen* (INEV) wieder. Zwischen
den Geschlechterrollenstereotypen und der
Involviertheit kann eine wechselseitige Wir-
kung festgestellt werden. Eine höhere Involviertheit wirkt den Geschlechterrollenstereotypen entgegen (p(GR, INEV) = -.12, t =-2.490, p = .01). Die lesebezogenen Geschlechterrollenstereotype führen aber auch zu einer geringeren Involviertheit beim Lesen (p(INEV, GR) = -.09, t =-2.495, p = .01). Dieses Ergebnis
zeigt, dass Geschlechterrollenstereotype den intimen Lesemodus (Graf 2010)
behindern – obwohl dieser auch beim Sachbuchlesen der Jungen festzustellen ist,
wird er von ihnen als „weiblich" abgelehnt. Die gegenseitige Beeinflussung von
lesebezogenen Geschlechterrollenstereotypen und der Involviertheit zeigt, dass
sich durch das Zulassen von Gefühlen beim Lesen die Geschlechterrollenstereotype abbauen lassen. Dies dürfte gerade bei Jungen durch einen stärkeren Einbezug ihrer Interessen bei der Textauswahl umzusetzen sein. Demnach scheint sich
der Einbezug von geschlechtstypischen Texten eher positiv denn negativ auf die
lesebezogenen Geschlechterrollenstereotype auszuwirken, was schließlich nicht
nur zu einer höheren Lesemotivation, sondern auch zu einer höheren Lesekompetenz führen dürfte.

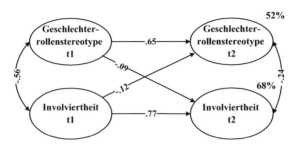

Abbildung 40: Kreuzeffekte: Geschlechterrollenstereotype – Involviertheit

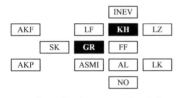

Zwischen den Geschlechterrollenstereotypen (GR) und dem Tätigkeitsanreiz *Lesen als eine kognitive Herausforderung* (KH) kann lediglich eine negative Beziehung festgestellt werden (vgl. Abbildung 41). Je stärker die kognitive Herausforderung beim Lesen im Vordergrund steht, umso schwächer sind die Geschlechterrollenstereotype (p(GR, KH) = -.11, t = -2.631, p = .009). Gemäß diesem Modell steigern fordernde Texte nicht nur die Motivation (Guthrie et al. 1999; Silvia 2005), sondern können auch einen Beitrag zur Reduktion von Geschlechterrollenstereotypen leisten. Dies dürfte darauf zurückzuführen sein, dass aufgrund von Geschlechterrollenstereotypen die kognitiven Aspekte eher männlich und Emotionen eher weiblich konnotiert sind.

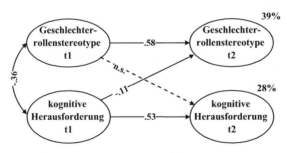

Abbildung 41: Kreuzeffekte: Geschlechterrollenstereotype – kognitive Herausforderung

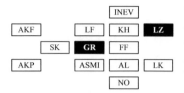

Erwartungsgemäß spiegelt sich in Abbildung 42 der negative Einfluss der lesebezogenen Geschlechterrollenstereotype (GR) auf die *Lesezeit* (LZ) wider (p(LZ, GR) = -.18, t = -5.342, p < .001). Mehr Lesezeit hat aber auch eine Reduktion der lesebezogenen Geschlechterrollenstereotype (p(GR, LZ) = -.11, t = -2.713, p = .007) zur Folge. Der Kreuzeffekt, der von den lesebezogenen Geschlechterrollenstereotypen ausgeht, ist jedoch wesentlich stärker ausgeprägt als jener von der Lesezeit auf die Geschlechterrollenstereotype ($\Delta\chi2$ = 15.03, Δdf = 1, p < .001). Jugendliche, welche das Lesen als eine „weibliche Tätigkeit" ansehen, lesen, ihrer Einstellung gemäß, weniger. Dem kann entgegengewirkt werden, indem man gerade diesen Jugendlichen solche Texte anbietet, die ihren Interessen und Rollenbildern entsprechen, und damit einen Beitrag zur Auflösung der Geschlechterrollenstereotype leistet (Garbe 2003).

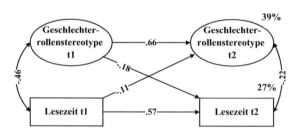

Abbildung 42: Kreuzeffekte: Geschlechterrollenstereotype – Lesezeit

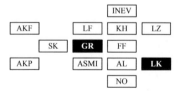

Zwischen den lesebezogenen Geschlechterrollenstereotypen (GR) und der *Lesekompetenz* (LK) kann einzig eine Wirkrichtung von Ersteren auf Letztere festgestellt werden (vgl. Abbildung 43). Je stärker die lesebezogenen Geschlechterrollenstereotype ausgeprägt sind, umso geringer ist erwartungsgemäß auch die Lesekompetenz (p(LK, GR) = -.09, t = -3.363, p = .001).

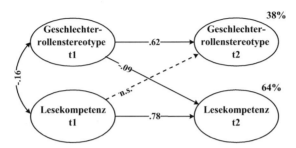

Abbildung 43: Kreuzeffekte. Geschlechterrollenstereotype – Lesekompetenz

Die aufgeführten Modelle bestätigen weitgehend die von Kassis und Schneider (2004b) angenommenen negativen Effekte der lesebezogenen Geschlechterrollenstereotype auf die intrinsische Lesemotivation, die Lesezeit und damit auch auf die Lesekompetenz. Die Modelle zeigen aber die Möglichkeiten auf, die lesebezogenen Geschlechterrollenstereotype abzubauen. Von besonderer Relevanz sind der Aufbau der intrinsischen Lesemotivation und die Steigerung der Lesezeit. Es erweist sich auch beim Abbau von Geschlechterrollenstereotypen, dass die richtige Textauswahl eine große Bedeutung hat. Geschlechterrollenstereotype können durch kognitiv fordernde Texte abgebaut werden, welche die Jugendlichen aber nicht überfordern dürfen. Um dieses Ziel zu erreichen, sollte verstärkt auf die Interessen der Jugendlichen eingegangen werden. Des Weiteren dürfte es hilfreich sein, wenn die Jugendlichen sich aus unterschiedlichen Quellen das Lesematerial auswählen dürfen, welches ihnen am meisten entspricht, wie es in CORI (Guthrie 2005-2011) vorgeschlagen wird.

13.6.6 Kreuzeffekte: Anstrengungsbereitschaft

In den folgenden Modellen werden die Wirkungszusammenhänge zwischen der Betroffenheit und Anstrengungssteigerung nach einem Misserfolg im Fach Deutsch näher betrachtet. Durch wiederholte Misserfolgserlebnisse entstehen negative Emotionen wie Hilflosigkeit oder Scham gegenüber – vor allem dann, wenn die Misserfolge internal attribuiert werden (Möller & Schiefele 2004), indem sie beispielsweise auf mangelnde Begabung zurückgeführt werden. So erstaunt es nicht, dass leseschwache Schülerinnen und Schüler weniger Anstrengung ins Lesen investieren (Stanat & Schneider 2004).

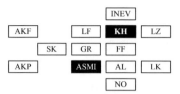

In Abbildung 44 wird nur die Wirkung von der *kognitiven Herausforderung beim Lesen* (KH) auf die Betroffenheit und Anstrengungsbereitschaft nach einem Misserfolg im Fach Deutsch (ASMI) ersichtlich (p(ASMI, KH) = .12, t = 2.513, p = .01). Je stärker ein Jugendlicher der kognitiven Herausforderung wegen liest, umso eher zeigt er Betroffenheit und Anstrengungsbereitschaft nach einem Misserfolg im Fach Deutsch. Diese Erkenntnis stützt die Ergebnisse von Guthrie (2008b), wonach Texte eine gewisse kognitive Herausforderung bieten müssen, um Anstrengungsbereitschaft aufzubauen.

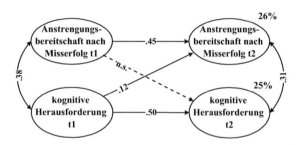

Abbildung 44: Kreuzeffekte: Betroffenheit und Anstrengungsbereitschaft nach einem Misserfolg im Fach Deutsch – kognitive Herausforderung

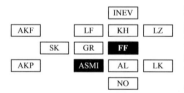

Zwischen der Betroffenheit und Anstrengungsbereitschaft nach einem Misserfolg im Fach Deutsch (ASMI) und den *Fremdbewertungsfolgen* (FF) kann eine wechselseitige Wirkung identifiziert werden (vgl. Abbildung 45). Die Anstrengungsbereitschaft nach einem Misserfolg steigert die Fremdbewertungsfolgen (p(FF, ASMI) = .16, t = 3.581, p < .001), ebenso steigern höhere Fremdbewertungsfolgen die Anstrengungsbereitschaft nach einem Misserfolg (p(ASMI, FF) = .15, t = 3.167, p = .002).

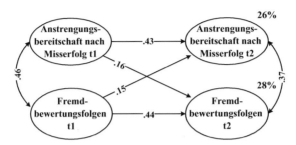

Abbildung 45: Kreuzeffekte: Betroffenheit und Anstrengungssteigerung nach
einem Misserfolg im Fach Deutsch – Fremdbewertungsfolgen

Die Wirkung der Fremdbewertungsfolgen auf die Betroffenheit und Anstrengungsbereitschaft nach einem Misserfolg können mit dem Wunsch nach Kompetenz und sozialer Eingebundenheit erklärt werden (Ryan & Deci 2009). Um den
Erwartungen anderer gerecht zu werden, nimmt eine Person gewisse Anstrengungen auf sich. Die introjizierte Motivation der Selbstbestimmungstheorie vermag aber auch die Wirkung der Betroffenheit und Anstrengungsbereitschaft auf
die Fremdbewertungsfolgen zu erklären. Eine Aufgabe oder das Lesen eines
schwierigen Buches kann Angst, Scham und Misserfolgserwartung auslösen.
Anstrengungen können unternommen werden, um Anerkennung zu erfahren oder
um Strafe zu vermeiden (Reeve et al. 2004).

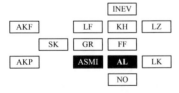

Abbildung 46 gibt das Wirkungsgefüge zwischen der Betroffenheit und Anstrengungsbereitschaft nach einem Misserfolg im Fach
Deutsch (ASMI) und der *Aufforderung zum
Lesen* (AL) wieder. Von der Betroffenheit und
Anstrengungsbereitschaft nach einem Misser-
folg im Fach Deutsch kann lediglich die kausale Wirkung in Richtung der Aufforderung zum Lesen nachgewiesen werden (p(AL, ASMI) = 06, t = 2.119,
p = .03). Je größer die Betroffenheit und Anstrengungsbereitschaft nach einem
Misserfolg im Fach Deutsch ist, umso häufiger werden diese Jugendlichen von
ihren Eltern zum Lesen aufgefordert. Dieser Pfad ist sehr schwach ausgeprägt.
Es könnte sich hier also um ein zufälliges signifikantes Resultat handeln. Zu
vermuten wäre zudem eher, dass sich der äußere Druck negativ auf die Motivation auswirkt und somit die Anstrengungsbereitschaft noch weiter reduziert wird.

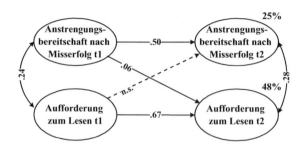

Abbildung 46: Kreuzeffekte: Betroffenheit und Anstrengungsbereitschaft nach einem Misserfolg im Fach Deutsch – Aufforderung zum Lesen

Die Wirkrichtung von der Betroffenheit und Anstrengungsbereitschaft hin zur Aufforderung zum Lesen könnte durch das Verhalten der Eltern zustande kommen: Eventuell versuchen die Eltern angesichts der großen Anstrengungsbereitschaft ihrer Kinder, deren Misserfolge zu minimieren, indem sie die Jugendlichen zum Lesen auffordern. Diese Hypothese müsste aber in einer weiteren Untersuchung überprüft werden.

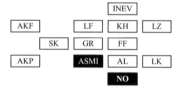

Das Modell in Abbildung 47 zeigt eine wechselseitige Wirkung zwischen der Betroffenheit und Anstrengungsbereitschaft nach einem Misserfolg im Fach Deutsch (ASMI) und dem Lesen, um eine *gute Note* (NO) zu erhalten. Je mehr das Lesen eines Jugendlichen auf das Erzielen guter Noten ausgerichtet ist, umso höher ist die Betroffenheit und Anstrengungsbereitschaft nach einem Misserfolg im Fach Deutsch (p(ASMI, NO) = .10, t = 2.997, p = .003). Zudem wirkt sich eine größere Betroffenheit und Anstrengungsbereitschaft nach einem Misserfolg im Fach Deutsch positiv auf die Noten aus (p(NO, ASMI) = .07, t = 1.958, p = .05). Die Effekte der Wechselwirkung unterscheiden sich statistisch nicht und sind insgesamt sehr gering ausgeprägt ($\Delta\chi2$ = 0.63, Δdf = 1, p = .43).

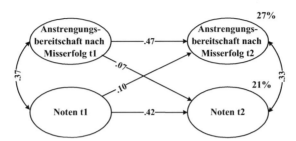

Abbildung 47: Kreuzeffekte: Betroffenheit und Anstrengungsbereitschaft nach einem Misserfolg im Fach Deutsch– Noten

Die wechselseitige Wirkung zwischen der Anstrengungsbereitschaft und dem Ziel, gute Noten zu erreichen, verweist auf den Prozess der Überführung von extrinsischer in intrinsische Motivation. Das Verhalten wird bei der introjizierte Motivation von Angst, Scham oder Vermeidung gesteuert. Dabei kann der Wunsch nach einer besseren Note eine größere Anstrengungsbereitschaft nach sich ziehen. Wird diese Anstrengungsbereitschaft mit besseren Noten belohnt, steigert dies die Selbstachtung und die Einschätzung des Wertes einer Tätigkeit. Dementsprechend wird der Wunsch, eine gute Note zu erzielen, als selbstbestimmter Wunsch wahrgenommen und folglich die introjizierte Motivation in die autonomere Form der identifizierten Regulation überführt (Ryan & Deci 2009). Die besseren Noten kommen aber nicht unbedingt durch eine bessere Leistung zustande, da Lehrer dazu tendieren, Jugendliche mit höherer Anstrengungsbereitschaft besser zu benoten (Stocké 2010). Diese Tendenz kann allerdings durchaus positiv gesehen werden, da auf die Weise die Motivation und letztlich die Leistung gesteigert wird.

Die Modelle illustrieren, dass die Betroffenheit und Anstrengungsbereitschaft nach einem Misserfolg im Fach Deutsch sowohl die intrinsische als auch die extrinsische Motivation steigert. Die Auswahl von kognitiv anspruchsvollen Texten, die nicht überfordern, sowie der Wunsch nach guten schulischen Noten erhöhen die Anstrengungsbereitschaft der Schülerinnen und Schüler. Die wechselseitige Beziehung zwischen der Anstrengungsbereitschaft und dem Wunsch nach guten Noten kann als Bedürfnis nach Kompetenz (Deci, Koestner & Ryan 2001) interpretiert werden. Jugendliche, deren Anstrengungsbereitschaft mit besseren Noten belohnt wird, zeigen wiederum eine noch höhere Anstrengungsbereitschaft. Dies dürfte insbesondere bei einer Notenvergabe der Fall sein, die auch die früheren Leistungen berücksichtigt und sich nicht ausschließlich auf die durchschnittliche Klassenleistung bezieht. Die gleichen Effekte können hinsichtlich der Fremdbewertungsfolgen erfasst werden. Die Fremdbewertungsfolgen kennzeichnen den Wunsch der Jugendlichen, von anderen als kompetent wahrgenommen zu werden. Auch hier kann eine positive Leistungsrückmeldung zu einer höheren Anstrengungsbereitschaft führen. Dies hat zudem den positiven Effekt, dass Jugendliche mit einer hohen Anstrengungsbereitschaft seltener zum Lesen aufgefordert werden. Entgegen den Erwartungen lässt sich keine direkte Verbindung der Anstrengungsbereitschaft mit der Lesekompetenz nachweisen. Die Anstrengungsbereitschaft ohne die entsprechende Lernhandlung reicht also nicht aus, um Kompetenzen zu fördern. Für die Leseförderung bedeutet dies einmal mehr, dass durch extrinsische Motivation keine Kompetenzen aufgebaut werden können. Es ist daher zentral, dass die Bedürfnisse nach Kompetenz, Anerkennung und sozialer Eingebundenheit in einer anregenden Lernumgebung so genutzt werden, dass sie in intrinsische Motivation überführt werden: Dies kann durch positive Rückmeldungen, durch die Bearbeitung eigener Fragestellungen sowie die Auseinandersetzung mit Fragestellungen in sozialen Gruppen teilweise erreicht werden (Guthrie 2005-2011).

13.6.7 Kreuzeffekte: Involviertheit/evasives Lesen

Die intrinsische Lesemotivation gilt als wichtiger Prädiktor für Lesezeit und Lesekompetenz (Guthrie et al. 1999; McElvany et al. 2008; Möller & Schiefele 2004). In den folgenden Modellen werden die Wirkungszusammenhänge zwischen Involviertheit/evasivem Lesen und der extrinsischen Lesemotivation sowie der Lesezeit und der Lesekompetenz näher untersucht.

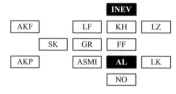

In Abbildung 48 wird der Einfluss der *Aufforderung zum Lesen durch die Eltern* (AL) auf die Involviertheit (INEV) betrachtet. Das Modell zeigt eine wechselseitige Wirkung. Eine höhere Involviertheit beim Lesen führt dazu, dass die Jugendlichen durch ihre Eltern seltener zum Lesen aufgefordert werden (p(AL, INEV) = -.08, t = -3.442, p = .001). Auf der anderen Seite wird durch die Aufforderung zum Lesen die Involviertheit reduziert (p(INEV, AL) = -.08, t = -2.772, p = .006). Diese Ergebnisse machen den negativen Einfluss der Aufforderung zum Lesen auf die intrinsische Motivation ersichtlich (Hurrelmann et al. 1995). Sie bestätigen zudem die Annahme von Ryan und Deci (2009), dass die Forcierung von Leistung und Anstrengung durch Druck das Gefühl von Autonomie und Interesse und somit die intrinsische Motivation beeinträchtigen.

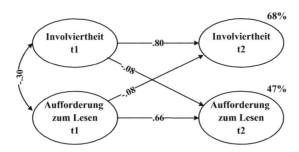

Abbildung 48: Kreuzeffekte: Involviertheit – Aufforderung zum Lesen

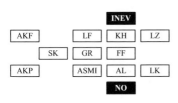

Beim Leseanreiz *gute Note* (NO) kann lediglich eine kausale Wirkung festgestellt werden (vgl. Abbildung 49): Das Lesen, um eine gute Note zu erhalten, wird von Involviertheit/evasivem Lesen unterstützt (p(NO, INEV) = .10, t =2.841, p = .004). Hingegen kann keine Wirkung vom Wunsch nach einer guten Note auf die Involviertheit identifiziert werden. Dieses Ergebnis stützt die Selbstbestimmungstheorie, gemäß der das Bedürfnis nach Kompetenz ein wichtiger Bestandteil der intrinsischen Motivation ist (Deci, Vallerand, Pelletier & Ryan 1991), die Jugendliche aus der Benotung schöpfen können.

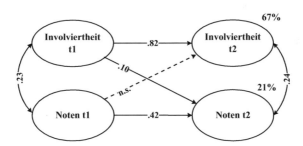

Abbildung 49: Kreuzeffekte: Involviertheit – Noten

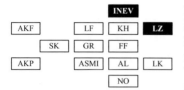

Involviertheit/evasives Lesen geht damit einher, dass sich der Leser so stark in eine Geschichte hineinversetzt, dass er Zeit und Raum vergisst (Csikszentmihalyi 1990). Darauf gründet die Vermutung, dass eine höhere Involviertheit (INEV) mit der *Lesezeit* (LZ) in Verbindung steht. Die vorliegende Untersuchung kann diese Annahme bestätigen (vgl. Abbildung 50). Die Involviertheit führt zu mehr Lesezeit (p(LZ, INEV) = .25, t = 8.240, p < .001). Die Lesezeit beeinflusst hingegen die Involviertheit nicht.

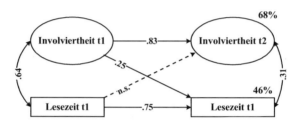

Abbildung 50: Kreuzeffekte: Involviertheit – Lesezeit

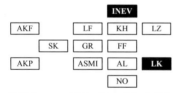

Entgegen der Erwartung kann zwischen Involviertheit/evasivem Lesen (INEV) und *Lesekompetenz* (LK) keine wechselseitige Wirkung nachgewiesen werden (vgl. Abbildung 51). Wie bei der Lesezeit erhöht die Involviertheit die Lesekompetenz (p(LZ, INEV) = .10, t = 3.201, p = .001). Das Modell bestätigt die Annahme, dass eine habituelle intrinsische Lesemotivation wie beispielswcise die Involviertheit die Auseinandersetzung mit einem Text begünstigt, was sich positiv auf das Leseverständnis auswirkt (Schaffner et al. 2004).

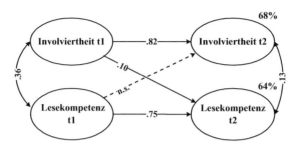

Abbildung 51: Kreuzeffekte: Involviertheit – Lesekompetenz

Die intrinsische Motivation ist der Ausdruck selbstbestimmten, autonomen Handelns (Ryan & Deci 2000), welches Voraussetzung für eine hohe Involviertheit (Schallert & Reed 1997) ist. Die oben vorgestellten Modelle bestätigen die zentrale Bedeutung der intrinsischen Lesemotivation auf Leseumfang, Lesezeit sowie auf die Lesekompetenz. Des Weiteren wird deutlich, dass Jugendliche, welche sich beim Lesen emotional in die Geschichten hineingeben, also stark involviert sind, auch lesen, um in der Schule gute Noten zu erhalten. Jugendliche mit einer hohen Involviertheit beim Lesen werden von ihren Eltern seltener zum Lesen aufgefordert. Es zeigt sich aber auch deutlich, dass Eltern mit der Aufforderung zum Lesen die intrinsische Motivation der Jugendlichen reduzieren, was im Sinne der Selbstbestimmungstheorie (Ryan & Deci 2000) dazu führt, dass die Jugendlichen auf eine weniger autonome Stufe der extrinsischen Motivation zurückfallen. Dies trägt dazu bei, dass die Jugendlichen seltener lesen und ihre Lesekompetenzen in der Folge nicht mehr weiter ausbauen können.

13.6.8 Kreuzeffekte: Fremdbewertungsfolgen

Die Fremdbewertungsfolgen beruhen auf dem Bedürfnis nach sozialer Eingebundenheit und dem Wunsch nach Anerkennung durch das soziale Umfeld. Die Fremdbewertungsfolgen nehmen im Laufe der Schulzeit ab (Wendland & Rheinberg 2006), was Ryan und Deci (2009) mit der Überführung der extrinsischen in die intrinsische Motivation erklären. In den folgenden Modellen werden die Wirkungszusammenhänge zwischen den Fremdbewertungsfolgen und der Aufforderung zum Lesen sowie der Lesekompetenz näher beschrieben.

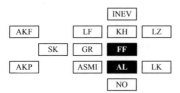

Abbildung 52 illustriert die Beziehung zwischen den beiden extrinsischen Motivationen Fremdbewertungsfolgen (FF) und der *Aufforderung zum Lesen durch die Eltern* (AL). In diesem Modell kann einzig eine schwache Wirkung von der Aufforderung zum Lesen auf die Fremdbewertungsfolgen nachgewiesen werden (p(FF, AL) = .09, t = 2.863, p = .004). Dabei steigert die Aufforderung zum Lesen durch die Eltern die Wahrnehmung der Fremdbewertungsfolgen. Dies könnte darauf zurückzuführen sein, dass die Jugendlichen die Aufforderung zum Lesen als Druck wahrnehmen und mit Leistungserwartungen in Verbindung bringen, sodass die Selbstbewertung von einer anderen Person bedroht wird.

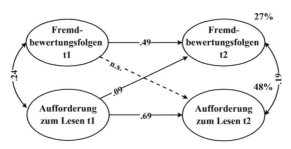

Abbildung 52: Kreuzeffekte: Fremdbewertungsfolgen – Aufforderung zum Lesen

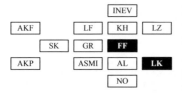

Ebenfalls eine einseitige kausale Wirkung geht von der *Lesekompetenz* (LK) auf die Fremdbewertungsfolgen (FF) aus (vgl. Abbildung 53). Bei einer höheren Lesekompetenz verringert sich die Einschätzung der Fremdbewertungsfolgen, bei niedrigen Lesekompetenzen werden hingegen die Fremdbewertungsfolgen als größer beurteilt (p(FF, LK) = .10, t = -3.310, p = .001). Es zeigt sich, dass Kompetenzen den äußeren Druck reduzieren und dass die Bewertung durch eine andere Person positiv eingeschätzt wird. Die bidirektionale Beziehung zwischen extrinsischer Motivation und Lesekompetenz, wie sie beispielsweise Becker et al. (2010) annehmen, kann anhand der untersuchten Stichprobe nicht bestätigt werden.

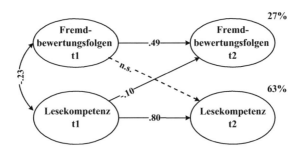

Abbildung 53: Kreuzeffekte: Fremdbewertungsfolgen – Lesekompetenz

Die beiden Modelle zeigen, dass die Aufforderung zum Lesen die Fremdbewertungsfolgen verstärkt, während die Lesekompetenz diese verringert. In den Fremdbewertungsfolgen, wie sie in dieser Untersuchung erhoben wurden, drückt sich der Wunsch nach Anerkennung eigener Leistungen im sozialen Umfeld aus. Der Wunsch, als kompetent wahrgenommen zu werden, wird von der Aufforderung zum Lesen unterlaufen und anscheinend von den Jugendlichen als Kompetenzdefizit wahrgenommen. Diese Annahme wird dadurch gestützt, dass die Lesekompetenz die Fremdbewertungsfolgen zu reduzieren vermag.

13.6.9 Kreuzeffekte: Aufforderung zum Lesen

In den vorangehenden Kapiteln konnte mehrfach auf den negativen Einfluss der Aufforderung zum Lesen hingewiesen werden. Sie verhindert nicht nur den Aufbau des lesebezogenen Selbstkonzepts, sondern auch die Lesefreude und die Involviertheit beim Lesen. Zudem minimiert sie die Anschlusskommunikation mit Gleichaltrigen. In den beiden nächsten Modellen werden nun noch die Wirkungszusammenhänge zwischen der Aufforderung zum Lesen durch die Eltern (AL) und der Lesezeit (LZ) sowie der Lesekompetenz (LK) näher untersucht. Es wird von einer wechselseitigen Wirkung ausgegangen, wobei die Aufforderung zum Lesen durch die Eltern sich ebenfalls negativ auf die Lesezeit und Lesekompetenz auswirken dürfte.

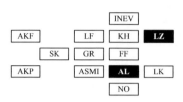

Zwischen der Aufforderung zum Lesen durch die Eltern (AL) und der *Lesezeit* (LZ) besteht, wie vermutet, eine wechselseitige Beziehung (vgl. Abbildung 54). Dabei beeinflusst die Aufforderung zum Lesen die Lesezeit negativ (p(LZ, AL) = -.16, t = -5.512, p < .001). Umgekehrt werden Jugendliche, die mehr lesen, seltener zum Lesen aufgefordert (p(AL, LZ) = -.12, t = -4.759, p < .001). Die beiden Kreuzeffekte unterscheiden sich in ihrer Stärke nicht voneinander ($\Delta\chi2$ = 3.59, Δdf = 1, p = .06). Die negative Wirkung der extrinsischen Motivation auf die Lesemenge (Ryan & Deci 2009; Wang & Guthrie 2004) kann in der untersuchten Stichprobe bestätigt werden. Es zeigt sich, dass Jugendliche, welche häufiger lesen, seltener zum Lesen aufgefordert werden.

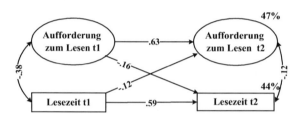

Abbildung 54: Kreuzeffekte: Aufforderung zum Lesen – Lesezeit

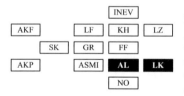

Abbildung 55 offenbart eine wechselseitige Wirkung zwischen der Aufforderung zum Lesen (AL) und der *Lesekompetenz* (LK). Die Aufforderung zum Lesen wirkt sich negativ auf die Lesekompetenz aus (p(LK, AL) = -.11, t = -3.413, p = .001). Es bestätigt sich auch in diesem Modell, dass Jugendliche mit einer höheren Lesekompetenz seltener zum Lesen aufgefordert werden (p(AL, LK) = .11, t = -3.536, p < .001).

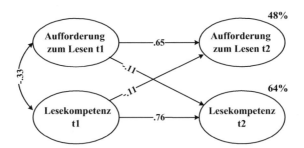

Abbildung 55: Kreuzeffekte: Aufforderung zum Lesen – Lesekompetenz

Die Motivationsforschung weist auf die demotivierende Wirkung von Druck (Reeve 2004; Reeve & Jang 2006) hin. Dies konnte in der Lesesozialisationsforschung bestätigt werden, die zu dem Ergebnis kommt, dass die Aufforderung zum Lesen zur Leseverweigerung führen kann (Guthrie 2008b; Hurrelmann et al. 1993). Die untersuchten Wechselwirkungen lassen den Schluss zu, dass sich die Aufforderung zum Lesen nicht nur auf Lesemotivation und Lesemenge auswirkt, sondern darüber hinaus auch die Anschlusskommunikation mit Gleichaltrigen, den Aufbau von lesebezogenen Selbstkonzepten und zudem direkt den Aufbau der Lesekompetenz beeinträchtigt. Daher stellt sich die Frage, wie man die Jugendlichen zum Lesen anregen kann, ohne sie zum Lesen aufzufordern. Die Anschlusskommunikation, die Lesekompetenz und die lesebezogenen Kompetenzüberzeugungen sowie die Lesefreude und die Involviertheit scheinen einen Schutzfaktor darzustellen. Gerade die Risikogruppe der männlichen Jugendlichen mit Migrationshintergrund weist in diesen Bereichen Defizite auf. Neben motivationsfördernden Maßnahmen scheint insbesondere die Anschlusskommunikation, die ihrerseits die Lesemotivation stützt, geeignet zu sein, um den Kreislauf aus Druck, demotivierender Wirkung der Aufforderung zum Lesen und Leseverweigerung zu durchbrechen. Voraussetzung hierfür ist, dass in den Familien ein positives Leseklima geschaffen wird, indem im Alltag über das Gelesene gesprochen wird und die Leseaktivitäten der Eltern den Jugendlichen bewusst gemacht werden. Nach Groeben und Schroeder (2004) sind gerade Familien aus niedrigen sozialen Schichten dazu nur begrenzt in der Lage.

13.6.10   Kreuzeffekt zwischen Lesezeit und Lesekompetenz

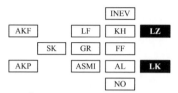

Anhand des letzten Modells wird abschließend das Wirkungsgefüge zwischen der Lesezeit (LZ) und der Lesekompetenz (LK) untersucht (vgl. Abbildung 56). Der Einfluss der Lesemenge auf die Lesekompetenz ist gut belegt (z. B. Guthrie et al. 1999). Ausgangspunkt ist die Überlegung, dass durch das häufigere Lesen die Dekodierprozesse automatisiert werden und das Vorwissen erweitert wird, was das Textverstehen erleichtert (Kintsch 1998a). Es wird angenommen, dass Lesetätigkeit und -leistung in einer Form interagieren, die sich als Spirale beschreiben lässt. Schülerinnen mit einer hohen Leseleistung lesen mehr und engagieren sich mehr für Lesen, was sich wiederum auf die Leseleistung auswirkt. Jugendliche mit einer schwachen Leistung hingegen lesen weniger, was ihre Leseleistung zusätzlich vermindert (Guthrie 2008b). Diese Ergebnisse lassen sich mit der vorliegenden Untersuchung bestätigen. Es sind wechselseitige Wirkungen zwischen der Lesekompetenz (LK) und der Lesezeit (LZ) ersichtlich. Dabei wirkt sich die Lesekompetenz stärker auf die Lesezeit (p(LZ, LK = .13, t = 4.455, p < .001) aus als umgekehrt p(LK, LZ) = .11 (t = 3.386, p = .001; $\Delta\chi2 = 22.30$, p = .139, $\Delta df = 1$, p < .001).

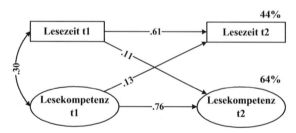

Abbildung 56: Kreuzeffekte: Lesezeit – Lesekompetenz

13.6.11   Zusammenfassung

Die Kreuzeffektmodelle machen deutlich: Es besteht ein komplexes zusammenhängendes Wirkungsgefüge zwischen den einzelnen Konstrukten (vgl. Abbildung 57). In der folgenden Zusammenfassung werden nicht alle Beziehungen nochmals aufgegriffen, sondern nur jene Konstrukte behandelt, die eine direkte Auswirkung auf die Lesezeit oder Lesekompetenz haben. Es wird auf die Beziehungen der Anschlusskommunikation in Familie und mit Gleichaltrigen, das lesebezogene Selbstkonzept, die Lesefreude, die lesebezogenen Geschlechterrollenstereotype sowie auf die Involviertheit/das evasive Lesen und die Aufforderung zum Lesen und deren Beziehungen untereinander und zur Lesezeit und Lesekompetenz eingegangen.

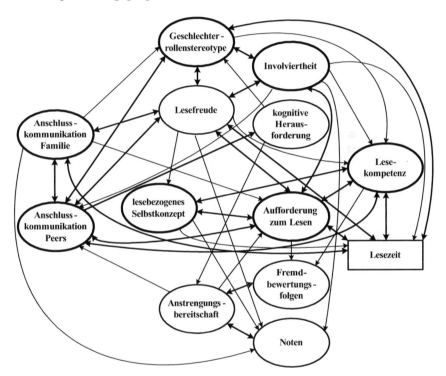

Abbildung 57: Wirkungsgefüge

Die Anschlusskommunikation in der Familie spielt, entgegen der Annahme von Graf (2010), auch bei Jugendlichen immer noch eine wichtige Rolle und wird nicht von der Kommunikation mit der Gleichaltrigengruppe abgelöst. Die wechselseitige Beziehung zwischen der Anschlusskommunikation in der Familie und jener in der Gleichaltrigengruppe verweist vielmehr auf eine gegenseitige Ergänzung. Dieses Resultat bestätigt die

Annahme von Philipp (2010a), nach der die Anschlusskommunikation mit den Peers parallel zur Anschlusskommunikation in der Familie erfolgt. Diese Erkenntnis kann dahingehend erweitert werden, dass in der untersuchten Stichprobe die Wirkung von der Anschlusskommunikation der Familie auf jene der Gleichaltrigengruppe stärker ausgeprägt ist als umgekehrt. Dieses Ergebnis wird von Groeben, & Schroeder (2004) untermauert, die davon ausgehen, dass die Familie die Ko-Konstruktionsprozesse zur Gleichaltrigengruppe steuert, indem Eltern beispielsweise Kontakte zu anderen Eltern knüpfen, die ähnliche Bildungsziele für ihre Kinder verfolgen.

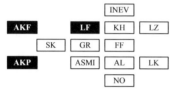

Zwischen der Anschlusskommunikation in der Familie und der Lesefreude besteht eine wechselseitige Beziehung. Die Anschlusskommunikation fördert also nicht nur die Lesefreude, sondern die Lesefreude fördert auch den lesebezogenen Austausch zwischen den Jugendlichen und der Familie. Dieser wechselseitige Effekt zeigt sich auch zwischen Anschlusskommunikation mit Gleichaltrigen und der Lesefreude. Im Gegensatz zur Familie wirkt sich aber die Lesefreude stärker auf den Wunsch aus, sich mit Gleichaltrigen über das Gelesene auszutauschen, als die Anschlusskommunikation die Lesefreude steigert. Die Anschlusskommunikation mit Gleichaltrigen prägt die Lesefreude positiv. Um aber die Anschlusskommunikation unter Gleichaltrigen anzuregen, scheint die Lesefreude eine wichtige Bedingung zu sein, damit eine solche Kommunikation überhaupt erst etabliert wird.

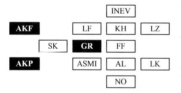

Die Anschlusskommunikationen in der Familie sowie mit Gleichaltrigen beeinflussen die Ausbildung von lesebezogenen Geschlechterrollenstereotypen. Während die Anschlusskommunikation in der Familie lediglich dazu beiträgt, dass sich die lesebezogenen Geschlechterrollenstereotype reduzieren, besteht zwischen der Anschlusskommunikation mit Gleichaltrigen und den lesebezogenen Geschlechterrollenstereotypen eine wechselseitige Beziehung. Wie jene in der Familie reduziert auch die Anschlusskommunikation mit Gleichaltrigen die lesebezogenen Geschlechterrollenstereotype. Stärkere lesebezogene Geschlechterrollenstereotype reduzieren die Anschlusskommunikation mit Gleichaltrigen, aber auch die Lesefreude. Die lesebezogenen Geschlechterrollenstereotype können diesen Wirkungszusammenhängen entsprechend durch die Steigerung der Anschlusskommunikation in der Familie wie auch mit Gleichaltrigen direkt und indirekt über die Lesefreude geschwächt werden. Die lesebezogenen Geschlechterrollenstereotype verringern nicht nur die Lesefreude, sondern auch die Lesezeit. Durch mehr Leseaktivität lassen sich die lesebezogenen Geschlechterrollenstereotype abschwächen. Damit die Jugendlichen mehr lesen, ist es erstens zentral, dass ihnen Texte vorgelegt werden, die ihren Interessen entsprechen. Zweitens müssen sie realisieren, dass das Lernen vor allem über das Lesen erfolgt (McPeake & Guthrie 2005-2011). In der Folge können nicht nur die Lesezeit und die Lesefreude gesteigert, sondern auch die Geschlechterrollenstereotype abgebaut und letztlich die Lesekompetenz gesteigert werden.

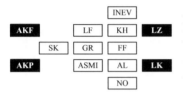

Zwischen der Anschlusskommunikation in der Familie und der Lesezeit gibt es ebenfalls eine wechselseitige Beziehung, wobei die Anschlusskommunikation in der Familie stärker auf die Lesezeit wirkt als umgekehrt. Die Anschlusskommunikation in der Familie hat keinen direkten Effekt auf die Lesekompetenz. Im Gegensatz dazu zeigt sich in der untersuchten Stichprobe eine wechselseitige Beziehung zwischen der Anschlusskommunikation mit Gleichaltrigen und der Lesekompetenz. Dabei beeinflusst die Anschlusskommunikation mit Gleichaltrigen die Lesekompetenz in gleichem Maße wie umgekehrt die Lesekompetenz die Anschlusskommunikation. Es besteht aber kein Zusammenhang zwischen der Anschlusskommunikation mit Gleichaltrigen und der Lesezeit. Diese unterschiedlichen Wirkungen der beiden betrachteten Anschlusskommunikationen könnten darauf zurückzuführen zu sein, dass in der Familie nur ein Austausch über das Gelesene stattfindet, ohne dass die Eltern die Texte der Jugendlichen lesen und umgekehrt. Die Jugendlichen untereinander scheinen sich eher über Texte zu unterhalten, die allen Beteiligten bekannt sind. Folglich können die Texte tiefgehender verarbeitet werden oder – in den Worten von Sutter (2008) – die Textoffenheit kann geschlossen werden, was ein besseres Leseverständnis erklären würde.

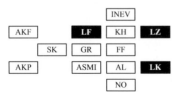

Der Zusammenhang zwischen der Lesefreude und der Lesezeit ist gut belegt (Artelt et al. 2010). In der Regel wird davon ausgegangen, dass die Lesefreude die Lesezeit erhöht. In der untersuchten Stichprobe zeigt sich ein wechselseitiger Effekt, wobei die Lesefreude die Lesezeit stärker zu steigern vermag als umgekehrt die Lesezeit die Lesefreude begünstigt. Nichtsdestotrotz kann offenbar infolge des Lesens selbst durchaus erst Lesefreude entstehen. Dieser Effekt von der Lesezeit auf die Lesefreude scheint

unabhängig von der Lesekompetenz zu sein, da zwischen Lesefreude und Lesekompetenz einzig die Wirkung von der Ersteren zur Letzteren festzustellen ist:
Die Lesekompetenz wird durch eine höhere Lesefreude verbessert.

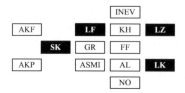 Nachfolgend seien die Verbindungen zwischen
dem lesebezogenen Selbstkonzept einerseits
und der Lesefreude, der Lesezeit und Lesekompetenz andererseits zusammengefasst. Der
Aufbau von lesebezogenen Selbstkonzepten
steht in engem Bezug zu den Lernprozessen
beim Erwerb des Lesens und den damit verbundenen Kompetenzerfahrungen
(Beutel & Hinz 2008; Chapman & Tunmer 1995). Auch in der vorliegenden
Untersuchung kann eine wechselseitige Beziehung zwischen dem lesebezogenen
Selbstkonzept und der Lesekompetenz festgestellt werden. Dabei ist die Wirkung
von der Lesekompetenz auf das lesebezogene Selbstkonzept etwas stärker ausgeprägt als jene in umgekehrter Richtung. Dieses Ergebnis stimmt überein mit
den Erkenntnissen von Marsh und O'Mara (2008) sowie, für den deutschsprachigen Raum, Trautwein et al. (2006). Hinsichtlich der Lesezeit kann lediglich
eine Beziehung vom lesebezogenen Selbstkonzept auf die Lesezeit nachgewiesen
werden. Zwischen der Anschlusskommunikation und dem lesebezogenen Selbstkonzept ist keine kausale Beziehung ersichtlich, obwohl der Aufbau des lesebezogenen Selbstkonzepts von sozialen Prozessen abhängt (Valentine et al. 2004).
Das lesebezogene Selbstkonzept kann also lediglich über Lesekompetenz und
Lesefreude gesteuert, mithin gefördert werden. Da ein Zusammenhang zwischen
Lesefreude und Lesekompetenz besteht und das lesebezogene Selbstkonzept eine
affektive Komponente beinhaltet (Beutel & Hinz 2008; Chapman & Tunmer
1995), ist es nachvollziehbar, dass die Lesefreude auch zu einer Stärkung des
Selbstkonzeptes beiträgt.

Im Bereich der aktuellen und habituellen Lesemotivation wird im Folgenden nur auf die Konstrukte Involviertheit/evasives Lesen und Aufforderung zum
Lesen eingegangen, da diese beiden Konstrukte mit der Lesezeit und der Lesekompetenz sowie mit der Lesefreude und dem lesebezogenen Selbstkonzept in
kausaler Verbindung stehen. Zuerst wird das Beziehungsgefüge der Involviertheit beleuchtet, im Anschluss die Einflüsse der Aufforderung zum Lesen durch
die Eltern.

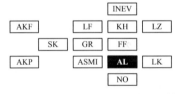

Die oben präsentierten Kreuzeffektmodelle verdeutlichen, dass die Involviertheit in wechselseitiger Beziehung zu den lesebezogenen Geschlechterrollenstereotypen steht: Die Involviertheit beim Lesen trägt zur Reduktion der lesebezogenen Geschlechterrollenstereotype bei; auf der anderen Seite verhindern die lesebezogenen Geschlechterrollenstereotype, dass sich der Leser oder die Leserin in eine Geschichte hineingibt, sich mit den Hauptpersonen identifiziert und dabei Raum und Zeit vergisst (Schallert & Reed 1997). Die Involviertheit steht zudem in einer wechselseitigen Beziehung mit der Lesefreude. Die Lesefreude steigert die Involviertheit beim Lesen wie auch die Involviertheit zu einer größeren Lesefreude beiträgt. Die Involviertheit trägt des Weiteren zu einer längeren Lesezeit und einer höheren Lesekompetenz bei. Diese Verbindungen machen für die Aktivität Lesen klar, dass eine Tätigkeit, die Freude bereitet, zu einer vertieften Auseinandersetzung führt, die sich in der längeren Beschäftigungszeit und einer höheren Kompetenz äußert, wie es in der Selbstbestimmungstheorie (Deci & Ryan 2004) angenommen wird.

Nach der Selbstbestimmungstheorie wird nicht nur der Aufbau von intrinsischer Motivation durch den externalen Druck verhindert, sondern es ist sogar möglich, dass sie sich auf eine extrinsische Motivation zurückentwickelt (Ryan & Deci 2009). In der vorliegenden Untersuchung zeigt sich, dass die Aufforderung zum Lesen über die Motivation hinaus auch für andere lesebezogene Aktivitäten negative Folgen bewirkt. Durch die Aufforderung zum Lesen wird die Anschlusskommunikation mit Gleichaltrigen beeinträchtigt. Sie verhindert insbesondere den Aufbau der Lesemotivation. So wird nicht nur die Lesefreude, sondern auch die Involviertheit und das evasive Lesen verringert. Die Aufforderung zum Lesen reduziert das lesebezogene Selbstkonzept sowie die Lesezeit insgesamt und wirkt sich negativ auf die Lesekompetenz aus. Die gleichen Faktoren helfen aber auch die Aufforderung zum Lesen zu reduzieren. Jugendliche, die sich häufiger in der Familie oder mit Gleichaltrigen über das Gelesene austauschen, mehr Lesefreude empfinden und beim Lesen involviert sind, werden von ihren Eltern seltener zum Lesen aufgefordert. Dies gilt auch für Jugendliche mit einem stärkeren lesebezogenen Selbstkonzept, die häufiger lesen oder über mehr Lesekompetenz verfügen. Da die Aufforderung zum Lesen so vielfältig auf die Leseentwicklung einwirkt, muss es Ziel sein, die lesebezogenen Faktoren zu stärken, ohne dass ein äußerer Druck aufgebaut wird und dadurch die gute Intension zunichte gemacht wird.

13.7 Direkte und indirekte Wirkungen

Die Komplexität der Wirkstrukturen, die in den Kreuzeffektmodellen sichtbar wird, weist auf die enge Verknüpfung der verschiedenen motivationalen Faktoren. Wie sich die Wirkstrukturen gegenseitig beeinflussen, lässt sich nicht einfach aus den einzelnen Kreuzeffekten ableiten, da die einzelnen Konstrukte nicht völlig unabhängig voneinander sind. Ein weiteres Problem ist die sog. Scheinkorrelation, bei der Zusammenhänge zwischen zwei Konstrukten angezeigt werden, die lediglich aufgrund des Einflusses einer anderen Variablen zustande kommen. Solche Scheinkorrelationen können anhand von Mediationsmodellen aufgespürt werden, indem man mögliche Einflüsse anderer Variablen einbezieht und prüft, ob die Zusammenhänge überwiegend direkt oder indirekt über die zusätzliche Variable erklärt werden können. In den folgenden Modellen werden lediglich die Mediatoren Lesefreude und Involviertheit/evasives Lesen überprüft. In diesem Kapitel werden nun einzelne Wirkungszusammenhänge von drei Konstrukten verbunden und die direkten und indirekten Effekte auf die Lesekompetenz betrachtet. Daraus ergibt sich ein klares Bild über die Wirkstrukturen, insbesondere, wenn gewisse Effekte nur über sog. Mediatoren lediglich indirekt wirken. Dann handelt es sich bei dem vorher angezeigten direkten Zusammenhang um eine Scheinkorrelation. In den folgenden Ergebnissen wird lediglich auf die Mediationseffekte eingegangen. Die Pfadkoeffizienten werden nur in den Abbildungen wiedergegeben und zeigen die Stärke der Zusammenhänge zwischen den einzelnen latenten Konstrukten an. Je höher diese Pfadkoeffizienten ausfallen, umso stärker ist der Einfluss zwischen den Konstrukten. Dabei werden Werte bis .30 als schwach, bis .50 als mittelstark und ab .50 als hoch gewertet.

Die folgenden Unterkapitel widmen sich zunächst den Mediatoren zwischen der Anschlusskommunikation in der Familie und der Lesekompetenz (Kapitel 13.7.1). Kapitel 13.7.2 prüft Mediationseffekte zwischen der Anschlusskommunikation mit Gleichaltrigen und der Lesekompetenz. Die Mediatoren zwischen lesebezogenem Selbstkonzept und Lesekompetenz stehen in Kapitel 13.7.3 im Zentrum der Betrachtung. In Kapitel 13.7.4 wird schließlich hinterfragt, ob die Involviertheit ein Mediator zwischen der Lesefreude und der Lesekompetenz ist.

13.7.1 Mediatoren zwischen Anschlusskommunikation und Lesekompetenz

AKF | AKP | Im folgenden Modell wird das Wirkungsgefüge zwischen der An-
SK | schlusskommunikation in der Familie (AKF), der *Lesefreude* (LF)
LF | und der Lesekompetenz (LK) betrachtet (vgl. Abbildung 58). Es
INEV | gilt zu prüfen, ob die Lesefreude ein Mediator zwischen der An-
schlusskommunikation in der Familie und der Lesekompetenz
Lesekompetenz | darstellt. Von der Anschlusskommunikation in der Familie auf
Lesekompetenz besteht eine vollständige Mediation über die Lesefreude
($p_{indirekt}$ (LK, LF, AKF) = .19, t = 7.749, p < .001). Die direkte Beziehung zwischen der Anschlusskommunikation in der Familie und der Lesekompetenz ist nicht signifikant (p_{direkt} (LK, AKF) = .07, t = 1.338, p = .18(n.s.)). Der Gesamteffekt beläuft sich auf p_{Gesamt} = .26 (t = 6.231, p < .001).

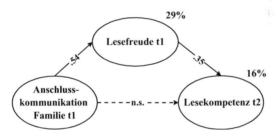

Abbildung 58: Mediationsmodell Anschlusskommunikation in der Familie, Lesefreude und Lesekompetenz

AKF | AKP | Die direkte Mediation über die Lesefreude kann ebenfalls in Bezug
SK | auf den Mediator *Involviertheit/evasives Lesen* (INEV) bestätigt
LF | werden (vgl. Abbildung 59). Von der Anschlusskommunikation in
INEV | der Familie auf Lesekompetenz besteht eine vollständige Mediation über Involviertheit/evasives Lesen ($p_{indirekt}$ (LK, INEV, AKF)
Lesekompetenz | = .17, t = 7.062, p < .001). Die direkte Beziehung zwischen der
Anschlusskommunikation in der Familie und der Lesekompetenz ist nicht signifikant (p_{direkt} (LK, AKF) = .09, t = 1.693, p = .09 (n.s.)). Der Gesamteffekt beläuft sich auf p_{Gesamt} = .26 (t = 6.234, p < .001). Insgesamt bestätigt sich die Analogie zwischen der Lesefreude und der Involviertheit, sodass die beiden Konstrukte in gleicher Weise die Lesekompetenz stärken.

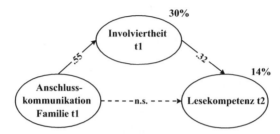

Abbildung 59: Mediationsmodell Anschlusskommunikation in der Familie,
               Involviertheit/evasives Lesen und Lesekompetenz

Gegenstand von Abbildung 60 ist die Beziehung zwischen der
Anschlusskommunikation mit Gleichaltrigen (AKP), der *Lesefreu-*
de (LF) und der Lesekompetenz (LK). Die Beziehung zwischen
der Anschlusskommunikation mit Gleichaltrigen und der Lesekompetenz wird wiederum vollständig über die Lesefreude moderiert. Der direkte Effekt beträgt p_{direkt} (LK, AKP) = -.009 (t =
-0.208, p = .84 (n.s.)), ist nicht signifikant und mit einem Erklärungswert von unter einem Prozent bedeutungslos. Der indirekte Effekt über die
Lesefreude beträgt $p_{indirekt}$ (LK, LF, AKP) = .23 (t = 9.199, p < .001) und erklärt
somit 23 Prozent der Varianz in der Lesekompetenz.

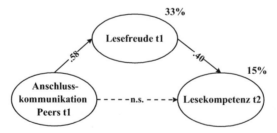

Abbildung 60: Mediationsmodell Anschlusskommunikation Peers, Lesefreude
               und Lesekompetenz

Dieses Ergebnis lässt vermuten, dass es sich bei der im Kreuzeffektmodell erkannten Beziehung zwischen der Anschlusskommunikation mit Gleichaltrigen
und der Lesekompetenz um eine Scheinkorrelation handelt, die ebenfalls über
die Lesemotivation moderiert wird. Dementsprechend kann die Annahme, dass
in der Anschlusskommunikation mit Gleichaltrigen eher inhaltsbezogene Ge-

spräche geführt würden, die sich auf die Lesekompetenz auswirken, nicht aufrecht erhalten werden. Auch gemäß diesem Modell scheint die Anschlusskommunikation also eher einen motivationsfördernden Effekt zu haben. In diesem Sinn kann die Annahme von Hurrelmann (2006) dahingehend erweitert werden, dass die Beziehung zwischen Anschlusskommunikation sowohl in der Familie wie auch in der Gleichaltrigengruppe auf die Lesekompetenz überwiegend über die Lesefreude moderiert wird und nicht als Teil der Lesekompetenz angesehen werden darf. Die fehlende Beziehung zwischen Anschlusskommunikation und Lesekompetenz könnte in der vorliegenden Studie auch dadurch zustande kommen, dass sich die Anschlusskommunikation nicht auf bestimmte Texte bezieht. Es müsste hier geprüft werden, ob diese Ko-Konstruktionsprozesse, wie sie von Charlton und Sutter (2007) und von Sutter (2008) im interaktionistischen Konstruktivismus beschrieben werden, nur ablaufen, wenn sich die Kommunikation auf konkrete Medienangebote bezieht.

Wie schon bei der Anschlusskommunikation in der Familie wird die Beziehung zwischen der Anschlusskommunikation mit Gleichaltrigen (AKP) und der Lesekompetenz (LK) vollständig über die *Involviertheit/evasives Lesen* (INEV) moderiert (vgl. Abbildung 61). Der indirekte Effekt über die Lesefreude beträgt $p_{indirekt}$ (LK, INEV, AKP) = .22 (t = 7.450 p < .001) und erklärt somit 22 Prozent der Varianz in der Lesekompetenz. Der direkte Effekt ist wiederum nicht signifikant (p_{direkt} (LK, AKP) = -.002 (t = -0.033, p = .97 (n.s.)) und trägt somit nicht zur Erklärung der Lesekompetenz bei.

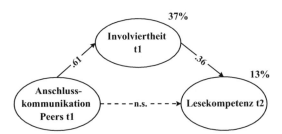

Abbildung 61: Mediationsmodell Anschlusskommunikation mit Peers, Involviertheit/evasives Lesen und Lesekompetenz

Die Modelle der Anschlusskommunikation in der Familie sowie mit Gleichaltrigen zeigen, dass die Lesekompetenz in der Anschlusskommunikation in der Familie stärker über die Lesefreude und in jener mit Gleichaltrigen stärker über die Involviertheit aufgebaut wird. Der größere Einfluss der Involviertheit auf die Lesekompetenz bei der Anschlusskommunikation mit Gleichaltrigen kann dadurch erklärt werden, dass die Mädchen in der untersuchten Stichprobe eine ausgeprägtere Anschlusskommunikation mit Gleichaltrigen pflegen als die Jungen. So kann insgesamt davon ausgegangen werden, dass die Beziehung zwischen Anschlusskommunikation und der Lesekompetenz über die Lesemotivation moderiert wird.

13.7.2 Mediatoren zwischen lesebezogenem Selbstkonzept und Lesekompetenz

 Das nächste Modell befasst sich mit der Beziehung zwischen dem lesebezogenen Selbstkonzept (SK), der *Lesefreude* (LF) und der Lesekompetenz (LK) (vgl. Abbildung 62). Da in den Kreuzeffekt-modellen lediglich eine Verbindung von der Lesefreude hin zum Selbstkonzept festgestellt werden konnte, wird das lesebezogene Selbstkonzept als Mediator für die Beziehung zwischen Lesefreu-de, Lesekompetenz und Lesezeit eingesetzt. Die Lesefreude wirkt in diesem Modell sowohl direkt p_{direkt} (LK, SK) = .29 (t = 7.662, p < .001) als auch indirekt $p_{indirekt}$ (LK, SK, LF) = .10 (t = 5.380, p < .001) über das lesebezogene Selbstkon-zept auf die Lesekompetenz und erklärt dabei insgesamt 21 Prozent in der Vari-anz der Lesekompetenz auf.

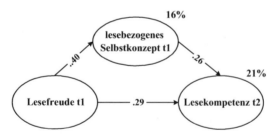

Abbildung 62: Mediationsmodell lesebezogenes Selbstkonzept, Lesefreude und Lesekompetenz

Marsh und Carven (2005) gehen davon aus, dass die Lesekompetenz direkt oder über einen Mediator bestimmt werden kann. Diese
Annahme kann bezogen auf die Involviertheit/ evasives Lesen
bestätigt werden, wobei das lesebezogene Selbstkonzept überwiegend direkt (p_{direkt} (LK, SK) = .28, t = 7.323, p < .001) auf die Lesekompetenz wirkt (vgl. Abbildung 63). Ein geringer Anteil beeinflusst indirekt über die Involviertheit die Lesekompetenz ($p_{indirekt}$ (LK, INEV,
SK) = .09, t = 6.403, p < .001). Dieses Modell bestätigt den starken Zusammenhang zwischen dem lesebezogenen Selbstkonzept und der Lesekompetenz.

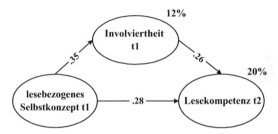

Abbildung 63: Mediationsmodell lesebezogenes Selbstkonzept,
Involviertheit/evasives Lesen und Lesekompetenz

Das nächste Modell prüft, ob die Lesekompetenz über die Mediation der Lesezeit erklärt werden kann (vgl. Abbildung 64).
Chapman und Tunmer (2005) gehen davon aus, dass sich ein
stark ausgeprägtes Selbstkonzept auf die Leselust und ein schwa-
ches Selbstkonzept auf die Lesezeit auswirkt. Dies konnte in den
beiden vorhergehenden Modellen hinsichtlich der Wirkung auf
die Leselust nur bedingt bestätigt werden. Der Haupteffekt besteht in der direkten Beziehung zwischen lesebezogenem Selbstkonzept und der
Lesekompetenz (p_{direkt} (LK, SK) = .30, t = 7.822, p < .001). Die Beziehung zwischen dem lesebezogenen Selbstkonzept über den Mediator Lesezeit auf die
Lesekompetenz erklärt 7 Prozent der Varianz in der Lesekompetenz ($p_{indirekt}$ (LK,
LZ, SK) = .07, t = 5.737, p < .001). In der untersuchten Stichprobe kann der
Einfluss des Selbstkonzeptes auf die Lesezeit bestätigt werden. Dieser Effekt des
lesebezogenen Selbstkonzeptes über die Lesezeit auf die Lesekompetenz ist aber
nur schwach ausgeprägt.

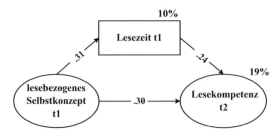

Abbildung 64: Mediationsmodell lesebezogenes Selbstkonzept, Lesezeit und
Lesekompetenz

13.7.3 Mediatoren zwischen Lesefreude und Lesekompetenz

In den folgenden Modellen steht die *Involviertheit/das evasive Lesen* (INEV) als Mediator im Zentrum der Betrachtung. Um die Wirkungsgefüge zwischen Lesefreude (LF), Involviertheit/ evasivem Lesen und Lesekompetenz (LK) besser zu verstehen, wird geprüft, ob die Involviertheit ein Mediator zwischen der Lesefreude und der Lesekompetenz ist (vgl. Abbildung 65). Bezogen auf die Lesekompetenz kann lediglich eine partielle Mediation identifiziert werden; die Lesefreude stärkt sowohl direkt (p_{direkt} (LK, LF) = .28, t = 3.939, p < .001) als auch indirekt über die Involviertheit die Lesekompetenz ($p_{indirekt}$ (LK, INEV, LF) = .11, t = 2.001, p = .045). Dabei können mit der direkten Beziehung 28 Prozent und mit der indirekten Beziehung über die Involviertheit 11 Prozent der Varianz in der Lesekompetenz erklärt werden.

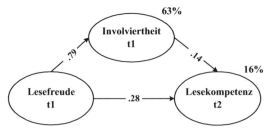

Abbildung 65: Mediationsmodell Lesefreude, Involviertheit und Lesekompetenz

13.7.4 Zusammenfassung

In den untersuchten Mediationsmodellen können vollständige Mediationen lediglich zwischen der Anschlusskommunikation, der Lesefreude beziehungsweise der Involviertheit/evasivem Lesen und der Lesekompetenz festgestellt werden. Dies bedeutet, dass die Annahme Hurrelmanns (2006; 2007), es bestehe eine direkte Wirkung der Anschlusskommunikation auf die Lesekompetenz, nicht aufrechterhalten werden kann. Die Anschlusskommunikation steigert hauptsächlich die Lesefreude bzw. die Involviertheit/evasives Lesen und diese stärkt die Lesekompetenzentwicklung. Dieser indirekte Wirkungszusammenhang stimmt mit den Ergebnissen der vorangegangenen Prüfung der Kreuzeffekte überein, wo ebenfalls keine Beziehung zwischen der Anschlusskommunikation in der Familie und der Lesekompetenz festgestellt werden konnte. Bei der erfassten Beziehung zwischen der Anschlusskommunikation mit Gleichaltrigen und der Lesekompetenz scheint es sich, bezogen auf dieses Mediationsmodell, um eine Scheinkorrelation zu handeln. Dies muss aber in weiteren Untersuchungen bestätigt werden. Das Modell des interaktionistischen Konstruktivismus (Sutter 2008) sollte dahingehend erweitert werden, dass die strukturelle Kopplung von sozialen Systemen nicht einzig auf der kognitiven Ebene die Textoffenheit reduziert, sondern auch motivationale Komponenten wie Lesefreude und Involviertheit beeinflusst. Diese motivationale Ebene scheint einen bedeutenden Einfluss auf die Art der kognitiven Verarbeitung zu haben. Bezogen auf die Förderung der Lesekompetenz zeigt sich aber auch, dass mit Anschlusskommunikation in der Familie die Lesefreude gesteigert werden kann.

In der Beziehung zwischen der Lesefreude, dem lesebezogenen Selbstkonzept und der Lesekompetenz handelt es sich lediglich um eine partielle Mediation. In Übereinstimmung mit Marsh und Carven (2005) kann die Lesekompetenz direkt oder über einen Mediator wie Lesefreude oder Involviertheit bestimmt werden. Die Modelle verweisen auf eine stärkere Wirkung des lesebezogenen Selbstkonzepts auf die Lesekompetenz als über die Mediatoren. Der Aufbau von lesebezogenen Selbstkonzepten ist daher eine wichtige Bedingung für den Aufbau der Lesekompetenz, wobei der Aufbau des Selbstkonzeptes maßgeblich von der Lesekompetenz selbst abhängt (vgl. Abbildung 34). Entgegen den Annahmen von Schunk (2003) und Chapman und Tunmer (2005) zeigt das kausale Wirkungsmodell zwischen Lesefreude und lesebezogenem Selbstkonzept (vgl. Abbildung 30), dass die Lesefreude das lesebezogene Selbstkonzept eher prägt als umgekehrt. Dementsprechend wird durch die Stärkung der Lesefreude auch das lesebezogene Selbstkonzept gesteigert. Die von Schunk (2003) sowie von Chapman und Tunmer (2005) angenommene demotivierende Wirkung eines niedrigen Selbstkonzeptes und eine damit zusammenhängende Leseverweigerung kann für die untersuchte Altersgruppe nicht bestätigt werden. In der Stichprobe kann aber die indirekte Wirkung über die Lesezeit auf die Lesekompetenz nachvollzogen werden, obwohl dieser indirekte Effekt nur schwach ausgeprägt ist. Die fehlende Wirkung auf die Leselust und der nachgewiesene indirekte Effekt über die Lesezeit lassen sich mit der relativ niedrigen Lesekompetenz der Jugendlichen erklären. Somit stimmen die Ergebnisse mit den Annahmen von Chapman und Tunmer (2005) überein.

13.8 Motivationsmodell

In den vorangegangenen Analysen haben sich die Anschlusskommunikation in der Familie und mit Gleichaltrigen, das lesebezogene Selbstkonzept, die Lesefreude sowie die Involviertheit und die Aufforderung zum Lesen als relevante Prädiktoren erwiesen, die direkt oder indirekt auf der Lesekompetenz einwirken. Diese Einflussfaktoren sollen nun in ein einziges Modell überführt werden. Da sich die einzelnen Prädiktoren häufig wechselseitig beeinflussen, werden sie ebenfalls in einem erweiterten Kreuzeffektmodell gerechnet. Auf diese Weise lassen sich die wechselseitigen Effekte am besten abbilden. Da die Anschlusskommunikation in der Familie und jene mit Gleichaltrigen sich gegenseitig stark beeinflussen (Multikollinearität), wird jeweils ein Modell für die Anschlusskommunikation in der Familie (vgl. Abbildung 66) und eines für die Anschlusskommunikation mit Gleichaltrigen (vgl. Abbildung 67) gerechnet. In den zwei Modellen wird es große Übereinstimmungen geben, da die Unterschiede einzig auf diese beide latenten Konstrukte der Anschlusskommunikation zurückzuführen sind. Da aber gerade die Anschlusskommunikation mit den Gleichaltrigen andere Beziehungsstrukturen zu Motivationsfaktoren aufweist, ist es notwendig, dass für die Anschlusskommunikation in der Familie und für die Gleichaltrigengruppe jeweils ein eigenes Modell gerechnet wird.

Zugunsten der Übersichtlichkeit werden nur signifikante Wirkungszusammenhänge dargestellt. Die nicht signifikanten Pfade unterscheiden sich nicht von Null und werden aus diesem Grunde auf Null gesetzt. Die Korrelation zwischen den latenten Konstrukten t1 sowie die Fehlerkorrelation zwischen den latenten Konstrukten t2 werden nicht beschrieben, sondern nur in der Abbildung wiedergegeben. Zuerst wird die Wirkung von der Anschlusskommunikation auf die motivationalen Konstrukte und die Lesekompetenz betrachtet. Aus dieser Perspektive ist die Anschlusskommunikation die Ursache für die Veränderung eines motivationalen Konstrukts oder der Lesekompetenz. Anschließend werden alle Wirkungen von den motivationalen Faktoren auf die Anschlusskommunikation erörtert. Hier ist die Anschlusskommunikation die resultierende Wirkung. Von diesem Muster wird lediglich bei wechselseitigen Effekten abgewichen, da diese gleichzeitig beschrieben werden. Nach der Anschlusskommunikation rücken nach dem gleichen Muster das lesebezogene Selbstkonzept, danach die Lesefreude, die Involviertheit/das evasive Lesen, die Aufforderung zum Lesen und die Lesekompetenz ins Zentrum der Betrachtung. Bei diesen Erläuterungen kommt es zu Wiederholungen, da die einzelnen Wirkungszusammenhänge einmal als Ursache und einmal als resultierende Wirkung beschrieben werden. In der Zusammenfassung werden dann die beiden Modelle der Anschlusskommunikation in der Familie und mit Gleichaltrigen miteinander verglichen.

13.8.1 Modell mit Anschlusskommunikation in der Familie

Anschlusskommunikation in der Familie (AKF): Im Gesamtmodell (vgl. Abbildung 66) kann die wechselseitige Beziehung zwischen der Anschlusskommunikation in der Familie (AKF) und der Lesefreude (LF) nachgewiesen werden. Dabei steigert die Anschlusskommunikation in der Familie die Lesefreude ($p(LF, AKF) = .09$, $t = 3.322$, $p = .001$), in gleichem Maße fördert die Leserfreude die Anschlusskommunikation in der Familie ($p(AKF, LF) = .09$, $t = 2.593$, $p = .01$). Die Jugendlichen tauschen sich nach wie vor mit den Eltern über das Gelesene aus. Die Eltern nehmen auch in der Jugendphase eine wichtige Rolle bei der Leseförderung ihrer Kinder ein. Ein gutes Leseklima ermöglicht ein Gesprächsklima, in dem sich Lesefreude und Gespräche über das Gelesene gegenseitig verstärken. Dies dürfte in Anlehnung an Groeben und Schröder (2004) vor allem in solchen Familien der Fall sein, die in der Lage sind, Gelesenes und Gespräche über das Gelesene sowohl zur Informationsgewinnung als auch zur Lustbefriedigung und Entspannung zu nutzen. Die Wichtigkeit der Lesefreude für die Anschlusskommunikation in der Familie zeigt sich auch darin, dass die Lesefreude und die Anschlusskommunikation in der Familie 36 Prozent ($t = 10.736$, $p < .001$) der Varianz in der Anschlusskommunikation in der Familie t2 zu erklären vermag.

AKF	AKF
SK	**SK**
LF	LF
INEV	INEV
AL	AL
LK	LK

Lesebezogenes Selbstkonzept (SK): Das lesebezogene Selbstkonzept beeinflusst nur das Selbstkonzept t2. Als Ursache kann das lesebezogene Selbstkonzept keine weiteren motivationalen Faktoren prägen. Das lesebezogene Selbstkonzept t2 wird jedoch von der Aufforderung zum Lesen sowie der Lesekompetenz beeinflusst. Die Aufforderung zum Lesen seitens der Eltern schwächt das lesebezogene Selbstkonzept (SK, AF) = -.09, $t = -2.562$, $p = .01$). Die Lesekompetenz steigert hingegen das lesebezogene Selbstkonzept (p(SK, LK) = .10, $t = 2.722$, $p = .006$). Zwischen lesebezogenem Selbstkonzept und der Lesekompetenz kann im Gesamtmodell keine wechselseitige Wirkung nachgewiesen werden, wie sie beispielsweise von Marsh und O'Mara (2008) angenommen wird. Es ist lediglich eine für die Altersstufe untypische stärkere Wirkung von der Lesekompetenz auf das lesebezogene Selbstkonzept aufzuzeigen (Marsh & Craven 2005; Skaalvik & Hagtvet 1990). Das lesebezogene Selbstkonzept t1, die Aufforderung zum Lesen und die Lesekompetenz können insgesamt 50 Prozent ($t = 13.487$, $p < .001$) der Varianz des lesebezogenen Selbstkonzepts t2 erklären. Zum Aufbau des lesebezogenen Selbstkonzeptes ist es zentral, dass die Jugendlichen entsprechend der Selbstbestimmungstheorie (Ryan & Deci 2009) positive Kompetenzerfahrungen machen und in ihrer Autonomie unterstützt werden. Die Ergebnisse deuten darauf hin, dass zuerst das lesebezogene Selbstkonzept stabil sein muss, bevor es sich auf den weiteren Kompetenzaufbau positiv auswirkt. Dies scheint in der untersuchten Stichprobe insgesamt noch nicht der Fall zu sein. Die Prozesse des Aufbaus eines lesebezogenen Selbstkonzeptes können beispielsweise unterstützt werden, indem man klare Ziele formuliert und den Jugendlichen Texte zur Verfügung stellt, die ihr Interesse wecken und ihren Kompetenzen entsprechen (Guthrie & Coddington 2009). Zusätzlich ist es wichtig, dass der Druck von außen, wie die Aufforderung zum Lesen, reduziert wird und damit der negative Effekt auf das lesebezogene Selbstkonzept vermindert wird.

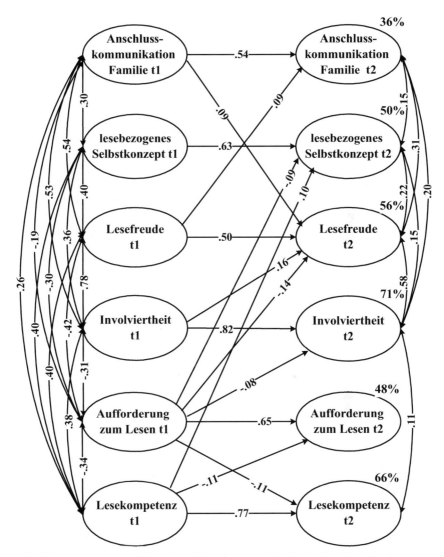

Abbildung 66: Kreuzeffekte: Anschlusskommunikation in der Familie –
Motivation – Lesekompetenz

AKF	AKF
SK	SK
LF	**LF**
INEV	INEV
AL	AL
LK	LK

Lesefreude (LF): Die Lesefreude prägt die Anschlusskommunikation in der Familie ursächlich und diese wirkt sich wiederum auf die Lesefreude aus. Der Aufbau der Lesefreude erfolgt aber nicht nur über die Anschlusskommunikation in der Familie, sondern auch durch Involviertheit/evasives Lesen (p(LF, INEV) = .16, t = 3.500, p < .001). Die Lesefreude wird jedoch ebenso durch die Aufforderung zum Lesen reduziert (p(LF, AL) = -.14, t = -4.935, p < .001). Während die intrinsische Motivation und somit die Involviertheit/ evasives Lesen die Lesefreude steigern, wird die Aufforderung zum Lesen vermutlich als Autonomieverlust wahrgenommen. Dies zieht gemäß der Selbstbestimmungstheorie eine Rückentwicklung zur weniger selbstbestimmten Motivationsform der extrinsischen Motivation nach sich (Ryan & Deci 2009) und führt letztlich dazu, dass die Lesefreude gesenkt und weniger gelesen wird. Die Einflüsse der Anschlusskommunikation in der Familie, der Lesefreude t1 sowie der Involviertheit und der Aufforderung zum Lesen erklären 56 Prozent (t = 18.146, p < .001) der Varianz in der Lesefreude.

AKF	AKF
SK	SK
LF	LF
INEV	**INEV**
AL	AL
LK	LK

Involviertheit/evasives Lesen (INEV): Die Involviertheit erweist sich als eine wichtige Ursache für den Aufbau von Lesefreude. Involviertheit als resultierende Wirkung wird insbesondere durch die früheren Erfahrungen der Involviertheit/des evasiven Lesens bestimmt. Das vorliegende Modell verdeutlicht, dass Involviertheit/evasives Lesen durch die Aufforderung zum Lesen verringert wird (p(INEV, AF) = -.08, t = -2.900, p = .004). Auch hier zeigt sich der negative Effekt der extrinsischen Motivation, die zu einer Reduktion der intrinsischen Motivation führt. 71 Prozent Varianz der Involviertheit/evasive Lesen kann erklärt werden (t = 24.279, p < .001).

AKF	AKF
SK	SK
LF	LF
INEV	INEV
AL	**AL**
LK	LK

Aufforderung zum Lesen (AL): Das Gesamtmodell gibt den demotivierenden Effekt der Aufforderung zum Lesen auf sämtliche motivationalen Faktoren sowie auf die Lesekompetenz wieder. Die Aufforderung zum Lesen schwächt das lesebezogene Selbstkonzept und die Lesefreude, vermindert die Involviertheit beim Lesen und die Lesekompetenz (p(LK, AL) = -.11, t = -3.305, p = .001). Die Aufforderung zum Lesen wird einzig durch die Lesekompetenz reduziert (p(AL, LK) = -.11, t = -3.657 p < .001). Jugendliche mit einer höheren Lesekompetenz werden dementsprechend weniger häufig zum Lesen aufgefordert. Hier zeigt sich das Dilemma der Eltern, deren Intention es ist, ihre Kinder zu fördern, indem sie ihre Kinder zum Lesen auffordern. Sie erreichen aber mit der Aufforderung lediglich, dass die Motivation sinkt. Dies kann mit einem wahrgenommenen Autonomieverlust (Deci & Ryan 1985) und einem Mangel an lesebezogenen Kompetenzüberzeugungen erklärt werden, welche den Aufbau der Lesemotivation und der Lesekompetenz behindern. Die Lesekompetenz der Jugendlichen bietet einen gewissen Schutz gegen die Demotivation und verhindert, dass die Jugendlichen zum Lesen aufgefordert werden. Die Eltern sollten dazu ermuntert werden, die Jugendlichen in deren Autonomie zu unterstützen, ihre Interessen zu respektieren und ihnen dabei zu helfen, auf ihren Interessengebieten ein gewisses Expertentum aufzubauen und damit eine gewisse Wertschätzung zu erfahren (Gibb & Guthrie 2008).

Lesekompetenz (LK): Nach dem Exkurs zur Förderung der intrinsischen Motivation anstelle von Druck und Kontrolle sei noch das Wirkungsgefüge der Lesekompetenz näher betrachtet. Die Lesekompetenz unterstützt den Aufbau eines lesebezogenen Selbstkonzeptes. Die Lesekompetenz schützt die Jugendlichen vor dem demotivierenden Einfluss der Aufforderung zum Lesen, welche den Aufbau der Lesekompetenz behindert. Die Lesekompetenz t2 wird größtenteils von der früheren Lesekompetenz bestimmt, zudem von der Aufforderung zum Lesen. Durch diese Einflussfaktoren werden insgesamt 66 Prozent (t = 17.492, p < .001) der Varianz in der Lesekompetenz t2 aufgeklärt.

13.8.2 Modell mit Anschlusskommunikation Peers

Im folgenden Modell (vgl. Abbildung 67) werden die Wirkungszusammenhänge der Anschlusskommunikation mit Gleichaltrigen, den motivationalen Faktoren und der Lesekompetenz überprüft. Wie im vorangehenden Modell werden die Faktoren zuerst als Ursachen auf bestimmte Faktoren und anschließend als resultierende Wirkung beschrieben.

Anschlusskommunikation Peers (AKP): Die Anschlusskommunikation mit Gleichaltrigen hat eine positive Wirkung auf die Lesefreude (p(AKP, LF) = .13, t = 4.17, p < .001). Letztere unterstützt die Anschlusskommunikation mit Gleichaltrigen und trägt dazu bei, dass die Jugendlichen weniger zum Lesen aufgefordert werden (p(AL, AKP) = -.07, t = -3.213, p = .001). Die Anschlusskommunikation mit Gleichaltrigen wird von der Involviertheit beim Lesen gefördert. Jugendliche, die beim Lesen in die Geschichten eintauchen und dabei die Zeit und die Welt um sich herum vergessen, tauschen sich vermehrt mit anderen Jugendlichen aus (p(AKP, INEV) = .16, t = 4.012, p < .001). Die Anschlusskommunikation mit Gleichaltrigen wird aber reduziert, wenn die Eltern die Jugendlichen zum Lesen auffordern (p(AKP, AL) = -.10, t = -3.640, p < .001). Zwischen der Anschlusskommunikation mit Gleichaltrigen und der Aufforderung zum Lesen besteht eine wechselseitige Beziehung. Die Anschlusskommunikation mindert die Aufforderung zum Lesen, während die Aufforderung zum Lesen die Anschlusskommunikation mit anderen Jugendlichen einschränkt. Durch die Anschlusskommunikation mit Gleichaltrigen sowie die Involviertheit und die Aufforderung zum Lesen können in der Anschlusskommunikation mit Gleichaltrigen t2 36 Prozent (t = 9.801, p < .001) der Varianz aufgeklärt werden. Dies zeigt, dass die Aufforderung zum Lesen über den demotivierenden Effekt hinaus dazu führt, dass die Jugendlichen weniger lesen und folglich Gelegenheiten, über das Gelesene zu sprechen, gar nicht erst entstehen. Die Wertschätzung des Lesens reicht nicht aus, um lesebezogene Ko-Konstruktionsprozesse zu initiieren (Groeben & Schroeder 2004), die zwischen den Eltern und den Jugendlichen ablaufen und sich gegenseitig stabilisieren. Der überwiegend negative Effekt der Aufforderung zum Lesen ist ein Hinweis darauf, dass zwar generell der Wert des Lesens für den Wissenserwerb anerkannt wird, Lesen aber nicht als Kulturgut zur Lustgewinnung und Entspannung genutzt werden kann.

AKF	AKF
SK	SK
LF	LF
INEV	INEV
AL	AL
LK	LK

Lesebezogenes Selbstkonzept (SK): Das lesebezogene Selbstkonzept beeinflusst im Gesamtmodell keine weiteren Faktoren. Es wird aber selbst geprägt von der Aufforderung zum Lesen und der Lesekompetenz. Die Aufforderung zum Lesen zieht eine Reduktion des lesebezogenen Selbstkonzepts nach sich (p(SK, AL) = -.09, t = -2.495, p = .01). Die Lesekompetenz fördert aber das lesebezogene Selbstkonzept (p(SK, LK) = .10, t = 2.626, p = .009), wie dies beispielsweise von Marsh und Carven (2005) belegt wurde. Die 50 Prozent erklärbare Varianz (t = 13.292, p < .001) im lesebezogenen Selbstkonzept kommen vor allem durch den Einfluss des lesebezogenen Selbstkonzeptes t1 sowie die Aufforderung zum Lesen wie auch die Lesekompetenz zustande.

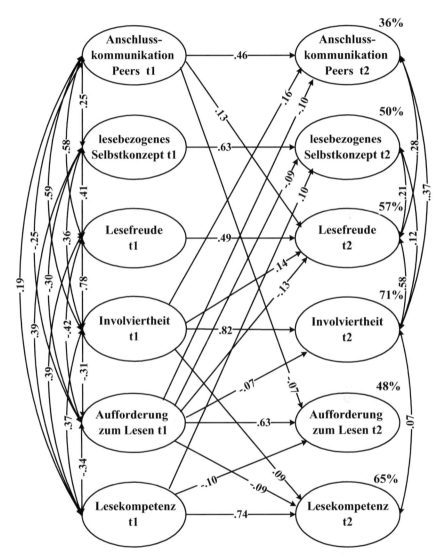

Abbildung 67: Kreuzeffekte: Anschlusskommunikation Peers – Motivation – Lesekompetenz

Lesefreude (LF): Die Lesefreude beeinflusst gemäß diesem Modell keine anderen motivationalen Faktoren. Besonders erstaunlich ist die fehlende Beziehung zur Lesekompetenz, die in der Fachdiskussion ausdrücklich betont wird. Im vorliegenden Modell ist zu vermuten, dass dieser Effekt vom Faktor Involviertheit/evasives Lesen, der stärker ausgeprägt ist, überlagert wird und deshalb nicht nachgewiesen werden kann. Die Lesefreude wird aber selbst von verschiedenen Konstrukten geprägt. Sie wird durch die Anschlusskommunikation mit Gleichaltrigen sowie die Involviertheit beim Lesen gesteigert. Je stärker sich die Jugendlichen in die Geschichten und Protagonisten hineinversetzen, umso mehr Lesefreude wird empfunden (p(LF, INEV) = .14, t = 2.745, p = .006). Die Lesefreude kann aber auch gedämpft werden, wenn die Eltern die Jugendlichen zum Lesen auffordern (p(LF, AL) = -.13, t = 4.329, p < .001). Die Einflussfaktoren der Lesefreude t1, die Anschlusskommunikation mit Gleichaltrigen, die Involviertheit und die Aufforderung zum Lesen vermögen 57 Prozent (t = 19.263, p < .001) in der Varianz der Lesefreude t2 zu erklären.

Involviertheit/evasives Lesen (INEV): Die Involviertheit beim Lesen wirkt sich gleich auf mehrere andere Faktoren aus. Durch die Involviertheit wird der Austausch über das Gelesene mit Gleichaltrigen unterstützt. Zusätzlich erhöht sie die Lesefreude und schließlich fördert sie den Aufbau von Lesekompetenz (p(LK, INEV) = .09, t = 2.805, p = .005). Dies wird von zahlreichen Studien gestützt (z. B. Becker et al. 2010; Guthrie 2008b). Die Involviertheit kann aber auch reduziert werden, nämlich dann, wenn die Eltern die Jugendlichen zum Lesen auffordern und damit Druck ausüben (p(INEV, AL) = -.07, t = 2.640, p = .008). Die Varianz in der Involviertheit t2 wird zum größten Teil mit der Involviertheit t1 erklärt. Einen kleinen Beitrag leistet aber auch die Aufforderung zum Lesen, sodass insgesamt 71 Prozent (t = 24.404, p < .001) der Varianz in der Involviertheit aufgeklärt werden können.

Aufforderung zum Lesen (AL): Die Aufforderung zum Lesen durch die Eltern hat eine vielfältige negative Wirkung auf die verschiedenen motivationalen Faktoren sowie auf die Lesekompetenz. Die Aufforderung zum Lesen reduziert den Austausch über das Gelesene mit den Gleichaltrigen und das lesebezogene Selbstkonzept und vermindert nicht nur die Lesefreude, sondern auch die Involviertheit beim Lesen. Zusätzlich wird durch die

Aufforderung zum Lesen der Aufbau der Lesekompetenz erschwert (p(LK, AL) = -.09, t = -2.858, p = .004). Die Aufforderung zum Lesen kann aber auch minimiert werden. Es zeigt sich, dass Jugendliche, die sich häufiger mit Gleichaltrigen über das Gelesene austauschen, von ihren Eltern seltener zum Lesen aufgefordert werden. Ebenfalls weniger zum Lesen aufgefordert werden Jugendliche mit einer höheren Lesekompetenz (p(AL, LK) = -.09, t = -3.197, p = .001). Die Aufforderung zum Lesen muss von den Jugendlichen dementsprechend nicht nur als Autonomieverlust wahrgenommen werden, sondern auch ihrem Bedürfnis nach Kompetenz entgegenstehen (Ryan & Deci 2009). Durch die Aufforderung zum Lesen t1, die Anschlusskommunikation mit Gleichaltrigen sowie die Lesekompetenz können insgesamt 48 Prozent (t = 14.670, p < .001) der Varianz in der Aufforderung zum Lesen erklärt werden.

AKF	AKF
SK	SK
LF	LF
INEV	INEV
AL	AL
LK	**LK**

Lesekompetenz (LK): Die Lesekompetenz trägt in erster Linie zum Aufbau des lesebezogenen Selbstkonzeptes bei. Des Weiteren führt sie dazu, dass die Eltern die Jugendlichen seltener zum Lesen auffordern. Unterstützt wird der Aufbau der Lesekompetenz in erster Linie von der Involviertheit beim Lesen, behindert hingegen dann, wenn die Jugendlichen zum Lesen aufgefordert werden. Durch die Lesekompetenz t1, die Involviertheit sowie die Aufforderung zum Lesen werden 65 Prozent (t = 18.046, p < .001) der Varianz in der Lesekompetenz t2 erklärt.

13.8.3 Zusammenfassung

Anschlusskommunikation: Die Anschlusskommunikation gilt als zentraler Prädiktor für die Lesemotivation (Hurrelmann 2004a) und den Aufbau der Lesekompetenz im sozialen Kontext (Hurrelmann 2007; Sutter 2008). Diese fehlende Beeinflussung der Lesekompetenz durch die Anschlusskommunikation kann teilweise dadurch erklärt werden, dass sich die vorliegende Untersuchung auf habituelle Gespräche über Gelesenes bezieht und die Lesekompetenz nicht im direkten Zusammenhang mit der Anschlusskommunikation erfasst wurde. Somit kann hier keine Aussage darüber gemacht werden, wie stark die Gespräche über einen bestimmten Text zu einem besseren Verständnis dieses Textes beitragen. Lesebezogene Gespräche im Rahmen eines positiven Leseklimas in der Familie haben keinen direkten Einfluss auf die Lesekompetenz, sondern stützen vor allem die Lesemotivation. Dies zeigt sich in der wechselseitigen kausalen Beziehung zwischen der Anschlusskommunikation in der Familie und der Lesefreude, die sich gegenseitig verstärken. In der Fachdiskussion wird eher die Wirkung von der Anschlusskommunikation auf die Lesefreude diskutiert. Diese Wirkung wird auf die emotionale soziale Bindung beispielsweise zwischen den Eltern und dem Kind zurückgeführt (Hurrelmann 2004a). Die demotivierende Seite von Gesprächen über Gelesenes wird von Groeben und Schroeder (2004) beschrieben. Belehrende Kommunikationsformen wie auch fehlende Beteiligung der Kinder am Prozess der Sinnfindung (Hurrelmann 2004a) blockieren demnach das Interesse an der Vorlesesituation und lassen die Aufmerksamkeit zu anderen Tätigkeiten wandern. Diese Abwendung wird in der Motivationsforschung von Deci und Ryan mit dem Autonomieverlust erklärt, der den Aufbau intrinsischer Motivation verhindert. Zusätzlich wird die Möglichkeit unterbunden, Kompetenzerfahrungen zu machen, die ihrerseits einen zentralen Punkt beim Aufbau der Motivation darstellen. Die Beziehungsstruktur im Bereich der Anschlusskommunikation mit Gleichaltrigen ist komplexer. Die Anschlusskommunikation mit Gleichaltrigen verstärkt ebenso wie die Anschlusskommunikation in der Familie die Lesefreude. Die Anschlusskommunikation mit Gleichaltrigen wird aber im Gegensatz zu jener in der Familie nicht durch die Lesefreude, sondern die Involviertheit beim Lesen verstärkt. Diese Bedeutungsverschiebung von der Lesefreude auf die Involviertheit könnte darauf zurückzuführen sein, dass die Anschlusskommunikation mit Gleichaltrigen bei Mädchen besonders stark ausgeprägt ist. Auch in dieser Untersuchung kann eine höhere Involviertheit bei den Mädchen festgehalten werde, was auf den intimen Lesemodus (Graf 2010) betont. Es zeigt sich in der Anschlusskommunikation mit Gleichaltrigen eine wechselseitige Beziehung zur Aufforderung zum Lesen durch die Eltern. Dabei erweist sich, dass die Aufforderung zum Lesen die Anschlusskommunikation mit Gleichaltrigen verhindert. Die Jugendlichen, die sich über das Gelesene mit Gleichaltrigen austauschen, werden hingegen von ihren Eltern seltener zum Lesen aufgefordert. Somit stellt die Anschlusskommunikation eine Art Schutzkomponente dar, welche die Jugendlichen vor der demotivierenden Wirkung der Aufforderung zum Lesen bewahrt. Der emotionale Bereich der Lesefreude sowie der Involviertheit beim Lesen ist zentral für die Anschlusskommunikation. Mit Guthrie und Coddington (2009) sowie Ryan und Deci (2009) überein stimmt folgende Erkenntnis: Sobald die Eltern versuchen, die Leseaktivität der Jugendlichen zu steuern, indem sie diese zum Lesen auffordern, werden die intrinsische Motivation und damit auch lesebezogene Aktivitäten wie die Anschlusskommunikation reduziert.

Lesebezogenes Selbstkonzept: In der vorliegenden Untersuchung kann die Annahme einer wechselseitigen Beeinflussung zwischen Lesekompetenz und lesebezogenem Selbstkonzept nicht bestätigt werden. Lediglich die Beziehung von der Lesekompetenz zum lesebezogenen Selbstkonzept ist nachweisbar. Für die betrachtete Altersgruppe wäre eher ein Einfluss vom Selbstkonzept auf die

Lesekompetenz zu erwarten (Marsh & Craven 2005; Skaalvik & Hagtvet 1990). Dieses Ergebnis ist ein Hinweis darauf, dass in erster Linie das Selbstkonzept aufgebaut werden muss, damit sich dieses wiederum auf die Lesekompetenz auswirken kann. In der vorliegenden Untersuchung ist das Lesekompetenzniveau vergleichbar mit den im ELFE-Test (Lenhard & Schneider 2006) ausgewiesenen Normwerten für Sechstklässler, was vermuten lässt, dass die Lesekompetenz in der Sekundarstufe I relativ stabil bleibt. Dementsprechend hat sich auch das lesebezogene Selbstkonzept stabilisiert und trägt damit nicht mehr weiter zu einer Kompetenzsteigerung bei.

Lesefreude: Die Lesefreude gilt bislang als wichtiger Prädiktor für die Lesekompetenz (Artelt et al. 2010). Für den Aufbau der Lesefreude sind die lesebezogenen Gespräche in der Familie wie auch mit Gleichaltrigen ein wichtiger Einflussfaktor. Zudem wird die Lesefreude durch Involviertheit/evasives Lesen gesteigert. Indem der Jugendliche beim Lesen emotional und kognitiv in eine Geschichte versinkt, entsteht ein starkes Glücksgefühl, welches die Grundlage für das Genusserleben beim Lesen bietet (Csikszentmihalyi 1990) und damit den Aufbau der Lesefreude unterstützt.

Involviertheit/evasives Lesen: Die Involviertheit stellt die höchste Form der intrinsischen Motivation dar; eine Person wird einzig von ihrem Wunsch nach neuen Erfahrungen und der eigenen Bedürfnisbefriedigung angetrieben (Ryan & Deci 2000; Ryan & Deci 2009). Sie kann nur entstehen, wenn ein ausgewogenes Verhältnis zwischen Herausforderung und Kompetenz herrscht (Csikszentmihalyi 1990). Daher ist es nachvollziehbar, dass die Involviertheit die Lesefreude steigert. Das Bedürfnis nach sozialer Einbindung kann mittels Anschlusskommunikation befriedigt werden. Hier zeigt sich, dass insbesondere die Gleichaltrigengruppe eine zentrale Rolle spielt. Eine Beziehung ausgehend von der Involviertheit hin zur Anschlusskommunikation in der Familie kann im Gesamtmodell nicht nachgewiesen werden. Die fördernde Wirkung auf die Lesekompetenz (Ryan & Deci 2000) zeichnet sich lediglich im Modell mit der Anschlusskommunikation mit Gleichaltrigen ab. In beiden Modellen zeigt sich die negative Wirkung der Aufforderung zum Lesen durch die Eltern, welche dem Aufbau der intrinsischen Motivation entgegenwirkt.

Aufforderung zum Lesen: Die Aufforderung zum Lesen reduziert in beiden Modellen alle motivationalen Faktoren und letztlich die Lesekompetenz. Lediglich auf die Anschlusskommunikation in der Familie übt sie keinen Einfluss aus, reduziert aber den Wunsch, sich mit Gleichaltrigen über das Gelesene auszutauschen. Die negative Wirkung der Aufforderung zum Lesen äußert sich darin, dass das lesebezogene Selbstkonzept, die Lesefreude sowie die Involviertheit beim Lesen reduziert werden. Des Weiteren prägt sie den Kompetenzaufbau im Lesen negativ. Hauptsächlich Jugendliche, die sich in der Ablösung zum Elternhaus befinden, reagieren auf Druck von Eltern und generell Erwachsenen mit Verweigerung (Csikszentmihalyi 1990). Diese negativen Effekte können lediglich durch die Anschlusskommunikation mit Gleichaltrigen und die Lesekompetenz minimiert werden. Hier zeigt sich, dass Jugendliche, die kompetent sind und sich über das Gelesene sozial austauschen, seltener zum Lesen aufgefordert werden. Eltern, die ihre leseschwachen Kinder unterstützen möchten, erreichen mit der Aufforderung zum Lesen gerade das Gegenteil; sie reduzieren die Lesemotivation und damit auch lesebezogene Aktivitäten, die für den Aufbau der Lesekompetenz zentral sind. Die Lesekompetenz kann also nicht mit Druck und Zwang zum Lesen gefördert werden; vielmehr muss dies über die Motivation erfolgen. Die Selbstbestimmungstheorie liefert Anhaltspunkte, wie sich intrinsische Motivation über die Befriedigung der Bedürfnisse nach Kompetenz, Autonomie und sozialer Eingebundenheit erreichen lässt (Stone, Deci & Ryan 2009).

13.9 Unterschiede im Wirkungsgefüge

Unterschiede im Wirkungsgefüge der Kategorien männliche Jugendliche aus Familien mit niedrigem Status (Ehmke & Jude 2010) und mit Migrationshintergrund (Stanat et al. 2010a) sind nach PISA besonders häufig in der Gruppe mit niedriger Lesekompetenz vertreten. In Kapitel 13.2 konnte gezeigt werden, dass sich die Unterschiede nicht nur in der Lesekompetenz äußern, sondern auch in den lesebezogenen Aktivitäten, wie der Lesezeit und der Anschlusskommunikation, und in der Mehrzahl der erhobenen motivationalen Faktoren. In diesem Kapitel soll nun geprüft werden, ob diese Differenzen auch die Wirkstrukturen prägen. Falls dies der Fall ist, können daraus gezieltere Interventionsmaßnahmen abgeleitet werden, die der Förderung von Jugendlichen der Risikogruppen dienen könnten.

Im Folgenden werden die Modelle aus Kapitel 13.8 für die verschiedenen Risikogruppen in Mehrgruppenanalysen gerechnet. In der Ergebnisdarstellung werden zuerst die einzelnen Modelle der Untergruppen vorgestellt. Dabei wird insbesondere auf die Kreuzeffekte des Wirkungsgefüges eingegangen. Es werden nur noch die resultierenden Effekte erörtert. Diese werden systematisch in der Reihenfolge Anschlusskommunikation (AKF, AKP), Selbstkonzept (SK), Lesefreude (LF), Involviertheit/evasives Lesen (INEV), Aufforderung zum Lesen (AL) und Lesekompetenz (LK) für die einzelnen Untergruppen behandelt. Die aufgeführten Mittelwerte der latenten Konstrukte beziehen sich in den Modellen immer auf das Grundmodell. Beim sozialen Status ist dies die Gruppe mit niedrigem Status. Im Hinblick auf den Migrationshintergrund bezieht sich das Referenzmodell auf die Einheimischen, im Kontext des Geschlechts auf die Jungen.

Es handelt sich bei diesem Bezugspunkt nicht um die eigentlichen Mittelwerte, sondern um Abweichungen zum Grundmodell, bei dem alle Werte auf null gesetzt sind. Die Mittelwerte können nicht immer angegeben werden – und zwar dann nicht, wenn die latenten Konstrukte eine skalare Invarianz aufweisen. Das bedeutet, dass die einzelnen Konstrukte der Messmodelle eines latenten Konstrukts nicht die gleiche Ausgangshöhe haben, sich in ihren Intercepts (Achsenabschnitten) unterscheiden.

Die Tabellen 44 bis 48 (im Anhang) zeigen auf, in welchen Konstrukten Verletzungen der metrischen und skalaren Invarianz vorliegen. Die aufgeklärten Varianzen geben den prozentualen Anteil des latenten Konstrukts an, welcher durch die angegebenen Effekte erklärt werden kann. In der Zusammenfassung werden die wichtigsten Ergebnisse zusammengefasst; Besonderheiten in den einzelnen Gruppen werden diskutiert.

13.9.1 Unterschiede nach sozialem Status

Die beiden Wirkungsmodelle mit der Anschlusskommunikation in der Familie und mit Gleichaltrigen werden im Folgenden auf schichtspezifische Unterschiede überprüft. Als erstes wird das Modell mit der Anschlusskommunikation in der Familie dargestellt (vgl. Abbildung 68) und anschließend das Modell mit der Anschlusskommunikation mit Gleichaltrigen (vgl. Abbildung 69). In einem dritten Teil werden die wichtigsten Unterschiede der beiden Modelle zusammengefasst und auf Fördermöglichkeiten eingegangen.

13.9.1.1 Modell: Anschlusskommunikation in der Familie

In der folgenden Abbildung 68 werden die einzelnen Wirkungszusammenhänge in den verschiedenen sozialen Statusgruppen beschrieben.

Im Modell des *niedrigen Status* wird die Anschlusskommunikation in der Familie (AKF) durch die Lesefreude (LF) gesteigert (p(AKF, LF) = .13, t = 3.162, p = .002). Die Lesefreude und die Anschlusskommunikation in der Familie t1 erklären 31 Prozent (t = 7.058, p < .001) der Varianz in der Anschlusskommunikation in der Familie t2. Das lesebezogene Selbstkonzept (SK) wird durch die Aufforderung zum Lesen (AL) (p(SK, AL) = -.19, t = -3.641, p < .001) reduziert. Die Varianz im lesebezogenen Selbstkonzept kann in der Gruppe mit niedrigem Status zu 51 Prozent (t = 10.458, p < .001) erklärt werden. Die Lesefreude (LF) wird einerseits durch die Involviertheit und das evasive Lesen (INEV) (p(LF, INEV) = .20, t = 3.668, p < .001) gesteigert, andererseits durch die Aufforderung zum Lesen durch die Eltern (p(LF, AL) = -.15, t = -5.218, p < .001) reduziert. Die Lesefreude kann in der Gruppe mit niedrigem Status zu 57 Prozent (t = 12.585, p < .001) aufgeklärt werden. Involviert-heit/evasives Lesen (INEV) wird ebenfalls durch die Aufforderung zum Lesen (AL) (p(INEV, AL) = -.13, t = -3.293, p = .001) verringert. Die aufgeklärte Vari-anz bei der Involviertheit beträgt in der Gruppe mit niedrigem Status 71 Prozent (t = 15.105, p < .001). Die Aufforderung zum Lesen wird in der Gruppe mit niedrigem Status einzig von der Aufforderung zum Lesen t1 bestimmt (p(AL2, AL1) = .70, t = 25.640, p < .001). Dadurch lassen sich 49 Prozent (t = 12.820, p < .001) in der Varianz der Aufforderung zum Lesen erklären. Die Lesekompe-tenz (LK) wird durch die frühere Kompetenz gesteigert, hingegen infolge der Aufforderung zum Lesen seitens der Eltern verringert (p(LK, AL)= -.23, t = -4.680, p < .001). 54 Prozent (t = 13.156, p < .001) der Varianz in der Lesekompetenz sind dadurch erklärt.

Das Modell für die Gruppe mit niedrigem Status gibt die positive Wirkung der Lesefreude auf die Anschlusskommunikation und von der Involviertheit auf die Lesefreude wieder. Nicht zuletzt zeigt sich aber auch der negative Einfluss der Aufforderung zum Lesen auf das lesebezogene Selbstkonzept, die Lesefreu-de, die Involviertheit/evasives Lesen sowie auf die Lesekompetenz. Die niedrige-re Lesekompetenz der Jugendlichen mit Migrationshintergrund wird in der Fach-diskussion teilweise auf die soziokulturellen Bedingungen in den Familien zu-rückgeführt (Baumert et al. 2009). Dabei erklärt Bourdieu (2005b) die schwäche-ren schulischen Leistungen von Mitgliedern sozial schlechter gestellter Familien mit dem Mangel an ökonomischem, kulturellem und sozialem Kapital, der dazu führe, dass die Kinder im Vergleich zu jenen aus anderen Schichten weniger gefördert werden könnten (McElvany & Becker 2009). Dies äußert sich unter anderem darin, dass die Familien über weniger Bücher verfügen (McElvany & Becker 2009). Der auf die Jugendlichen ausgeübte Druck ist mit dem Versuch der Familien zu erklären, die Kinder zu fördern und deren Leistungen zu stei-gern, was allerdings nicht zu gelingen scheint. Dies wird von Groeben und Schroeder (2004) auf die leistungsbezogenen Bildungsnormen zurückgeführt, die leistungsbezogenes Lesen und Lebensfreude trennen. In der Folge werden die Kinder weniger an der Bedeutungskonstruktion beteiligt, sie verlieren schon in der Vorschule die Lesefreude und wenden sich anderen Medien zu (Möller & Retelsdorf 2008). Dies spiegelt sich im vorliegenden Modell in der negativen Wirkung der Aufforderung zum Lesen auf die Lesefreude und Involviertheit wider. Das schwächere lesebezogene Selbstkonzept lässt sich einerseits mit der niedrigeren Lesekompetenz erklären, die andererseits durch die Aufforderung zum Lesen zusätzlich beeinträchtigt wird. Das Modell deckt auf, dass dieser Kreislauf durch die Steigerung der intrinsischen Motivation sowie der Involviertheit durchbrochen werden kann. Dies kann aber, wie Deci und Ryan (1985) gemäß der Selbstbestimmungstheorie konstatieren, nicht mit Druck erfolgen, sondern nur über die Stärkung der Kompetenzwahrnehmung und einer Gewährung von größerer Autonomie. Dies kann im Vorschulalter mit der Wahl der Lesebücher wie auch mit einer vermehrten Beteiligung an der Sinnkonstruktion umgesetzt werden. Die negativen Einflussfaktoren, die mit der Familie verbunden sind, scheinen bis ins Jugendalter hinein zu wirken. Es zeigt sich aber, dass bei Jugendlichen, bei welchen die intrinsische Motivation initiiert werden konnte, eine höhere Lesefreude aufgebaut werden kann und damit auch lesebezogene Gespräche in der Familie intensiviert werden können.

Im Modell des *mittleren Status* werden die einzelnen latenten Konstrukte t2 immer nur von den latenten Konstrukten t1 bestimmt. Einzige Ausnahme bildet die Lesefreude (LF), die zusätzlich infolge von Involviertheit/evasivem Lesen (INEV) erhöht wird (p(LF, INEV) = .18, t = 3.457, p = .001). In der Gruppe mit mittlerem Status offenbaren sich Mittelwertunterschiede in den latenten Konstrukten. Die Jugendlichen weisen eine höhere Anschlusskommunikation in der Familie zu Beginn des 8. Schuljahres im Vergleich zu den Jugendlichen mit niedrigem Status auf (M = .38, t = 5.039, p < .001). Der Mittelwert in der Anschlusskommunikation in der Familie bleibt während des 8. Schuljahres stabil. Das lesebezogene Selbstkonzept ist bei den Jugendlichen mit mittlerem Status ebenfalls höher ausgeprägt als bei den Jugendlichen mit niedrigem Status (M = .18, t = 2.230, p = .03). Im Laufe des 8. Schuljahres können die Jugendlichen mit mittlerem Status im Vergleich zu den Jugendlichen mit niedrigem Status das Selbstkonzept noch weiter ausbauen (M = .15, t = 2.033, p = .04). Die Jugendlichen mit mittlerem Status weisen zudem eine höhere Lesefreude (M = .33, t = 4.544, p < .001) und eine höhere Involviertheit (M = .40, t = 4.086, p < .001) zu Beginn des 8. Schuljahres auf. Diese Unterschiede zwischen den beiden Gruppen bleiben im Laufe des 8. Schuljahres gleich groß. Die Jugendlichen mit niedrigem und mittlerem Status werden von ihren Eltern gleich häufig zum Lesen aufgefordert. Die Jugendlichen mit mittlerem Status weisen aber zu Beginn des 8. Schuljahres eine höhere Lesekompetenz auf (M = .42, t = 6.042, p < .001). Dieser Leistungsvorsprung bleibt im Verlauf des Schuljahres bestehen.

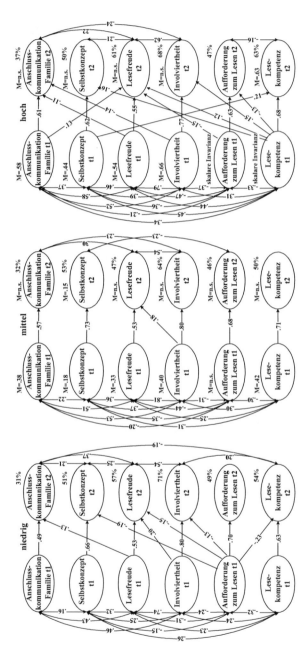

Abbildung 68: Anschlusskommunikation Familie – Motivationsmodell nach sozialem Status

In der Gruppe mit mittlerem Status kann lediglich die Beziehung zwischen In-volviertheit/evasivem Lesen und der Lesefreude nachgewiesen werden. Es zeigt sich aber, dass diese Jugendlichen bei der Lesekompetenz wie auch der Lesemo-tivation und der Anschlusskommunikation in der Familie positivere Werte auf-weisen. Hinsichtlich der Aufforderung zum Lesen hingegen scheinen sich die Jugendlichen aus der Mittelschicht nicht von jenen mit niedrigem Status zu un-terscheiden. Im Gegensatz zu den Jugendlichen mit niedrigem Status wirkt sich die Aufforderung zum Lesen weder negativ auf die motivationalen Faktoren noch auf die Lesekompetenz aus. Dies könnte auf die bessere Vereinbarkeit von leistungsbezogenen Bildungsnormen und Lebensfreude in den Mittelschichten zurückzuführen sein (Groeben & Schroeder 2004).

In der Gruppe mit *hohem Status* wird die Anschlusskommunikation in der Familie (AKF) durch die Lesefreude (LF) begünstigt (p(AKF, LF) = .11, t = 3.095, p = .002). In dieser Gruppe besteht zwischen der Lesefreude und der Anschlusskommunikation eine wechselseitige Beziehung, in der nicht nur die Anschlusskommunikation durch die Lesefreude gesteigert, sondern auch die Lesefreude durch die Anschlusskommunikation in der Familie erhöht wird (p(LF, AKF) = .13, t = 3.455, p = .001). Letztere wird durch Involviertheit/ evasives Lesen (INEV) verringert (p(AKF, INEV) = -.14, t = -2.360, p = .02). Dieses Ergebnis ist konträr zur Gesamtstichprobe, in der diese Beziehung positiv ist. Das Ergebnis könnte auf den von Graf (2010) beschriebenen intimen Lese-modus zurückzuführen sein, der dazu führt, dass sich die Jugendlichen über ihre persönlichsten Empfindungen nicht mit den Eltern austauschen. Die Anschluss-kommunikation in der Familie kann zu 37 Prozent (t = 9.726, p < .001) aufge-klärt werden. Zwischen dem lesebezogenen Selbstkonzept (SK) und der Lese-kompetenz (LK) kann in der Gruppe mit hohem Status eine wechselseitige Be-ziehung festgestellt werden. Das lesebezogene Selbstkonzept (SK) wird durch die Lesekompetenz (LK) erhöht (p(SK, LK) = .16, t = 2.651, p = .008), wie auch die Lesekompetenz vom lesebezogenen Selbstkonzept gesteigert wird (p(LK, SK) = .21, t = 4.825, p < .001). Das lesebezogene Selbstkonzept in der Gruppe mit hohem Status kann zu 50 Prozent (t = 9.901, p < .001) aufgeklärt werden. Die Lesefreude (LF) wird, wie erwähnt, durch die Anschlusskommunikation in der Familie gesteigert. Negativ wirkt sich hingegen die Aufforderung zum Lesen (AL) auf die Lesefreude aus (p(LF, AF) = -.15, t = -4.801, p < .001). Zusätzlich wird aber die Lesefreude infolge von Lesekompetenz gesteigert (p(LF, LK) = .12, t = 2.759, p = .006). Die Lesefreude kann in der hohen Statusgruppe zu 61 Prozent (t = 13.317, p < .001) aufgeklärt werden. Nicht nur die Lesefreude wird durch die Lesekompetenz gefördert, sondern auch die Involviertheit/das evasive Lesen (INEV) (p(INEV, LK) = .15, t = 3.630, p < .001). Die Involviert-heit wird zu 68 Prozent (t = 17.048, p < .001) erklärt. Die Aufforderung zum

Lesen wird durch eine hohe Lesekompetenz reduziert. Das latente Konstrukt der Aufforderung zum Lesen kann zu 47 Prozent (t = 11.216, p < .001) aufgeklärt werden. Die Lesekompetenz wird in der Gruppe mit hohem Status, wie schon erwähnt, durch das lesebezogene Selbstkonzept erhöht. Die Lesekompetenz kann in der Gruppe mit hohem Status zu 63 Prozent (t = 12.469, p < .001) aufgeklärt werden.

Die folgenden Mittelwertsunterschiede beziehen sich immer auf die Jugendlichen mit niedrigem Status. Die Jugendlichen mit hohem Status führen zu Beginn des 8. Schuljahres häufiger Gespräche über Gelesenes in der Familie (M = .58, t = 8.192, p < .001) als Jugendliche mit niedrigem Status. Dieser Unterschied in der Anschlusskommunikation bleibt während des 8. Schuljahres bestehen. Die Jugendlichen verfügen zudem über ein höheres Selbstkonzept (M = .44, t = 5.362, p < .001) und weisen ebenfalls mehr Lesefreude (M = .54, t = 5.614, p < .001) und Involviertheit (M = .66, t = 6.015, p < .001) als die Jugendlichen mit niedrigem Status auf. Im latenten Konstrukt der Aufforderung zum Lesen wie auch in der Lesekompetenz zu Beginn des 8. Schuljahres besteht eine skalare Invarianz, sodass keine Angaben zur Veränderung des Mittelwerts gemacht werden können. An der Lesekompetenz zu Beginn des 9. Schuljahres wird aber klar ersichtlich, dass die Jugendlichen mit hohem Status auch über eine höhere Lesekompetenz verfügen als die Jugendlichen mit niedrigem Status (M = .63, t = 6.449, p < .001).

Das Modell zum hohen Status zeigt, dass die Jugendlichen über höhere Lesekompetenz, Involviertheit und Lesefreude sowie ein positiveres Selbstkonzept verfügen. Sie führen zudem häufiger lesebezogene Gespräche in der Familie als die Jugendlichen mit niedrigem Status. Ebenso wie in den anderen Gruppen kann entgegen der Erwartungen der positive Effekt der Anschlusskommunikation und der Lesefreude auf die Lesekompetenz (Hurrelmann 2007) nicht nachgewiesen werden. Übereinstimmend mit Hurrelmann (2007) kann aber der Einfluss von der Anschlusskommunikation in der Familie auf die Lesefreude festgestellt werden. Dies bestätigt auch die Untersuchung von Wieler (1995), die zeigt, dass in Familien mit höherem sozialem Status literarische Erfahrungen häufiger ausgetauscht werden und dies in einem angenehmen sozialen Klima geschieht, welches mit Vergnügen verbunden wird (Groeben & Schroeder 2004). Diese Lesefreude verstärkt wiederum das Bedürfnis, sich über das Gelesene auszutauschen (Schallert & Reed 1997). In der Gruppe mit hohem Status kann nun zum ersten Mal die wechselseitige Beziehung zwischen der Lesekompetenz und dem lesebezogenen Selbstkonzept nachgewiesen werden. Diese gegenseitige Wirkung unterstützt die Vermutung, dass zuerst das lesebezogene Selbstkonzept aufgebaut werden muss, damit es sich nachfolgend auf die Lesekompetenz auswirken kann. Trotz der in dieser Gruppe positiveren Einstellung zum Lesen wie auch einer höheren Lesekompetenz, kann auch hier die negative Wirkung der Aufforderung zum Lesen auf die Lesefreude festgestellt werden. Dies kann aber teilweise mit dem Wunsch nach Statuserhalt (Ditton & Maaz 2011; Maaz et al. 2010b) und zudem mit der Bildungsexpansion (Becker & Lauterbach 2007) erklärt werden, die dazu führt, dass auch vermehrt Jugendliche aus der Mittelschicht das Gymnasium anstreben und dadurch der Druck in den höheren Statusgruppen ebenfalls steigt. Übereinstimmend mit Guthrie (2008b) zeigt sich auch in dieser Statusgruppe die Wirkung der Lesekompetenz auf die Involviertheit und die Lesefreude.

13.9.1.2 Zusammenfassung AKF

Gegenstand des folgenden Abschnitts sind die wichtigsten Unterschiede zwischen den drei Gruppen. Die *Anschlusskommunikation in der Familie* wird in der Gruppe mit niedrigem Status durch die Lesefreude begünstigt. In der Gruppe mit mittlerem Status kann keine kausale Beziehung festgestellt werden. Beim hohen Status zeigt sich eine wechselseitige Beziehung zwischen der Lesefreude und der Anschlusskommunikation in der Familie. Unterschiede in der Anschlusskommunikation erklären Groeben und Schroeder (2004) mit dem spezifischen Leseklima in der Familie, welches in den niedrigen Statusgruppen von einer leistungsbezogenen Bildungsnorm geprägt ist, welche die Lesefreude vernachlässigt. Die mittlere und die hohe Statusgruppe sind dahingegen besser in der Lage, Bildungsnormen mit Lebensfreude in Einklang zu bringen. Die beobachteten Sachverhalte können dieses Ergebnis nur insofern stützen, als in Familien mit höherem Status häufiger über Gelesenes gesprochen wird, was Bourdieu (2005b) auf das soziale und kulturelle Kapital zurückführt. Die Beobachtungen untermauern die Annahmen von Groeben und Schroeder (2004) für die hohe Statusgruppe. Sie bieten aber keine Erklärung für die fehlenden Wirkungszusammenhänge zwischen Anschlusskommunikation in der Familie und Lesefreude. Es stellt sich die Frage, inwieweit es sich in der mittleren Statusgruppe um eine zu heterogene Gruppe handelt, in der sich Merkmale der niedrigen und hohen Statusgruppe überlagern. In der Gruppe mit niedrigem Status zeigt sich, dass sich bei Jugendlichen im Zuge von wachsender Lesefreude das Bedürfnis nach Gesprächen über das Gelesene steigert (Schallert & Reed 1997) und somit Prozesse der Ko-Konstruktion zwischen den Jugendlichen und der Familie initiiert werden (Groeben 2004). Hier besteht die Möglichkeit fördernd einzugreifen, indem man die Lesemotivation steigert. Dies kann in den Gruppen mit niedrigem und mittlerem Status mit der Involviertheit/ dem evasiven Lesen erreicht werden. In der Gruppe mit hohem Status wird durch die Involviertheit die Anschlusskommunikation entgegen der Erwartung reduziert. Diese Reduktion kann aber damit erklärt werden, dass die Involviertheit stark mit dem intimen Lesemodus zusammenhängt, welcher nach Graf (2010) als einsame Lektüre zu verstehen ist und damit die Anschlusskommunikation verhindert.

Beim *lesebezogenen Selbstkonzept* wird eine wechselseitige Wirkung angenommen (Valentine et al. 2004), die sich im Kreuzeffektmodell (vgl. Abbildung 34) bestätigen lässt. Im folgenden Gesamtmodell ist dieser Zusammenhang nur in der Gruppe mit hohem Status nachzuweisen. Dies lässt sich dadurch erklären, dass Jugendliche aus privilegierten sozialen Schichten insgesamt wegen ihrer höheren Kompetenzen ihre lesebezogenen Selbstkonzepte aufbauen können und dementsprechend wiederum ihre Lesekompetenzen zu steigern vermögen. Analog kann für die untersuchte Altersgruppe auch die ausgeprägtere Wirkrichtung vom lesebezogenen Selbstkonzept auf die Lesekompetenz nachgewiesen werden (Skaalvik & Hagtvet 1990). Dies stützt die Vermutungen, dass erstens die in der Gesamtstichprobe beobachtete stärkere Wirkung von der Lesekompetenz hin zum lesebezogenen Selbstkonzept auf das insgesamt niedrige Lesekompetenzniveau zurückzuführen ist, zweitens in der insgesamt leistungsstärksten Statusgruppe erwartungsgemäß der Altersstufe entsprechend die Wirkrichtung vom Selbstkonzept auf die Leistung stärker ist. Um diesen gegenseitigen Effekt zu nutzen, muss als erstes die Lesekompetenz gestärkt werden, die den Jugendlichen Kompetenzerfahrungen ermöglicht.

Die *Lesefreude* wird in der Gruppe mit niedrigem und mittlerem Status jeweils durch Involviertheit/evasives Lesen gesteigert. In der Gruppe mit hohem Status wächst die Lesefreude infolge der Anschlusskommunikation in der Familie und infolge von Lesekompetenz. Diese Wirkung der Involviertheit auf die Lesefreude in der niedrigen und der mittleren Statusgruppe kann damit erklärt werden, dass in diesen Familien das Lesen und das Sprechen über das Gelesene nicht in den Alltag integriert ist und so auf der individuellen Ebene nur zur eigenen Bedürfnisbefriedigung genutzt werden kann und nicht von der Familie unterstützt wird. In Familien mit hohem Status, in denen das Lesen und die Lesefreude in den Alltag stärker integriert zu sein scheint, lässt man den intimen Lesemodus als Kulturgut zu, über den in der Familie auch gesprochen werden kann.

Die *Aufforderung zum Lesen* und der damit einhergehende empfundene Autonomieverlust (Deci & Ryan 1985) führt in der hohen Statusgruppe dazu, dass die Lesefreude sinkt. Die Aufforderung zum Lesen zeigt bei Jugendlichen mit niedrigem Status im vollem Umfang die schädlichen Wirkungen von äußerem Druck einer leistungsbezogenen Bildungsnorm (Groeben & Schroeder 2004). Durch die Aufforderung zum Lesen wird nicht nur der Aufbau von Lesefreude und der damit verbundenen Involviertheit verhindert, sondern auch der Aufbau eines lesebezogenen Selbstkonzeptes reduziert. Darüber hinaus wird der Aufbau von Lesekompetenz direkt verhindert. Dieses Ergebnis verweist auf die Notwendigkeit, dass Bildungsnormen mit Lebensfreude verbunden werden müssen. Dies kann in Familien mit niedrigem Status über die Lesefreude der Kinder und Jugendlichen erleichtert werden, was auf die Wichtigkeit der Initiierung der Lesefreude im schulischen Kontext hinweist. Letztlich kann den Jugendlichen ermöglicht werden, über Ko-Konstruktionsprozesse das Leseklima in der Familie zu verändern.

An der Gruppe mit hohem Status lässt sich illustrieren, welche positiven Effekte mittels *Lesekompetenz* erzielt werden können. Diese steigert nicht nur das lesebezogene Selbstkonzept, sondern auch die Lesefreude und die Involviertheit. Des Weiteren trägt sie dazu bei, dass die Jugendlichen weniger zum Lesen aufgefordert werden. Es scheint daher zentral, dass die Kinder schon beim Erwerb der Lesefähigkeit positive Kompetenzerfahrungen machen können, die nicht nur das lesebezogene Selbstkonzept steigern, sondern auch Lesefreude und einen intimen Lesemodus zulassen. Die Kinder und Jugendlichen mit niedrigem Status können dabei unterstützt werden, indem die Lesefreude im schulischen Kontext gestärkt wird und damit lesebezogene Gespräche in der Familie ermöglicht werden.

13.9.1.3 Modell: Anschlusskommunikation mit Gleichaltrigen

Im Folgenden werden die schichtspezifischen Unterschiede im Modell mit der Anschlusskommunikation mit Gleichaltrigen beschrieben (vgl. Abbildung 69). Wie oben werden zuerst die Modelle der einzelnen Untergruppen beschrieben. In einer anschließenden Zusammenfassung wird auf die Unterschiede in den drei Modellen eingegangen.

In der Gruppe mit *niedrigem Status* wird die Anschlusskommunikation in der Gleichaltrigengruppe (AKP) durch die Involviertheit und das evasive Lesen (INEV) gesteigert (p(AKP, INEV) = .14, t = 2.581, p = .01). In der Anschlusskommunikation mit Gleichaltrigen können 35 Prozent (t = 4.604, p < .001) der Varianz durch die frühere Anschlusskommunikation und die Involviertheit erklärt werden. Der Aufbau des lesebezogenen Selbstkonzeptes (SK) wird infolge der Aufforderung zum Lesen (AL) geschwächt (p(SK, AL) = -.19, t = -3.517, p < .001). Im lesebezogenen Selbstkonzept können 49 Prozent (t = 8.236, p < .001) der Varianz durch das frühere Selbstkonzept und die Aufforderung zum Lesen erklärt werden. Die Lesefreude (LF) wird von der Anschlusskommunikation mit Gleichaltrigen (p(LF, AKP) = .13, t = 2.194, p = .03) und der Involviertheit/dem evasiven Lesen (INEV) (p(LF, INEV) = .18, t = 2.081 p = .04) unterstützt. Infolge der Aufforderung zum Lesen wird die Lesefreude reduziert (p(LF, AL) = -.12, t = -2.838 p = .005). Die Lesefreude in der Gruppe mit niedrigem Status kann zu 52 Prozent (t = 9.373, p < .001) aufgeklärt werden. Die Involviertheit beim Lesen wird von der früheren Involviertheit geprägt. Diese wird aber durch die Aufforderung zum Lesen durch die Eltern reduziert (p(INEV, AL) = -.11, t = -2.7961 p = .005). Die Varianz in Involviertheit/evasivem Lesen kann zu 70 Prozent (t = 13.056, p < .001) aufgeklärt werden. Die Aufforderung zum Lesen wird nur von der früheren Aufforderung zum Lesen bestimmt. In der Gruppe mit niedrigem Status können dadurch 50 Prozent (t = 9.739, p < .001) der Varianz aufgeklärt werden. Die Lesekompetenz wird von der früheren Lesekompetenz (LK) bestimmt und ebenfalls durch die Aufforderung zum Lesen vermindert (p(LK, AL) = -.23, t = -3.7841 p < .001). In der Lesekompetenz können in der Gruppe mit niedrigem Status 56 Prozent (t = 11.049, p < .001) der Varianz aufgeklärt werden.

Die Anschlusskommunikation mit Gleichaltrigen wird in der Gruppe mit niedrigem Status von der Involviertheit beim Lesen gefördert. Die vorangehenden Analysen haben gezeigt, dass die Anschlusskommunikation mit Gleichaltrigen insbesondere bei Mädchen stattfindet, was auch erklärt, dass die Involviertheit und der damit verbundene intime Lesemodus (Graf 2010) die Anschlusskommunikation fördern. Die Involviertheit stützt in der niedrigen Statusgruppe auch die Lesefreude. Dies weist darauf hin, dass die Jugendlichen mit niedrigem Status, die aus eigenem Antrieb heraus lesen, mehr Anschlusskommunikation mit Gleichaltrigen und Familie pflegen und damit auch eine Veränderung des Leseklimas in der Familie bewirken können. Dieser Prozess wird allerdings verhindert, wenn die Eltern die Jugendlichen zum Lesen auffordern und damit nicht nur die Lesefreude und Involviertheit, sondern auch das lesebezogene Selbstkonzept und den Aufbau der Lesekompetenz reduzieren.

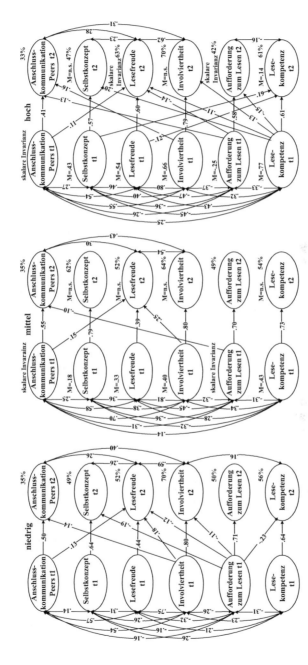

Abbildung 69: Anschlusskommunikation Peers – Motivationsmodell – Lesekompetenz nach sozialem Status

In der Gruppe mit *mittlerem Status* sind nur wenige kausale Wirkungszusammenhänge nachzuweisen. Die Aufforderung zum Lesen (AL) verhindert, dass sich die Jugendlichen mit Gleichaltrigen über das Gelesene austauschen (AKP) (p(AKP, AL) = -.10, t = -2.260, p = .02). In der Anschlusskommunikation mit Gleichaltrigen können dabei 35 Prozent (t = 6.409, p < .001) der Varianz aufgeklärt werden. Das lesebezogene Selbstkonzept (SK) wird lediglich vom früheren lesebezogenen Selbstkonzept bestimmt. In diesem latenten Konstrukt können 62 Prozent (t = 9.935, p < .001) der Varianz aufgeklärt werden. In der Gruppe mit mittlerem Status zeigt sich, dass die Lesefreude (LF) durch die Anschlusskommunikation mit Gleichaltrigen (p(LF, AKP) = .15, t = 2.412, p = .02) und Involviertheit/evasives Lesen (INEV) (p(LF, INEV) = .25, t = 2.042, p = .04) gefördert wird. In der Lesefreude können 52 Prozent (t = 9.557, p < .001) der Varianz geklärt werden. Die Involviertheit wird nur mit früherer Involviertheit beim Lesen erklärt. Dabei können 64 Prozent (t = 12.689, p < .001) der Varianz aufgeklärt werden. Die Aufforderung zum Lesen (AL) wird ebenfalls von der früheren Aufforderung zum Lesen durch die Eltern bestimmt. In diesem latenten Konstrukt können 46 Prozent (t = 9.489, p < .001) der Varianz nachvollzogen werden. Auch die Lesekompetenz wird in der Gruppe mit mittlerem Status lediglich durch die frühere Kompetenz geprägt. Hier können 54 Prozent (t = 9.780, p < .001) der Varianz aufgeklärt werden. In der Gruppe mit mittlerem Status zeigen sich zudem einige Abweichungen in den Mittelwerten der latenten Konstrukte. In der Anschlusskommunikation mit Gleichaltrigen können keine Unterschiede festgestellt werden. Die Jugendlichen mit mittlerem Status weisen aber ein höheres lesebezogenes Selbstkonzept auf (M = .18, t = 2.200, p = .03). Bei den Jugendlichen mit mittlerem Status kommen eine größere Lesefreude (M = .33, t = 4.588, p < .001) und eine höhere Involviertheit (M = .40, t = 4.062, p < .001) im Vergleich zu den Jugendlichen mit niedrigem Status zum Tragen. Der Mittelwert der Aufforderung zum Lesen kann nicht bestimmt werden, da eine skalare Invarianz vorliegt; nicht alle gemessenen Items weisen dieselben Mittelwerte auf. In der Lesekompetenz wird wiederum ein deutlicher Vorsprung der Jugendlichen mit mittlerem Status im Vergleich zu Jugendlichen mit niedrigem Status ersichtlich (M = .43, t = 6.116, p < .001).

Wie in der Gruppe mit niedrigem Status wird die Lesefreude durch die Anschlusskommunikation mit Gleichaltrigen und die Involviertheit beim Lesen unterstützt. Diese Steigerung der Lesefreude durch die Anschlusskommunikation wird von Hurrelmann (2007) für die Familie und von Philipp (2010b) für die Gleichaltrigengruppe proklamiert. Die Lesefreude wird aber zudem in der Mittelschicht durch die Aufforderung zum Lesen reduziert.

In der Gruppe mit *hohem Status* zeichnen sich im Vergleich zu den beiden anderen Statusgruppen die meisten kausalen Wirkungszusammenhänge ab. Die Anschlusskommunikation mit Gleichaltrigen (AKP) wird infolge von Involviertheit/evasivem Lesen (INEV) erhöht (p(AKP, INEV) = .16, t = 2.573, p = .01). Der Austausch über das Gelesene mit Gleichaltrigen wird aber verhindert, wenn die Eltern die Jugendlichen zum Lesen (AL) auffordern (p(AKP, AL) = -.13, t = -3.137, p = .002). Die Anschlusskommunikation mit Gleichaltrigen kann in der Gruppe mit hohem Status zu 33 Prozent (t = 6.587, p < .001) aufgeklärt werden. Zwischen dem lesebezogenen Selbstkonzept (SK) und der Lesekompetenz (LK) besteht eine wechselseitige Wirkung. Das lesebezogene Selbstkonzept beruht auf Lesekompetenz (p(SK, LK) = .20, t = 2.697, p = .007) und das lesebezogene Selbstkonzept wiederum trägt zum Aufbau der Lesekompetenz bei (p(LK, SK) = .19, t = 3.570, p = .007). In der Gruppe mit hohem Status kann die Varianz im lesebezogenen Selbstkonzept zu 47 Prozent (t = 7.642, p < .001) aufgeklärt werden. Die Lesefreude (LF) wird auch in der Gruppe mit hohem Status reduziert, wenn die Jugendlichen zum Lesen aufgefordert (AF) werden (p(LF, AF) = -.14, t = -2.819, p = .005). Die Varianz in der Lesefreude wird zu 63 Prozent (t = 12.843, p < .001) aufgeklärt. In der Gruppe mit hohem Status erweist sich, dass die Jugendlichen mit einer höheren Lesekompetenz seltener von ihren Eltern zum Lesen aufgefordert werden (p(AF, LK) = -.15, t = -2.964, p = .003). Wie oben schon erwähnt, wird die Lesekompetenz durch das lesebezogene Selbstkonzept weiter gestärkt. Der Aufbau der Lesekompetenz wird aber auch von der Lesefreude unterstützt (p(LK, LF) = .12, t = 2.299, p = .02). Die Varianz in der Lesekompetenz wird in der Gruppe mit hohem Status zu 61 Prozent (t = 12.042, p < .001) aufgeklärt. Die Jugendlichen aus der Gruppe mit einem hohen Status weisen in den latenten Konstrukten höhere Mittelwerte auf als die Jugendlichen mit niedrigem Status. Der Mittelwert der Anschlusskommunikation mit Gleichaltrigen kann in der hohen Statusgruppe aufgrund einer skalaren Invarianz nicht benannt werden. Im lesebezogenen Selbstkonzept (M = .43, t = 5.271, p < .001), in der Lesefreude (M = .54, t = 5.645, p < .001) und der Lesekompetenz (M = .77, t = 6.645, p < .001) weist sie erheblich höhere Ausprägungen auf als die Jugendlichen mit niedrigem Status. Die Jugendlichen mit hohem Status werden aber seltener zum Lesen aufgefordert als ihre Mitschülerinnen und Mitschüler aus niedrigen sozialen Schichten (M = -.25, t = -2.724, p = .006).

13.9.1.4 Zusammenfassung AKP

Die Anschlusskommunikation wird in privilegierten sozialen Schichten, wie auch in der Gruppe mit niedrigem sozialem Status, durch die Involviertheit gesteigert, aber auch durch die Aufforderung zum Lesen minimiert. Infolge der Ausübung von Druck werden die lesebezogenen Aktivitäten in Mitleidenschaft gezogen. Im Modell der Anschlusskommunikation mit Gleichaltrigen kann, analog zum Modell der Anschlusskommunikation in der Familie, die wechselseitige Beziehung zwischen dem lesebezogenen Selbstkonzept und der Lesekompetenz nachgewiesen werden. Zusätzlich wird gemäß diesem Modell die Lesekompetenz von der Lesefreude gestärkt und die Lesefreude durch die Lesekompetenz gesteigert. Die Wirkung der Lesefreude auf die Lesekompetenz wurde schon von Hurrelmann (1995) angenommen und in vielen Untersuchungen bestätigt (Becker et al. 2010; Guthrie 2008a). Schallert und Reed (1997) gehen darüber hinaus davon aus, dass die Lesekompetenz auch die Lesefreude steigert. Dass sich diese wechselseitige Beziehung nur in der hohen Statusgruppe zeigt, ist ein Hinweis darauf, dass die höheren Schichten es besser vermögen, einen Ausgleich zwischen den leistungsbezogenen Bildungsnormen und der Lebensfreude zu schaffen (Groeben & Schroeder 2004), und damit die wechselseitigen Prozesse ausgelöst werden.

Das schichtspezifische Modell der Anschlusskommunikation mit Gleichaltrigen zeigt, dass die lesebezogenen Gespräche mit Gleichaltrigen durch die Involviertheit beim Lesen gesteigert werden können. Die Involviertheit stellt einen intimen Lesemodus (Graf 2010) dar, der insbesondere von Mädchen präferiert wird. Dieser Einfluss von der Involviertheit auf die Lesekompetenz kann zusätzlich dadurch erklärt werden, dass in der untersuchten Stichprobe die Anschlusskommunikation von Gleichaltrigen bei den Mädchen besonders ausgeprägt ist. Der Einfluss der Aufforderung zum Lesen ist in der Gruppe der Jugendlichen mit hohem Status weniger stark ausgeprägt. Die negative Wirkung auf die Anschlusskommunikation mit Gleichaltrigen wie auch auf die Lesefreude ist in beiden Gruppen erkennbar und kann auf der Basis der Selbstbestimmungstheorie (Deci & Ryan 1993) erklärt werden. Die Aufforderung zum Lesen wird als Autonomieverlust wahrgenommen, welcher demotivierend wirkt und damit die lesebezogenen Aktivitäten vermindert. Bei Jugendlichen mit niedrigem Status beeinträchtigt sie zusätzlich direkt die Lesekompetenz. Dies kann auf den Wunsch nach sozialem Aufstieg (Ditton et al. 2005) zurückgeführt werden, der allerdings aufgrund von fehlender kultureller Praxis dazu führt, dass Druck ausgeübt wird, ohne sich der demotivierenden Folgen bewusst zu sein. Jugendliche mit hohem Status können aufgrund der ausgeprägten sozialen und kulturellen Güter (Bourdieu 2005b) höhere Kompetenzen aufbauen. Infolge der schulischen

Selektion wird die Schere zwischen den sozialen Schichten noch weiter ausgebaut. Diese Bedingungen tragen vermutlich dazu bei, dass privilegierte Jugendliche besser in der Lage sind, über die Kompetenzen das lesebezogene Selbstkonzept und die Lesemotivation aufzubauen.

13.9.1.5 Fördermöglichkeiten

Bei den Jugendlichen aus *niedrigen sozialen Schichten* kommen die negativen Effekte der Aufforderung zum Lesen besonders zum Tragen. Sie äußern sich in einem schwächeren lesebezogenen Selbstkonzept sowie in weniger Lesefreude und Involviertheit beim Lesen und führen zu einer niedrigeren Lesekompetenz. Die Lesefreude wird bei den Jugendlichen mit niedrigem Status durch die Anschlusskommunikation mit Gleichaltrigen gesteigert und die Involviertheit beim Lesen wird intensiver. Die Lesefreude fördert zudem die Anschlusskommunikation in der Familie. Für die Jugendlichen aus niedrigen sozialen Schichten ist es daher zentral, ihre Involviertheit und die Lesefreude zu initiieren, den Austausch über Gelesenes unter Gleichaltrigen zu unterstützen und die negativen Effekte, welche die Aufforderung zum Lesen nach sich zieht, zu minimieren.

Bei den Jugendlichen aus *mittleren sozialen Schichten* kann, analog zu jenen aus niedrigen sozialen Schichten, die Lesefreude mittels Steigerung der Involviertheit und Anschlusskommunikation mit Gleichaltrigen gefördert werden. Im Gegensatz zu den Jugendlichen aus niedrigen sozialen Schichten sind die negativen Effekte der Aufforderung zum Lesen zwar weniger stark ausgeprägt, dennoch tauschen sich in der Folge die Jugendlichen weniger mit Gleichaltrigen über das Gelesene aus. In der mittleren Statusgruppe sollten insbesondere die Involviertheit, die Lesefreude und der Austausch mit Gleichaltrigen gefördert werden.

Bei den Jugendlichen mit *hohem sozialem Status* stellt auch die Lesefreude ein zentrales Konstrukt für die Entwicklung der Lesekompetenz dar. Die Lesefreude wird in dieser Statusgruppe durch die Anschlusskommunikation in der Familie und in der Gleichaltrigengruppe sowie durch die Lesekompetenz gesteigert. Auch in dieser Gruppe machen sich negative Effekte der Aufforderung zum Lesen bemerkbar. Diese reduziert nicht nur die Lesefreude, sondern auch den Austausch über das Gelesene mit Gleichaltrigen. Ausschließlich in dieser Gruppe besteht eine Wechselwirkung zwischen dem lesebezogenen Selbstkonzept und der Lesekompetenz. Die Förderung sollte hier auf die Steigerung der Lesefreude und des lesebezogenen Selbstkonzepts ausgerichtet sein.

13.9.2 Unterschiede nach Migrationshintergrund

Die Jugendlichen mit Migrationshintergrund sind in der Gruppe der Leseschwachen überrepräsentiert (Walter 2009). Trotz Misserfolgserfahrungen und vergleichsweise schlechten Leistungen weisen die Jugendlichen mit Migrationshintergrund nach Stanat und Schneider (2004) eine relativ hohe Motivation auf. Daher wird das Wirkungsgefüge der motivationalen Faktoren mit Blick auf die Frage näher betrachtet, ob die Jugendlichen die Motivation für den Aufbau der Lesekompetenz besser nutzen können. Auch in diesem Kapitel werden die Wirkungsstrukturen in der Anschlusskommunikation in der Familie (vgl. Abbildung 70) und jener mit Gleichaltrigen (vgl. Abbildung 71) getrennt analysiert. Die Ergebnisse zur Prüfung der skalaren und metrischen Invarianz werden in Tabelle 45 und 46 (im Anhang) aufgeführt.

13.9.2.1 Modell: Anschlusskommunikation in der Familie

Im ersten Teil dieses Kapitels wird das Wirkungsgefüge im Modell der einheimischen Jugendlichen und anschließend, im zweiten Teil, dasjenige für die Jugendlichen mit Migrationshintergrund beschrieben (vgl. Abbildung 70). Im dritten Teil werden die beiden Modelle miteinander verglichen. Wie in den vorangegangenen Modellen werden die resultierenden Wirkungen auf die Anschlusskommunikation, das lesebezogene Selbstkonzept, die Lesefreude, Involviertheit/evasives Lesen, die Aufforderung zum Lesen und abschließend die Lesekompetenz behandelt. Es wird in dem Zusammenhang auf die wechselseitigen Wirkungen in den verschiedenen latenten Konstrukte eingegangen. Parallel zur Beschreibung der Wirkstrukturen wird auf die aufgeklärte Varianz der Konstrukte verwiesen. Die Erläuterung des Modells für die Jugendlichen mit Migrationshintergrund beinhaltet die Mittelwertsunterschiede in den latenten Konstrukten im Vergleich zu den einheimischen Jugendlichen.

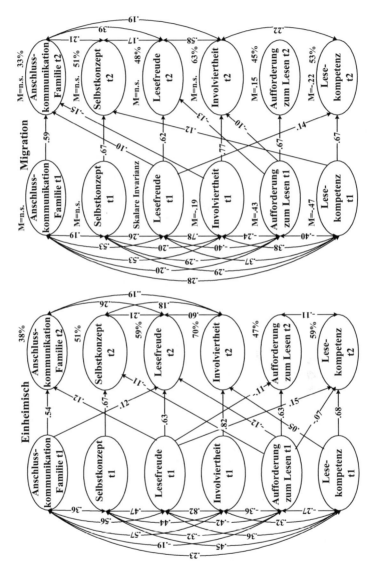

Abbildung 70: Anschlusskommunikation Familie: Motivationsmodell nach Migrationshintergrund

Im Modell der *einheimischen Jugendlichen* wird die Anschlusskommunikation in der Familie (AKF) von der Lesefreude (LF) verstärkt (p(AKF, LF) = .12, t = 3.322, p = .001), ebenso die Lesefreude durch die Anschlusskommunikation in der Familie (p(LF, AKF) = .12, t = 3.903, p < .001). Hier besteht also eine wechselseitige Beziehung zwischen der Anschlusskommunikation in der Familie und der Lesefreude. Dies kann als ein im westlichen Kulturkreis gut etabliertes Leseklima interpretiert werden, welches dadurch gekennzeichnet ist, dass das Lesen und lesebezogene Gespräche in den familiären Alltag integriert sind (Hurrelmann 2004b). Es zeigt sich darin, dass die Anschlusskommunikation nicht nur zur Lesefreude beiträgt (Hurrelmann 2007), sondern auch die Lesefreude lesebezogene Gespräche in der Familie anregt (Schallert & Reed 1997). Die Varianz der Anschlusskommunikation in der Familie kann zu 38 Prozent (t = 9.748, p < .001) aufgeklärt werden. Bei den einheimischen Jugendlichen wird das lesebezogene Selbstkonzept (SK) verringert, wenn die Jugendlichen zum Lesen aufgefordert (AL) werden (p(SK, AL) = -.11 t = -2.988, p = .003). Die aufgeklärte Varianz beträgt im lesebezogenen Selbstkonzept 51 Prozent (t = 12.854, p < .001). Diese negative Wirkung wird in der Selbstbestimmungstheorie (Deci & Ryan 1985) durch den Autonomieverlust erklärt, der dazu führt, dass die Jugendlichen auf die weniger autonome Form der extrinsischen Motivation zurückfallen, welche die Lesetätigkeit und damit den Kompetenzaufbau vermindert. Es ist zu vermuten, dass insbesondere solche Jugendliche zum Lesen aufgefordert werden, die sich in einer Abwärtsspirale aus geringer Lesemotivation und Leseverweigerung befinden (Yudowitch et al. 2008), was insgesamt mit einem niedrigen lesebezogenen Selbstkonzept einhergeht. Diese Abwärtsspirale wird durch die demotivierende Wirkung der Aufforderung zum Lesen weiter verstärkt, was sich auch in der negativen Beziehung zwischen Aufforderung zum Lesen und der Lesefreude äußert (p(LF, AL) = -.12, t = -4.335, p < .001). Die Lesefreude wird, wie schon erwähnt, durch die Anschlusskommunikation in der Familie verstärkt. Die Varianz in der Lesefreude kann bei den einheimischen Jugendlichen zu 59 Prozent (t = 15.538, p < .001) nachvollzogen werden. Die Involviertheit/das evasive Lesen (INEV) werden durch die Lesekompetenz (LK) erhöht (p(INEV, LK) = .05, t = 2.114, p = .04). Die Varianz in der Involviertheit kann zu 70 Prozent (t = 21.557, p < .001) aufgeklärt werden. Die einheimischen Jugendlichen mit mehr Lesefreude werden seltener zum Lesen aufgefordert (p(AL, LF) = -.11, t = -3.567, p < .001). Dies dürfte vor allem für jene Jugendlichen gelten, welche die Lesekrise (Graf 2010) am Übergang von der Kinder- zur Jugendliteratur erfolgreich überwunden haben und sich zu habituellen Lesern (Graf 2010) entwickelt haben. Die aufgeklärte Varianz im latenten Konstrukt Aufforderung zum Lesen beträgt 47 Prozent (t = 13.398, p < .001). Die Lesefreude trägt bei den einheimischen Jugendlichen zu einer höheren Lesekompetenz bei (p(LK,

LF) = .15, t = 4.217, p < .001). Die Lesekompetenz wird aber auch reduziert, wenn die Jugendlichen zum Lesen aufgefordert werden (p(LK, AL) = -.07, t = -2.119, p = .03). Die Varianz in der Lesekompetenz kann bei den einheimischen Jugendlichen zu 59 Prozent aufgeklärt werden (t = 15.263, p < .001). Die positive Wirkung der Lesefreude wurde schon vielfach erwähnt und empirisch belegt (z. B. Artelt et al. 2010; Guthrie & Coddington 2009; McElvany et al. 2008). Sie wird aber verhindert, wenn die Eltern Druck ausüben und damit nicht nur Motivation und Selbstkonzept beeinträchtigen, sondern auch direkt den Aufbau weiterer Lesekompetenz hemmen (Guthrie 2008b).

Bei den *Jugendlichen mit Migrationshintergrund* wird die Anschlusskommunikation in der Familie (AKF) von der Lesefreude (LF) begünstigt (p(AKF, LF) = .10, t = 3.203, p = .001). Hohe Involviertheit/evasives Lesen (INEV) führt zu einer Reduktion in der Anschlusskommunikation in der Familie (p(AKF, INEV) = -.15, t = -2.747, p = .006). Die Varianz in der Anschlusskommunikation in der Familie kann in der Gruppe der Jugendlichen mit Migrationshintergrund zu 33 Prozent (t = 7.534, p < .001) erklärt werden. Das Lesen ist eine soziale Tätigkeit, die das Bedürfnis umfasst, über das Gelesene zu sprechen (Schallert & Reed 1997). Die fehlende Beziehung zwischen der Anschlusskommunikation in der Familie und der Lesefreude kann kulturell begründet werden, wenn in den jeweiligen Kulturen nicht gelesen wird (Jäkel et al. 2011). Jäkel et al. (2011) konnten in ihrer Studie zeigen, dass die lesebezogene Praxis bei Migrant/Innen von jener der Einheimischen im Anregungsgehalt der gemeinsamen Lesesituation abweicht. Solch eine anregende gemeinsame Lesesituation wird zusätzlich dadurch erschwert, dass in den Familien kaum Bücher in der Muttersprache zur Verfügung stehen und das Lesen damit auf Deutsch erfolgt. Insbesondere Guthrie (2008b) betont den wichtigen Punkt, dass zur Förderung der Motivation und damit der Lesetätigkeit die Lebenswelt der Kinder und Jugendlichen nicht vernachlässigt werden dürfe. Gerade Literatur aus dem Ursprungsland ist nicht nur für die Motivation zentral, sondern auch für die Identitätsentwicklung und den Aufbau von Selbstkonzepten. Das lesebezogene Selbstkonzept (SK) wird in dieser Gruppe durch die Lesekompetenz (LK) gesteigert (p(SK, LK) = .12, t = 2.426, p = .01). Das lesebezogene Selbstkonzept weist eine aufgeklärte Varianz von 51 Prozent (t = 8.764, p < .001) aus. Bei den Jugendlichen mit Migrationshintergrund zeigt sich eine für die Altersstufe untypische einseitige Beziehung zwischen Lesekompetenz und Selbstkonzept (Marsh & Craven 2005). In der vorliegenden Untersuchung wird davon ausgegangen, dass diese Beziehung weniger auf das Alter zurückzuführen ist, sondern auf eine niedrigere Lesekompetenz. Die Lesefreude wird infolge der Aufforderung zum Lesen reduziert (p(LF, AL) = -.13, t = -4.183, p < .001). Die Varianz in der Lesefreude kann zu 63 Prozent (t = 14.206, p < .001) aufgeklärt werden. Die Aufforderung zum

Lesen im 9. Schuljahr lässt sich auf die Aufforderung zum Lesen im Schuljahr zuvor zurückführen. Dabei wird eine Varianz von 45 Prozent (t = 10.326, p < .001) aufgeklärt. Somit kann auch für diese Untergruppe die demotivierende Wirkung der Aufforderung zum Lesen nachgewiesen werden, welche mit der Selbstbestimmungstheorie (Deci & Ryan 1985) begründet werden kann. Die Lesekompetenz (LK) wird infolge von Lesefreude erhöht (p(LK, LF) = .14, t = 3.966, p < .001). Die Varianz in der Lesekompetenz wird in dieser Gruppe zu 53 Prozent (t = 10.680, p < .001) aufgeschlüsselt. Die Lesefreude ist eine wichtige Voraussetzung für die Lesekompetenz (Artelt et al. 2010), und zwar nicht zuletzt, weil sie die Lesezeit steigert (van Elsäcker & Verhoeven 2002), was in der vorliegenden Untersuchung bestätigt wurde (vgl. Abbildung 38).

Bei den Mittelwertsunterschieden in den latenten Konstrukten weichen die Jugendlichen mit Migrationshintergrund nur teilweise von den einheimischen Jugendlichen ab. In der Anschlusskommunikation in der Familie und dem lesebezogenen Selbstkonzept können keine Unterschiede festgestellt werden. Dieses Ergebnis erstaunt, da aufgrund der kulturellen Unterschiede in der Lesepraxis Unterschiede zu erwarten wären (Ehlers 2002; Wieler 2007). Aufgrund der ermittelten Ergebnisse ist zu vermuten, dass die genannten Gruppen sich in der Häufigkeit der lesebezogenen Anschlusskommunikation nicht unterscheiden, sondern lediglich in deren Qualität. Da der Migrationshintergrund häufig mit einem niedrigen sozialen Status gekoppelt ist, wird angenommen, dass es Familien mit Migrationshintergrund nur bedingt gelingt, die leistungsbezogene Bildungsnorm mit der Lebensfreude zu verbinden (Groeben & Schroeder 2004). Die Ausprägung der Lesefreude kann aufgrund einer skalaren Invarianz in den Messmodellen der Mittelwerte nicht ermittelt werden. Bei der Involviertheit/dem evasiven Lesen weisen die Jugendlichen mit Migrationshintergrund einen niedrigeren Mittelwert auf als die einheimischen Jugendlichen (M = -.19, t = -2.171, p = .03). Die Jugendlichen mit Migrationshintergrund werden aber häufiger zum Lesen aufgefordert (M = .43, t = 5.699, p < .001) und haben offenkundig weniger Lesekompetenzen als die einheimischen Jugendlichen (M = -.47, t = -5.014, p < .001), wie dies aufgrund der PISA-Ergebnisse zu erwarten war (Stanat et al. 2010a).

13.9.2.2 Zusammenfassung AKF

Die Unterschiede in der Lesekompetenz von Jugendlichen mit Migrationshintergrund werden teilweise auf mangelnde Deutschkenntnisse zurückgeführt (Kristen & Dollmann 2010). Die PISA-Studie zeigt auf, dass diese Unterschiede mit dem sozialen Status und dem Herkunftsland und der in der Familie gesprochenen Sprache zusammenhängen (Stanat et al. 2010a). In der untersuchten Stichprobe kann die geringere Lesekompetenz der Jugendlichen mit Migrationshintergrund bestätigt werden. Darüber hinaus ist festzustellen, dass die Diskrepanz zwischen den beiden Gruppen auch noch im neunten Schuljahr größer wird. In Übereinstimmung mit Schallert und Reed (1997) kann der angenommene soziale Aspekt der Lesefreude und seine Wirkung auf lesebezogene Gespräche in der Familie bestätigt werden. Ebenfalls bestätigt sich in beiden Gruppen die Steigerung der Lesekompetenz durch die Lesefreude (Artelt et al. 2010). Während bei den einheimischen Jugendlichen keine Beziehung zwischen der Involviertheit und der Anschlusskommunikation festgestellt werden kann, senkt die Involviertheit bei Jugendlichen mit Migrationshintergrund die Anschlusskommunikation. Dies kann dadurch erklärt werden, dass die Lesefreude und damit insbesondere die Involviertheit in niedrigen sozialen Schichten, mithin teilweise auch in Familien mit Migrationshintergrund, die leistungsbezogene Bildungsnorm nicht mit Spaß verbunden wird. Die Folge ist, dass Jugendliche, die kaum emotionale Leseerlebnisse haben, in ihren Familien auch nicht über Leseerlebnisse sprechen. Es zeigen sich ebenfalls gruppenspezifische Unterschiede in der Aufforderung zum Lesen. Jugendliche mit Migrationshintergrund werden häufiger zum Lesen aufgefordert als die Einheimischen, was sich im letzten obligatorischen Schuljahr noch verstärkt. Dies kann mit dem Übergang ins Berufsleben erklärt werden, der für Jugendliche mit Migrationshintergrund schwieriger ist. Vermutlich versuchen die Eltern über die Aufforderung zum Lesen die Noten der Jugendlichen zu verbessern und erhoffen sich dadurch einen erleichterten Zugang zu Lehrstellen. Unter den Folgen der Aufforderung zum Lesen findet sich in beiden Gruppen der gemäß der Selbstbestimmungstheorie (Deci & Ryan 1985) erwartete Motivationsrückgang, welcher sich bei den Einheimischen zusätzlich direkt auf die Lesekompetenz auswirkt. Derartige Sachverhalte im Zusammenhang mit der Leseleistung bei Jugendlichen mit Migrationshintergrund erklären Kühnen und Hannover (2003) mit Blick auf sog. individualistische und kollektive Gesellschaftssysteme. Der Autonomieverlust, der infolge von externalem Druck entsteht, wird demnach in individualistischen Kulturen stärker erlebt als in kollektiven Gesellschaften, wo die individuellen Bedürfnisse den Bedürfnissen der Allgemeinheit untergeordnet sind.

13.9.2.3 Modell: Anschlusskommunikation mit Gleichaltrigen

Im Folgenden werden die Wirkstrukturen im Modell der Anschlusskommunikation mit Gleichaltrigen, und zwar getrennt für die Einheimischen und die Jugendlichen mit Migrationshintergrund, beschrieben (vgl. Abbildung 71). Wie beim vorhergehenden Modell gilt es zuerst die Modelle der einzelnen Untergruppen zu erläutern. Dabei wird auf die aufgeklärte Varianz in den latenten Konstrukten hingewiesen, also auf jene Varianz, die durch die Wirkstrukturen aufgeklärt wird. In der Gruppe der Jugendlichen wird nach der Illustration der Wirkstrukturen auf Mittelwertunterschiede im Vergleich zu den Einheimischen eingegangen. Anschließend werden in einem Gruppenvergleich die Wirkstrukturen der beiden Gruppen einander gegenüber gestellt.

In der Gruppe der *einheimischen Jugendlichen* wird die Anschlusskommunikation mit Gleichaltrigen (AKP) durch die Involviertheit und das evasive Lesen (INEV) gesteigert (p(AKP, INEV) = .21, t = 4.309, p < .001). Die Anschlusskommunikation ist in der untersuchten Stichprobe insbesondere bei Mädchen nachzuweisen. Der Zusammenhang mit der Involviertheit wird bei Mädchen auf den ausgeprägteren intimen Lesemodus (Graf 2010) zurückgeführt sowie auf die soziale Eingebundenheit des Lesen, welche sich in der Anschlusskommunikation äußert (Schallert & Reed 1997). Dieser Prozess wird behindert, wenn die Jugendlichen von ihren Eltern zum Lesen aufgefordert werden (AL) (p(AKP, AL) = -.09, t = -3.102, p = .002). Die Varianz in der Anschlusskommunikation mit Gleichaltrigen kann in der Gruppe der einheimischen Jugendlichen zu 41 Prozent (t = 11.401, p < .001) aufgeklärt werden. Das lesebezogene Selbstkonzept (SK) wird in dieser Gruppe infolge der Aufforderung zum Lesen durch die Eltern ebenfalls reduziert (p(SK, AL) = -.10, t = -2.430, p = .02). Die Varianz im lesebezogenen Selbstkonzept wird zu 51 Prozent (t = 11.464, p < .001) aufgeklärt. Die Lesefreude (LF) wächst durch die Anschlusskommunikation mit Gleichaltrigen (p(LF, AKP) = .10, t = 3.159, p = .002) sowie die Involviertheit und das evasive Lesen (INEV) (p(LF, INEV) = .26, t = 3.870, p < .001). Die so entstandene Lesefreude wird durch die Aufforderung zum Lesen (AL) seitens der Eltern wiederum reduziert (p(LF, AL) = -.11, t = -3.504, p < .001). Die insgesamt negativen Effekte der Aufforderung zum Lesen auf das Selbstkonzept und die Lesefreude kann dadurch erklärt werden, dass die grundlegenden Bedürfnisse nach Kompetenz und Autonomie (Deci & Ryan 1985) infrage gestellt sind. In Reaktion auf den erzeugten Druck wird eine Verweigerungshaltung aufgebaut, die sowohl der Lesefreude (Guthrie 2008b) als auch dem Selbstkonzept abträglich ist (Yudowitch et al. 2008). Die Varianz in der Lesefreude kann in der Gruppe der einheimischen Jugendlichen zu 60 Prozent (t = 15.558, p < .001) aufgeklärt werden.

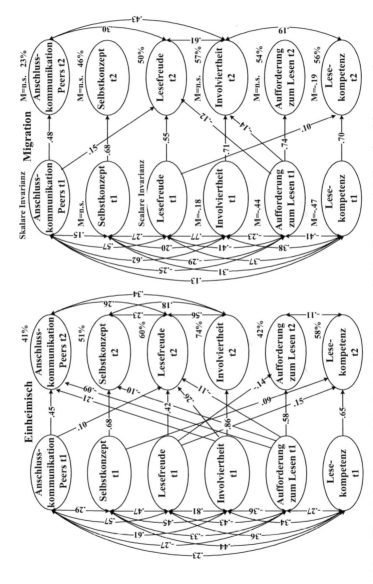

Abbildung 71: Motivationsmodell mit Anschlusskommunikation Peers nach Migrationshintergrund

Die Lesefreude führt dazu, dass die einheimischen Jugendlichen seltener zum Lesen aufgefordert werden (p(AL, LF) = -.14, t = -3.870, p < .001). Das latente Konstrukt Aufforderung zum Lesen wird im Modell der einheimischen Jugendlichen zu 42 Prozent (t = 10.654, p < .001) aufgeklärt. Die Lesekompetenz (LK) wird in dieser Gruppe durch das lesebezogene Selbstkonzept (p(LK, SK) = .09, t = 2.307, p = .02) und die Lesefreude (p(LK, LF) = .15, t = 3.271, p = .001) gesteigert. Diese Erkenntnisse bestätigen unter anderem die Ergebnisse der PISA-Studie, welche von der kompetenzsteigernden Wirkung der Lesemotivation ausgeht. Diese Wirkung äußert sich ebenfalls in einer höheren Lesezeit (z. B. Artelt et al. 2010; Guthrie & Coddington 2009; McElvany et al. 2008). Für die einheimischen Jugendlichen kann in der Beziehung zwischen Selbstkonzept und Lesekompetenz nachgewiesen werden, was theoretisch das Selbsterhöhungsmodell (self-enhancing model) bestätigt (Marsh & Craven 2005). Nach der Metaanalyse von Valentine et al. (2004) ist eher von wechselseitigen Wirkungen auszugehen, wobei aber die Wirkung des Selbstkonzepts auf die Leistung häufig stärker ausgeprägt ist. Die Varianz in der Lesekompetenz kann zu 58 Prozent (t = 14.185, p < .001) aufgeklärt werden

Im Modell der *Jugendlichen mit Migrationshintergrund* wird die Anschlusskommunikation mit Gleichaltrigen nur von der Anschlusskommunikation im 8. Schuljahr bestimmt. Dabei können 23 Prozent (t = 3.309, p < .001) der Varianz aufgeklärt werden. Auch das lesebezogene Selbstkonzept wird in diesem Modell vom früheren Selbstkonzept geprägt. Im lesebezogenen Selbstkonzept können 46 Prozent (t = 5.887, p < .001) der Varianz aufgeklärt werden. Bei den Jugendlichen mit Migrationshintergrund kann die Anschlusskommunikation mit Gleichaltrigen (AKP) die Lesefreude (LF) steigern (p(LF, AKP) = .15, t = 2.639, p = .008). Dieses Ergebnis stimmt mit jenen von Philipp (2010b) überein, welcher auf die Relevanz der Peers im Zusammenhang mit der Lesefreude hinweist. Die Lesefreude wird aber reduziert, wenn die Eltern die Jugendlichen zum Lesen auffordern (AL) (p(LF, AL) = -.12, t = -2.264, p = .02). Dies bestätigt die demotivierende Wirkung von Druckausübung (Guthrie 2008b). Die Varianz in der Lesefreude wird dabei zu 50 Prozent (t = 10.332, p < .001) geklärt. Die Involviertheit und das evasive Lesen (INEV) wird reduziert, wenn die Jugendlichen zum Lesen aufgefordert werden (p(INEV, AL) = -.14, t = -2.915, p = .004). Die Varianz in der Involviertheit kann zu 57 Prozent (t = 9.150, p < .001) nachvollzogen werden. Die Aufforderung zum Lesen wird einzig von der Aufforderung zum Lesen zu Beginn des 8. Schuljahres bestimmt. Dabei kann eine Varianz von 54 Prozent (t = 10.222, p < .001) aufgeklärt werden. Die Lesekompetenz (LK) wird bei den Jugendlichen mit Migrationshintergrund infolge von Lesefreude verbessert (p(LK, LF) = .10, t = 2.218, p = .03), was vielfach empirisch belegt ist (z. B. Artelt et al. 2010). In der Lesekompetenz werden 56 Prozent (t = 9.377,

$p < .001$) der Varianz aufgeklärt. In den latenten Konstrukten weisen die Jugendlichen mit Migrationshintergrund eine deutlich tiefere Involviertheit beim Lesen
auf als die einheimischen Jugendlichen (M = -.18, t = -2.18, p = .03). Sie werden
sehr viel häufiger zum Lesen aufgefordert als die einheimischen Jugendlichen
(M = .44, t = 5.69, p < .001). Hier kann keine Erhöhung im Vergleich zur zweiten Erhebung festgestellt werden. Auch in der Lesekompetenz gehen mit den
Jugendlichen mit Migrationshintergrund niedrigere Werte einher (Mt1 = -.47,
t = -4.98), p < .001). Die Unterschiede in der Lesekompetenz erweitert sich im
Laufe des 8. Schuljahres noch (Mt2 = -.19, t = -3.11, p = .002).

13.9.2.4 Zusammenfassung AKP

Die Anschlusskommunikation mit Gleichaltrigen wird nur bei den einheimischen
Jugendlichen durch Involviertheit/evasives Lesen gefördert, was hauptsächlich
darauf zurückgeführt werden kann, dass in der vorliegenden Untersuchung die
Anschlusskommunikation mit Gleichaltrigen besonders ausgeprägt von Mädchen
ausgeübt wird. Die Involviertheit ist Bestandteil des intimen Lesemodus (Graf
2010), welcher insbesondere beim fiktionalen Lesen auftritt. Dieser gewünschte
Effekt der intrinsischen Motivation kann bei Jugendlichen mit Migrationshintergrund nicht festgestellt werden. Eine Erklärung hierfür ist die niedrigere Involviertheit, die ein weiterer Hinweis darauf sein kann, dass die fehlende Leselust
kulturell bedingte ist und damit die fehlende Wertschätzung des Lesens erklärt
(Ehlers 2002). Die niedrigere Involviertheit kann zudem dadurch erklärt werden,
dass ein niedriger Status häufig mit einem Migrationshintergrund einhergeht. In
diesen Familien ist eine leistungsorientierte Lesepraxis üblich (Groeben &
Schroeder 2004), welche von Jugendlichen und Kindern demotivierend erlebt
wird und somit verhindert, dass eine emotionale Beziehung zum Lesen aufgebaut
werden kann (Wieler 1995). Die Lesefreude wird in beiden Gruppen, übereinstimmend mit der Selbstbestimmungstheorie, (Deci & Ryan 1985) reduziert,
wenn die Jugendlichen von ihren Eltern zum Lesen aufgefordert werden. Das
lesebezogene Selbstkonzept wird durch die Aufforderung zum Lesen lediglich
bei den einheimischen Jugendlichen reduziert, was nach Kühnen und Hannover
(2003) kulturbedingt sein kann. In sozial orientierten Gesellschaften, in denen
das Individuum der Gesellschaft untergeordnet ist, wird der Druck weniger stark
wahrgenommen, womit die Wirkung auf das Selbstkonzept auch schwächer
ausfallen dürfte. Wiederum kann in beiden Gruppen die kompetenzsteigernde
Wirkung der Lesefreude bestätigt werden (Artelt et al. 2010). Obwohl sich die
Jugendlichen mit Migrationshintergrund in ihrem lesebezogenen Selbstkonzept
nicht von den Einheimischen unterscheiden, kann die kompetenzsteigernde Wir-

kung des lesebezogenen Selbstkonzepts auf die Lesekompetenz nur bei den Einheimischen nachgewiesen werden. Das somit bestätigte Selbsterhöhungsmodell verweist auf die für die untersuchte Alterskohorte angenommene stärkere Wirkung vom Selbstkonzept auf die Lesekompetenz, die häufig auch bei wechselseitigen Zusammenhängen zu erkennen ist (Marsh & Craven 2005).

13.9.2.5 Fördermöglichkeiten

Bei den einheimischen Jugendlichen fördert die Anschlusskommunikation in der Familie und mit Gleichaltrigen die Lesefreude. Diese beeinflusst direkt die Lesekompetenz einheimischer Jugendlicher. Infolge der Aufforderung zum Lesen wird nicht nur die Lesefreude reduziert, sondern auch die Anschlusskommunikation in der Familie und in der Gleichaltrigengruppe. Da gerade die Anschlusskommunikation zentral ist für den Aufbau der Lesefreude, sollte bei einheimischen Jugendlichen primär die Anschlusskommunikation in der Familie und mit Gleichaltrigen gefördert werden.

Bei den Jugendlichen mit Migrationshintergrund steigert die Anschlusskommunikation mit Gleichaltrigen die Lesefreude, die zentral ist für den Aufbau der Lesekompetenz. In dieser Gruppe wird die Lesefreude und die Involviertheit durch die Anschlusskommunikation in der Familie gefördert. Der Aufbau eines lesebezogenen Selbstkonzepts erfolgt bei den Jugendlichen mit Migrationshintergrund über die Lesekompetenz. Auch in dieser Gruppe wirkt sich die Aufforderung zum Lesen negativ auf die Lesefreude und die Involviertheit aus. Bei den Jugendlichen mit Migrationshintergrund sollte zur Förderung der Lesefreude und der Lesekompetenz in erster Linie die Anschlusskommunikation mit Gleichaltrigen unterstützt werden; zugleich gilt es die Aufforderung zum Lesen durch motivationssteigernde Leseanregungen zu ersetzen.

13.9.3 Geschlechtsspezifische Unterschiede

Die Geschlechtsunterschiede in der Lesekompetenz und der Lesemotivation sind durch PISA (Artelt et al. 2010; Klieme et al. 2010b) mehrfach belegt. Im Folgenden ist zu prüfen, ob diese Unterschiede im Wirkungsgefüge nachzuweisen sind. Auch in diesem Kapitel werden die Wirkstrukturen in der Anschlusskommunikation in der Familie (vgl. Abbildung 72) und mit Gleichaltrigen (vgl. Abbildung 73) getrennt betrachtet. Analog zu den vorangehenden Modellen werden die resultierenden Wirkungen auf die Anschlusskommunikation, anschließend das lesebezogene Selbstkonzept, die Lesefreude, die Involviertheit/das evasive

Lesen, die Aufforderung zum Lesen und abschließend die Lesekompetenz behandelt. Die wechselseitigen Wirkungen in den diversen latenten Konstrukten rücken ins Blickfeld und im Rahmen der Beschreibung der Wirkstrukturen wird auf die aufgeklärte Varianz der Konstrukte verwiesen. Bei den Mädchen wird zusätzlich auf die Mittelwertsunterschiede in den latenten Konstrukten im Vergleich zu den Jungen eingegangen. In der Tabelle 47 und 48 (im Anhang) werden die Modellvergleiche zur Prüfung der metrischen und skalaren Invarianz aufgeführt.

13.9.3.1 Modell: Anschlusskommunikation in der Familie

Im Folgenden wird das Wirkungsgefüge in den Modellen für die Jungen und Mädchen beschrieben (vgl. Abbildung 72); anschließend erfolgt eine vergleichende Gegenüberstellung.

Bei den *männlichen Jugendlichen* wird die Anschlusskommunikation in der Familie einzig durch die frühere Anschlusskommunikation in der Familie erklärt. Es wird dabei eine Varianz von 35 Prozent (t = 10.321, p < .001) aufgeklärt. Das lesebezogene Selbstkonzept (SK) stärkt bei den Jungen die Lesekompetenz (p(LK, SK) = .11, t = 3.478, p = .001). Dabei werden 56 Prozent (t = 12.115, p < .001) der Varianz in der Lesekompetenz aufgeklärt. Bei den Jungen kann die angenommene Wechselwirkung zwischen der Lesekompetenz und dem lesebezogenen Selbstkonzept nicht nachgewiesen werden, sondern nur das Selbsterhöhungsmodell (self-enhancing model) bestätigt werden (Marsh & Craven 2006). Im lesebezogenen Selbstkonzept können 50 Prozent (t = 11.106, p < .001) der Varianz aufgeklärt werden. Die bei Jungen generell festgestellte tiefere Lesekompetenz scheint dazu zu führen, dass die Eltern mehr Druck auf die Jungen ausüben. Die Folge ist, dass sich entsprechend der Selbstbestimmungstheorie (Deci & Ryan 1985) nicht nur die Lesefreude verringert (p(LF, AL) = -.10, t = -3.936, p < .001), sondern auch das Selbstkonzept in Mitleidenschaft gezogen wird (p(SK, AL) = -.13, t = -2.882, p = .004). Dies lässt sich zum Teil mit der tieferen Lesekompetenz der Jungen erklären. Bei den Jungen kann eine Wechselbeziehung zwischen Lesefreude und Involviertheit festgestellt werden. Dabei wird die Lesefreude besonders stark von Involviertheit/evasivem Lesen (INEV)D gesteigert (p(LF, INEV) = .21, t = 3.464, p = .001). Eher schwach ist die Beziehung zwischen der Lesefreude und der Involviertheit (p(INEV, LF) = .10, t = 2.113, p = .04).

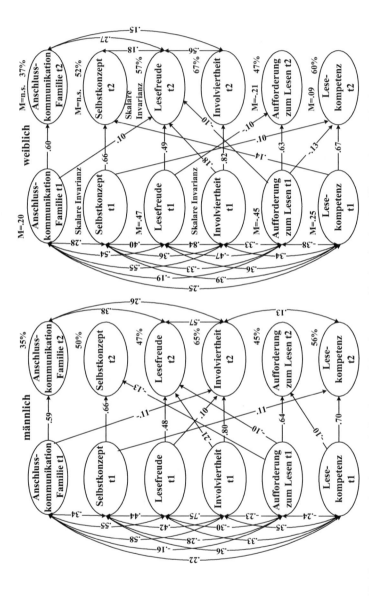

Abbildung 72: Motivationsmodell mit Anschlusskommunikation in der Familie nach Geschlecht

Der Einfluss der Involviertheit auf die Lesefreude kann mit dem von Csikszentmihalyi (1990) beschriebenen Flow-Erleben erklärt werden, dem tiefen Hineinsinken in einen Text, wobei der Leser Zeit und Umwelt völlig vergisst. Dieses starke emotionale Erleben wird, vor allem beim Lesen von Belletristik, stärker mit dem weiblichen Lesen verbunden (Graf 1995). Graf (2010) konnte allerdings zeigen, dass der mit der Involviertheit zusammenhängende intime Lesemodus auch beim Sachbuchlesen von Jungen vorkommt, was die starke Wirkung auf die Lesefreude nachvollziehbar macht. Die Lesefreude wird hingegen, in Übereinstimmung mit der Selbstbestimmungstheorie (Deci & Ryan 1985), reduziert, wenn die Jungen zum Lesen aufgefordert werden (p(LF, AL)= -.10, t = -3.936, p < .001). In der Lesefreude können 47 Prozent (t = 12.198, p < .001) der Varianz nachvollzogen werden. Die Involviertheit/das evasive Lesen werden infolge der Anschlusskommunikation in der Familie (p(INEV, AKF) = -.11, t = -2.861, p = .004) reduziert. Dieser Zusammenhang konnte im Kreuzeffektmodell nicht festgestellt werden. Inwieweit dieser hier festgestellte Wirkungszusammenhang mit den Geschlechterrollenstereotypen zusammenhängt, kann nicht geklärt werden. Da aber das intime Lesen von den Jungen stark abgelehnt wird (Graf 2010) und im Rahmen frühkindlicher familiärer Leseerlebnissen diese emotionalen Aspekte zentral waren (Hurrelmann 2004a), könnte diese Kombination mit der Geschlechtsidentität nicht vereinbar sein. In der Involviertheit werden 65 Prozent (t = 15.709, p < .001) der Varianz aufgeklärt. Schließlich zeigt das Modell, dass Jungen mit einer höheren Lesekompetenz seltener zum Lesen aufgefordert werden (p(AL, LK) = -.10, t = -2.619, p = .009). In der Aufforderung zum Lesen sind 45 Prozent (t = 10.999, p < .001) der Varianz geklärt. Dieses Ergebnis ist ein Hinweis darauf, dass die Eltern insbesondere Jugendliche mit niedrigeren Kompetenzen häufiger zum Lesen auffordern; die Kompetenz selbst bewahrt die Jugendlichen vor solchen Aufforderungen.

Im Modell der *weiblichen Jugendlichen* wird die Anschlusskommunikation in der Familie ausschließlich von der früheren Anschlusskommunikation in der Familie bestimmt. Mit Blick auf die Mittelwerte der latenten Konstrukte lässt sich bei den Mädchen mehr Anschlusskommunikation in der Familie feststellen als bei den Jungen (M = .20, t = 2.958, p = .003). Diese Abweichung in der Häufigkeit der Anschlusskommunikation in der Familie erklären Philipp et al. (2008) damit, dass sich Mädchen häufiger über Gelesenes unterhalten als Jungen, deren Kommunikation sich eher auf Computer bezieht. Rosebrock (2004) geht davon aus, dass die Sozialkontakte der Mädchen stärker auf Gespräche ausgerichtet sind, was dazu führt, dass die Mädchen eher solche Freundschaften suchen, in denen sie auch über Gelesenes sprechen können. Zusätzlich beteiligen sich nicht lesende Freundinnen und werden so zum Lesen angeregt. 37 Prozent (t = 9.331, p < .001) der Varianz werden in der Anschlusskommunikation der Mädchen aufgeklärt. Bei den Mädchen besteht wiederum zwischen dem lesebezogenen Selbstkonzept (SK) und der Lesekompetenz (LK) eine Wechselwirkung: Das lesebezogene Selbstkonzept wird durch die Lesekompetenz gesteigert (p(SK, LK) = .14, t = 2.808, p < .001). Die Lesekompetenz wird aber auch vom lesebezogenen Selbstkonzept gestärkt (p(LK, SK) = .10, t = 3.494, p < .001). Die Varianz im lesebezogenen Selbstkonzept wird bei den Mädchen zu 52 Prozent (t = 11.584, p < .001) aufgeklärt. Bei den Mädchen ist der Pfad von der Lesekompetenz auf das lesebezogene Selbstkonzept stärker ausgeprägt als umgekehrt ($\Delta\chi2$ = 73.700, Δdf = 1, p < .001). Obwohl eine Wechselbeziehung besteht, ist die stärkere Ausprägung in der Richtung von der Lesekompetenz auf das lesebezogene Selbstkonzept zu finden, was nicht den Erwartungen entspricht. Marsh und seine Forschungsgruppe (Marsh & Craven 2005; Marsh & O'Mara 2008) sowie die Metaanalyse von Valentine et al. (2004) gehen zwar von wechselseitigen Beziehungen aus, wobei die Wirkung vom Selbstkonzept auf die Leistung als die stärkere angenommen wird. Die Unterschiede werden auf die Altersstufe zurückgeführt, die Wirkung von der Lesekompetenz auf das lesebezogene Selbstkonzept träfe demnach für jüngere Schüler zu. In den vorangegangenen Betrachtungen wurde die stärkere Wirkung in der Richtung vom Selbstkonzept auf die Lesekompetenz angenommen. Es erweist sich nun, dass diese Annahme zu verwerfen ist. Da die Mädchen die höchsten Lesekompetenzen aufweisen, sollten gerade sie die stärksten Selbstkonzepte haben, was aber nicht der Fall ist. Mädchen scheinen sich eher mit anderen Mädchen zu messen. Es ist zu vermuten, dass der Aufbau des lesebezogenen Selbstkonzeptes stärker von der Lesekompetenz abhängt. Jungen können im Vergleich zu den Mädchen auch bei einer tieferen Lesekompetenz ein mit den Mädchen vergleichbares Selbstkonzept aufbauen. Hinsichtlich der Lesefreude bestätigt sich aber auch in dieser Untersuchung die höhere Lesefreude von Mädchen (M = .47, t = 6.342, p < .001). Die Lesefreude wird bei den Mädchen durch die Anschlusskommunikation in der Familie (p(LF, AKF) = .10, t = 3.248, p = .001) und durch Involviertheit/evasives Lesen (INEV) (p(LF, INEV) = .18, t = 3.341, p = .001) gesteigert. Dieses Ergebnis ist nicht weiter erstaunlich, da Mädchen häufiger in der Familie über Gelesenes sprechen und die Involviertheit sehr eng mit dem weiblichen Lesen verbunden wird (Graf 2010). Die Lesefreude wird aber auch bei Mädchen untergraben, wenn diese von den Eltern zum Lesen aufgefordert (AL) werden (p(LF, AL) = -.10, t = -3.774, p < .001). Dabei kann in der Lesefreude 57 Prozent (t = 12.624, p < .001) der Varianz aufgeklärt werden. Die Involviertheit/das evasive Lesen beruht bei den Mädchen einzig auf der früheren Involviertheit beim Lesen. 67 Prozent (t = 16.972, p < .001) der Varianz werden aufgeklärt. Mädchen, die mehr Lesefreude empfinden, werden von ihren Eltern seltener zum Lesen aufgefordert (p(AL, LF) = -.10, t = -2.439, p = .02). Die Varianz in der

Aufforderung zum Lesen kann zu 47 Prozent (t = 12.107, p < .001) aufgeklärt werden. Insgesamt werden die Mädchen seltener als die Jungen zum Lesen aufgefordert (M = -.45, t = -6.023, p < .001). Hier vergrößert sich sogar die Differenz in der Häufigkeit der Aufforderung zum Lesen zwischen den Mädchen und Jungen (M = -.21, t = -3.756, p < .001). Diese Unterschiede in der Aufforderung zum Lesen können durch die höhere Lesemotivation und die höheren Lesekompetenzen der Mädchen erklärt werden (M = .25, t = 3.837, p < .001). Auch in der Lesekompetenz können die Mädchen ihre Überlegenheit während des 8. Schuljahres noch weiter ausbauen (M = .09, t = 2.033, p = .04). Bei den Mädchen wird wiederum der negative Effekt der Aufforderung zum Lesen ersichtlich, welcher den Aufbau der Lesekompetenz erschwert (p(LK, AL) = -.13, t = -3.620, p < .001). In der Lesekompetenz wird dabei 60 Prozent der Varianz aufgeklärt.

13.9.3.2 Zusammenfassung AKF

Bei Jungen und Mädchen beeinflusst die Anschlusskommunikation die Lesemotivation. Der Unterschied liegt darin, dass bei den Jungen die Involviertheit, bei den Mädchen hingegen die Lesefreude gesteigert wird. Die positiven Effekte der Anschlusskommunikation auf die Lesemotivation werden schon von Hurrelmann (2004a, 2007) beschrieben. Eher erstaunt, dass bei den Jungen die Anschlusskommunikation in der Familie die Involviertheit steigert. Dies ist ein Hinweis auf positives Leseklima in der Familie. Die Steigerung der Involviertheit bei den Jungen wird vermutlich vom familiären Leseklima angeregt, sodass die Jungen dem Lesen Lust abgewinnen können. Dies trägt dazu bei, dass sie Gefühle beim Lesen zulassen, obwohl sie selbst den intimen Lesemodus, insbesondere bezogen auf die Belletristik, ablehnen (Graf 2010). Bei Mädchen wie bei Jungen wird durch die Involviertheit die Lesefreude gesteigert. Weder bei den Jungen noch bei den Mädchen kann aber ein positiver Zusammenhang mit der Lesekompetenz festgestellt werden, der nach Logan und Johnsten (2009) für die Jungen zu erwarten wäre. Diese fehlende Beziehung könnte auf die allgemeine Natur der Lesemotivation, wie sie in der Untersuchung erfasst wurde, zurückzuführen sein. Bei Jungen zeigt sich der Einfluss von Motivation auf die Leistung durch das thematische Interesse an einem Text. Bei Mädchen ist diese Beeinflussung weniger stark ausgeprägt (Stanat & Kunter 2001). Diesen Unterschied begründen Oakhill und Petrides (2007) mit dem breiteren Lesespektrum der Mädchen. In beiden Gruppen wird die Lesemotivation aber gedämpft, wenn die Jugendlichen zum Lesen aufgefordert werden. Bei den Jungen wird neben der Lesefreude auch das lesebezogene Selbstkonzept in Mitleidenschaft gezogen. Der negative Einfluss von äußerem Druck auf die Lesemotivation wird in der Selbstbestimmungstheorie (Deci & Ryan 1985) aufgezeigt. Die beobachtete Auswirkung auf das Selbstkonzept bei den Jungen kann dadurch erklärt werden, dass Jungen eine schwächere Lesekompetenz aufweisen als die Mädchen und zudem häufiger als diese zum Lesen aufgefordert werden. Die Beziehung zwischen Lesekompetenz und Selbstkonzept ist bei den Mädchen erwartungsgemäß wechselseitig ausgeprägt (Marsh & Craven 2006). Erstaunlich ist aber, dass die Wirkung von der Lesekompetenz auf das Selbstkonzept stärker ausgeprägt ist, wobei sie eher bei jüngeren Schülerinnen und Schülern zu erwarten wäre (Valentine et al. 2004). Bei den Jungen hingegen kann die erwartete stärkere Wirkung vom Selbstkonzept auf die Lesekompetenz nachgewiesen werden (Marsh & Craven 2006). Es besteht aber keine Wechselbeziehung. In den vorangegangen Modellen wurde davon ausgegangen, dass die stärkere Ausprägung der Wirkungsrichtung von der Lesekompetenz auf das lesebezogene Selbstkonzept auf die Kompetenz zurückzuführen sein könnte. Diese Annahme muss nun revidiert werden, da die Mädchen eine höhere Lesekompetenz aufweisen als die Jungen. Der Zusammenhang muss also eher auf das Selbstkonzept zurückzuführen sein. Im lesebezogenen Selbstkonzept können jedoch keine Geschlechtsunterschiede festgestellt werden, obwohl die Mädchen über höhere Kompetenzen verfügen. Mädchen scheinen sich in Bezug auf das Selbstkonzept eher mit anderen, leistungsstarken Mädchen zu vergleichen. Die Jungen bauen trotz schwächerer Kompetenzen ein mit den Mädchen vergleichbares lesebezogenes Selbstkonzept auf. Zu prüfen wäre, ob Jungen im Vergleich zu Mädchen häufiger für ihr Lesen gelobt werden und so das Selbstkonzept gestärkt wird. Die Aufforderung zum Lesen reduziert bei den Mädchen sowohl Lesefreude als auch die Lesekompetenz. Hier zeigen sich die negativen Effekte der Druckausübung, wie sie von Guthrie (2008b) und in der Selbstbestimmungstheorie (Deci & Ryan 1985) beschrieben werden. Erstaunlich ist, dass diese Effekte bei den Jungen nicht gleichermaßen zu beobachten sind. Jungen mit einer höheren Lesekompetenz werden weniger häufig zum Lesen aufgefordert, sodass indirekt die Lesefreude und das lesebezogene Selbstkonzept gestärkt werden kann.

13.9.3.3 Modell: Anschlusskommunikation mit Gleichaltrigen

Im ersten Teil dieses Kapitels wird das Wirkungsgefüge im Modell der Jungen, im zweiten Teil dasjenige für die Mädchen beschrieben (vgl. Abbildung 73). Im dritten Teil werden die beiden Modelle miteinander verglichen.

Die Anschlusskommunikation mit Gleichaltrigen (AKP) steigert bei den *Jungen* die Lesefreude (LF) (p(LF, AKP) = .13, t = 4.218, p < .001). In der Lesefreude können 46 Prozent (t = 10.605, p < .001) der Varianz nachvollzogen werden. Die Steigerung der Lesefreude durch die Anschlusskommunikation in der Familie (Hurrelmann 2006) gilt auch für Gespräche mit Gleichaltrigen. Die Anschlusskommunikation mit Gleichaltrigen wird bei den Jungen infolge der Aufforderung zum Lesen durch die Eltern (AL) reduziert (p(AKP, AL) = -.13, t =-3.376, p < .001). Die Varianz in der Anschlusskommunikation mit Gleichaltrigen wird zu 29 Prozent (t = 6.691, p < .001) aufgeklärt. Außer der Anschlusskommunikation wird das lesebezogene Selbstkonzept (SK) in Mitleidenschaft gezogen (p(SK, AL) = -.11, t = -2.374, p = .02). Im lesebezogenen Selbstkonzept werden 49 Prozent (t = 10.567, p < .001) der Varianz aufgeklärt. Entgegen den Annahmen wirkt sich aber die Aufforderung zum Lesen nicht auf die Lesefreude aus (Guthrie 2008b; Hurrelmann et al. 1993). Der Anteil der geklärten Varianz in der Aufforderung zum Lesen beträgt 44 Prozent (t = 10.533, p < .001). Der Aufbau des lesebezogenen Selbstkonzepts (SK) ist bei den Jungen zentral für den weiteren Kompetenzaufbau (p(AL, LK) = -.10, t = -2.612, p = .009). Die Lesekompetenz verhilft den Jungen dazu, dass sie seltener zum Lesen aufgefordert werden. Daher ist für die Förderung der Jungen wichtig, dass man einerseits die Anschlusskommunikation mit Gleichaltrigen fördert und andererseits das lesebezogene Selbstkonzept steigert. Die Aufforderung zum Lesen verhindert bei den Jungen den Aufbau des lesebezogenen Selbstkonzepts ebenso wie die Anschlusskommunikation mit Gleichaltrigen. Die aufgeklärte Varianz in der Lesekompetenz beläuft sich auf 55 Prozent (t = 11.482, p < .001).

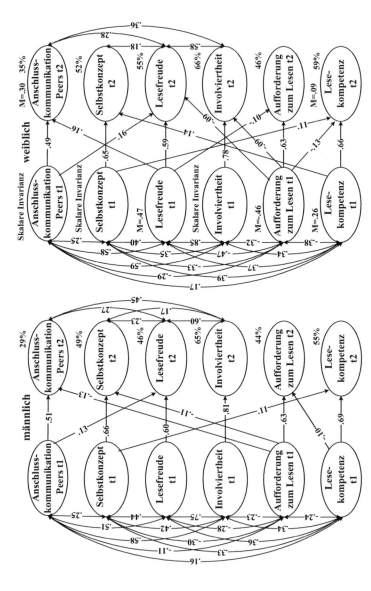

Abbildung 73: Motivationsmodell mit Anschlusskommunikation mit Peers nach Geschlecht

Im Modell der *Mädchen* spiegelt sich eine wechselseitige Beziehung zwischen der Anschlusskommunikation mit Gleichaltrigen und der Lesefreude wider. In Übereinstimmung mit Hurrelmann (2006) steigert die Lesefreude (LF) die Anschlusskommunikation mit Gleichaltrigen (AKP) (p(AKP, LF) = .16, t = 4.018, p < .001); diese erhöht in wie von Schallert und Reed (1997) proklamiert die Lesefreude (p(LF, AKP) = .16, t = 4.506, p < .001). In der Anschlusskommunikation mit Gleichaltrigen werden 35 Prozent (t = 8.534, p < .001) der Varianz aufgeklärt. Ebenfalls kann bei den Mädchen eine wechselseitige Beziehung zwischen dem lesebezogenen Selbstkonzept (SK) und der Lesekompetenz (LK) nachgewiesen werden. Das Selbstkonzept etabliert sich dabei über die Lesekompetenz (p(SK, LK) = .14, t = 2.781, p = .005). Das lesebezogene Selbstkonzept steigert aber auch die Lesekompetenz (p(LK, SK) = .11, t = 3.623, p < .001). Im lesebezogenen Selbstkonzept können 52 Prozent (t = 11.383, p < .001) der Varianz aufgeklärt werden. Entgegen den Erwartungen ist aber die Beziehung von der Lesekompetenz auf das lesebezogene Selbstkonzept stärker ausgeprägt als umgekehrt (Valentine et al. 2004). Ebenfalls zeigt sich bei den Mädchen eine wechselseitige Beziehung zwischen der Lesefreude und der Aufforderung zum Lesen. Mädchen mit einer höheren Lesefreude werden ebenfalls seltener zum Lesen aufgefordert (p(AL, LF) = -.10, t = -2.554, p = .01). Die Varianz in der Lesefreude wird zu 55 Prozent (t = 13.932, p < .001) aufgeklärt. Erwartungsgemäß werden durch die Aufforderung zum Lesen sowohl die Lesefreude (LF) (p(LF, AL) = -.09, t = -2.496, p = .01), die Involviertheit/ evasives Lesen (INEV) (p(INEV, AL) = -.09, t = -2.332, p = .02) als auch die Lesekompetenz (LK) (p(LK, AL) = -.13, t = -3.507, p < .001) reduziert. Die Varianz in der Involviertheit/im evasiven Lesen wird dabei zu 66 Prozent (t = 18.993, p < .001) aufgedeckt; die Varianz in der Lesekompetenz wird zu 59 Prozent (t = 14.072, p < .001) aufgeklärt. Wie schon im Modell der Anschlusskommunikation in der Familie weisen die Mädchen eine höhere Lesefreude (M = .47, t = 6.368, p < .001) und eine höhere Lesekompetenz (M = .26, t = 3.883, p < .001) auf als die Jungen. Die Mädchen werden zudem seltener zum Lesen aufgefordert als die Jungen, was mit der höheren Lesekompetenz und Lesefreude erklärt werden kann. Die Mädchen können im Vergleich zu den Jungen im letzten Schuljahr den Vorsprung in der Lesekompetenz weiter ausbauen (M = .09, t = 2.04, p = .04).

13.9.3.4 Zusammenfassung AKP

Der Modellvergleich verdeutlicht, dass bei den Mädchen die Anschlusskommunikation mit Gleichaltrigen von der Lesefreude begünstigt wird. Bei den Jungen kann dieser positive Effekt nicht nachgewiesen werden. Die bei den Mädchen festgestellte Wirkung ist auf deren höhere Lesemotivation zurückzuführen. Der Einfluss der Anschlusskommunikation mit Gleichaltrigen auf die Lesefreude ist für Jungen und Mädchen gleichermaßen nachzuweisen. Bei den Jungen wird die Anschlusskommunikation mit Gleichaltrigen durch die Aufforderung zum Lesen reduziert. Der von den Eltern ausgeübte Druck wirkt sich nicht nur auf die Anschlusskommunikation aus, sondern schwächt zugleich das lesebezogene Selbstkonzept. Die Jungen werden häufiger als die Mädchen zum Lesen aufgefordert. Dies dürfte auf die geringere Lesekompetenz und die weniger ausgeprägte Lesefreude zurückzuführen sein. Auch bei Mädchen, die zum Lesen aufgefordert werden, zeigen sich die negativen Auswirkungen. Während bei den Jungen das Selbstkonzept und die Anschlusskommunikation beeinträchtigt werden, reduzieren sich bei den Mädchen die Lesefreude, die Involviertheit und die Lesekompetenz. Unter Rückgriff auf die Selbstbestimmungstheorie (Deci & Ryan 1993) wird nachvollziehbar, dass ausgeübter Druck, ein Instrument extrinsischer Motivation, die intrinsische Motivation reduziert, sich negativ auf die Lesefreude auswirkt und letztlich den Aufbau der Lesekompetenz verhindert. Die Verminderung des lesebezogenen Selbstkonzepts bei den Jungen hemmt zusätzlich den Aufbau der Lesekompetenz. Bei den Mädchen ist zwar erwartungsgemäß die wechselseitige Wirkung zwischen Selbstkonzept und Lesekompetenz nachzuweisen (Marsh & Craven 2006). Entgegen den Annahmen von Valentine et al. (2004) ist aber die Wirkung von der Lesekompetenz auf das Selbstkonzept stärker ausgeprägt. Während bei den Mädchen von der Lesekompetenz das lesebezogene Selbstkonzept gestärkt wird, werden Jungen mit einer höheren Lesekompetenz seltener zum Lesen aufgefordert.

13.9.3.5 Fördermöglichkeiten

Bei den *männlichen Jugendlichen* steigert das lesebezogene Selbstkonzept die Lesekompetenz. Bei den Jungen besteht eine wechselseitige Wirkung zwischen Lesefreude und Involviertheit. Während die Anschlusskommunikation in der Familie die Involviertheit unterstützt, wird die Lesefreude durch die Anschlusskommunikation mit Gleichaltrigen gestärkt. Die Aufforderung zum Lesen führt bei den Jungen zu einem niedrigeren lesebezogenen Selbstkonzept und einer geringeren Lesekompetenz und verhindert die Anschlusskommunikation mit Gleichaltrigen. Die Aufforderung zum Lesen lässt sich bei Jungen mittels Steigerung der Lesekompetenz reduzieren. Zur Förderung der Jungen sollte in erster Linie das lesebezogene Selbstkonzept aufgebaut werden. Des Weiteren ist auch in dieser Gruppe zentral, dass die Aufforderung zum Lesen reduziert und durch motivationssteigernde Leseanregungen ersetzt wird.

Bei den *Mädchen* besteht eine wechselseitige Beziehung zwischen dem lesebezogenen Selbstkonzept und der Lesekompetenz. Bei den Mädchen schwächt die Aufforderung zum Lesen direkt die Lesekompetenz. Zudem zieht auch bei den Mädchen die Aufforderung zum Lesen eine Verringerung der Lesefreude nach sich. Die Lesefreude kann mit der Anschlusskommunikation in der Familie und mit Gleichaltrigen gesteigert werden. Die Involviertheit beim Lesen steigert zudem die Lesefreude. Mittels Lesefreude kann die Aufforderung zum Lesen minimiert werden. Bei den Mädchen sollte hauptsächlich Wert auf die Förderung des lesebezogenen Selbstkonzeptes gelegt werden. Die Lesefreude kann bei ihnen mithilfe von Anschlusskommunikation in der Familie und mit Gleichaltrigen gesteigert werden.

14 Zusammenfassung der Ergebnisse

In diesem abschließenden Kapitel werden die wichtigsten Ergebnisse nochmals zusammengefasst. Ziel der Untersuchung war es, die Wirkungsgefüge zwischen Anschlusskommunikation, motivationalen Faktoren und Lesekompetenz besser zu verstehen. Ein weiteres Anliegen bestand im Aufdecken unterschiedlicher Wirkungszusammenhänge in den von PISA identifizierten Risikogruppen, um Jugendliche letztlich gezielter fördern zu können, indem die positiven Effekte gestärkt und kompetenzschwächende Effekte minimiert werden.

In Kapitel 14.1 werden die Abweichungen zwischen den Mittelwerten in den jeweiligen Konstrukten im Überblick präsentiert. Das Kapitel 14.2 behandelt die in den Regressionsmodellen angezeigten Vorhersagefaktoren der Lesekompetenz. Kapitel 14.3 fokussiert die wichtigsten Wirkungsgefüge in der Gesamtstichprobe, welche anhand der Kreuzeffektmodelle und der Mediationsmodelle ersichtlich wurden. Das Kapitel 14.4 beschäftigt sich noch einmal übergreifend mit den gruppenspezifischen Unterschieden bei den Wirkungszusammenhängen. In Kapitel 14.5 werden Ansätze zur Förderung der motivationalen Faktoren aufgeführt, die zu einer Steigerung der Lesekompetenz beitragen könnten. In Kapitel 14.6 werden die Grenzen vorliegender Studie diskutiert und in Kapitel 14.7 ist abschließend auf Forschungslücken zu verweisen, die in weiterführenden Studien geschlossen werden können.

14.1 Mittelwertsunterschiede

Die Untersuchung der Mittelwertsunterschiede zielte darauf ab, Veränderungen zu identifizieren – in den erhobenen Konstrukten über die Zeit sowie hinsichtlich der gruppenspezifischen Unterschiede in der Anschlusskommunikation, der motivationalen Konstrukte und der Lesekompetenz. Ausgangspunkt der Überlegungen war, dass bei der Anschlusskommunikation eine Verschiebung von der Familie hin zu den Gleichaltrigen stattfindet, also die Anschlusskommunikation in der Familie nachlässt und sich jene unter Gleichaltrigen intensiviert. Vom lesebezogenen Selbstkonzept wurde angenommen, dass es stabil bleibt, von den motivationalen Faktoren, dass sie schwächer werden. In der Lesekompetenz wurde ein Anstieg vermutet. Bezogen auf die diversen Untergruppen war für alle

Konstrukte der Ausgangspunkt, dass Unterschiede vorliegen. Es wurde angenommen, dass bei Jungen mit Migrationshintergrund aus niedrigen sozialen
Schichten alle untersuchten Faktoren schwächer ausgeprägt sind als bei einheimischen Mädchen aus hohen sozialen Schichten.

Die Überprüfung dieser Hypothesen münden in folgenden Schlüssen: Im
Verlauf des 8. Schuljahres lassen sich Veränderungen bei den lesebezogenen
Faktoren nachweisen. Die Jugendlichen vermögen im 8. Schuljahr ihre Lesekompetenzen noch zu steigern. Zu berücksichtigen ist dabei, dass derselbe Test
wie in der ersten Erhebung noch einmal durchgeführt wurde. Die motivationalen
Faktoren Lesefreude und Involviertheit sowie die Lesezeit nehmen erwartungsgemäß weiter ab. Der Rückgang der Lesemotivation und der Lesezeit kann einerseits durch das allgemeine Nachlassen der Motivation im Laufe der Schulzeit
erklärt werden (Schunk & Pajares 2009). Schunk und Pajares (2009) führen
dieses Nachlassen und auch die Schwächung der Selbstwirksamkeit auf den
höheren Konkurrenzdruck in der Klasse und die geringere Aufmerksamkeit der
Lehrpersonen für die Lernfortschritte der Schüler zurück. Das lesebezogene
Selbstkonzept sowie die Selbstwirksamkeit bleiben in der untersuchten Stichprobe stabil; eine Abnahme der Selbstwirksamkeit kann somit nicht bestätigt werden. Hinsichtlich des Selbstkonzepts Printmedien kann sogar eine Zunahme
während des 8. Schuljahrs festgestellt werden. Die Abnahme der Lesezeit wird
mit zunehmendem Fernsehkonsum erklärt (Ennemoser & Schneider 2004). Die
vorliegende Untersuchung zeigt einerseits eine Abnahme der Lesemotivation –
der Lesefreude und der Involviertheit –, andererseits ein Anwachsen des Sachinteresses. Letzteres könnte mit der bevorstehenden beruflichen Orientierung zusammenhängen, was jedoch anhand der erhobenen Daten nicht geprüft werden
konnte. Ein höheres Sachinteresse könnte genutzt werden, um die Jugendlichen
zum häufigeren Lesen anzuregen, indem man die altersgemäßen Interessen gezielt unterstützt und auf diesen Gebieten Ressourcen zur Verfügung stellt, damit
die Jugendlichen mehr Wissen und Kompetenzen erwerben. Die Interessen der
Jugendlichen können unterstützt werden, wenn man den Jugendlichen weiterführende Literatur zugänglich macht. In der Anschlusskommunikation in der Familie und in der Gleichaltrigengruppe kann im Laufe des 8. Schuljahres eine Zunahme festgestellt werden. Die Anschlusskommunikation in der Familie bleibt
die zentrale Sozialisationsinstanz für lesebezogene Aktivitäten. Die Anschlusskommunikation mit Gleichaltrigen nähert sich zwar in ihrer Intensität derjenigen
in der Familie an, ersetzt diese aber nicht. Dies entspricht der Annahme von
Philipp (2010a), dass die Anschlusskommunikation in der Familie mit der Anschlusskommunikation mit Gleichaltrigen zusammenhängt. Eine Verschiebung
der Anschlusskommunikation von der Familie hin zu Gleichaltrigen (Graf 2010)
kann nicht bestätigt werden.

Im Folgenden werden die Unterschiede in den lesebezogenen Konstrukten vor dem Hintergrund der definierten Untergruppen betrachtet. Zwischen den *sozialen Schichten* liegen die bedeutsamsten Unterschiede bei der Anschlusskommunikation in der Familie und bei der Lesekompetenz. Dabei weisen die besser gestellten sozialen Schichten erwartungsgemäß generell höhere Ausprägungen auf. Die stärker ausgeprägte Anschlusskommunikation in sozial besser gestellten Familie erklären Groeben und Schroeder (2004) damit, dass in den höheren Schichten die Funktionen der Nachwuchsqualifizierung nicht im Widerspruch zur Lebensfreude stehen und sich somit beide Aspekte konstruktiv verbinden lassen. Diese Verbindung ermöglicht ein positives Leseklima in der Familie und führt dazu, dass insbesondere bei Mädchen die lesebezogenen Werte auch in die Wahl der persönlich relevanten Gleichaltrigengruppe einfließen. McElvany et al. (2009) vermuten, dass besser ausgebildete Eltern eher in der Lage sind, ihre Kinder zu fördern und sie bei der Bewältigung schulischer Aufgaben zu unterstützen, was sich zusätzlich auf die Leistung auswirkt. In der PISA-Studie erweist sich, dass in den letzten zehn Jahren die schichtspezifischen Unterschiede in der Lesekompetenz zwar geringer wurden, aber immer noch stark ausgeprägt sind (Ehmke & Jude 2010; Naumann et al. 2010), was darauf hinweist, dass pädagogische Interventionen in der Schule die heterogenen familiären Voraussetzungen teilweise auszugleichen vermögen, aber in diesem Bereich noch viel getan werden muss. Bei den motivationalen Faktoren sowie der Lesezeit haben ebenfalls die Jugendlichen aus sozial höheren Schichten positivere Einstellungen und lesen mehr. Nach Zhou und Salili (2008) hängt die Lesemotivation am stärksten von der Anzahl an Büchern im Haushalt ab. Bücher in persönlichem Besitz werden bei Bourdieu (Bourdieu 1979) als wichtige Kulturgüter angesehen. Die PISA-Studie geht darüber hinaus und zeigt, dass die Anzahl Bücher zentral sind zur Bestimmung des sozialen Status (Coradi Vellacott et al. 2003). Die Effektstärken sind aber relativ gering. Es können lediglich vier bis fünf Prozent der Unterschiede auf die soziale Schicht zurückgeführt werden. Bei der Aufforderung zum Lesen können zwischen den sozialen Schichten keine Abweichungen festgestellt werden. Aus diesen schichtspezifischen Diskrepanzen lässt sich ableiten, dass bei Jugendlichen aus niedrigen sozialen Schichten insbesondere die Lesefreude, die Involviertheit und die Anschlusskommunikation in der Familie und mit Gleichaltrigen gefördert werden sollte.

Zwischen den *Einheimischen und Jugendlichen mit Migrationshintergrund* sind die Unterschiede weniger stark ausgeprägt. Der deutlichste ist ebenfalls an der Lesekompetenz festzumachen, wobei die einheimischen Jugendlichen eine höhere Kompetenz aufweisen. Hier können aber lediglich vier Prozent der Unterschiede auf den Migrationshintergrund zurückgeführt werden. Die niedrigere Lesekompetenz der Jugendlichen mit Migrationshintergrund wird auf die fehlenden Deutschkenntnisse zurückgeführt (Kristen & Dollmann 2010). Die relativ geringen Unterschiede in der Lesekompetenz zwischen deutschsprachigen Jugendlichen und Jugendlichen mit Migrationshintergrund ist teilweise auf die große Heterogenität in der Gruppe der mehrsprachigen Jugendlichen zurückzuführen (Walter 2008). Erschwerend kommt hinzu, dass der Migrationshintergrund sehr häufig mit der sozialen Schicht gekoppelt ist (Walter 2008). Dies wird zusätzlich verschärft, indem die Bildungsabschlüsse der Eltern nicht anerkannt werden (Stanat et al. 2010a) und diese oft in Niedriglohnbranchen arbeiten müssen. Solche Erfahrungen der Eltern dürften jedenfalls dazu führen, dass diese für ihre Kinder ein besseres Leben wünschen. Inwieweit die Unterschiede durch sekundäre Effekte bei der Notenvergabe oder Schullaufbahnempfehlungen verschärft werden, kann im Rahmen dieser Untersuchung nicht geklärt werden. Die relativ große Differenz bei den externalen Motivationen wird somit nachvollziehbar. Die Jugendlichen mit Migrationshintergrund werden weit häufiger zum Lesen aufgefordert als die einheimischen. Zudem schätzen sie die Fremdbewertungsfolgen höher ein und lesen häufiger aus dem Anliegen heraus, eine gute Note zu erhalten. Dies könnte mit den sozialen Aufstiegserwartungen der Eltern mit Migrationserfahrung zusammenhängen (Kristen & Dollmann 2010), die durch erhöhten Druck die Jugendlichen zu besseren Leistungen bewegen möchten. In den lesebezogenen Selbstkonzepten entsprechen die Jugendlichen mit Migrationshintergrund den einheimischen. Bei der lesebezogenen Selbstwirksamkeit weisen Erstere im Vergleich sogar höhere Werte auf. In der Lesefreude und den lesebezogenen Geschlechterrollenstereotypen können keine Unterschiede zwischen den Einheimischen und den Jugendlichen mit Migrationshintergrund identifiziert werden. Hingegen weisen bei den lesebezogenen Werten und Erwartungen die Jugendlichen mit Migrationshintergrund höhere Werte in der Betroffenheit und Anstrengungsbereitschaft nach einem Misserfolg auf. Rund vier Prozent der Unterschiede lassen sich auf den Migrationshintergrund zurückführen. Die Involviertheit beim Lesen ist bei einheimischen Jugendlichen etwas stärker, allerdings so geringfügig, dass dies zu vernachlässigen ist. Die Jugendlichen mit Migrationshintergrund haben ein höheres Sachinteresse, doch auch hier kann lediglich ein Prozent der Varianz auf den Migrationshintergrund zurückgeführt werden. Der Vergleich zwischen Einheimischen und Jugendlichen mit Migrationshintergrund macht die starke extrinsische Motivation Letzterer deutlich. Hier sollte in erster Linie versucht werden, die Aufforderung zum Lesen sowie die Fremdbewertungsfolgen zu reduzieren. Gibb und Guthrie (2008) schlagen zur Stärkung der intrinsischen Motivation vor, dass man im schulischen Bereich auch Literatur aus dem Kulturkreis der Jugendlichen mit Migrationshintergrund liest, was sich zusätzlich positiv auf die Identität der Jugendlichen auswirkt.

Die Abweichungen zwischen *Mädchen und Jungen* äußern sich in erster Linie in der Involviertheit/im evasiven Lesen und bei der Lesefreude, wo die Jungen niedrigere Werte aufweisen als die Mädchen. Bei den Jungen werden zudem relativ stark ausgeprägte Geschlechterrollenstereotype offensichtlich, was nicht nur die Annahme von Graf (2010) bestätigt, dass der intime Lesemodus von den Jungen als „weiblich" abgelehnt wird, sondern auch insgesamt die höhere Lesemotivation der Mädchen nachvollziehbar macht (Artelt et al. 2010). Dies wird des Weiteren von McGeown et al. (2011) bestätigt, die die Geschlechtsunterschiede hauptsächlich auf die höhere Involviertheit bei Mädchen sowie die Geschlechtsidentität zurückführen. Die von Hurrelmann (2004a) für die Grundschule und von Artelt et al. (Artelt et al. 2010) für die Sekundarstufe I festgehaltene höhere Lesefrequenz von Mädchen, kann in vorliegender Untersuchung insofern bestätigt werden, als männliche Jugendliche weitaus weniger Zeit auf das Lesen verwenden als die Mädchen. Die Unterschiede in der Lesekompetenz sind relativ schwach ausgeprägt. Sie werden in der Fachdiskussion häufig auf die Lesemotivation zurückgeführt (z.B. Guthrie 2008b; Logan & Johnston 2009). Gerade Jungen zeigen bei Texten, die ihr Interesse nicht ansprechen, schlechtere Verstehensleistungen (Schiefele 1996a; Stanat & Kunter 2002). Geschlechtsspezifische Abweichungen in der Anschlusskommunikation zeichnen sich auch in der vorliegenden Untersuchung ab. Philipp et al. (2008) führen diese Unterschiede in der Anschlusskommunikation auf die Lesemotivation zurück. Zwar tauschen die Jungen sich nur geringfügig seltener über das Gelesene in der Familie aus, doch zeigt sich ein großer Unterschied in der Anschlusskommunikation mit Gleichaltrigen, die überwiegend von den Mädchen gepflegt wird. In der Lesekompetenz verfügen die Jungen über eine minimal schlechtere Lesekompetenz. Es kann lediglich ein Prozent der Unterschiede in der Lesekompetenz auf das Geschlecht zurückgeführt werden. Die abweichenden Werte bei den Jungen betreffen überwiegend die Lesemotivation und die stärkeren Geschlechterrollenstereotype, die sich anscheinend eher mindernd auf die Lesezeit auswirken denn auf die Lesekompetenz. Bei der Kontrolle der Geschlechterrollenstereotype können, analog zu Stanat und Kunter (2002), die Unterschiede in der Lesekompetenz nicht mehr nachgewiesen werden. Daher gilt es bei Jungen die lesebezogenen Geschlechterrollenstereotype zu reduzieren und die intrinsische Lesemotivation zu stärken. Zudem sollte bei den Jungen versucht werden, den Austausch über das Gelesene mit Gleichaltrigen zu initiieren und zu fördern.

14.2 Vorhersagefaktoren der Lesekompetenz

In Kapitel 13.4 wurde der Frage nachgegangen, welche lesebezogenen Faktoren die Lesekompetenz am besten erklären können und welche Einflussfaktoren in den Untergruppen relevant sind. Als Ausgangspunkt für die Bestimmung der Einflussfaktoren auf die Lesekompetenz wird das Erwartungswertmodell der Lesemotivation (Möller & Schiefele 2004) herangezogen. Zu Beginn des 8. Schuljahres stellen die Lesefreude und das lesebezogene Selbstkonzept die stärksten Vorhersagefaktoren für die Lesekompetenz dar. Ebenfalls relativ wichtig sind die Fremdbewertungsfolgen, die kognitive Herausforderung, die Anschlusskommunikation in der Familie sowie die Involviertheit/das evasive Lesen. Einen relativ bescheidenen Beitrag leisten die Geschlechterrollenstereotype, die Aufforderung zum Lesen und das Lesen, um gute Noten zu erhalten. Zu Beginn des 9. Schuljahres gibt es geringfügige Verschiebungen in der Wichtigkeit der Einflussfaktoren. Den stärksten Einfluss haben die Fremdbewertungsfolgen. Dies könnte mit dem bevorstehenden Berufseinstieg und dem Übergang auf das Gymnasium zusammenhängen, der am Ende des 9. Schuljahres erfolgt. Aber auch zu Beginn des 9. Schuljahres sind die Lesefreude und das lesebezogene Selbstkonzept zentrale Faktoren, denen nun die Involviertheit, die kognitiven Herausforderungen und die Aufforderung zum Lesen folgen. Einen relativ geringen Beitrag zur Erklärung der Lesekompetenz leisten das Lesen, um eine gute Note zu erhalten, die Anschlusskommunikation in der Familie sowie die Betroffenheit und Anstrengungsbereitschaft nach einem Misserfolg im Fach Deutsch. Die Geschlechterrollenstereotype fallen sogar als Erklärungsfaktor ganz weg.

Hurrelmann (2004a) und Guthrie (2008b) betonen die zentrale Rolle der Lesemotivation für die Lesekompetenzentwicklung, was in der vorliegenden Untersuchung bestätigt werden kann. Erstaunlich ist aber, dass die Anschlusskommunikation in der Familie einen relativ geringen Einfluss hat. Dies ist auf die insgesamt eher niedrige Ausprägung der Anschlusskommunikation zurückzuführen und vermutlich auch auf die starke Konzentration der Anschlusskommunikation auf Mädchen.

Die Untersuchung bestätigt die Bedeutung des lesebezogenen Selbstkonzeptes für den Kompetenzaufbau. Das Selbstkonzept ist nicht nur zentral für die Lesemotivation (Chapman & Tunmer 2003), sondern wirkt dem Matthäus-Effekt (Stanovich 1986) entgegen, der dazu führt, dass leseschwache Schüler und Schülerinnen weniger lesen und somit die Leistungsunterschiede zwischen guten und schlechten Leserinnen und Leser noch größer werden und eine Abwärtsspirale verstärkt wird (Yudowitch et al. 2008). Die relativ hohe Bedeutung der Fremdbewertungsfolgen lässt sich unter Rückgriff auf die Selbstbestimmungstheorie (Deci & Ryan 1985) erklären. Gerade bei Jugendlichen mit niedriger Lesekompetenz und schwachem Selbstkonzept kann das Bedürfnis nach Kompetenz und sozialer Anerkennung nur bedingt befriedigt werden. Daher ist zu vermuten, dass die Fremdbewertungsfolgen stärker ins Gewicht fallen. Insgesamt zeigt sich, dass sich die extrinsische Motivation sowie die kognitive Herausforderung negativ auf die Lesekompetenz auswirken. Der negative Effekt der kognitiven Herausforderung dürfte insbesondere bei einer Überforderung zum Tragen kommen. Diese Annahme geht konform mit der Selbstbestimmungstheorie (Deci & Ryan 1985), der Interessentheorie von Silvia (2008) und den Untersuchungen von Guthrie (2008b). Überfordernde Texte wirken demotivierend und wirken sich über die geringere Motivation auf die Lesezeit und Lesekompetenz aus. In den folgenden Abschnitten werden die Regressionsmodelle in den Untergruppen näher betrachtet. In diesem explorativen Teil soll geprüft werden, welche Rolle die Mittelwertsunterschiede für die Erklärung der Lesekompetenz spielen.

Bei den Untergruppen erweist sich bei den Jugendlichen mit einem niedrigen sozialen Status die Aufforderung zum Lesen als stärkster Faktor für die Vorhersage der Lesekompetenz. Die Aufforderung zum Lesen reduziert auch in diesem Modell die Lesekompetenz. Dieser relativ starke Effekt mag auf das in Familien oft angespanntere Leseklima zurückzuführen sein, in welchem die Lese- als Leistungssituation empfunden wird (Groeben & Schroeder 2004). Gerade bei Jugendlichen mit einer niedrigen Lesekompetenz wird der Druck der Eltern als Autonomieverlust (Deci & Ryan 1985) wahrgenommen, welcher die eigenen Defizite im Lesen noch stärker in den Vordergrund rückt und damit einen Teufelskreis aus Lesevermeidung und Nachlassen der Lesekompetenz im Vergleich zu den anderen Gruppen verstärkt. In der niedrigen Statusgruppe ist neben dem lesebezogenen Selbstkonzept auch das Selbstkonzept Printmedien stark ausgeprägt. Dies dürfte darauf zurückzuführen sein, dass in dieser Gruppe eher Zeitschriften als Bücher gelesen werden. Des Weiteren ist in dieser Gruppe im 8. Schuljahr, die Lesefreude zentral. Zu Beginn des 9. Schuljahrs wird die Lesefreude durch Involviertheit/evasives Lesen überlagert und kann mit der Multikollinearität der beiden Konstrukte erklärt werden. In der Gruppe mit mittlerem und hohem Status sind die Lesefreude und das lesebezogene Selbstkonzept die wichtigsten Vorhersagefaktoren für die Lesekompetenz. Dies dürfte insgesamt auf die höhere Lesemotivation und auf das stärkere lesebezogene Selbstkonzept in der mittleren und hohen Statusgruppe zurückzuführen sein. Dies dürfte in Einklang mit Groeben und Schroeder (2004) mit einem positiveren Leseklima in den oberen sozialen Schichten zu erklären sein, denen es besser gelingt, die leistungsbezogenen Bildungsnormen ohne eine Vernachlässigung der Lebensfreude in den Alltag zu integrieren.

In der Gruppe der einheimischen Jugendlichen sind das lesebezogene Selbstkonzept und die Lesefreude zentrale Vorhersagefaktoren der Lesekompetenz. Bei den Jugendlichen mit Migrationshintergrund erweisen sich das Selbstkonzept Printmedien sowie die Lesefreude und Involviertheit/evasives Lesen als die zentralen Vorhersagefaktoren. Wie schon bei der niedrigen Statusgruppe werden auch von Jugendlichen mit Migrationshintergrund eher Zeitschriften als Bücher gelesen. Im Vergleich zu einheimischen Jugendlichen trägt nicht nur die Lesefreude, sondern zusätzlich die Involviertheit/evasives Lesen zum Lesekompetenzaufbau bei. Die Bedeutung der Involviertheit/ des evasiven Lesens für die Lesekompetenz bei Jugendlichen mit Migrationshintergrund dürfte auf die niedrigere Involviertheit zurückzuführen sein, während für die Lesefreude keine Gruppenunterschiede festgestellt werden konnten. Daher dürfte die Stärkung der intrinsischen Motivation zu einer Steigerung der Lesekompetenz führen. Wichtige Auslöser einer Reduktion der Lesekompetenz sind die kognitive Herausforderung sowie die Fremdbewertungsfolgen. Für die Entwicklung der Lesekompetenz bei Jugendlichen mit Migrationshintergrund scheint zudem der Grad der Textschwierigkeit ein Faktor zu sein, der zu einer Überforderung und damit zu Verstehensproblemen führen kann. Zur Vermeidung dieses Problems sollten die Jugendlichen zwischen Texten unterschiedlichen Schwierigkeitsgrades zu gleichen Themen wählen können. Die Auswahlmöglichkeit lässt nicht nur die Wahl eines den Fähigkeiten entsprechenden Textes zu, sondern fördert auch die Motivation (Guthrie & Davis 2003; Guthrie, McRae & Lutz Klauda 2007).

Bei den Jungen wie auch bei den Mädchen stellt das lesebezogene Selbstkonzept einen wichtigen Vorhersagefaktor für die Lesekompetenz dar. Bei den Mädchen ist neben dem lesebezogenen Selbstkonzept auch das Selbstkonzept hinsichtlich Printmedien wichtig. Dies kann auf das größere Lesespektrum der Mädchen zurückgeführt werden (Garbe 2003; Oakhill & Petrides 2007), obwohl sich keine Mittelwertsunterschiede beim Selbstkonzept zwischen Jungen und Mädchen abzeichnen. Bei den Jungen ist die Lesefreude lediglich zu Beginn des 8. Schuljahres wichtig. Bei den Mädchen stellt die Lesefreude den wichtigsten Indikator für die Lesekompetenz dar. Bei den Jungen ist hingegen die Lesefreude durch die Involviertheit/evasives Lesen überlagert. Dieser Effekt wird auf die Geschlechterrollenstereotype zurückgeführt, die zu Beginn des 8. Schuljahres bei den Jungen noch relativ stark ausgeprägt sind und sich auf die Lesekompetenzentwicklung auswirken. Jungen, die sich in Geschichten hineinversetzen und ein emotionales Lusterlebnis haben (McGeown et al. 2011), scheinen nach diesem Modell besser in der Lage zu sein, eine höhere Lesekompetenz aufzubauen. Relativ stark ausgeprägt sind in beiden Gruppen die Fremdbewertungsfolgen. Erstaunlicherweise wirkt sich die Aufforderung zum Lesen nur bei den Mädchen auf die Lesekompetenz aus. Da Mädchen insgesamt seltener als die Jungen zum Lesen aufgefordert werden, scheinen der Autonomieverlust und der Druck der

Eltern sich gerade bei Mädchen besonders negativ auf die Lesekompetenz auszuwirken.
    Die Gruppenvergleiche offenbaren, dass in allen fast allen Gruppen die Le-
sefreude und das lesebezogene Selbstkonzept die zentralen Vorhersagefaktoren
der Lesekompetenz sind. Eine Ausnahme stellen die Jugendlichen mit Migrationshintergrund dar. In dieser Gruppe wird das lesebezogene Selbstkonzept vom
Selbstkonzept Printmedien überlagert, was mit einer stärkeren Ausrichtung auf
Zeitschriften erklärt werden kann (Bucher & Bonfadelli 2006). Die Lesefreude
wird lediglich bei den männlichen Jugendlichen von der Involviertheit überlagert. In allen Gruppen sind also das Selbstkonzept und die Lesemotivation die
zentralen Einflussfaktoren zur Förderung der Lesekompetenz. Die Förderung der
Involviertheit sollte insbesondere bei Jugendlichen mit Migrationshintergrund
und männlichen Jugendlichen forciert werden. Bei Jugendlichen mit Migrationshintergrund sowie bei Jungen und bei Mädchen üben die Fremdbewertungsfolgen einen relativ starken Einfluss auf die Lesekompetenz aus. Bei den Mädchen
sowie bei Jugendlichen mit niedrigem Status verhindert die Aufforderung zum
Lesen den Aufbau der Lesekompetenz.
    In den sogenannten Risikogruppen gilt für die Jugendlichen aus niedrigen
sozialen Schichten, dass zur Förderung der Lesekompetenz versucht werden
sollte, neben der Lesefreude und dem Selbstkonzept die Anschlusskommunikation in der Familie zu stärken. Zusätzlich müssen die Eltern darauf aufmerksam
gemacht werden, dass die Aufforderung zum Lesen den Aufbau der Lesekompetenz behindert. Bei den Jugendlichen mit Migrationshintergrund wirken sich
neben der Lesefreude auch die Involviertheit und das lesebezogene Selbstkonzept Printmedien positiv auf den Lesekompetenzaufbau aus. Der Aufbau der
Lesekompetenz wird hingegen bei Jugendlichen mit Migrationshintergrund und
auch generell bei Jungen durch die Fremdbewertungsfolgen eingeschränkt. Diese
können abgemildert werden, indem bei der Bewertung der Jugendlichen eine
individuelle Bezugsnorm eingesetzt wird, die nicht auf Defizite ausgerichtet ist,
sondern die individuellen Fortschritte ins Zentrum rückt. Bei den Jungen wie
auch schon in der Gruppe mit niedrigem Status gilt es die negativen Effekte der
Aufforderung zum Lesen zu reduzieren.

14.3 Wirkungsgefüge

Das Wirkungsgefüge wurde in der vorliegenden Untersuchung anhand von
Kreuzeffekt- und Mediationsmodellen beleuchtet. Es wurde angenommen, dass
zwischen den einzelnen motivationalen Faktoren und der Lesekompetenz wechselseitige Beziehungen bestehen. In einem ersten Analyseschritt wurden die Wir-

kungszusammenhänge der motivationalen Faktoren überprüft. In einem zweiten Schritt wurde versucht, die Wirkungszusammenhänge über Mediatoren näher zu bestimmen. Die wichtigsten Faktoren wurden dann in einem Gesamtmodell betrachtet, wobei auch hier nur die Kreuzeffekte Gegenstand der Untersuchung waren. An dieser Stelle werden nicht mehr alle Kreuzeffekte aufgeführt; vielmehr wird lediglich auf diejenigen Aspekte eingegangen, die auch später in den Gruppenvergleichen eine Rolle spielen (vgl. Abbildung 74). Es werden demnach die Anschlusskommunikation in der Familie beziehungsweise mit Gleichaltrigen, das lesebezogene Selbstkonzept, die Lesefreude, die Involviertheit und die Aufforderung zum Lesen sowie die Lesekompetenz näher beschrieben.

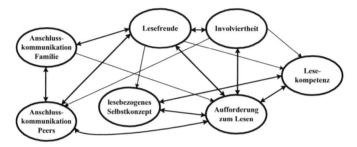

Abbildung 74: Zusammenfassung der wichtigsten Wirkmechanismen

Zwischen der Anschlusskommunikation in der Familie und jener mit Gleichaltrigen besteht eine wechselseitige Beziehung. Dabei ist aber die Wirkung von der familiären Anschlusskommunikation auf die Anschlusskommunikation mit Peers stärker ausgeprägt als umgekehrt. Diese Wirkmechanismen bestätigen die Annahme von Philipp (2010a), nach welcher die Anschlusskommunikation in der Familie und der Gleichaltrigengruppe miteinander in Beziehung stehen. Obwohl der Einfluss von der Familie auf die Gleichaltrigengruppe stärker ausgeprägt ist, kann hingegen die Annahme von Philipp (2010a) nicht bestätigt werden, dass die Bedeutung der Familie abnehme und eine Verschiebung der Kommunikation von der Familie zur Gleichaltrigengruppe stattfinde. Sowohl die Mittelwertunterschiede als auch das wechselseitige Wirkungsgefüge deuten darauf hin, dass die Familie noch im Jugendalter die wichtigste Sozialisationsinstanz in Bezug auf die lesebezogenen Gespräche darstellt. Sie fördert zwar die Anschlusskommunikation mit den Gleichaltrigen, diese steigert rückwirkend aber wiederum die Lesekommunikation in der Familie. Es findet lediglich eine Annäherung statt; das Niveau der Anschlusskommunikation mit Peers gleicht sich demjenigen der Familie an.

Zwischen der Anschlusskommunikation in der Familie beziehungsweise jener mit Gleichaltrigen besteht eine wechselseitige Beziehung mit der Lesefreude. Die Anschlusskommunikation steigert die Lesefreude. Diese wiederum fördert die Anschlusskommunikation in der Familie und mit Gleichaltrigen. Hurrelmann (2006) betont in ihrem Ansatz insbesondere die Bedeutung der Anschlusskommunikation auf die Lesefreude, die Lesezeit und Lesekompetenz. Obwohl sie auch davon ausgeht, dass die Lesefreude wiederum die Anschlusskommunikation anregt (Hurrelmann 2004a), wird diesem Aspekt nicht die Bedeutung beigemessen, die sich aus vorliegender Untersuchung ergibt. Die gleich starke Wechselwirkung betont nicht nur die Bedeutung der Anschlusskommunikation für die Lesefreude, sondern auch die Wichtigkeit der Lesefreude für die Entwicklung der Anschlusskommunikation. Schallert und Reed (1997) nehmen an, dass der soziale Austausch über das Gelesene insbesondere durch die Involviertheit begünstigt wird. Diese Beziehung kann in der vorliegenden Untersuchung nur in Bezug auf die Gleichaltrigengruppe bestätigt werden. Von der Anschlusskommunikation in der Familie kann lediglich eine Verbindung zur Lesezeit gezogen werden, die mit der Lesefreude zusammenhängt, aber nicht mit der Lesekompetenz. Die Annahme Hurrelmanns (2006), dass infolge der Anschlusskommunikation in der Familie auch die Lesekompetenz gesteigert würde, kann demnach nicht bestätigt werden. Die Anschlusskommunikation verstärkt insbesondere die Lesefreude und diese wirkt sich positiv auf die Lesekompetenzentwicklung aus, indem sie die Lesezeit steigert. Dieses Resultat ist ein Hinweis darauf, dass die Anschlusskommunikation und die Lesefreude eigenständige Konstrukte sind, die der Lesekompetenz vorhersagen, und nicht Bestandteile der Lesekompetenz selbst darstellen.

Die direkte Wirkung der Anschlusskommunikation auf die Lesekompetenz kann lediglich in der Gleichaltrigengruppe festgestellt werden. Hier unterstützt der sozialen Austausch das Textverstehen (Hurrelmann 2002; Sutter 2010a). Bei der Anschlusskommunikation mit Gleichaltrigen kann eine wechselseitige Beziehung festgestellt werden, in der beide Pfadkoeffizienten gleich stark ausgeprägt sind. Für die Anschlusskommunikation mit Gleichaltrigen scheint also auch die Lesekompetenz eine gewisse Rolle zu spielen. Sutter (2008) geht in seinem Modell von einer wechselseitigen Beziehung zwischen psychischem System und der Anschlusskommunikation aus. Gemäß seiner Überlegung ist das psychische System an der Anschlusskommunikation beteiligt, während die Anschlusskommunikation dem psychischen System Komplexität zur Verfügung stellt. Er berücksichtigt jedoch nicht, dass diese Beteiligung evtl. an die Kompetenzen gebunden ist. Dies könnte teilweise auf die schulische Lesesozialisation zurückzuführen sein, denn die Interpretationen fließen in schulische Bewertungen ein. Der freiwillige Austausch über das in der Freizeit Gelesene mag eine

Folge des Bedürfnisses nach Anerkennung und Aufrechterhaltung des Selbstbildes sein, sodass sich die Jugendlichen mit Gleichaltrigen nur dann über die eigene Lektüre austauschen, wenn sie sich selbst als kompetent einschätzen. Bei der Anschlusskommunikation mit Gleichaltrigen scheint es auch zu einer inhaltlichen Auseinandersetzung über Themen zu kommen, die zu einer Kompetenzsteigerung führt. Die Anschlusskommunikation in der Familie unterstützt wohl eher ein anregendes Klima, welches die Lesefreude und in der Folge die Lesezeit erhöht. Hier scheint der soziale Aspekt zentraler zu sein, während bei der Anschlusskommunikation mit Gleichaltrigen zusätzlich auch der Inhalt relevant ist.

Die Anschlusskommunikation in der Familie bewirkt, dass die Eltern die Jugendlichen weniger zum Lesen auffordern. Bei der Anschlusskommunikation mit Gleichaltrigen besteht eine weitere wechselseitige Beziehung mit der Aufforderung zum Lesen. Die Anschlusskommunikation mit Gleichaltrigen führt dazu, dass die Eltern die Jugendlichen ebenfalls seltener zum Lesen auffordern. Auf der anderen Seite zeigt sich, dass die Aufforderung zum Lesen negative Folgen für die Anschlusskommunikation mit Gleichaltrigen hat. Hinsichtlich der Aufforderung zum Lesen wird in erster Linie ein negativer Effekt auf die Motivation erwartet, in der Form, dass diese Aufforderung eine Abwehrhaltung gegenüber dem Lesen nach sich zieht (Hurrelmann et al. 1993). In der vorliegenden Untersuchung wurde deutlich, dass nicht allein die Motivation durch sozialen Druck verringert wird, sondern auch andere lesebezogene Aktivitäten beeinträchtigt werden.

In den folgenden Abschnitten werden die kausalen Verbindungen des lesebezogenen Selbstkonzepts zu anderen Faktoren erläutert. Die bislang am häufigsten untersuchte Beziehung ist diejenige zwischen Selbstkonzept und Leistung. Metaanalysen deuten auf eine wechselseitige Beziehung zwischen lesebezogenem Selbstkonzept und Lesekompetenz (Valentine & DuBois 2005). Diese Wechselwirkung kann mit der vorliegenden Untersuchung bestätigt werden. In der Gesamtstichprobe ist die Verbindung von der Lesekompetenz zum lesebezogenen Selbstkonzept stärker ausgeprägt als umgekehrt. Dies widerspricht den Ergebnissen der Metaanalysen von Valentine und DuBois (2005), die von einer stärkeren Wirkung vom Selbstkonzept auf die Lesekompetenz ausgehen. Gemäß Marsh und Carven (2005) müsste die Verbindung vom Selbstkonzept hin zur Leistung für ältere Schülerinnen und Schüler, für Jüngere umgekehrt von der Leistung zum Selbstkonzept stärker sein. Marsh und O'Mara (2008) sowie Trautwein et al. (2006) schreiben der Lesekompetenz eine stärkere Wirkung auf das lesebezogene Selbstkonzept zu. Welche der Wirkungen nun stärker ausgeprägt ist, erweist sich als nicht so klar. Die gewonnenen Erkenntnisse widersprechen jedenfalls der angenommenen Wirkrichtung für ältere Schülerinnen und Schüler. Dies könnte zum Teil auf die eher niedrige Lesekompetenz der untersuchten Stichprobe zurückzuführen zu sein. Es müsste geprüft werden, ob nicht das Alter, sondern das Kompetenzniveau der ausschlaggebende Faktor ist. In diesem Falle käme bei Schülerinnen und Schülern mit geringen Kompetenzen eher die Richtung von der Leistung hin zum Selbstkonzept zur Geltung, von Schülerinnen und Schüler mit hohen Kompetenzen hingegen eher jene vom Selbstkonzept hin zur Leistung. Auf die unterschiedlichen gruppenspezifischen Effekte wird in Zusammenhang mit den gruppenspezifischen Modellen näher eingegangen. Das lesebezogene Selbstkonzept steht aber nicht nur mit der Lesekompetenz in Verbindung, sondern es konnte auch eine Wirkung von der Lesefreude auf das Selbstkonzept festgestellt werden. Chapman und Tunmer (1995) gehen davon aus, dass die Einstellungen gegenüber dem Lesen eine wichtige Subkomponente des Selbstkonzeptes darstellen. Hiermit lässt sich die gefundene Beziehung zwischen der Lesefreude und dem Selbstkonzept erklären und mithin die Annahme bestätigen, dass die Lesefreude als Werthaltung zum Aufbau des Selbstkonzeptes beiträgt. In der vorliegenden Untersuchung konnten nicht nur die positiven Wirkungen auf das Selbstkonzept nachgewiesen werden. Bezogen auf das lesebezogene Selbstkonzept zeigt sich wiederum eine negative Beziehung zur Aufforderung zum Lesen. Es besteht eine wechselseitige Beziehung zwischen den beiden Konstrukten. Während einerseits das lesebezogene Selbstkonzept die Aufforderung zum Lesen durch die Eltern verringert, so reduziert andererseits die Aufforderung zum Lesen das lesebezogene Selbstkonzept. Dieser negative Effekt macht deutlich, dass die Aufforderung zum Lesen mit den Kompetenzen der Jugendlichen zusammenhängt oder zumindest in den Zusammenhang gebracht werden können, dass sich die Jugendlichen als weniger kompetent einschätzen.

Im folgenden Abschnitt stehen die Beziehungen zwischen Lesefreude und Involviertheit, Lesefreude und Lesekompetenz sowie zwischen der Lesefreude und der Aufforderung zum Lesen im Fokus. Zwischen der Lesefreude und der Involviertheit/dem evasiven Lesen besteht eine wechselseitige Beziehung. Die Stärke der Wirkung von der Lesefreude auf die Involviertheit entspricht jener der umgekehrten Wirkung der Involviertheit auf die Lesefreude. Hurrelmann (2007) geht davon aus, dass die beim Lesen entstehenden Emotionen die Involviertheit insofern beeinflussen, als sie bestimmen, wie weit sich die Leser am Geschick der Figuren beteiligen und sich selbst in die Geschichte hineinbegeben. Diese Involviertheit ermöglicht es, Erfahrungen zu erweitern und Bewusstseinszustände sowie die Begrenzung der gewohnten Welt kurzzeitig zu verändern (Csikszentmihalyi 1990). Dieser Zustand des völligen Aufgehens in einer Tätigkeit kann nur gelingen, wenn sich Anforderungen und Fähigkeiten in Übereinstimmung mit der Tätigkeit befinden (Csikszentmihalyi & Schiefele 1993). Dies spiegelt sich in der Beziehung zur Lesekompetenz wider: Die Lesefreude wirkt sich positiv auf die Lesekompetenz aus und nicht umgekehrt. Die Aufforderung zum Lesen dämpft die Lesefreude. Doch führt die Lesefreude auch dazu, dass die Jugendlichen seltener zum Lesen aufgefordert werden. Das gleiche Bild zeigt sich in Bezug auf die Involviertheit, die sich positiv auf die Lesekompetenz auswirkt, während dies umgekehrt nicht gilt. Wie bei der Lesefreude wird die Involviertheit infolge der Aufforderung zum Lesen reduziert. Die Involviertheit bewirkt jedoch auch, dass die Jugendlichen seltener zum Lesen aufgefordert werden.

Schließlich sei noch ein Blick auf die wechselseitige Wirkung zwischen der Aufforderung zum Lesen und der Lesekompetenz geworfen: Die Aufforderung zum Lesen führt zu einer Reduktion der Lesekompetenz, während eine höhere Lesekompetenz dazu beiträgt, dass die Jugendlichen weniger zum Lesen aufgefordert werden. Dieser negative Effekt der Aufforderung zum Lesen auf die Lesekompetenz kann nicht damit erklärt werden, dass Jugendliche mit einer niedrigen Lesekompetenz häufiger zum Lesen aufgefordert werden. Die Aufforderung zum Lesen selbst hat einen weiteren negativen Effekt, der den Aufbau der Lesekompetenz zusätzlich erschwert. Auch hier ist anzunehmen, dass die Jugendlichen die Aufforderung zum Lesen als eine Einschränkung ihrer Autonomie wahrnehmen und auf den verspürten Druck mit Verweigerung reagieren (Guthrie 2008b), was eine Abwärtsspirale aus geringer Lesekompetenz und Leseverweigerung in Gang setzt oder weiter verstärkt (Guthrie 2008b; Yudowitch et al. 2008). Die bedeutendsten wechselseitigen Beziehungen bestehen also zwischen Anschlusskommunikation und Lesefreude, zwischen dem lesebezogenen Selbstkonzept und der Lesekompetenz. Auf diese Zusammenhänge wird in der Fachdiskussion immer wieder hingewiesen und sie können mit dieser Untersuchung bestätigt werden. Vor allem die Selbstbestimmungstheorie (Deci & Ryan 1985) betont die demotivierende Wirkung von extrinsischer Motivation. Gemäß vorliegender Untersuchung gilt dies in weit höherem Ausmaß, da die Aufforderung zum Lesen nicht nur die intrinsische Motivation schwächt, sondern darüber hinaus die Lesefreude insgesamt senkt, die Anschlusskommunikation hemmt, den Aufbau des lesebezogenen Selbstkonzepts behindert und dem Lesekompetenzaufbau direkt entgegensteht.

Die vielfältigen Wirkungszusammenhänge lassen vermuten, dass neben den direkten auch indirekte Effekte vorhanden sind. Diese Effekte werden in Mediationsmodellen geprüft. Die direkten Effekte sind in den allermeisten Fällen stärker ausgeprägt. Ein indirekter Effekt kann lediglich zwischen der Anschlusskommunikation – sowohl in der Familie als auch mit Gleichaltrigen – und der Lesekompetenz über den Mediator Lesefreude festgehalten werden. Zwischen der Anschlusskommunikation und der Lesekompetenz besteht keine direkte Beziehung. Die Anschlusskommunikation steigert die Lesefreude und diese wirkt sich positiv auf die Lesekompetenz aus. Dieser Effekt ist recht überraschend, da theoretisch davon ausgegangen wird, dass die Anschlusskommunikation sich direkt auf den Verstehensprozess auswirkt (Charlton & Sutter 2007; Hurrelmann 2006; Sutter 2008). Die motivationale Wirkung der Anschlusskommunikation ist in der Lesesozialisationsforschung bekannt (Hurrelmann et al. 1995). Die vollständige Mediation zwischen Anschlusskommunikation und der Lesekompetenz über die Lesefreude ist hingegen noch nicht wissenschaftlich untersucht worden. Dieses Ergebnis zur vollständigen Moderation zwischen Anschlusskommunikation und Lesekompetenz über die Lesefreude ist ein weiterer Hinweis darauf, dass die Anschlusskommunikation theoretisch nicht der Lesekompetenz zugeordnet werden darf, sondern einen eigenständigen Vorhersagefaktor der Lesefreude darstellt, welcher indirekt über die Lesefreude zum Kompetenzerwerb beiträgt. Eine weitere vollständige Mediation konnte zwischen der Anschlusskommunikation und der Lesekompetenz über die Involviertheit identifiziert werden. Die Lesefreude und die Involviertheit scheinen also eine zentrale Mediationsfunktion zwischen verschiedenen lesebezogenen Faktoren und der Lesekompetenz zu erfüllen.

14.4 Unterschiede im Wirkungsgefüge

Die Überprüfung der Wirkungsstrukturen in den Untergruppen zielte auf die Klärung der Frage ab, ob sich durch Gruppenunterschiede in den verschiedenen motivationalen Konstrukten auch unterschiedliche Wirkstrukturen nachweisen lassen, die sich für die Förderung spezifischer Risikogruppen nutzen lassen. Die Wirkungsgefüge in Abbildung 66 und Abbildung 67 zeigen für die Gesamtstichprobe, dass die Lesefreude der Jugendlichen zur Anschlusskommunikation in der Familie beiträgt. Die Anschlusskommunikation von Peers wird durch die Involviertheit beim Lesen angeregt. Das lesebezogene Selbstkonzept wird von der Lesekompetenz bestimmt; die Lesefreude wird angeregt von der Anschlusskommunikation in der Familie und mit Gleichaltrigen sowie von der Involviertheit beim Lesen. Im Modell der Anschlusskommunikation mit Gleichaltrigen unterstützt Involviertheit/evasives Lesen den Aufbau der Lesekompetenz. In der Gesamtstichprobe zeigt sich insbesondere auch der negative Einfluss der Aufforderung zum Lesen, welche den Ausbau der Anschlusskommunikation mit Gleichaltrigen, das lesebezogene Selbstkonzept, die Lesefreude und die Involviertheit beim Lesen verringert und den Aufbau der Lesekompetenz erschwert. Die Aufforderung zum Lesen wird lediglich durch die Anschlusskommunikation mit Gleichaltrigen und die Lesekompetenz verringert.

Diese beiden Modelle zeigen die wechselseitigen Beziehungen zwischen der Lesemotivation und der Anschlusskommunikation auf und bestätigen die Annahmen von Hurrelmann (2004a) sowie Schallert und Reed (1997). Im Modell der Anschlusskommunikation mit Gleichaltrigen kann die Steigerung der Lesekompetenz durch die intrinsische Motivation bestätigt werden, wie sie in der Fachdiskussion häufig beschrieben wird. Im Gesamtmodell kann lediglich die Steigerung des Selbstkonzeptes durch die Lesekompetenz festgestellt werden, was mit dem Selbsterhöhungsmodell (skill-development model) in Einklang steht (z. B. Chapman et al. 2000). In beiden Modellen fallen die negativen Effekte der Aufforderung zum Lesen besonders auf, insofern als sie nicht nur das lesebezogene Selbstkonzept, sondern auch die Lesefreude, die Involviertheit und den Aufbau der Lesekompetenz beeinträchtigen. Die Selbstbestimmungstheorie (Deci & Ryan 1985) geht davon aus, dass durch den ausgeübten Druck das Bedürfnis nach Autonomie untergraben wird und dadurch die intrinsische Motivation reduziert wird, was sich dann auf die Lesekompetenz auswirkt. Es zeigt sich, dass der extrinsische Druck weitergehende Effekte hat und lesebezogene Aktivitäten und die Lesekompetenz direkt beeinflusst. Das Erwartungswertmodell der Lesemotivation (Möller & Schiefele 2004) führt Leseaktivitäten auf intrinsische und extrinsische Motivation zurück (Deci & Ryan 1985). Es wird angenommen, dass die intrinsische Motivation im Interesse am Thema oder in der Tätigkeit selbst begründet liegt (Möller & Schiefele 2004). Bei extrinsischer Motivation versucht der Leser/ die Leserin, negative Folgen zu vermeiden oder Anerkennung zu erhalten (Möller & Schiefele 2004). Eine Stärke des Erwartungswertmodells ist, dass die Lesemotivation in Bezug zum subjektiven Wert des Erfolgs gesetzt wird, der das Engagement und die Ausdauer beim Lesen bestimmt (Möller & Schiefele 2004). Werden die Misserfolge beim Lesen auf mangelnde Lesekompetenz zurückgeführt oder das Lesen selbst als unangenehm empfunden, führt dies zur Lesevermeidung und das lesebezogene Selbstkonzept wird tangiert (Möller & Schiefele 2004). Die vorliegenden Modelle verdeutlichen, dass die Abwärtsspirale nicht allein durch Misserfolge, sondern zusätzlich durch den elterlichen Druck in Gang gesetzt wird.

In den Wirkungszusammenhängen spiegeln sich Unterschiede zwischen den betrachteten Untergruppen wider. In den sozial niedrigen Schichten lassen sich vor allem die negativen Effekte der Aufforderung zum Lesen auf das lesebezogene Selbstkonzept, die Lesefreude, die Involviertheit und die Lesekompetenz erkennen. Bei Jugendlichen mit niedrigem Status kann die Lesefreude durch die Förderung der Anschlusskommunikation in der Familie und mit Gleichaltrigen gesteigert werden. Bei Jugendlichen mit mittlerem Status kann die Lesefreude ebenfalls durch die Anschlusskommunikation mit Gleichaltrigen gefördert werden. Infolge der Aufforderung zum Lesen verringert sich die Anschlusskommunikation mit Gleichaltrigen. In der Gruppe mit hohem Status zeigt sich ein enges Geflecht der Beziehungen zwischen den Einflussfaktoren, die sich gegenseitig verstärken. Die Anschlusskommunikation in der Familie wird von Lesefreude und Involviertheit unterstützt. Die Anschlusskommunikation mit Gleichaltrigen wird insbesondere durch die Involviertheit beim Lesen gefördert. Das lesebezogene Selbstkonzept steigert sich durch die Lesekompetenz. Die Lesefreude wird durch die Anschlusskommunikation in der Familie und mit Gleichaltrigen sowie durch die Lesekompetenz erhöht. Die Lesekompetenz wird infolge des lesebezogenen Selbstkonzepts und der Lesefreude verbessert. In der Gruppe mit hohem Status kommt wieder der negative Effekt der Aufforderung zum Lesen zum Tragen, der sich hauptsächlich in der Verringerung der Lesefreude und der Anschlusskommunikation mit Gleichaltrigen äußert.

Die schichtspezifischen Modelle zeigen, dass in der Gruppe mit hohem Status die erwarteten positiven Effekte der Lesesozialisation zum Tragen kommen, die auf ein anregendes Leseklima hinweisen. Die wechselseitigen Wirkungen zwischen der Anschlusskommunikation und der Lesefreude, wie sie Hurrelmann (2004b) sowie Schallert und Reed (1997) beschreiben, werden deutlich. Bei der Gruppe mit niedrigem Status ist noch keine wechselseitige Wirkung zu erkennen. Sichtbar werden aber in dieser Gruppe die ersten Anzeichen von Ko-Konstruktionsprozessen (Groeben 2004; Groeben & Schroeder 2004). Im Zuge solcher Prozesse können Jugendliche, auch aus niedrigen sozialen Schichten, Lesefreude entwickeln, Gespräche über das Gelesene in der Familie anregen und somit einen ersten Schritt zur Veränderung des Leseklimas gehen. Die Gleichaltrigengruppe hat hingegen einen positiven Einfluss auf die Lesefreude. Hier erweist sich in allen sozialen Schichten, dass gesprächsorientierte Gruppen die Lesefreude der Jugendlichen steigern können. Es ist aber darauf hinzuweisen, dass die Anschlusskommunikation vor allem von Mädchen gepflegt wird. Wenn aber wiederum davon ausgegangen wird, dass die Lesefreude die Anschlusskommunikation in der Familie beeinflusst, könnte hier indirekt das familiäre Leseklima verändert werden, wovon auch die Jungen profitieren könnten.

Die wechselseitigen Wirkungen zwischen Selbstkonzept und Lesekompetenz (Marsh 1990a; Marsh & Craven 2006; Valentine et al. 2004) zeigen sich lediglich in der Gruppe mit hohem Status. Diese Ergebnisse weisen auf die Wichtigkeit der frühen Leseerfahrungen hin. Kinder und Jugendliche, die keine positiven Kompetenzerfahrungen beim Lesen machen, können kein lesebezogenes Selbstkonzept aufbauen. Diese Erkenntnis wird in dem Modell zusätzlich dadurch gestützt, dass die Lesekompetenz nicht nur das lesebezogene Selbstkonzept prägt, sondern auch in einem bedeutenden Ausmaß für den Aufbau der Lesefreude sorgt und damit auch die Involviertheit ermöglicht. Dies untermauert die Bedeutung der Selbstbestimmungstheorie (Deci & Ryan 1993), die der Kompetenzerfahrung einen hohen Stellenwert einräumt. In der Gruppe mit niedrigem sozialem Status können diese positiven Effekte nicht festgestellt werden. In Anlehnung an Bourdieu (1979) scheinen gerade diese Jugendlichen die soziale Benachteiligung nicht ausgleichen zu können, dementsprechend sind ihre Kompetenzerlebnisse seltener. Es ist zu vermuten, dass die Familien versuchen, die soziale Benachteiligung der Kinder und Jugendlichen auszugleichen, indem sie die Jugendlichen zum Lesen auffordern. Da aber diese Familien nicht in der Lage zu sein scheinen, die Bildungsnormen mit der Lebensfreudefunktion des Lesens (Groeben & Schroeder 2004) zu verbinden, wird die Aufforderung zum Lesen von den Jugendlichen als Autonomieverlust wahrgenommen, was in Kombination mit geringeren Kompetenzerfahrungen (Deci & Ryan 1985) dazu führt, dass die Jugendlichen demotiviert werden und kein lesebezogenes Selbstkonzept aufbauen können. Dies wiederum hat zusätzlich direkte negative Folgen für den Aufbau der Lesekompetenz. Es ist also insgesamt von sehr unterschiedlichen Sozialisationsbedingungen in den diversen sozialen Schichten auszugehen, die sich auf die Lesemotivation, die lesebezogenen Aktivitäten und schließlich auf die Lesekompetenz auswirken.

In der Gruppe der einheimischen Jugendlichen erhöht die Lesefreude die Anschlusskommunikation in der Familie; die Anschlusskommunikation wird hier von Involviertheit gestärkt. Die Lesefreude wächst wiederum durch die Anschlusskommunikation in der Familie und mit Gleichaltrigen sowie durch die Involviertheit beim Lesen. Lesebezogenes Selbstkonzept und Lesefreude fördern die Lesekompetenz. Bei den Jugendlichen mit Migrationshintergrund wird die Anschlusskommunikation in der Familie von Lesefreude intensiviert. In dieser Gruppe trägt die Involviertheit beim Lesen dazu bei, dass die Anschlusskommunikation in der Familie verringert wird. Eine Erklärung hierfür lautet, dass diese Art und Weise des Lesens kulturell geprägt ist. In manchen Familien mit Migrationshintergrund dient das Lesen primär dem Wissenserwerb und wird nicht als Quelle von Freude und Entspannung gesehen (Groeben & Schroeder 2004). Folglich leben die Jugendlichen möglicherweise diese intime Leseweise für sich aus, sprechen jedoch nicht darüber. Das lesebezogene Selbstkonzept baut auf Lesekompetenz auf. Die Lesefreude wächst bei Jugendlichen in erster Linie infolge von Anschlusskommunikation mit Gleichaltrigen. Diese Entwicklung wird allerdings teilweise wieder zunichte gemacht, wenn die Jugendlichen zum Lesen aufgefordert werden. Dies ist außerordentlich nachteilig, da gerade bei Jugendlichen mit Migrationshintergrund der Aufbau der Lesekompetenz über die Lesefreude gesteigert werden kann.

Sowohl bei den einheimischen Jugendlichen als auch bei den Jugendlichen mit Migrationshintergrund wird die zentrale Rolle deutlich, die Lesemotivation, Lesefreude und Involviertheit für die Anschlusskommunikation in der Familie und für den Aufbau der Lesekompetenz spielen. Diese Erkenntnis stützt die in der Fachdiskussion zur Leseforschung thematisierten Ansätze zur Förderung der Lesekompetenz (Artelt et al. 2010; Kreibich & Simone 2010; Wigfield 1997). In beiden Gruppen kann die Anschlusskommunikation mit Gleichaltrigen als wirksames Instrument zur Stützung der Lesefreude angesehen werden. Die Ergebnisse machen deutlich, dass die Gleichaltrigengruppe Defizite der Familien auszugleichen vermag, und stützen damit die Erkenntnisse von Philipp (2010a), der auf die große Bedeutung eines leseaffinen Freundeskreises für die Lesekompetenz hinweist. Die Aufforderung zum Lesen ist gemäß diesen beiden Untergruppen ebenfalls mit negativen Effekten verbunden. Bei den Jugendlichen mit Migrationshintergrund wirkt sie sich derart auf die Lesefreude und die Involviertheit aus, wie es aufgrund der Selbstbestimmungstheorie (Deci & Ryan 1985) zu vermuten ist. Bei den einheimischen Jugendlichen gehen die negativen Auswirkungen der Aufforderung zum Lesen weiter. Es ist nicht nur die demotivierende Wirkung des externalen Druckes erkennbar, sondern auch die ungünstige Wirkung auf die Kompetenzwahrnehmung. In der Folge reduzieren sich das lesebezogene Selbstkonzept und die Lesekompetenz. Die Abweichung zwischen einheimischen Jugendlichen und jenen mit Migrationshintergrund wird auf unterschiedliche kulturelle Bewertungen der Bedürfnisse nach Kompetenz, Autonomie und sozialer Eingebundenheit erklärt (Reeve et al. 2004). Für beide Gruppen gilt es die Lesefreude zu stärken, was mit einer Intensivierung der lesebezogenen Gespräche erfolgen kann. Die motivierende Wirkung der Gleichaltrigengruppe ist insofern sehr wertvoll, als lesebezogene Gespräche unter den Jugendlichen von der Schule beeinflusst und genutzt werden können, wovon letztlich alle Jugendlichen profitieren.

Bei männlichen Jugendlichen wird die Lesefreude durch die Anschlusskommunikation mit Gleichaltrigen und die Involviertheit aufgebaut; die Lesekompetenz wird durch das lesebezogene Selbstkonzept erhöht. Offensichtlich werden in dieser Gruppe die negativen Effekte der Aufforderung zum Lesen, welche die Anschlusskommunikation mit Gleichaltrigen sowie den Aufbau des lesebezogenen Selbstkonzeptes und der Lesefreude verringert. Bei den Mädchen verstärkt die Lesefreude die Anschlusskommunikation mit Gleichaltrigen. Die Lesefreude baut auf Anschlusskommunikation in der Familie und mit Gleichaltrigen sowie auf der Involviertheit/dem evasiven Lesen auf. Bei den weiblichen Jugendlichen besteht eine wechselseitige Beziehung zwischen lesebezogenem Selbstkonzept und Lesekompetenz: Die beiden Faktoren verstärken sich gegenseitig. Auch in dieser Gruppe sind die negativen Effekte der Aufforderung zum Lesen klar ersichtlich: Verringerung der Lesefreude, der Involviertheit und der Lesekompetenz.

Bei Jungen wie bei Mädchen kann die Lesefreude durch die Anschlusskommunikation gesteigert werden, was den Annahmen von Hurrelmann (2004a)
entspricht. Die von Schallert und Reed (1997) angenommene soziale Interaktion,
welche von Lesefreude angeregt wird, kann in der untersuchten Stichprobe nur
bei den Mädchen festgestellt werden, was mit der größeren Lesefreude und dem
höheren Umfang an Anschlusskommunikation der Mädchen (McElvany et al.
2008) erklärt werden kann. Obwohl Mädchen über eine bessere Lesekompetenz
verfügen als Jungen, äußern sich diese Unterschiede im lesebezogenen Selbstkonzept nicht. Während bei den Mädchen die Lesekompetenz und das lesebezogene Selbstkonzept sich gegenseitig verstärken, zeigt sich bei den Jungen lediglich der Effekt vom lesebezogenen Selbstkonzept auf die Lesekompetenz. Da
Mädchen insgesamt positivere Leseerfahrungen machen, können sich Kompetenz und Selbstkonzept ungehindert ausbilden. Der Aufbau von lesebezogenen
Selbstkonzepten könnte bei Jungen aufgrund der Lesekrise (Graf 2010) und
stärkerer lesebezogener Geschlechterrollenstereotype beeinträchtigt sein. Die
Jungen, denen es trotzdem gelingt, ein lesebezogenes Selbstkonzept aufzubauen,
sind in der Lage, über das Selbstkonzept die Lesekompetenz weiter auszubauen.
Unterschiede zwischen Jungen und Mädchen zeigen sich zudem bei der Wirkung
der Aufforderung zum Lesen. Während diese sich bei den Jungen hauptsächlich
auf das lesebezogene Selbstkonzept und die lesebezogenen Aktivitäten auswirkt,
wird bei den Mädchen die Lesemotivation beeinträchtigt, die sich auch auf die
Lesekompetenz auswirkt. Diese Ergebnisse legen nahe, dass infolge der Aufforderung zum Lesen dem Bedürfnis der Jungen nach Kompetenz und sozialer
Eingebundenheit nicht entsprochen wird, was das Selbstkonzept schwächt. Bei
den Mädchen wirkt der externe Druck demotivierend und mündet in eine Rückentwicklung der intrinsischen Lesemotivation zu einer weniger autonomen Form
der (extrinsischen) Motivation. Diese Ergebnisse lassen vermuten, dass die Jungen ein größeres Bedürfnis nach Kompetenz aufweisen, während bei den Mädchen die Autonomie wichtiger zu sein scheint.

Die erläuterten Erkenntnisse legen nahe, dass bei der Förderung von Leseaktivitäten und Lesekompetenz die gruppenspezifischen Unterschiede berücksichtigt werden müssen. Obwohl auch in dieser Untersuchung die zentrale Rolle
der Lesemotivation für die Lesekompetenzentwicklung bestätigt werden kann, ist
eine direkte Wirkung von der Lesemotivation auf die Lesekompetenz bei den
Jungen sowie in der Gruppe der Jugendlichen aus sozial benachteiligten Familien nicht nachweisbar. Für die Jungen scheint die Stärkung des lesebezogenen
Selbstkonzeptes elementar zu sein, welches auf positiven Kompetenzerfahrungen
aufbauen sollte. Bei den Jugendlichen mit niedrigem Status sollte vor allem der
externe Druck vermindert werden, der nicht nur die Lesemotivation beeinträchtigt, sondern auch das lesebezogene Selbstkonzept und die Lesekompetenz.

14.5 Interventionsmöglichkeiten

Obwohl das Anliegen, die Lesemotivation und das Selbstkonzept zu stärken, als pädagogisches Ziel weitgehend akzeptiert ist, erweist sich die Umsetzung im Schulalltag nicht immer als einfach. Überfrachtete Lehrpläne, vorgegebene Schulbücher sowie große Klassen erschweren es, ideale Lernumgebungen für jeden Schüler zu schaffen. Die vorliegende Untersuchung verdeutlicht, dass Selbstkonzept, Lesefreude und die Anschlusskommunikation zentrale Bedingungen für die Entwicklung der Lesekompetenz sind, die es sicherzustellen gilt. Vor allem externer Druck bei Jugendlichen niedrigen sozialen Status wirkt sich negativ auf die Entwicklung von Selbstkonzept, Lesefreude und Lesekompetenz aus. Daher muss es ein zentrales Ziel jeglichen Unterrichts sein, die Autonomie der Schülerinnen und Schüler zu unterstützen und ihnen eine leistungsbezogene Rückmeldung zu geben, die sie ihren Lernzielen näher bringen.

Der Aufbau der Lesemotivation und damit der Lesefreude ist bei Schülern, denen das Lesen schwer fällt, eine besondere Herausforderung. Der große Erfolg der Alphabetisierungskampagne Paulo Freires ging darauf zurück, dass er die gewählten Themen eng an die Lebenserfahrungen der Bevölkerung in Armenvierteln anband und damit deren Interesse weckte. Diese Erfahrung wird von Gibb und Guthrie (2008) bestätigt, die darauf hinweisen, dass mit dem Aufgreifen relevanter Themen das Interesse der Leser und Leserinnen gesteigert werden könne. Um ein initiales Interesse zu wecken, müssen Lesestoffe von Schülerinnen und Schülern als wichtig wahrgenommen werden und eine Relevanz für die Jugendlichen haben. Dies ist gegeben, wenn die Jugendlichen einen Bezug zu ihrem Alltag und ihren Erfahrungen herstellen können und neue Inhalte an bestehendes Wissen anknüpfen. Den Kindern und Jugendlichen sollten nach Möglichkeit verschiedene Texte zur Wahl stehen (Logan et al. 2011). Des Weiteren müssen die durch neue Themen entstehenden Herausforderungen in Einklang mit den Fähigkeiten sein (Silvia 2005). Daher ist neben der Themenwahl auch die Berücksichtigung von Texten unterschiedlicher Schwierigkeitsgrade wichtig. Ebenso sollte das Medium eine Rolle spielen, sodass die Jugendlichen zwischen Zeitschriftenartikeln, Büchern und Internetrecherchen wählen können (Garbe, Holle & Weinhold 2010). Um die Aufmerksamkeit und das initiale Interesse an einem Thema und einem Text aufrechtzuerhalten, sind die Schülerinnen und Schüler auf autonomieunterstützendes Verhalten von Lehrpersonen und Eltern angewiesen: Die Interessen der Jugendlichen werden aufgegriffen und die Jugendlichen bei der Lösung von Problemen unterstützt, ohne Druck oder Kontrolle aufzubauen (Reeve & Jang 2006). Deci und Ryan (1993) konnten nachweisen, dass eine soziale Umwelt, welche das Bedürfnis nach Kompetenz und Autonomie unterstützt, letztlich die intrinsische Motivation steigert. Das Bedürfnis nach

Kompetenz kann nur befriedigt werden, wenn Texte die Kinder und Jugendlichen zwar vor eine Herausforderung stellen, aber nicht überfordern (Csikszentmihalyi 1990; Yudowitch et al. 2008).

Der Aufbau von Motivation und die Befriedigung des Bedürfnisses nach Kompetenz, Autonomie und sozialer Eingebundenheit erfolgt laut der Selbstbestimmungstheorie über sechs Stufen. Als erstes ist eine offene Frage verlangt, die Jugendliche zum Mitdenken und zum Lösen von Problemen anregt. Im zweiten Schritt werden die Ideen der Jugendlichen aufgenommen. Drittens müssen die Jugendlichen für die Erarbeitung von Teilaufgaben die Verantwortung übernehmen. Viertes sollten die Jugendlichen eine positive Rückmeldung erhalten. Fünftens gilt es kontrollierendes Verhalten zu vermeiden und sechstens die Jugendlichen dabei zu unterstützen, ihre Talente zu entdecken (Stone et al. 2009). Diese Punkte gehen in die Concept-Oriented Reading Instruction (CORI) ein und sind didaktisch für die Primar- und die Oberstufe aufbereitet (Guthrie 2005-2011). CORI verbindet die Leseinstruktion mit dem naturwissenschaftlichen Unterricht. Ziel des Programm ist es, mittels Steigerung der Motivation und des Wissens das Leseverständnis zu erhöhen und Lesevermeidungshaltungen zu reduzieren (Baker & Guthrie 2010). Nach diesem Konzept kann die Lesemotivation nur gesteigert werden, wenn die Jugendlichen Texte bearbeiten, die für sie relevant sind und sich auf eigene Erfahrungen und Wissen beziehen. Neue in der Schule zu behandelnde Unterrichtsinhalte werden an die Erfahrungen der Jugendlichen angebunden, mithin die Relevanz der Themen betont. Ein weiterer wichtiger Punkt ist ein gewisser Freiraum, in dem die Jugendlichen die Wahlmöglichkeit haben, eigene Fragen zu einem Thema zu entwickeln, diese selbst zu recherchieren und schließlich die gefundenen Ergebnisse zu dokumentieren und in der Klasse vorzustellen (Gibb & Guthrie 2008; Guthrie 2005-2011). Um Vermeidungsverhalten entgegenzuwirken, müssen die Jugendlichen wahrnehmen, was ihnen das Lesen nutzt, und sie müssen darauf aufmerksam gemacht werden, was sie gelernt haben und wie sie dies gelernt haben (Baker & Guthrie 2010). Wenn Kinder merken, dass sie sich vieles erarbeitet haben, indem sie es sich durch Lesen selber beigebracht haben, kommen sie zur Erkenntnis, dass Lesen relevant ist, wodurch auch das Lesen in der Freizeit unterstützt wird. Das didaktische Konzept von CORI baut auf der Pfeilern Leseinstruktion, praktische Anwendung, Unterstützung der Motivation sowie Integration von Lesen und naturwissenschaftlichem Unterricht auf. In der Leseinstruktion geht es um die Aktivierung von Vorwissen, die Formulierung von Fragen zum Thema, das Sammeln und Zusammenfassen von Informationen aus verschiedenen Quellen, das Organisieren der Informationen in Diagrammen oder Mind Maps sowie den Austausch der Informationen mit anderen Schülern. Diese Möglichkeiten der Vorbereitung werden mit dem naturwissenschaftlichen Unterricht verbunden, beispielsweise mit Ausflügen, Experimenten, Beobachtungen, Sammeln von Daten, Erstellen von Postern und Präsentationen. Die Motivation der Kinder und Jugendlichen, eigene Fragen zu entwickeln und diesen nachzugehen, wird unterstützt. Die Kinder und Jugendlichen werden aufgefordert, eigene Hypothesen zu entwickeln und diese zu prüfen. Sie erhalten so die Gelegenheit, bestimmte Unterthemen selbstständig zu erarbeiten. Den Kindern werden für die Informationsbeschaffung vielfältige Quellen bereitgestellt, die mit unterschiedlichen Schwierigkeitsgraden verbunden sind. So können Schüler jene Materialen und Bücher selbst auswählen, deren Machart ihnen am meisten zusagen und ihren Fähigkeiten am besten entsprechen. Dabei spielt der Austausch mit anderen Schülerinnen und Schülern eine zentrale Rolle. Die Kinder und Jugendlichen können sich in kleinen Gruppen über ihre Erfahrungen austauschen. Sie wählen gemeinsam Diskussionspunkte und Fragen für die Klasse aus und übernehmen somit Verantwortung für ihr eigenes Lernen. Im Zuge der Integration von Lesen und Naturwissenschaften werden die Kinder und Jugendlichen beispielsweise dazu aufgefordert, das Gelesene mit der Beobachtung ihrer Umwelt in Beziehung zu setzen. Sie werden darauf aufmerksam gemacht, mit welchen Methoden beispielsweise ihre Fragen zum Thema beantwortet werden können und wie Vergleiche der verschiedenen Methoden vorzunehmen sind. In dieser Phase werden Berichte verfasst, in denen Unterricht, eigene Experimente und Beobachtungen sowie Gelesenes dokumentiert werden (Guthrie 2005-2011), oder es wird gar gemeinsam ein Buch hierzu erstellt, was schließlich auch zu einer Steigerung des Selbstkonzeptes führen dürfte.

Der Aufbau des Selbstkonzepts wird nach Hattie (2002) über das Lernen vermittelt und kann mittels Rückmeldung gestärkt werden. Die Rückmeldung kann die Motivation und das Engagement erhöhen sowie die Diskrepanz zwischen erstrebten Zielen und erreichtem Stand minimieren. Durch Rückmeldungen kann der oder die Lernende auf alternative Strategien aufmerksam gemacht werden und Informationen darüber erlangen, was er/sie korrekt und falsch gemacht hat und wie Arbeitsprozesse umstrukturiert werden können, um die erstrebten Ziele zu erreichen (Hattie 2002). Rückmeldungen sollten sich auf drei Aspekte konzentrieren (Hattie 2002): erstens auf die Ziele und Lernintentionen, zweitens auf Wege der Zielerreichung und drittens auf die Strukturierung der Lernprozesse. Bei der Formulierung von Zielen ist es zentral, dass die Jugendlichen und die Lehrpersonen in diesen Zielen übereinstimmen. Einzig von Lehrpersonen vorgegebene Ziele wirken demotivierend. Ziele müssen eine Herausforderung darstellen, dürfen die Jugendlichen aber nicht überfordern. Aus gemeinsam festgelegten Zielen ergibt sich eine Verpflichtung, die Arbeit in Angriff zu nehmen. In CORI zeigt sich, dass Kinder und Jugendlichen sehr engagiert an die Aufgaben gehen, wenn sie ihren eigenen Fragen zu einem Thema und ihren

Interessen nachgehen können. Damit die Jugendlichen ihre Anstrengungen zielgerichtet einsetzen können, ist es wichtig, dass sie darüber informiert sind, welche Art der Leistung von ihnen erwartet wird. Diese Klarheit hilft ihnen, ihre
Anstrengungen zielgerecht auszurichten und den Arbeitsprozess laufend zu kontrollieren. Rückmeldungen sollten sich auf die Aufgabe und die Prozesse beziehen. Sie sollten Informationen über die Lernfortschritte enthalten und aufzeigen,
wie der oder die Lernende weiter vorankommen kann. Rückmeldungen sollten
nicht zu zusätzlichen Aufgaben führen, sondern dabei helfen, die Lernprozesse
zu automatisieren, oder die Schüler auf Strategien und Prozesse aufmerksam
machen, welche zu einem tieferen Verständnis und einer höheren Selbstregulati-
on führen (Hattie 2002). Aufgabenrückmeldungen sollten sich auf die aktuelle
Leistung beziehen – beispielsweise darauf, was richtig und was falsch gelöst
wurde – und begründet werden. Aufgabenrückmeldungen ziehen einen geringeren Effekt nach sich als beispielsweise die Rückmeldung zu Prozessen. Dennoch
helfen auch sie dabei, Fehler zu analysieren und damit den gewünschten Zielen
näher zu kommen. Rückmeldungen sollten sich auf die Ausführung beziehen und
dem Lernenden zeigen, wie er die Selbststeuerung erhöhen kann. Schüler und
Schülerinnen sollten ermuntert werden, sich für erfolgreiche Aufgabenerfüllun-
gen selbst zu belohnen (Hattie 2002). Die Lehrpersonen können den Aufbau des
Selbstkonzeptes insofern steuern, indem sie den Jugendlichen angemessene
Probleme vorgeben, die eine Herausforderung bieten, aber nicht überfordern.
Hierzu werden im Rahmen von CORI beispielsweise unterschiedliche Lernmate-
rialien verschiedener Schwierigkeitsstufen angeboten, sodass die Jugendlichen
Materialen wählen können, für die sie sich kompetent fühlen. Die Jugendlichen
sollten sich an der Zielformulierung beteiligen und damit auch eigene Interessen
verfolgen können. Die Ziele sollten verbindlich sein und gegebenenfalls die
Standards so verändert werden, dass die Schülerinnen und Schüler die Ziele
erreichen können. Die Schülerinnen und Schüler sollten dabei unterstützt werden, effektive Fehlerkorrekturstrategien zu entwickeln. Diese Art von Rückmeldung führt zu einer veränderten Selbststeuerung, die sich auf das Lernen und
Verstehen richtet. Diese Prozesse sind aber nur in einem Lernklima möglich,
welches auf Vertrauen beruht. Es muss eine Atmosphäre geschaffen werden, in
der die Jugendlichen nicht in Konkurrenz zu ihren Mitschülern stehen, sondern
sich gegenseitig unterstützen. Die Rückmeldungen sollten sich insbesondere auf
die individuellen Lernfortschritte ausrichten und nicht an der durchschnittlichen
Leistung der Klasse. Die Schule sollte eine Fehlerkultur aufbauen (Oser & Spychiger 2005), in der offen über Fehler gesprochen wird, ohne dass die Jugendlichen sich eine Blöße geben oder Scham empfinden müssen. Die Eltern können
diesen Prozess der Motivation unterstützen, indem sie beispielsweise den Jugendlichen dabei helfen, Bücher zu finden, die deren Interessen entsprechen,

indem sie sich mit den Jugendlichen über das unterhalten, was diese lesen, und indem sie das gemeinsame Lernen mit Gleichaltrigen fördern. Der Aufbau von Lesefreude und eines lesebezogenen Selbstkonzeptes führt zu höherer Kompetenz und sorgt zugleich dafür, dass die Jugendlichen weniger zum Lesen aufgefordert werden.

14.6 Einschränkungen

In folgenden Abschnitten geht es um kritische Anmerkungen zur untersuchten Stichprobe und zum Untersuchungsdesign sowie um den Umgang mit fehlenden Datenwerten und die entsprechenden Auswirkungen auf die Ergebnisse.

Bei der untersuchten Stichprobe handelt es sich um eine anfallende Stichprobe, in der solange Klassen gesucht wurden, bis die Stichprobengröße erreicht wurde. Dennoch konnten Schulen und Klassen mehrerer Regionen gefunden werden, sodass Stadt und Land sowie weitere regionale Unterschiede gut abgedeckt sind.

In der vorliegenden Untersuchung wurde der Migrationshintergrund unter Einbezug der Familiensprache unscharf definiert. Dies ist als eine sehr grobe Annäherung an den Migrationshintergrund einzustufen und entspricht in keiner Weise der sozialen Wirklichkeit. Um die soziale Realität exakt widerzuspiegeln, wären weit komplexere Unterteilungen erforderlich, so beispielsweise hinsichtlich der Fragen, ob beide Elternteile einen Migrationshintergrund haben oder wie die Aufenthaltsdauer in deutschsprachigen Raum bemessen ist. Die vorgenommene, relativ unscharfe Trennung schlägt sich insbesondere in den niedrigen Effektstärken bei den Mittelwertunterschieden nieder. Nichtsdestotrotz können nunmehr Wirkstrukturen genauer differenziert werden, wodurch Prozesse besser nachvollziehbar werden.

Die Schätzung der fehlenden Werte mit dem Expectation-Maximization-Algorithmus von NORM (Schafer & Olsen 1998) war nach dem damaligen Kenntnisstand (Laufzeit des Projektes: 2005-2008) richtig (vgl. Kapitel 11.2). Aus heutiger Sicht wäre die Full-Information-Maximum-Likelihood-Schätzung (FIML) zu bevorzugen, welche die Schätzungen unter Berücksichtigung aller Informationen vornehmen kann und direkt in MPlus integriert ist (Enders & Bandalos 2001). Da die fehlenden Werte sich insgesamt in einem sehr niedrigen Prozentbereich (unter 5 Prozent) bewegen, sind die Auswirkungen auf die Resultate vernachlässigbar.

Um die Wechselwirkungen und die Entwicklungen genauer beschreiben zu können, sind drei Messzeitpunkte vonnöten, was leider im Rahmen dieses Forschungsprojektes nicht möglich war. Drei Messzeitpunkte wären ebenfalls für die Überprüfung weiterer Mediationseffekte sinnvoll, um die Wirkungszusammenhänge genauer und über mehrere Konstrukte zu erfassen und alternative Wirkrichtungen ausschließen zu können.

Die Bedingung, dass in autoregressiven Modellen in Verbindung mit Mehrgruppenanalysen die Varianzen sowohl zwischen den Gruppen wie auch über die Zeit gleich sein sollten, konnte nur teilweise erfüllt werden. Dies wirkte sich insbesondere auf die Bestimmung der Mittelwerte der latenten Konstrukte aus. Da sich aber die Gruppenunterschiede anhand der Faktoren identifizieren ließen und die Wirkungszusammenhänge im Zentrum des Interesses stehen, fällt dieser Punkt nicht so sehr ins Gewicht. Der Prämisse der metrischen Invarianz wird in vorliegender Studie weitgehend entsprochen.

Ein grundlegenderes Problem ging mit der Messung der Lesekompetenz einher, die mit einem Test für tiefere Klassenstufen geeicht ist. Der Test wurde erweitert, wodurch ein Deckeneffekt verhindert werden konnte. Da es in der Untersuchung nicht um die eigentliche Bestimmung des Kompetenzniveaus geht, sondern um die Wirkzusammenhänge, die zu einer Kompetenzsteigerung führen, ist das genaue Niveau nicht ausschlaggebend, vielmehr sind die relativen Unterschiede in den Gruppen maßgeblich. Diese relativen Unterschiede konnten trotz des nicht optimal geeigneten Messinstrumentes recht verlässlich bestimmt werden. Die Analysen haben zusätzlich gezeigt, dass die Ergebnisse zu den Gruppenunterschieden in der Lesekompetenz weitgehend mit jenen der PISA-Studie übereinstimmen, was für die Validität des Messinstrumentes spricht.

14.7 Weiterführende Forschung

Vorliegende Untersuchung kann verdeutlichen, dass sich die betrachteten Untergruppen hinsichtlich der Wirkstrukturen zur Erklärung der Lesekompetenz unterscheiden. Obwohl die Steigerung der bekannten Faktoren – wie beispielsweise der Lesemotivation – allen Schülerinnen und Schülern zugutekommt, zeichnen sich dennoch deutliche Unterschiede oder unterschiedliche Gewichtungen im Hinblick auf die Förderung der Lesekompetenz ab. Aus diesem Grunde müssten die Wirkstrukturen in spezifischen Gruppen weiter beobachtet und analysiert werden. Da die motivationalen Faktoren zentral für den Aufbau der Lesekompetenz sind, sind die Wirkstrukturen verschiedener Motivationstypen von besonderem Interesse. Die vorliegende Untersuchung hat in mehreren Bereichen Ergebnisse zutage gebracht, die zum Teil den Erwartungen und bisherigen Erkenntnissen widersprechen. Hier besteht weiterer Klärungsbedarf.

Nach den Befunden vorliegender Untersuchung steigert die Anschlusskommunikation in der Familie die Lesekompetenz lediglich indirekt über die

Lesemotivation, hingegen wirkt die Anschlusskommunikation mit Gleichaltrigen sowohl direkt als auch indirekt auf die Lesekompetenz. Dieser Sachverhalt verweist darauf, dass die Anschlusskommunikation in Familie und jene in der Schule nicht dieselbe Funktion erfüllen. Gerade im Bereich der Anschlusskommunikation Jugendlicher in der Familie besteht eine Forschungslücke. Die Wirkung einzig über die Lesemotivation lässt vermuten, dass in der Familie emotionale Aspekte eine größere Rolle spielen als Inhalte. Aus diesem Grund müssten auch emotionale Komponenten der Anschlusskommunikation in zukünftige Studien eingehen.

Die Familie beeinflusst die Lesekompetenzentwicklung nicht nur positiv über die Anschlusskommunikation. Es wurde, vor allem in sozial niedrigen Schichten, offensichtlich, dass ein negativer Einfluss der Aufforderung zum Lesen auf das lesebezogene Selbstkonzept, die Lesemotivation und auf die Lesekompetenz besteht. Es ist zu vermuten, dass dies eng mit dem familiären Klima, dem jeweiligen Erziehungsstil und den Bildungszielen in der Familie zusammenhängt. Hier liegt möglicherweise ein Spannungsverhältnis zwischen familiären Erziehungszielen, der Leseförderung und der Anschlusskommunikation vor, und zwar je nach familiärem Hintergrund in spezifischer Ausprägung und entsprechenden Wirkstrukturen. Diese kausalen Zusammenhänge sollten vor dem Hintergrund autonomieunterstützenden Verhaltens genauer erfasst und analysiert werden. Die Untersuchung dieser familiären Strukturen in Familien mit Jugendlichen könnten weitere Anhaltspunkte für die Förderung und Unterstützung der Familien bieten.

Die buchbezogene Anschlusskommunikation mit Gleichaltrigen ist überwiegend bei den Mädchen zu finden. Es besteht noch weitgehend Unklarheit darüber, wie Kommunikation gestaltet sein muss, um sich in der Lesemotivation und der Lesekompetenz niederschlagen. Vorliegende Untersuchung zeigt, dass auch im Vergleich zur familiären Anschlusskommunikation bestimmte Unterschiede bestehen. In der Folge kommen in der Gleichaltrigengruppe nicht nur motivationale Effekte zum Tragen, sondern es wird auch die Lesekompetenz direkt beeinflusst, wie dies theoretisch schon von Sutter (2008) angenommen wird. Die Annahme liegt nahe, dass dieser direkte Effekt mit der thematischen Auseinandersetzung in Verbindung steht und damit den Anstieg im Sachinteresse zu erklären vermag, während die Motivation insgesamt sinkt. Es gilt in der weiterführenden Forschung die unterschiedlichen Formen von Anschlusskommunikation in der Familie, mit Peers und in der Schule und deren Wirkungen auf die motivationalen Faktoren und die Lesekompetenz herauszuarbeiten.

Während die Motivation während der Schulzeit sinkt, konnte in der vorliegenden Untersuchung eine Zunahme im Sachinteresses im Verlauf des 8. Schuljahres festgestellt werden. In den USA wurde in der Leseförderung (McPeake &

Guthrie 2005-2011) der Sachunterricht mit der Leseförderung verbunden. Die danach unterrichteten Kinder und Jugendlichen schnitten in Tests nicht nur fachlich besser ab als Vergleichsklassen, die nicht nach CORI unterrichtet wurden, sondern lesen auch häufiger in der Freizeit. Nach diesem Förderprogramm scheinen sich insbesondere autonomiesteigernde Maßnahmen positiv auf die Lesemotivation und die Lesekompetenz auszuwirken. Weiterführende Forschung kann und sollte sich der Frage widmen, inwieweit im schulischen Kontext die Leseförderung mit dem Sachunterricht verbunden werden kann und wie sich dies auf Lesemotivation und Lesekompetenz auswirkt.

Literatur

Aikens, N. L. & Barbarin, O. (2008): Socioeconomic differences in reading trajectories: The contribution of family, neighborhood, and school contexts. *Journal of Educational Psychology, 100(2)*, 235-251.

Ainley, M., Hidi, S. & Berndorff, D. (2002a): Interest, learning, and the psychological processes that mediate their relationship. *Journal of Educational Psychology, 94(3)*, 545-561.

Ainley, M., Hillman, K. & Hidi, S. (2002b): Gender and interest processes in response to literary texts: situational and individual interest. *Learning and Instruction, 12(4)*, 411-428.

Alexander, P. A., Kulikowich, J. M. & Schulze, S. K. (1994): The influence of topic knowledge, domain knowledge, and interest on the comprehension of scientific exposition. *Learning and Individual Differences, 6(4)*, 379-397.

Allison, P. D. (2001): *Missing data*. Thousand Oaks, CA: Sage Publications.

Armbruster, B. B. (1986): Schema theory and the design of content-area textbooks. *Educational Psychologist, 21(4)*, 253-267.

Artelt, C., Baumert, J., Julius-McElvany, N. & Peschar, J. (2004): *Das Lernen lernen: Voraussetzungen für lebensbegleitendes Lernen. Ergebnisse von PISA 2000*. Paris: OECD.

Artelt, C., Drechsel, B., Bos, W. & Stubbe, T. C. (2009): Lesekompetenz in PISA und PIRLS/IGLU - ein Vergleich. In M. Prenzel & J. Baumert (Hrsg.): *Vertiefende Analysen zu PISA 2006*. Wiesbaden: VS Verlag für Sozialwissenschaften: 35-52.

Artelt, C., Naumann, J. & Schneider, W. (2010): Lesemotivation und Lernstrategien. In E. Klieme, C. Artelt, J. Hartig, N. Jude, O. Köller, M. Prenzel, W. Schneider & P. Stanat (Hrsg.): *PISA 2009. Bilanz nach einem Jahrzehnt*. Münster: Waxmann: 73-112.

Artelt, C., Schiefele, U., Schneider, W. & Stanat, P. (2002a): Leseleistungen deutscher Schülerinnen und Schüler im internationalen Vergleich (PISA). *Zeitschrift für Erziehungswissenschaft, 5(1)*, 6-27.

Artelt, C., Schneider, W. & Schiefele, U. (2002b): Ländervergleich zur Lesekompetenz. In D. PISA-Konsortium (Hrsg.): *PISA*. Opladen: Leske+Budrich: 55-94.

Artelt, C., Stanat, P., Schneider, W. & Schiefele, U. (2001): Lesekompetenz: Testkonzeption und Ergebnisse. In Deutsches PISA-Konsortium (Hrsg.): *PISA 2000. Basiskompetenzen von Schülerinnen und Schülern im internationalen Vergleich*. Opladen: Leske + Budrich: 69-137.

Artelt, C., Stanat, P., Schneider, W., Schiefele, U. & Lehmann, R. (2004): Die PISA-Studie zur Lesekompetenz: Überblick weiterführende Analysen. In U. Schiefele, C. Artelt, W. Schneider & P. Stanat (Hrsg.): *Struktur, Entwicklung und Förderung von Lesekompetenz. Vertiefende Analysen im Rahmen von PISA 2000.* Wiesbaden: VS Verlag für Sozialwissenschaften: 139-168.

Atkinson, J. W. (1957): Motivational determinants of risk-taking behavior. *Psychological Review, 64(61)*, 359-372.

Bachmann, T., Bertschi-Kaufmann, A. & Kassis, W. (2004): Untersuchungsdesign: Methodenfragen und ihre Umsetzung. In A. Bertschi-Kaufmann, W. Kassis & P. Sieber (Hrsg.): *Mediennutzung und Schriftlernen. Analysen und Ergebnisse zur literalen und medialen Sozialisation.* Weinheim: Juventa: 41-74.

Baddeley, A. (2000): The episodic buffer: a new component of working memory? *Trends in Cognitive Sciences, 4(11)*, 417-423.

Baker, E. A. & Guthrie, J. T. (Writer) (2010): Reading motivation among African American and Caucasian students. Voice of Literacy. Podcast retrieved from 06.10.2011.

Baker, L. & Wigfield, A. (1999): Dimensions of children's motivation for reading and their relations to reading activity and reading achievement. *Reading Research Quarterly, 34*, 452-477.

Bandura, A. (1997): *Self-efficacy. The exercise of control.* New York: W. H. Freeman and Company.

Baumert, J., Klieme, E., Neubrand, M., Prenzel, M., Schiefele, U., Schneider, W. et al. (2009): *Soziale Bedingungen von Schulleistungen. Zur Erfassung von Kontextmerkmalen durch Schüler-, Schul- und Elternfragebögen.* Berlin: Max-Planck-Institut für Bildungsforschung.

Baumert, J. & Maaz, K. (2010): Bildungsungleichheit und Bildungsarmut – Der Beitrag von Large-Scale-Assessments. In G. Quenzel & K. Hurrelmann (Hrsg.): *Bildungsverlierer: Neue Ungleichheiten.* Wiesbaden: VS Verlag für Sozialwissenschaften: 159-179.

Baumert, J. & Schümer, G. (2001): Familiäre Lebensverhältnisse, Bildungsbeteiligung und Kompetenzerwerb. In Deutsches PISA-Konsortium (Hrsg.): *PISA 2000. Basiskompetenzen von Schülerinnen und Schülern im internationalen Vergleich.* Opladen: Leske + Budrich: 323-407.

Baumgartner, M. & Graßhoff, G. (2008): Kausalität und kausales Schliessen. Zugriff am 30.06. 2011, http://philosci40.unibe.ch/lehre/event?id=15

Beck, I. L., Perfetti, C. A. & McKeown, M. G. (1982): Effects of long-term vocabulary instruction on lexical access and reading comprehension. *Journal of Educational Psychology, 74(4)*, 506-521.

Becker, M., McElvany, N. & Kortenbruck, M. (2010): Intrinsic and extrinsic reading motivation as predictors of reading literacy: A longitudinal study. *Journal of Educational Psychology, 102(4)*, 773-785.

Becker, R. (2000): Klassenlage und Bildungsentscheidungen. *KZfSS Kölner Zeitschrift für Soziologie und Sozialpsychologie, 52(3)*, 450-474.

Becker, R. (2007): Soziale Ungleichheit von Bildungschancen und Chancengerechtigkeit. In R. Becker & W. Lauterbach (Hrsg.): *Bildung als Privileg.* Wiesbaden: VS Verlag für Sozialwissenschaften: 157-185.

Becker, R. & Lauterbach, W. (2007): Bildung als Privileg — Ursachen, Mechanismen, Prozesse und Wirkungen. In R. Becker & W. Lauterbach (Hrsg.): *Bildung als Privileg*. Wiesbaden: VS Verlag für Sozialwissenschaften: 9-41.

Becker, R. & Schubert, F. (2006): Soziale Ungleichheit von Lesekompetenzen. *KZfSS Kölner Zeitschrift für Soziologie und Sozialpsychologie, 58(2)*, 253-284.

Berlyne, D. E. (1966): Curiosity and exploration. *Science, 153(3731)*, 25-33.

Berlyne, D. E. (1978): Curiosity and learning. *Motivation and Emotion, 2(2)*, 97-175.

Bertschi-Kaufmann, A. & Härvelid, F. (2007): Lesen im Wandel - Lesetraditionen und die Veränderungen in neuen Medienumgebungen. In A. Bertschi-Kaufmann (Hrsg.): *Lesekompetenz - Leseleistung - Leseförderung. Grundlagen, Modelle und Materialien*. Zug: Klett / Kallmeyer: 29-49.

Beutel, S.-I. & Hinz, R. (2008): Entwicklungszeiten: Selbstkonzept und Lesekompetenz von Kindern in der Schuleingangsphase. In: *Chancenungleichheit in der Grundschule*. Wiesbaden: VS Verlag für Sozialwissenschaften: 179-182.

Billmann-Mahecha, E. & Tiedemann, J. (2006): Übergangsempfehlung als kritisches Lebensereignis: Migration, Übergangsempfehlung und Fähigkeitsselbstkonzept. In A. Schründer-Lenzen (Hrsg.): *Risikofaktoren kindlicher Entwicklung*. Wiesbaden: VS Verlag für Sozialwissenschaften: 193-207.

Bimmel, P. (2002): Strategisch lesen lernen in der Fremdsprache. *Zeitschrift für Fremdsprachenforschung, 13(1)*, 113-141.

Blickenstorfer, R. (2009): Strategien der Zusammenarbeit. In S. Fürstenau & M. Gomolla (Hrsg.): *Migration und schulischer Wandel: Elternbeteiligung*. Wiesbaden: VS Verlag für Sozialwissenschaften: 69-87.

Boekaerts, M. & Boscolo, P. (2002): Interest in learning, learning to be interested. *Learning and Instruction, 12(4)*, 375-382.

Bonfadelli, H. (2010): Jugend, Migration und Medien. In B. Bachmair (Hrsg.): *Medienbildung in neuen Kulturräumen*. Wiesbaden: VS Verlag für Sozialwissenschaften: 257-270.

Bonfadelli, H. & Bucher, P. (2007): Alte und neue Medien im Leben von Jugendlichen mit Migrationshintergrund. In Kompetenzzentrum Informelle Bildung (Hrsg.): *Grenzenlose Cyberwelt? Zum Verhältnis von digitaler Ungleichheit und neuen Bildungszugängen für Jugendliche*. Wiesbaden: VS Verlag für Sozialwissenschaften: 137-151.

Bonfadelli, H. & Bucher, P. (2008): Lesen im Medienensemble von Jugendlichen mit Migrationshintergrund in der Schweiz. *Medien + Erziehung (Bd. 52), 6*, 10-23.

Bonfadelli, H. & Signer, S. (2008): *Internet, Mediennutzung und Informationsbedürfnisse von Migrantinnen und Migranten*. Zürich: Universität Zürich. IPMZ – Institut für Publizistikwissenschaft und Medienforschung.

Bong, M. & Clark, R. E. (1999): Comparison between self-concept and self-efficacy in academic motivation research. *Educational Psychologist, 34(3)*, 139-153.

Bong, M. & Skaalvik, E. M. (2003): Academic self-concept and self-efficacy: How different are they really? *Educational Psychology Review, 15(1)*, 1-40.

Bortz, J. (1993): *Statistik für Sozialwissenschaftler* (4. Aufl.). Berlin: Springer.

Bortz, J. & Döring, N. (2003): *Forschungsmethoden und Evaluation. Für Human- und Sozialwissenschaftler* (3., überarb. Aufl.). Berlin: Springer.

Boudon, R. (1974): *Education, Opportunity, and Social Inequality: Changing Prospects in Western Society*. New York: Wiley.

Bourdieu, P. (1979): Les trois états du capital culturel. *Actes de la recherche en sciences sociales, 30(1)*, 3-6.

Bourdieu, P. (1980): Le capital social. *Actes de la recherche en sciences sociales, 31(1)*, 2-3.

Bourdieu, P. (2005a): *Die verborgenen Mechanismen der Macht*. Hamburg: VSA-Verlag.

Bourdieu, P. (2005b): Ökonomisches, kulturelles und soziales Kapital. In P. Bourdieu (Hrsg.): *Die verborgenen Mechanismen der Macht*. Hamburg: VSA-Verlag: 49-79.

Bradley, R. H. & Corwyn, R. F. (2002): Socioeconomic status and child development. *Annual Review of Psychology, 53(1)*, 371-399.

Breen, R. & Goldthorpe, J. H. (1997): Explaining educational differentials: Towards a formal rational action theory. *Rationality and Society, 9(3)*, 275-305.

Brinkmann, H. U. & Marschke, B. (2011): Soziale und politische Teilhabe. In B. Marschke & H. U. Brinkmann (Hrsg.): *Handbuch Migrationsarbeit*. Wiesbaden: VS Verlag für Sozialwissenschaften: 35-51.

Bruner, J. S. (1975): The ontogenesis of speech acts. *Journal of Child Language, 2(01)*, 1-19.

Bruner, J. S. (1987): *Wie das Kind sprechen lernt*. Bern: Huber.

Brunner, M., Lüdtke, O. & Trautwein, U. (2008): The Internal/External Frame of Reference Model Revisited: Incorporating General Cognitive Ability and General Academic Self-Concept. *Multivariate Behavioral Research, 43(1)*, 137-172.

Bucher, P. & Bonfadelli, H. (2006): Mediennutzung von Jugendlichen mit Migrationshintergrund: Inklusion oder Exklusion? In K. Imhof, R. Blum, H. Bonfadelli & O. Jarren (Hrsg.): *Demokratie in der Mediengesellschaft*. Wiesbaden: VS Verlag für Sozialwissenschaften: 319-340.

Carrell, P. L. & Eisterhold, J. C. (1983): Schema theory and ESL reading pedagogy. *TESOL quarterly*, 553-573.

Chapman, J. W. & Tunmer, W. E. (1995): Development of young children's reading self-concepts: An examination of emerging subcomponents and their relationship with reading achievement. *Journal of Educational Psychology, 87(1)*, 154-167.

Chapman, J. W. & Tunmer, W. E. (2003): Reading difficulties, reading-related self-perceptions, and strategies for overcoming negative self-beliefs. *Reading & Writing Quarterly, 19(1)*, 5-24.

Chapman, J. W. & Tunmer, W. E. (2005): Achievement-related self-perception and reading development. Can reading recover self-concept? In H. W. Marsh, R. G. Craven & D. M. McInerney (Hrsg.): *New Frontiers for Self Research*. Greenwich, CT: Information Age Publishing: 281-306.

Chapman, J. W., Tunmer, W. E. & Prochnow, J. E. (2000): Early reading-related skills and performance, reading self-concept, and the development of academic self-concept: A longitudinal study. *Journal of Educational Psychology, 92(4)*, 703-708.

Charlton, M. & Sutter, T. (2007): *Lese-Kommunikation: Mediensozialisation in Gesprächen über mehrdeutige Texte*. Bielefeld: transcript.

Christmann, U. & Groeben, N. (2002): Anforderungen und Einflussfaktoren bei Sach- und Informationstexten. In N. Groeben (Hrsg.): *Lesekompetenz. Bedingungen, Dimensionen, Funktionen*. Weinheim: Juventa: 150-172.

Christmann, U. & Groeben, N. (2006): Psychologie des Lesens. In B. Franzmann, K. Hasemann, D. Löffler, E. Schön, unter Mitarbeit von, G. Jäger, W. R. Langenbucher & F. Melichar (Hrsg.): *Handbuch Lesen. Im Auftrag der Stiftung Lesen und der Deutschen Literaturkonferenz* (2. Aufl.). Baltmannsweiler: Schneider Verlag Hohengehren: 145-223.

Cohen, J. (1992): A power primer. *Psychological Bulletin, 112(1)*, 155-159.

Cohn, R. C. (2009): *Von der Psychoanalyse zur themenzentrierten Interaktion: Von der Behandlung einzelner zu einer Pädagogik für alle* (16. Aufl.). Stuttgart: Klett-Cotta.

Coleman, J. S. (1996): Der Verlust sozialen Kapitals und seine Auswirkungen auf die Schule. *Zeitschrift für Pädagogik Beiheft, 34*, 99-106.

Coradi Vellacott, M., Hollenweger, J., Nicolet, M. & Wolter, S. C. (Hrsg.) (2003): *Soziale Integration und Leistungsförderung. Thematischer Bericht der Erhebung PISA 2000*. Neuchâtel: Bundesamt für Statistik (BFS), Schweizerische Konferenz der kantonalen Erziehungsdirektoren (EDK).

Csikszentmihalyi, M. (1990): Literacy and Intrinsic Motivation. *Daedalus, 119*, 115-140.

Csikszentmihalyi, M. & Schiefele, U. (1993): Die Qualität des Erlebens und der Prozess des Lernens. *Zeitschrift für Pädagogik, 39(2)*, 207-221.

Cunningham, A. E. & Stanovich, K. E. (1997): Early Reading Acquisition and Its Relation to Reading Experience and Ability 10 Years Later. *Developmental Psychology, 33(6)*, 934-945.

Daneman, M. & Carpenter, P. A. (1980): Individual differences in working memory and reading. *Journal of verbal learning and verbal behavior, 19(4)*, 450-466.

Daneman, M. & Merikle, P. M. (1996): Working memory and language comprehension: A meta-analysis. *Psychonomic Bulletin & Review, 3(4)*, 422-433.

Davis, J. A. (1985): *The logic of causal order*. Thousand Oaks, California: Sage University Paper.

Deci, E. L., Koestner, R. & Ryan, R. M. (2001): Extrinsic Rewards and Intrinsic Motivation in Education: Reconsidered Once Again. *Review of Educational Research, 71(1)*, 1-27.

Deci, E. L. & Ryan, R. M. (1985): *Intrinsic motivation and self-determination in human behavior*. New York: Plenum Press.

Deci, E. L. & Ryan, R. M. (1993): Die Selbstbestimmungstheorie der Motivation und ihre Bedeutung für die Pädagogik. *Zeitschrift für Pädagogik, 39(2)*, 223-238.

Deci, E. L. & Ryan, R. M. (2000): The 'What' and 'Why' of Goal Pursuits: Human Needs and the Self-Determination of Behavior. *Psychological Inquiry, 11(4)*, 227-268.

Deci, E. L. & Ryan, R. M. (2004): Self-Determination Research: Reflections and Future Directions. In E. L. Deci & R. M. Ryan (Hrsg.): *Handbook of self-determination research*. Rochester, NY: The University of Rochester Press: 431-441.

Deci, E. L., Vallerand, R. J., Pelletier, L. G. & Ryan, R. M. (1991): Motivation and Education: The Self-Determination Perspective. *Educational Psychologist, 26(3)*, 325-346.

Deutsches-PISA-Konsortium (2001): *PISA 2000. Basiskompetenzen von Schuelerinnen und Schuelern im internationalen Vergleich.* Opladen: Leske + Budrich.

Ditton, H. (2009): Familie und Schule – eine Bestandsaufnahme der bildungssoziologischen Schuleffektforschung von James S. Coleman bis heute. In: *Lehrbuch der Bildungssoziologie.* Wiesbaden: VS Verlag für Sozialwissenschaften: 237-256.

Ditton, H. & Krüsken, J. (2006): Der Übergang von der Grundschule in die Sekundarstufe I. *Zeitschrift für Erziehungswissenschaft, 9(3),* 348-372.

Ditton, H. & Krüsken, J. (2009): Denn wer hat, dem wird gegeben werden? Eine Längsschnittstudie zur Entwicklung schulischer Leistungen und den Effekten der sozialen Herkunft in der Grundschulzeit. *Journal for Educational Research Online, 1(1),* 33-61.

Ditton, H., Krüsken, J. & Schauenberg, M. (2005): Bildungsungleichheit — der Beitrag von Familie und Schule. *Zeitschrift für Erziehungswissenschaft, 8(2),* 285-304.

Ditton, H. & Maaz, K. (2011): Sozioökonomischer Status und soziale Ungleichheit. In H. Reinders, H. Ditton, C. Gräsel & B. Gniewosz (Hrsg.): *Empirische Bildungsforschung.* Wiesbaden: VS Verlag für Sozialwissenschaften: 193-208.

Drechsel, B. & Artelt, C. (2008): Lesekompetenz im Ländervergleich. In M. Prenzel, C. Artelt, J. Baumert, W. Blum, M. Hammann, E. Klieme & R. Pekrun (Hrsg.): *PISA 2006 in Deutschland. Die Kompetenzen der Jugendlichen im dritten Ländervergleich.* Münster: Waxmann: 107-126.

Dutke, S. (1993): Mentale Modelle beim Erinnern sprachlich beschriebener räumlicher Anordnungen: Zur Interaktion von Gedächtnisschemata und Textrepräsentation. *Zeitschrift für experimentelle und angewandte Psychologie, 40(1),* 44-71.

Eccles, J. S., Adler, T., Futterman, R., Goff, S., Kaczala, C., Meece, J. et al. (1983): Expectancies, values, and academic behaviors. In J. T. Spence (Hrsg.): *Achievement and achievement motives.* San Francisco: Freeman: 75-146.

Eccles, J. S. & Wigfield, A. (2002): Motivational Beliefs, Values, and Goals. *Annual Review of Psychology, 53(1),* 109-132.

Eggert, H. (1997): Literarische Bildung oder Leselust? Aufgaben des Literaturunterrichts in der literarischen Sozialisation. *Lesezeichen. Mitteilungen des Lesezentrums der Pädagogischen Hochschule Heidelberg, Jg. 1,* 15-40.

Eggert, H. & Garbe, C. (1995): *Literarische Sozialisation.* Stuttgart: J. B. Metzler.

Ehlers, S. (2002): Lesesozialisation zugewanderter Sprachminderheiten. In M. Hug & S. Richter (Hrsg.): *Ergebnisse psychologischer und soziologischer Forschung - Impulse für die Deutschdidaktik.* (Band 4). Baltmannsweiler: Schneider Verlag Hohengehren: 44-61.

Ehmke, T. & Jude, N. (2010): Soziale Herkunft und Kompetenzerwerb. In E. Klieme, C. Artelt, J. Hartig, N. Jude, O. Köller, M. Prenzel, W. Schneider & P. Stanat (Hrsg.): *PISA 2009. Bilanz nach einem Jahrzehnt.* Münster: Waxmann: 231-254.

Elley, W. B. (1992): *How in the World Do Students Read? IEA Study of Reading Literacy.* The Hague: The International Association for the Evaluation of Educational Achievement.

Elliot, A. J. (1999): Approach and avoidance motivation and achievement goals. *Educational Psychologist, 34(3),* 169-189.

Elliot, A. J. & Murayama, K. (2008): On the measurement of achievement goals: Critique, illustration, and application. *Journal of Educational Psychology, 100(3)*, 613-628.

Enders, C. K. & Bandalos, D. L. (2001): The Relative Performance of Full Information Maximum Likelihood Estimation for Missing Data in Structural Equation Models. *Structural Equation Modeling, 8(3)*, 430-457.

Ennemoser, M. & Schneider, W. (2004): Entwicklung von Lesekompetenz - Hemmende Einflüsse des medialen Umfeldes. In N. Groeben & B. Hurrelmann (Hrsg.): *Lesesozialisation in der Mediengesellschaft. Ein Forschungsüberblick*. Weinheim: Juventa: 375-401.

Esser, H. (2006): *Migration, Sprache und Integration*. Berlin: Arbeitsstelle für Interkulturelle Konflikte u. Gesellschaftl. Integration (AKI); Wissenschaftszentrum Berlin für Sozialforschung (WZB).

Farris, P. J., Werderich, D. E., Nelson, P. A. & Fuhler, C. J. (2009): Male Call: Fifth-Grade Boys' Reading Preferences. *Reading Teacher, 63(3)*, 180-188.

Ferguson, H. B., Bovaird, S. & Mueller, M. P. (2007): The impact of poverty on educational outcomes for children. *Paediatrics & Child Health, 12(8)*, 701-706.

Ferla, J., Valcke, M. & Cai, Y. (2009): Academic self-efficacy and academic self-concept: Reconsidering structural relationships. *Learning and Individual Differences, 19(4)*, 499-505.

Finkel, S. E. (1995): *Causal Analysis with Panel Data*. Thousand Oaks, CA: Sage Publications.

Freire, P. (1973): *Pädagogik der Unterdrückten. Bildung als Praxis der Freiheit*. Reinbek bei Hamburg: Rowohlt

Fritzsche, J. (2004): Formelle Sozialisationsinstanz Schule In N. Groeben & B. Hurrelmann (Hrsg.): *Lesesozialisation in der Mediengesellschaft. Ein Forschungsüberblick*. Weinheim: Juventa: 202-249.

Garbe, C. (2002): Geschlechterspezifische Zugänge zum fiktionalen Lesen. *Lesezeichen. Mitteilungen des Lesezentrums der Pädagogischen Hochschule Heidelberg (12)*, 35-52.

Garbe, C. (2003): *Weshalb lesen Mädchen besser als Jungen? Genderaspekte der Leseförderung. Vortrag im Rahmen der Ringvorlesung „Leselust statt PISAfrust" der HSA Luzern am 13. Januar 2003*. Luzern: Hochschule Luzern Soziale Arbeit.

Garbe, C. (2009a): Lesesozialisation. In C. Garbe, K. Holle & T. Jesch (Hrsg.): *Texte lesen. Lesekompetenz - Textverstehen - Lesedidaktik - Lesesozialisation*. Paderborn: Schöningh: 167-221.

Garbe, C. (2009b): *Wie wird man zu einem engagierten Leser/einer engagierten Leserin? Erkenntnisse aus der lesebiographischen Forschung*. Paper presented at the STUBE-Fernkurs KJL, Würzburg, 18.9.2009.

Garbe, C., Holle, K. & Jesch, T. (2009): *Texte lesen. Lesekompetenz - Textverstehen - Lesedidaktik - Lesesozialisation*. Paderborn: Schöningh.

Garbe, C., Holle, K. & Weinhold, S. (2010): Conclusion and Comments. In C. Garbe, K. Holle & S. Weinhold (Hrsg.): *ADORE -Teaching Struggling Adolescent Readers in European Countries. Key Elements für Changing Classroom Practice*. Frankfurt am Main: Peter Lang: 125-237.

Geiser, C. (2010): *Datenanalyse mit Mplus: Eine anwendungsorientierte Einführung.* Wiesbaden: VS Verlag für Sozialwissenschaften.

Gibb, R. L. & Guthrie, J. T. (2008): Interest in Reading: Potency of Relevance. In J. T. Guthrie (Hrsg.): *Engaging Adolescents in Reading.* Thousand Oaks, CA: Corwin Press: 83-98.

Gold, A. (2010): *Lesen kann man lernen. Lesestrategien für das 5. und 6. Schuljahr.* Göttingen: Vandenhoeck & Ruprecht.

Gomolla, M. (2006): Fördern und Fordern allein genügt nicht! Mechanismen institutioneller Diskriminierung von Migrantenkindern und -jugendlichen im deutschen Schulsystem. In: *Schieflagen im Bildungssystem.* Wiesbaden: VS Verlag für Sozialwissenschaften: 87-102.

Graf, W. (1995): Fiktionales Lesen und Lebensgeschichte. Lektürebiographien der Fernsehgeneration. In C. Rosebrock (Hrsg.): *Lesen im Medienzeitalter. Biographische und historische Aspekte literarischer Sozialisation.* Weinheim: Juventa: 97-125.

Graf, W. (2010): *Lesegenese in Kindheit und Jugend. Einführung in die literarische Sozialisation.* Baltmannsweiler: Schneider Verlag Hohengehren.

Graham, J., Tisher, R., Ainley, M. & Kennedy, G. (2008): Staying with the text: the contribution of gender, achievement orientations, and interest to students' performance on a literacy task. *Educational Psychology, 28(7),* 757-776.

Groeben, N. (1978): *Die Verständlichkeit von Unterrichtstexten. Dimensionen und Kriterien rezeptiver Lernstadien.* Münster: Aschendorff.

Groeben, N. (2004): (Lese-)Sozialisation als Ko-Konstruktion - Methodisch-methologische Problem-(Lösungs-)Perspektiven. In N. Groeben & B. Hurrelmann (Hrsg.): *Lesesozialisation in der Mediengesellschaft. Ein Forschungsüberblick.* Weinheim: Juventa: 145-168.

Groeben, N. & Christmann, U. (1995, 2. - 4. 3.): *Textverstehen und Textverständlichkeit aus sprach-/denkpsychologischer Sicht.* Paper presented at the Plenar-Vortrag auf der Tagung: „Der Text im Fremdsprachenunterricht". Göttingen.

Groeben, N. & Schroeder, S. (2004): Versuch einer Synopse: Sozialisationsinstanzen - Ko-Konstruktion. In N. Groeben & B. Hurrelmann (Hrsg.): *Lesesozialisation in der Mediengesellschaft. Ein Forschungsüberblick.* Weinheim: Juventa: 306-348.

Grzesik, J. (2005): *Texte verstehen lernen.* Münster: Waxmann.

Guthrie, J. T. (2005-2011): Concept-Oriented Reading Instruction. Zugriff am 06.10. 2011, http://www.cori.umd.edu/

Guthrie, J. T. (2008a): Growing motivation: How students develop. In J. T. Guthrie (Hrsg.): *Engaging Adolescents in Reading.* Thousand Oaks, CA: Corwin Press: 99-113.

Guthrie, J. T. (2008b): Reading Motivation and Engagement in Middle and High School: Appraisal and Intervention. In J. T. Guthrie (Hrsg.): *Engaging Adolescents in Reading.* Thousand Oaks, California: Corwin Press: 1-16.

Guthrie, J. T. & Aloa, S. (1997): Designing Contexts to Increase Motivations for Reading. *Educational Psychologist, 32(2),* 95-105.

Guthrie, J. T. & Coddington, C. S. (2009): Reading Motivation. In K. Wentzel & A. Wigfield (Hrsg.): *Handbook of Motivation at School.* New York: Routledge: 503-525.

Guthrie, J. T. & Davis, M. H. (2003): Motivating Struggling Readers in Middle School Through an Engagement Model of Classroom Practice. *Reading & Writing Quarterly, 19(1)*, 59-85.

Guthrie, J. T., McRae, A. & Lutz Klauda, S. (2007): Contributions of Concept-Oriented Reading Instruction to Knowledge About Interventions for Motivations in Reading. *Educational Psychologist, 42(4)*, 237-250.

Guthrie, J. T., Wigfield, A., Metsala, J. L. & Cox, K. E. (1999): Motivational and Cognitive Predictors of Text Comprehension and Reading Amount. *Scientific Studies of Reading, 3(3)*, 231-256.

Hancock, G. R. & Mueller, R. O. (2006): *Structural equation modeling: A second course.* Greenwich, Connecticut: Information Age Pub Inc.

Harackiewicz, J. M., Barron, K. E., Pintrich, P. R., Elliot, A. J. & Thrash, T. M. (2002): Revision of achievement goal theory: Necessary and illuminating. *Journal of Educational Psychology, 94(3)*, 638-645.

Härle, G. & Steinbrenner, M. (2010): Das literarische Gespräch im Unterricht und in der Ausbildung von Deutschlehrinnen und -lehrern. Eine Einführung. In G. Härle & M. Steinbrenner (Hrsg.): *Kein endgültiges Wort. Die Wiederentdeckung des Gesprächs im Literaturunterricht* (2. Aufl.). Baltmannsweiler: Schneider Verlag Hohengehren: 1-24.

Hattie, J. (2002, August 2002): *Why is it so difficult to enhance self-concept in the classroom: The power of feedback in the self-concept-achievement relationship.* Paper presented at the Self-Concept Research: Driving International Research Agendas., Sydney.

Hattie, J. A. C. (2009): *Visible Learning. A synthesis of over 800 meta-analyses relating to achievement.* London: Routledge.

Hausmann, M. (2007): Kognitive Geschlechtsunterschiede. In S. Lautenbacher, O. Güntürkün & M. Hausmann (Hrsg.): *Gehirn und Geschlecht.* Berlin: Springer: 105-123.

Hecht, S. A., Burgess, S. R., Torgesen, J. K., Wagner, R. K. & Rashotte, C. A. (2000): Explaining social class differences in growth of reading skills from beginning kindergarten through fourth-grade: The role of phonological awareness, rate of access, and print knowledge. *Reading and Writing, 12*, 99-127.

Helmke, A. (1993): Die Entwicklung der Lernfreude vom Kindergarten bis zur 5. Klassenstufe. *Zeitschrift für Pädagogische Psychologie, 7*, 77-86.

Helmke, A. & Schrader, F.-W. (2006): Bedingungsfaktoren schulischer Leistungen. In D. Rost (Hrsg.): *Handwörterbuch Pädagogische Psychologie* Weinheim: Beltz: 83-94.

Helmke, A. & van Aken, M. A. G. (1995): The causal ordering of academic achievement and self-concept of ability during elementary school: A longitudinal study. *Journal of Educational Psychology, 87(4)*, 624-637.

Hempel, C. G. & Oppenheim, P. (1948): Studies in the Logic of Explanation. *Philosophy of Science, 15(2)*, 135-175.

Hidi, S. (2001): Interest, Reading, and Learning: Theoretical and Practical Considerations. *Educational psychology review, 13(3)*, 191-209.

Hidi, S. (2006): Interest: A unique motivational variable. *Educational Research Review, 1(2)*, 69-82.

Hidi, S. & Renninger, K. A. (2006): The four-phase model of interest development. *Educational Psychologist, 41(2)*, 111-127.

Hill, N. E. (2001): Parenting and academic socialization as they relate to school readiness: The roles of ethnicity and family income. *Journal of Educational Psychology, 93(4)*, 686-697.

Himme, A. (2007): Gütekriterien der Messung: Reliabilität, Validität und Generalisierbarkeit. In S. Albers, D. Klapper, U. Konradt, A. Walter & J. Wolf (Hrsg.): *Methodik der empirischen Forschung* (2. Aufl.). Wiesbaden: Gabler: 375-390.

Hirnstein, M. & Hausmann, M. (2010): Neuropsychologie. Kognitive Geschlechtsunterschiede. In G. Steins (Hrsg.): *Handbuch Psychologie und Geschlechterforschung*. Wiesbaden: VS Verlag für Sozialwissenschaften: 69-85.

Hoffmeyer-Zlotnik, J. H. P. & Geis, A. J. (2003): Berufsklassifikation und Messung des beruflichen Status/Prestige. *ZUMA-Nachrichten 52, 27*, 125-138.

Holly, W. (2000): Was sind "neue Medien" – was sollen "neue Medien" sein? In G. Voss, W. Holly & K. Boehnke (Hrsg.): *Neue Medien im Alltag: Begriffsbestimmungen eines interdisziplinären Forschungsfeldes*. Opladen: Leske + Budrich: 79-106.

Holly, W. & Habscheid, S. (2000): Die sprachliche Aneignung von Computermedien - Vorstellung eines Projekts. In W. Kallmeyer (Hrsg.): *Sprache und neue Medien*. Berlin: Walter De Gruyter: 127-141.

Hu, L. & Bentler, P. M. (1999): Cutoff Criteria for Fit Indexes in Covariance Structure Analysis: Conventional Criteria versus New Alternatives. *Structural Equation Modeling, 6(1)*, 1-55.

Huber, O. (1995): *Das psychologische Experiment: Eine Einführung* (2. Aufl.). Bern: Hans Huber.

Hurrelmann, B. (2002): Prototypische Merkmale der Lesekompetenz. In N. Groeben & B. Hurrelmann (Hrsg.): *Lesekompetenz. Bedingungen, Dimensionen, Funktionen*. Weinheim: Juventa: 275-286.

Hurrelmann, B. (2004a): Informelle Sozialisationsinstanz Familie. In N. Groeben & B. Hurrelmann (Hrsg.): *Lesesozialisation in der Mediengesellschaft. Ein Forschungsüberblick*. Weinheim: Juventa: 169-201.

Hurrelmann, B. (2004b): Sozialisation der Lesekompetenz. In U. Schiefele, C. Artelt, W. Schneider & P. Stanat (Hrsg.): *Struktur, Entwicklung und Förderung von Lesekompetenz. Vertiefende Analysen im Rahmen von PISA 2000*. Wiesbaden: Verlag für Sozialwissenschaften: 37-60.

Hurrelmann, B. (2006): Ein erweitertes Konzept von Lesekompetenz und Konsequenzen für die Leseförderung. In G. Auernheimer (Hrsg.): *Schieflagen im Bildungssystem. Die Benachteiligung der Migrantenkinder* (2. Aufl.). Wiesbaden: VS Verlag für Sozialwissenschaften: 161-176.

Hurrelmann, B. (2007): Modelle und Merkmale der Lesekompetenz. In A. Bertschi-Kaufmann (Hrsg.): *Lesekompetenz-Leseleistung-Leseförderung*. Seelze-Velber: Klett/Kallmeyer: 18-28.

Hurrelmann, B., Hammer, M. & Nieß, F. (1993): *Leseklima in der Familie. Eine Studie der Bertelsmann Stiftung*. Gütersloh: Bertelsmann Stiftung.

Hurrelmann, B., Hammer, M. & Nieß, F. (1995): *Leseklima in der Familie. Eine Studie der Bertelsmann Stiftung* (2. Aufl.). Gütersloh: Bertelsmann Stiftung.

Hurrelmann, K. (1995): *Einführung in die Sozialisationstheorie. Über den Zusammenhang von Sozialstruktur und Persönlichkeit* (5. Aufl.). Weinheim: Beltz.

Hyde, J. S. & Linn, M. C. (1988): Gender differences in verbal ability: A meta-analysis. *Psychological Bulletin, 104(1)*, 53-69.

Iacobucci, D. (2008): *Mediation Analysis*. Thousand Oaks, California: Sage.

IBM Software (2011): SPSS Statistics (Version 18). Ehningen: IBM Deutschland GmbH.

Jäkel, J., Schölmerich, A., Kassis, W. & Leyendecker, B. (2011): Mothers' and fathers' bookreading predicts pre-schoolers´ development in Turkish immigrant and German families. *International Journal of Developmental Science, 5(1-2)*, 27-39.

Jakob, C. (2008): *Wissenschaftstheoretische Grundlagen sozial- und geschichtswissenschaftlicher Erklärungen*. Bern: Gerd Graßhoff.

Jerusalem, M. (1993): Die Entwicklung von Selbstkonzepten und ihre Bedeutung für Motivationsprozesse im Lern-und Leistungsbereich. *Antrittsvorlesung, Berlin, Humboldt Universität, Institut für Schulpädagogik und Pädagogische Psychologie*.

Johnson-Laird, P. N. (1980): Mental models in cognitive science. *Cognitive Science, 4(1)*, 71-115.

Jungbluth, P. (1994): Lehrererwartungen und Ethnizität. Innerschulische Chancendeterminanten bei Migratenschülern in den Niederlanden. *Zeitschrift für Pädagogik, 40(1)*, 113-125.

Just, M. A. & Carpenter, P. A. (1992): A capacity theory of comprehension: Individual differences in working memory. *Psychological Review, 99(1)*, 122-149.

Kassis, W. (2007): Aporien homogenisierender Lesesozialisationsforschung. *Bulletin suisse de linguistique appliquée (VALS/ASLA)*, 3-27.

Kassis, W. & Schneider, H. (2003): Inner- und ausserschulische Determinanten der Lesesozialisation. *Medienwissenschaft Schweiz, 2003(2)*, 51-58.

Kassis, W. & Schneider, H. (2004a): Inner- und ausserschulische Determinanten der Lesesozialisation. In: *Medienkompetenz und Medienleistungen in der Informationsgesellschaft. Beiträge einer internationalen Tagung*. Zürich: Pestalozzianum: 104-119.

Kassis, W. & Schneider, H. (2004b): Schulische und familiale Determinanten der Lese- und Schreibsozialisation. In A. Bertschi-Kaufmann, W. Kassis & P. Sieber (Hrsg.): *Mediennutzung und Schriftlernen. Analysen und Ergebnisse zur literalen und medialen Sozialisation*. Weinheim: Juventa: 219-237.

Kendeou, P. & van den Broek, P. (2005): The effects of readers' misconceptions on comprehension of scientific text. *Journal of Educational Psychology, 97(2)*, 235-245.

Keuth, H. (Hrsg.) (2005): *Karl Popper. Logik der Forschung* (11 Aufl.). Tübingen: Akademie Verlag.

Kintsch, W. (1987): Contributions from cognitive psychology. *Understanding readers' understanding: Theory and practice*, 5-14.

Kintsch, W. (1998a): *Comprehension*. Cambridge: Cambridge University Press.

Kintsch, W. (1998b): The representation of knowledge in minds and machines. *International Journal of Psychology, 33(6)*, 411-420.

Kintsch, W. (2004): The construction-integration model of text comprehension and its implications for instruction. In R. B. Ruddell & N. J. Unrau (Hrsg.): *Theoretical models and processes of reading*. Newark, DE: International Reading Association: 1270-1328.

Kintsch, W. & van Dijk, T. A. (1978): Toward a model of text comprehension and production. *Psychological Review, 85(5)*, 363-394.

Klicpera, C. & Gasteiger-Klicpera, B. (1998): *Psychologie der Lese- und Schreibschwierigkeiten. Entwicklung, Ursachen, Förderung* (2. Aufl.). Weinheim: Beltz.

Klieme, E., Artelt, C., Hartig, J., Jude, N., Köller, O., Prenzel, M. et al. (Hrsg.) (2010a): *PISA 2009. Bilanz nach einem Jahrzehnt*. Münster: Waxmann.

Klieme, E., Jude, N., Baumert, J. & Prenzel, M. (2010b): PISA 2000–2009: Bilanz der Veränderungen im Schulsystem. In E. Klieme, C. Artelt, J. Hartig, N. Jude, O. Köller, M. Prenzel, W. Schneider & P. Stanat (Hrsg.): *PISA 2009. Bilanz nach einem Jahrzehnt*. Münster: Waxmann: 277-300.

Köller, O., Schnabel, K. U. & Baumert, J. (2000): Der Einfluss der Leistungsstärke von Schulen auf das fachspezifische Selbstkonzept der Begabung und das Interesse. *Zeitschrift für Entwicklungspsychologie und Pädagogische Psychologie, 32(2)*, 70-80.

Köller, O., Trautwein, U., Lüdtke, O. & Baumert, J. (2006): Zum Zusammenspiel von schulischer Leistung, Selbstkonzept und Interesse in der gymnasialen Oberstufe. *Zeitschrift für Pädagogische Psychologie, 20(1)*, 27-39.

Krampen, G. (2005): Geschlechtsrollenorientierung. In A. Glöckner-Rist (Hrsg.): *ZUMA-Informationssystem. Elektronisches Handbuch sozialwissenschaftlicher Erhebungsinstrumente. ZIS Version 9.00*. Mannheim: Zentrum für Umfragen, Methoden und Analysen.

Krapp, A. (1992): Konzepte und Forschungsansätze zur Analyse des Zusammenhangs von Interesse, Lernen und Leistung. In A. Krapp & M. Prenzel (Hrsg.): *Neuere Ansätze der pädagogisch-psychologischen Interessenforschung*. Münster: Aschendorff: 9-52.

Krapp, A. (1993): Die Psychologie der Lernmotivation. Perspektiven der Forschung und Probleme ihrer pädagogischen Rezeption. *Zeitschrift für Pädagogik 39(2)*, 187-206.

Krapp, A. (1999): Interest, motivation and learning: An educational-psychological perspective. *European Journal of Psychology of Education, 14(1)*, 23-40.

Krapp, A. (2003): Die Bedeutung der Lernmotivation für die Optimierung des schulischen Bildungssystems. *Politische Studien, 54(Sonderheft 3)*, 91-119.

Krapp, A. (2005): Basic needs and the development of interest and intrinsic motivational orientations. *Learning and Instruction, 15(5)*, 381-395.

Krapp, A. (2007): An educational-psychological conceptualisation of interest. *International Journal for Educational and Vocational Guidance, 7(1)*, 5-21.

Kreibich, H. E. & Simone, C. (Hrsg.) (2010): *Lesefreude trotz Risikofaktoren. Eine Studie zur Lesesozialisation von Kindern in der Familie*. Mainz: Stiftung Lesen.

Kristen, C. & Dollmann, J. (2009): Sekundäre Effekte der ethnischen Herkunft: Kinder aus türkischen Familien am ersten Bildungsübergang. In J. Baumert, K. Maaz & U. Trautwein (Hrsg.): *Bildungsentscheidungen*. Wiesbaden: VS Verlag für Sozialwissenschaften: 205-229.

Kristen, C. & Dollmann, J. (2010): Sekundäre Effekte der ethnischen Herkunft: Kinder aus türkischen Familien am ersten Bildungsübergang. In B. Becker & D. Reimer (Hrsg.): *Vom Kindergarten bis zur Hochschule*. Weinheim: VS Verlag für Sozialwissenschaften: 117-144.

Kronig, W. (2003): Das Konstrukt des leistungsschwachen Immigrantenkindes. *Zeitschrift für Erziehungswissenschaft, 6(1)*, 126-141.

Kronig, W. (2007a): *Die systematische Zufälligkeit des Bildungserfolgs. Theoretische Erklärungen und empirische Untersuchungen zur Lernentwicklung und Leistungsbewertung in unterschiedlichen Schulklassen*. Bern: Haupt.

Kronig, W. (2007b): Resilienz und kollektivierte Risiken in Bildungskarrieren - das Beispiel der Kinder aus Zuwanderfamilien. In G. Opp & M. Fingerle (Hrsg.): *Was Kinder stärkt. Erziehung zwischen Risiko und Resilienz*. München: Reinhardt: 212-226.

Kronig, W., Haeberlin, U. & Eckhart, M. (2007): *Immigrantenkinder und schulische Selektion: pädagogische Visionen, theoretische Erklärungen und empirische Untersuchungen zur Wirkung integrierender und separierender Schulformen in den Grundschuljahren* (2. Aufl.). Bern: Haupt.

Kühnen, U. & Hannover, B. (2003): Kultur, Selbstkonzept und Kognition. *Zeitschrift für Psychologie,, 211(4)*, 212–224.

Lafontaine, D. & Monseur, C. (2009): Gender Gap in Comparative Studies of Reading Comprehension: to what extent do the test characteristics make a difference? *European Educational Research Journal, 8(1)*, 69-79.

Langer, I. (1993): L Verständlich informieren – Ein Beispiel empirischer Forschung. In B. Fittkau (Hrsg.): *Pädagogisch-psychologische Hilfen für Erziehung, Unterricht und Beratung*. Aachen: Hahner: 378-401.

Langer, I., Schulz v. Thun, F., Meffert, J. & Tausch, R. (1973): Merkmale der Verständlichkeit schriftlicher Informations- und Lehrtexte. *Zeitschrift für experimentelle und angewandte Psychologie, 20(2)*, 269-286.

Langer, I., Schulz v. Thun, F. & Tausch, R. (2006): *Sich verständlich ausdrücken* (8. Aufl.). München: Reinhardt.

Leiter-Köhler, U. (2002): Über die Medienkompetenz zur Textkompetenz. Schulisches Schreiben und die neuen Medien. In P. R. Portmann-Tselikas & S. Schmölzer-Eibinger (Hrsg.): *Textkompetenz. Neue Perspektiven für das Lernen und Lehren*. Innsbruck: Studien Verlag: 177–198.

Lenhard, W. & Schneider, W. (2006): *ELFE 1-6. Ein Leseverständnistest für Erst- bis Sechstklässler*. Göttingen: Hogrefe.

Leseman, P., Scheele, A., Mayo, A. & Messer, M. (2007): Home literacy as a special language environment to prepare children for school. *Zeitschrift für Erziehungswissenschaft, 10(3)*, 334-355.

Lietz, P. (2006): Issues in the change in gender differences in reading achievement in cross-national research studies since 1992: A meta-analytic view. *International Education Journal, 7(2)*, 127-149.

Linnenbrink-Garcia, L., Durik, A., Conley, A., Barron, K., Tauer, J., Karabenick, S. et al. (2010): Measuring situational interest in academic domains. *Educational and Psychological Measurement, 70(4)*, 647-671.

Logan, S. & Johnston, R. (2009): Gender differences in reading ability and attitudes: examining where these differences lie. *Journal of Research in Reading, 32(2)*, 199-214.

Logan, S. & Johnston, R. (2010): Investigating gender differences in reading. *Educational review, 62(2)*, 175-187.

Logan, S., Medford, E. & Hughes, N. (2011): The importance of intrinsic motivation for high and low ability readers' reading comprehension performance. *Learning and Individual Differences, 21(1)*, 124-128.

Lüdtke, O. & Köller, O. (2002): Individuelle Bezugsnormorientierung und soziale Vergleiche im Mathematikunterricht. *Zeitschrift für Entwicklungspsychologie und Pädagogische Psychologie, 34(3)*, 156-166.

Lüdtke, O., Robitzsch, A., Trautwein, U. & Köller, O. (2007): Umgang mit fehlenden Werten in der psychologischen Forschung. *Psychologische Rundschau, 58(2)*, 103-117.

Lynn, R. & Mikk, J. (2009): Sex differences in reading achievement. *Trames, 13(1)*, 3-13.

Maaz, K., Baumert, J., Gresch, C. & McElvany, N. (Hrsg.) (2010a): *Der Übergang von der Grundschule in die weiterführende Schule. Leistungsgerechtigkeit und regionale, soziale und ethnisch-kulturelle Disparitäten* (Band 34). Berlin: Bundesministerium für Bildung und Forschung (BMBF).

Maaz, K., Baumert, J. & Trautwein, U. (2010b): Genese sozialer Ungleichheit im institutionellen Kontext der Schule: Wo entsteht und vergrößert sich soziale Ungleichheit? In H.-H. Krüger, U. Rabe-Kleberg, R.-T. Kramer & J. Budde (Hrsg.): *Bildungsungleichheit revisited. Bildung und soziale Ungleichheit vom Kindergarten bis zur Hochschule.* Wiesbaden: VS Verlag für Sozialwissenschaften: 69-102.

Maaz, K., Gresch, C., McElvany, N., Jonkmann, K. & Baumert, J. (2010c): Theoretische Konzepte für die Analyse von Bildungsübergängen: Adaptation ausgewählter Ansätze für den Übergang von der Grundschule in die weiterführenden Schulen des Sekundarschulsystems. In K. Maaz, J. Baumert, C. Gresch & N. McElvany (Hrsg.): *Bildungsforschung* (Band 34). Berlin: Bundesministerium für Bildung und Forschung (BMBF): 65-85.

Maaz, K. & Nagy, G. (2009): Der Übergang von der Grundschule in die weiterführenden Schulen des Sekundarschulsystems: Definition, Spezifikation und Quantifizierung primärer und sekundärer Herkunftseffekte. In J. Baumert, K. Maaz & U. Trautwein (Hrsg.): *Bildungsentscheidungen.* Wiesbaden: VS Verlag für Sozialwissenschaften: 153-182.

Maaz, K., Schroeder, S. & Gresch, C. (2010d): Primäre und sekundäre Herkunftseffekte bei Übergang in die Sekundarstufe I. In W. Bos, E. Klieme & O. Köller (Hrsg.): *Schulische Lerngelegenheiten und Kompetenzentwicklung.* Münster: Waxmann: 285-310.

Mackie, J. L. (1966): The Direction of Causation. *The Philosophical Review, 75(4)*, 441-466.

Mansel, J. (2007): Ausbleibende Bildungserfolge der Nachkommen von Migranten. In: *Perspektiven der Bildung*: 99-116.

Marks, G. N. (2005): Accounting for immigrant non-immigrant differences in reading and mathematics in twenty countries. *Ethnic and Racial Studies, 28(5)*, 925-946.

Marks, G. N. (2008): Accounting for the gender gaps in student performance in reading and mathematics: evidence from 31 countries. *Oxford Review of Education, 34(1)*, 89-109.

Marsh, H., Hau, K. & Wen, Z. (2004): In Search of Golden Rules: Comment on Hypothesis-Testing Approaches to Setting Cutoff Values for Fit Indexes and Dangers in Overgeneralizing Hu and Bentler s (1999) Findings. *Structural Equation Modeling: A Multidisciplinary Journal, 11(3)*, 320-341.

Marsh, H. W. (1986): Verbal and Math Self-Concepts: An Internal/External Frame of Reference Model. *American Educational Research Journal, 23(1)*, 129-149.

Marsh, H. W. (1987): The big-fish-little-pond effect on academic self-concept. *Journal of Educational Psychology, 79(3)*, 280-295.

Marsh, H. W. (1990a): Causal Ordering of Academic Self-Concept and Academic Achievement: A Multiwave, Longitudinal Panel Analysis. *Journal of Educational Psychology, 82(4)*, 646-656.

Marsh, H. W. (1990b): The structure of academic self-concept: The Marsh/Shavelson model. *Journal of Educational Psychology, 82(4)*, 623-636.

Marsh, H. W. & Craven, R. G. (2005): A reciprocal Effects model of the causal ordering of self-concept and achievement. In H. W. Marsh, R. G. Craven & D. M. McInerney (Hrsg.): *New Frontiers for Self Research*. Greenwich, CT: Information Age Publishing: 17-51.

Marsh, H. W. & Craven, R. G. (2006): Reciprocal effects of self-concept and performance from a multidimensional perspective: Beyond seductive pleasure and unidimensional perspectives. *Perspectives on Psychological Science, 1(2)*, 133-163.

Marsh, H. W. & Hau, K.-T. (2003): Big-Fish-Little-Pond effect on academic self-concept: A cross-cultural (26-country) test of the negative effects of academically selective schools. *American Psychologist, 58(5)*, 364-376.

Marsh, H. W. & O'Mara, A. (2008): Reciprocal effects between academic self-concept, self-esteem, achievement, and attainment over seven adolescent years: Unidimensional and multidimensional perspectives of self-concept. *Personality and Social Psychology Bulletin, 34(4)*, 542-552.

Mayer, J. (2010): Literarische Gespräche: Strukturen – Verstehenslinien – Phasen. In G. Härle & M. Steinbrenner (Hrsg.): *Kein endgültiges Wort. Die Wiederentdeckung des Gesprächs im Literaturunterricht* (2. Aufl.). Baltmannsweiler: Schneider Verlag Hohengehren: 141-174.

McElvany, N. & Becker, M. (2009): Häusliche Lesesozialisation: Wirkt das Vorbild der Eltern? *Unterrichtswissenschaft, 37(3)*, 246-261.

McElvany, N., Becker, M. & Lüdtke, O. (2009): Die Bedeutung familiärer Merkmale für Lesekompetenz, Wortschatz, Lesemotivation und Leseverhalten. *Zeitschrift für Entwicklungspsychologie und Pädagogische Psychologie, 41(3)*, 121-131.

McElvany, N., Herppich, S., Van Steensel, R. & Kurvers, J. (2010): Zur Wirksamkeit familiärer Frühförderungsprogramme im Bereich Literacy. Ergebnisse einer Meta-Analyse. *Zeitschrift für Pädagogik, 56(2)*, 178-192

McElvany, N., Kortenbruck, M. & Becker, M. (2008): Lesekompetenz und Lesemotivation. Entwicklung und Mediation des Zusammenhangs durch Leseverhalten. *Zeitschrift für pädagogische Psychologie, 22(3-4)*, 207-219.

McGeown, S., Goodwin, H., Henderson, N. & Wright, P. (2011): Gender differences in reading motivation: does sex or gender identity provide a better account? *Journal of Research in Reading*, 1-9.

McNamara, D. S., Kintsch, E., Songer, N. B. & Kintsch, W. (1996): Are good texts always better? Interactions of text coherence, background knowledge, and levels of understanding in learning from text. *Cognition and Instruction, 14(1)*, 1-43.

McPeake, J. A. & Guthrie, J. T. (2005-2011): *CORI Concept-Oriented Reading Instruction. Teacher's Training Module Grades7 and 8*. College Park, MD: LuLu.

Merkelbach, V. (2010): Aspekte des literarischen Gesprächs in der aktuellen fachdidaktischen Diskussion. In G. Härle & M. Steinbrenner (Hrsg.): *Kein endgültiges Wort. Die Wiederentdeckung des Gesprächs im Literaturunterricht* (2. Aufl.). Baltmannsweiler: Schneider Verlag Hohengehren: 97-106.

Miller, G. A. (1956): The magical number seven, plus or minus two: some limits on our capacity for processing information. *Psychological Review, 63(2)*, 81-97.

Möller, J. & Köller, O. (2004): Die Genese akademischer Selbstkonzepte. *Psychologische Rundschau, 55(1)*, 19-27.

Möller, J., Pohlmann, B., Köller, O. & Marsh, H. W. (2009): A meta-analytic path analysis of the internal/external frame of reference model of academic achievement and academic self-concept. *Review of Educational Research, 79(3)*, 1129-1167.

Möller, J., Pohlmann, B., Streblow, L. & Kauffmann, J. (2002): Begabungsüberzeugungen als Determinante des verbalen und mathematischen Begabungsselbstkonzepts. *Zeitschrift für Pädagogische Psychologie, 16*, 87–97.

Möller, J. & Retelsdorf, J. (2008): Lesen oder Fernsehen? Zur Vorhersage von Tätigkeitspräferenzen. *Zeitschrift für Entwicklungspsychologie und pädagogische Psychologie, 40(1)*, 13-21.

Möller, J. & Schiefele, U. (2004): Motivationale Grundlagen der Lesekompetenz. In U. Schiefele, C. Artelt, W. Schneider & P. Stanat (Hrsg.): *Struktur, Entwicklung und Förderung von Lesekompetenz. Vertiefende Analysen im Rahmen von PISA 2000*. Wiesbaden: Verlag für Sozialwissenschaften: 101-124.

Moosbrugger, H. & Kelava, A. (2007): *Testtheorie und Fragebogenkonstruktion*. Heidelberg: Springer.

Moser, U. (2001): *Für das Leben gerüstet? Die Grundkompetenzen der Jugendlichen - Kurzfassung des nationalen Berichtes PISA 2000*. Neuchâtel/Bern: Bundesamt für Statistik BFS/Schweizerische Konferenz der kantonalen Erziehungsdirektoren EDK.

Müller, A. G. & Stanat, P. (2006): Schulischer Erfolg von Schülerinnen und Schülern mit Migrationshintergrund: Analysen zur Situation von Zuwanderern aus der ehemaligen Sowjetunion und aus der Türkei. In J. Baumert, P. Stanat, R. Watermann & A. G. Müller (Hrsg.): *Herkunftsbedingte Disparitäten im Bildungswesen: Differenzielle Bildungsprozesse und Probleme der Verteilungsgerechtigkeit*. Wiesbaden: VS Verlag für Sozialwissenschaften: 221-255.

Muthén, L. K. & Muthén, B. O. (1998-2009): MPlus. Statistical Analysis with Latent Variables (Version 5.21). Los Angeles: Muthén & Muthén.

Muthén, L. K. & Muthén, B. O. (2009): MPlus.Statistical Analysis with Latent Variables. User's Guide (Version 5.21). Los Angeles: Muthén & Muthén.

Nachtigall, C., Steyer, R. & Wütherich-Martone, O. (1999): Kausale Effekte in der empirischen Sozialforschung. In M. May & U. Oestermeier (Hrsg.): *KogWis99. Workshop "Kausalität". 4. Fachtagung der Gesellschaft für Kognitionswissenschaft an der Universität Bielefeld.* Sankt Augustin: GMD - Forschungszentrum Informationstechnik GmbH: 44-49.

Nauck, B. (1999): Sozialer und intergenerativer Wandel in Migrantenfamilien in Deutschland. In R. Buchegger (Hrsg.): *ÖIF SCHRIFTENREIHE* (Band 8). Wien: Österreichisches Institut für Familienforschung (ÖIF): 13-70.

Naumann, J., Artelt, C., Schneider, W. & Stanat, P. (2010): Lesekompetenz von PISA 2000 bis PISA 2009. In E. Klieme, C. Artelt, J. Hartig, N. Jude, O. Köller, M. Prenzel, W. Schneider & P. Stanat (Hrsg.): *PISA 2009. Bilanz nach einem Jahrzehnt* Münster: Waxmann: 23-71.

Nickel-Bacon, I. (2003): Hat Lesen ein Geschlecht? *Schüler: Lesen und Schreiben*, 30-31.

Nidegger, C., Moser, U., Angelone, D., Brühwiler, C., Buccheri, G., Abt, N. et al. (Hrsg.) (2010): *PISA 2009 Schülerinnen und Schüler der Schweiz im internationalen Vergleich. Erste Ergebnisse.* Neuchâtel: Konsortium PISA.ch.

Noble, K. G., Farah, M. J. & McCandliss, B. D. (2006): Socioeconomic background modulates cognition-achievement relationships in reading. *Cognitive Development, 21(3)*, 349-368.

Oakhill, J., Yuill, N. & Parkin, A. (1986): On the nature of the difference between skilled and less-skilled comprehenders. *Journal of Research in Reading, 9(2)*, 80-91.

Oakhill, J. V. & Petrides, A. (2007): Sex differences in the effects of interest on boys' and girls' reading comprehension. *British Journal of Psychology, 98(2)*, 223-235.

Opp, K.-D. (2010): Kausalität als Gegenstand der Sozialwissenschaften und der multivariaten Statistik. In C. Wolf & H. Best (Hrsg.): *Handbuch der sozialwissenschaftlichen Datenanalyse.* Wiesbaden: VS Verlag für Sozialwissenschaften: 9-38.

Oser, F. & Spychiger, M. (2005): *Lernen ist schmerzhaft: Zur Theorie des negativen Wissens und zur Praxis der Fehlerkultur.* Weinheim: Beltz.

Pajares, F. & Schunk, D. H. (2005): Self-efficacy and self-concept beliefs. Jointly Contribution to the quality of human life. In H. W. Marsh, R. G. Craven & D. M. McInerney (Hrsg.): *New Frontiers for Self Research.* Greenwich, CT: Information Age Publishing: 95-121.

Pajares, F. & Valiante, G. (2008): Self-Efficacy beliefs and motivation in writing development. In C. MacArthur, S. Graham & J. Fitzgerald (Hrsg.): *Handbook of writing research.* New York: The Guilford Press: 158-170.

Perfetti, C. (2007): Reading ability: Lexical quality to comprehension. *Scientific Studies of Reading, 11(4)*, 357-383.

Perfetti, C. A. (1992): *Reading ability.* Oxford University Press New York.

Pfost, M., Karing, C., Lorenz, C. & Artelt, C. (2010): Schereneffekte im ein- und mehrgliedrigen Schulsystem. *Zeitschrift für Pädagogische Psychologie, 24(3)*, 259-272.

Philipp, M. (2008): *Lesen, wenn anderes und andere wichtiger werden. Empirische Erkundungen zur Leseorientierung in der peer group bei Kindern aus fünften Klassen.* Münster, Westfalen: LIT

Philipp, M. (2010a): *Lesen empeerisch. Eine Längsschnittstudie zur Bedeutung von peer groups für Lesemotivation und -verhalten.* Wiesbaden: VS Verlag für Sozialwissenschaften.

Philipp, M. (2010b): Peers und Lesen. In M. Harring, O. Böhm-Kasper, C. Rohlfs & C. Palentien (Hrsg.): *Freundschaften, Cliquen und Jugendkulturen. Peers als Bildungs- und Sozialisationsinstanzen.* Wiesbaden: VS Verlag für Sozialwissenschaften: 243-259.

Philipp, M., Gölitz, D. & von Salisch, M. (2010): Welchen Beitrag leistet die peer group für die Lesemotivation von Schülerinnen und Schülern zu Beginn der Sekundarstufe? *Zeitschrift für Psychologie in Erziehung und Unterricht, 57(4),* 241-256.

Philipp, M., von Salisch, M. & Gölitz, D. (2008): Kein Anschluss ohne Kommunikation oder: Lese- und Medienkompetenz entstehen im Gespräch - auch mit Peers? . *medien + erziehung,, 52(6),* 24-33.

Pieper, I. & Rosebrock, C. (2004): Geschlechtsspezifische Kommunikationsmuster und Leseverhalten am Beispiel der Lektüre bildungsferner Jugendlicher. *SPIEL: Siegener Periodicum zur Internationalen Empirischen Literaturwissenschaft, 23(1),* 63-79.

Pintrich, P. R. (2000): Multiple goals, multiple pathways: The role of goal orientation in learning and achievement. *Journal of Educational Psychology, 92(3),* 544-555.

Plante, I., Théorêt, M. & Favreau, O. E. (2009): Student gender stereotypes: contrasting the perceived maleness and femaleness of mathematics and language. *Educational Psychology, 29(4),* 385-405.

Pohlmann, B., Möller, J. & Streblow, L. (2006): Zur Bedeutung dimensionaler Aufwärts- und Abwärtsvergleiche. *Zeitschrift für Pädagogische Psychologie, 20(1),* 19-25.

Prestin, E. (2003): Theorien und Modelle der Sprachrezeption. In G. Rickheit, T. Hermann & W. Deutsch (Hrsg.): *Psycholinguistik. Ein internationales Handbuch.* Berlin: Walter de Gruyter: 491-505.

Püschel, U. (1993): "du must gucken nicht so viel reden" - Verbale Aktivitäten bei der Fernsehrezeption. In W. Holly & U. Püschel (Hrsg.): *Medienrezeption als Aneignung. Methoden und Perspektiven qualitativer Medienforschung.* Opladen: Westdeutscher Verlag.

Ramseier, E. & Brühwiler, C. (2003): Herkunft, Leistung und Bildungschancen im gegliederten Bildungssystem: Vertiefte PISA-Analyse unter Einbezug der kognitiven Grundfähigkeiten. *Schweizerische Zeitschrift für Bildungswissenschaften, 25(1),* 23-56.

Rasch, B., Friese, M., Hofmann, W. J. & Naumann, E. (2006): *Quantitative Methoden 2: Einführung in die Statistik.* Heidelberg: Springer.

Reeve, J. (2004): Self-determination theory applied to educational settings. In E. L. Deci & R. M. Ryan (Hrsg.): *Handbook of self-determination research.* Rochester, NY: The University of Rochester Press: 183-203.

Reeve, J., Deci, E. L. & Ryan, R. M. (2004): Self-Determination Theory: A Dialectical Framework for Understanding Sociocultural Influences on Student Motivation. In D. M. McInerney & S. Van Etten (Hrsg.): *Big Theories Revisited.* Greenwich, Connecticut: Information Age Publishing: 31-60.

Reeve, J. & Jang, H. (2006): What teachers say and do to support students' autonomy during a learning activity. *Journal of Educational Psychology, 98(1)*, 209-218.

Reinders, H. (2006): Kausalanalysen in der Längsschnittforschung. Das Crossed-Lagged-Panel Design. *Diskurs Kindheits- und Jugendforschung, 1(4)*, 569-587.

Retelsdorf, J. & Möller, J. (2008): Entwicklungen von Lesekompetenz und Lesemotivation. Schereneffekte in der Sekundarstufe? *Zeitschrift für Entwicklungspsychologie und Pädagogische Psychologie, 40(4)*, 179-188.

Rheinberg, F. & Wendland, M. (2003a): Abschlussbericht: DFG-Projekt (Rh 14/8-1) "Komponenten der Lernmotivation in Mathematik". Zugriff am 07.07. 2011, http://opus.kobv.de/ubp/volltexte/2006/630/pdf/rheinberg_DFG_Abschlussbericht.pdf

Rheinberg, F. & Wendland, M. (2003b): *DFG-Projekt „Veränderung der Lernmotivation in Mathematik und Physik: Eine Komponentenanalyse und der Einfluss elterlicher und schulischer Kontextfaktoren". Itemübersicht zum Fragebogen PMI-M.* Potsdam: Universität Potsdam, Institut für Psychologie.

Richter, K. & Plath, M. (2007): *Lesemotivation in der Grundschule: Empirische Befunde und Modelle für den Unterricht.* Weinheim: Juventa.

Richter, T. & Christmann, U. (2002): Lesekompetenz: Prozessebenen und interindividuelle Unterschiede. In N. Groeben & B. Hurrelmann (Hrsg.): *Lesekompetenz. Bedingungen, Dimensionen, Funktionen.* Weinheim: Juventa: 25-58.

Rist, R. C. (2000): HER Classic Reprint-Student Social Class and Teacher Expectations: The Self-Fulfilling Prophecy in Ghetto Education. *Harvard Educational Review, 70(3)*, 257-302.

Roos, J. & Schöler, H. (2009): Einfluss individueller Merkmale und familiärer Faktoren auf den Schriftspracherwerb. In J. Roos & H. Schöler (Hrsg.): *Entwicklung des Schriftspracherwerbs in der Grundschule.* Wiesbaden: VS Verlag für Sozialwissenschaften: 47-107.

Rosebrock, C. (2004): Informelle Sozialisationsinstanz peer group. In N. Groeben & B. Hurrelmann (Hrsg.): *Lesesozialisation in der Mediengesellschaft. Ein Forschungsüberblick.* Weinheim: Juventa: 250-279.

Rosebrock, C. & Nix, D. (2006): Forschungsüberblick: Leseflüssigkeit (Fluency) in der amerikanischen Leseforschung und -didaktik. *Didaktik Deutsch, 20*, 90-111.

Rosebrock, C. & Nix, D. (2010): *Grundlagen der Lesedidaktik und der systematischen schulischen Leseförderung* (3. Aufl.). Baltmannsweiler: Schneider Verlag Hohengehren.

Rosebrock, C., Rieckmann, C., Nix, D. & Gold, A. (2010): Förderung der Leseflüssigkeit bei leseschwachen Zwölfjährigen. *Didaktik Deutsch, 28*, 33-58.

Rost, D. H. & Sparfeldt, J. R. (2007): Leseverständnis ohne Lesen? *Zeitschrift für Pädagogische Psychologie, 21(3)*, 305-314.

Rotgans, J. I. & Schmidt, H. G. (2011): Situational interest and academic achievement in the active-learning classroom. *Learning and Instruction, 21(1)*, 58-67.

Rubin, D. B. (1976): Inference and Missing Data. *Biometrika Trust, 63(3)*, 581-592.

Rumelhart, D. E. (1981): Understanding Understanding. Technical Report, December 1978 through December 1980.

Ryan, R. M. & Deci, E. L. (2000): Intrinsic and extrinsic motivations: Classic definitions and new directions. *Contemporary Educational Psychology, 25(1)*, 54-67.

Ryan, R. M. & Deci, E. L. (2009): Promoting Self-Determined School Engagement: Motivation, Learning, and Well-Being. In K. Wentzel & A. Wigfield (Hrsg.): *Handbook of Motivation at School*. New York: Routledge: 171-195.

Satorra, A. & Bentler, P. M. (2001): A scaled difference chi-square test statistic for moment structure analysis. *Psychometrika, 66(4)*, 507-514.

Schafer, J. & Graham, J. (2002): Missing data: Our view of the state of the art. *Psychological Methods, 7(2)*, 147-177.

Schafer, J. L. & Olsen, M. K. (1998): Multiple imputation for multivariate missing-data problems: a data analyst's perspective. *Multivariate Behavioral Research, 33(4)*, 545-571.

Schaffner, E. & Schiefele, U. (2007): Auswirkungen habitueller Lesemotivation auf die situative Textrepräsentation. *Zeitschrift für Psychologie in Erziehung und Unterricht, 54(4)*, 268-286.

Schaffner, E., Schiefele, U. & Schneider, W. (2004): Ein erweitertes Verständnis der Lesekompetenz: Die Ergebnisse des nationalen Ergänzungstests. In U. Schiefele, C. Artelt, W. Schneider & P. Stanat (Hrsg.): *Struktur, Entwicklung und Förderung von Lesekompetenz. Vertiefende Analysen im Rahmen von PISA 2000*. Wiesbaden: VS Verlag für Sozialwissenschaften: 197-242.

Schallert, D. L. & Reed, J. H. (1997): The pull of the text and the process of involvement in reading. In J. T. Guthrie & A. Wigfield (Hrsg.): *Reading Engagement: Motivating Readers through Integrated Instruction*. Newark Delaware: International Reading Association: 68-85.

Schiefele, U. (1990): Thematisches Interesse, Variablen des Lernprozesses und Textverstehen. *Zeitschrift für experimentelle und angewandte Psychologie, 37*, 304-332.

Schiefele, U. (1991): Interest, learning, and motivation. *Educational Psychologist, 26(3)*, 299-323.

Schiefele, U. (1996a): *Motivation und Lernen mit Texten*. Bern: Hogrefe.

Schiefele, U. (1996b): Topic interest, text representation, and quality of experience. *Contemporary Educational Psychology, 21(1)*, 3-18.

Schiefele, U. (2009): Situational and individual Interest. In K. Wentzel & A. Wigfield (Hrsg.): *Handbook of Motivation at School*. New York: Routledge: 197-222.

Schleicher, A. (Hrsg.) (1999): *Measuring student knowledge and skills: a new framework for assessment*. Paris: Organization for Economic Co-operation and Development (OECD).

Schneider, H. (2009): Literale Resilienz. Wenn Schriftaneignung trotzdem gelingt. In A. Bertschi-Kaufmann & C. Rosebrock (Hrsg.): *Literalität. Bildungsaufgabe und Forschungsfeld*. Weinheim: Juventa: 203-216.

Schneider, W., Schlagmüller, M. & Ennemoser, M. (2007): *LGVT 6-12 Lesegeschwindigkeits- und -verständnistest für die Klassen 6-12*. Göttingen: Hogrefe.

Schnotz, W. (2006): Was geschieht im Kopf des Lesers? Mentale Konstruktionsprozesse beim Textverstehen aus der Sicht der Psychologie und der kognitiven Linguistik. In H. Blühdorn, E. Breindl & U. H. Waßner (Hrsg.): *Text-Verstehen: Grammatik und darüber hinaus*. Berlin: Walter de Gruyter: 222-238.

Schnotz, W. & Bannert, M. (1999): Strukturaufbau und Strukturinterferenz bei der multimedial angeleiteten Konstruktion mentaler Modelle. Zugriff am 15.01. 2011, https://pub.uni-bielefeld.de/luur/download?func=downloadFile&recordOId=230407 2&fileOId=2304127

Schnotz, W. & Dutke, S. (2004): Kognitionspsychologische Grundlagen der Lesekompetenz: Mehrebenenverarbeitung anhand multipler Informationsquellen. In U. Schiefele, C. Artelt, W. Schneider & P. Stanat (Hrsg.): *Struktur, Entwicklung und Förderung von Lesekompetenz. Vertiefende Analysen im Rahmen von PISA 2000.* Wiesbaden: VS Verlag für Sozialwissenschaften: 61-99.

Schrader, F.-W. & Helmke, A. (2008): Determinanten der Schulleistung. In M. K. W. Schweer (Hrsg.): *Lehrer-Schüler-Interaktion. Inhaltsfelder, Forschungsperspektive und methodische Zugänge* (2. Aufl.). Wiesbaden: VS Verlag für Sozialwissenschaften: 285-302.

Schraw, G. & Lehman, S. (2001): Situational Interest: A Review of the Literature and Directions for Future Research. *Educational Psychology Review, 13(1)*, 23-52.

Schulz v. Thun, F. (1974): Verständlichkeit von Informationstexten: Messung, Verbesserung und Validierung. *Zeitschrift für Sozialpsychologie, 1(5)*, 124-132.

Schulz v. Thun, F., Weitzmann, B., Langer, I. & Tausch, R. (1974): Überprüfung einer Theorie der Verständlichkeit anhand von Informationstexten aus dem öffentlichen Leben. *Zeitschrift für experimentelle und angewandte Psychologie, 21(1)*, 162-179.

Schunk, D. H. (2003): Self-efficacy for reading and writing: Influence of modeling, goal setting, and self-evaluation. *Reading & Writing Quarterly, 19(2)*, 159-172.

Schunk, D. H. & Pajares, F. (2009): Self-Efficacy Theory. In K. Wentzel & A. Wigfield (Hrsg.): *Handbook of Motivation at School.* New York: Routledge: 35-53.

Schweizerische Konferenz der Kantonalen Erziehungsdirektoren (2010): Kantonale Schulstrukturen in der Schweiz und im Fürstentum Liechtenstein. Zugriff am 07.09. 2011, http://edudoc.ch/record/60587/files/Schulsystem_alle.pdf

Schwippert, K., Bos, W. & Lankes, E.-M. (2004): Lesen Mädchen anders? *Zeitschrift für Erziehungswissenschaft, 7(2)*, 219-234.

Senkbeil, M. & Wittwer, J. (2009): Die Computervertrautheit von Jugendlichen und Wirkung der Computernutzung auf den fachlichen Kompetenzerwerb. In P.-K. Deutschland (Hrsg.): *PISA '06. Die Ergebnisse der dritten internationalen Vergleichsstudie.* Münster: Waxmann: 107-128.

Shapiro, A. M. (2004): How including prior knowledge as a subject variable may change outcomes of learning research. *American Educational Research Journal, 41(1)*, 159-189.

Shavelson, R. J. & Bolus, R. (1982): Self-concept: The interplay of theory and methods. *Journal of Educational Psychology, 74(1)*, 3-17.

Shavelson, R. J., Hubner, J. J. & Stanton, G. C. (1976): Self-concept: Validation of construct interpretations. *Review of Educational Research, 46(3)*, 407-441.

Silvia, P. J. (2005): What is interesting? Exploring the appraisal structure of interest. *Emotion, 5(1)*, 89-102.

Silvia, P. J. (2008): Interest - The curious emotion. *Current Directions in Psychological Science, 17(1)*, 57-60.

Skaalvik, E. M. & Hagtvet, K. A. (1990): Academic achievement and self-concept: An analysis of causal predominance in a developmental perspective. *Journal of Personality and Social Psychology, 58(2)*, 292-307.

Skaalvik, E. M. & Rankin, R. J. (1990): Math, verbal, and general academic self-concept: The internal/external frame of reference model and gender differences in self-concept structure. *Journal of Educational Psychology, 82(3)*, 546-554.

Skaalvik, E. M. & Skaalvik, S. (2006): *Self-concept and self-efficacy in mathematics: relation with mathematics motivation and achievement*. Paper presented at the Proceedings of the 7th international conference on Learning sciences, Bloomington, Indiana.

Skaalvik, E. M. & Valas, H. (1999): Relations among achievement, self-concept, and motivation in Mathematics and Language Arts: A longitudinal study. *Journal of Experimental Education, 67(2)*, 135-149.

Snow, C. E. (2002): *Reading for understanding. Toward an R&D program in reading comprehension*. Santa Monica, CA: RAND Corporation.

Spinner, K. H. (2003): Literarisches Lernen. *Praxis Deutsch Sonderheft „Lesen nach Pisa"*, 4-15.

Spinner, K. H. (2010): Gesprächseinlagen beim Vorlesen. In G. Härle & M. Steinbrenner (Hrsg.): *Kein endgültiges Wort. Die Wiederentdeckung des Gesprächs im Literaturunterricht* (2. Aufl.). Baltmannsweiler: Schneider Verlag Hohengehren: 291-307.

Stalder, B., Meyer, T. & Hupka-Brunner, S. (2008): Leistungsschwach - bildungsarm? Ergebnisse der TREE-Studie zu den PISA-Kompetenzen als Prädiktoren für Bildungschancen in der Sekundarstufe II. *Die Deutsche Schule, 100(4)*, 436-448.

Stanat, P. (2009): Kultureller Hintergrund und Schulleistungen - ein nicht zu bestimmender Zusammenhang. In W. Melzer & R. Tippelt (Hrsg.): *Kulturen der Bildung*. Opladen: Barbara Budrich: 53-70.

Stanat, P. & Edele, A. (2011): Migration und soziale Ungleichheit. In H. Reinders, H. Ditton, C. Gräsel & B. Gniewosz (Hrsg.): *Empirische Bildungsforschung*. Wiesbaden: VS Verlag für Sozialwissenschaften: 181-192.

Stanat, P. & Kunter, M. (2001): Geschlechterunterschiede in Basiskompetenzen. In Deutsches PISA-Konsortium (Hrsg.): *PISA 2000. Basiskompetenzen von Schülerinnen und Schülern im internationalen Vergleich*. Opladen: Leske + Budrich: 249-269.

Stanat, P. & Kunter, M. (2002): Geschlechterspezifische Leistungsunterschiede bei Fünfzehnjährigen im internationalen Vergleich. *Zeitschrift für Erziehungswissenschaft, 5(1)*, 28-48.

Stanat, P., Rauch, D. & Segeritz, M. (2010a): Schülerinnen und Schüler mit Migrationshintergrund. In E. Klieme, C. Artelt, J. Hartig, N. Jude, O. Köller, M. Prenzel, W. Schneider & P. Stanat (Hrsg.): *PISA 2009. Bilanz nach einem Jahrzehnt*. Münster: Waxmann: 200-230.

Stanat, P. & Schneider, W. (2004): Schwache Leser unter 15-jährigen Schülerinnen und Schülern in Deutschland: Beschreibung einer Risikogruppe. In U. Schiefele, C. Artelt, W. Schneider & P. Stanat (Hrsg.): *Struktur, Entwicklung und Förderung von Lesekompetenz. Vertiefende Analysen im Rahmen von PISA 2000*. Wiesbaden: VS Verlag für Sozialwissenschaften: 243-273.

Stanat, P., Segeritz, M. & Christensen, G. (2010b): Schulbezogene Motivation und Aspiration von Schülerinnen und Schülern mit Migrationshintergrund. In W. Bos, E. Klieme & O. Köller (Hrsg.): *Schulische Lerngelegenheiten und Kompetenzentwicklung.* Münster: Waxmann: 31-57.

Stanovich, K. E. (1986): Matthew effects in reading: Some consequences of individual differences in the acquisition of literacy. *Reading Research Quarterly, 21(4)*, 360-407.

Steffens, M. & Jelenec, P. (2011): Separating Implicit Gender Stereotypes regarding Math and Language: Implicit Ability Stereotypes are Self-serving for Boys and Men, but not for Girls and Women. *Sex roles, 64(5)*, 324-335.

Steinbach, A. & Nauck, B. (2004): Intergenerationale Transmission von kulturellem Kapital in Migrantenfamilien. *Zeitschrift für Erziehungswissenschaft, 7(1)*, 20-32.

Steinbach, I., Langer, I. & Tausch, R. (1972): Merkmale von Wissens- und Informationstexten im Zusammenhang mit der Lerneffektivität. *Zeitschrift für Entwicklungspsychologie und Pädagogische Psychologie, 4(2)*, 130-139.

Steinbrenner, M. & Wiprächtiger-Geppert, M. (2006): Literarisches Lernen im Gespräch: Das „Heidelberger Modell "des Literarischen Unterrichtsgesprächs. *Praxis Deutsch, 33(200)*, 14-15.

Steyer, R. (1992): *Theorie kausaler Regressionsmodelle.* Stuttgart: Gustav Fischer.

Stocké, V. (2010): Schulbezogenes Sozialkapital und Schulerfolg der Kinder. Kompetenzvorsprung oder statistische Diskriminierung durch Lehrkräfte? . In B. Becker (Hrsg.): *Vom Kindergarten bis zur Hochschule. Die Generierung von ethnischen und sozialen Disparitäten in der Bildungsbiographie.* Wiesbaden: VS Verlag für Sozialwissenschaften: 81-115.

Stone, D. N., Deci, E. L. & Ryan, R. M. (2009): Beyond talk: creating autonomous motivation through self-determination theory. *Journal of General Management, 34(3)*, 75-91.

Sucharowski, W. & Schwennigcke, B. (2008): *Lesen im sozialen Raum.* Rostock: Lehrstuhl für Kommunikationswissenschaft: Universität Rostock.

Sutter, T. (2002): Anschlusskommunikation und kommunikative Verarbeitung von Medienangeboten. In N. Groeben & B. Hurrelmann (Hrsg.): *Lesekompetenz. Bedingungen, Dimensionen, Funktionen.* Weinheim: Juventa: 80-105.

Sutter, T. (2008): *Interaktionistischer Konstruktivismus: Zur Systemtheorie der Sozialisation.* Wiesbaden: VS Verlag für Sozialwissenschaften.

Sutter, T. (2010a): Anschlußkommunikation und die kommunikative Verarbeitung von Medienangeboten. Ein Aufriß im Rahmen einer konstruktivistischen Theorie der Mediensozialisation In T. Sutter (Hrsg.): *Medienanalyse und Medienkritik.* Wiesbaden: VS Verlag für Sozialwissenschaften: 43-58.

Sutter, T. (2010b): Integration durch Medien als Beziehung struktureller Kopplung. In T. Sutter (Hrsg.): *Medienanalyse und Medienkritik. Forschungsfelder einer konstruktivistischen Soziologie der Medien.* Wiesbaden: VS Verlag für Sozialwissenschaften: 82-93.

Sutter, T. (2010c): *Medienanalyse und Medienkritik: Forschungsfelder einer konstruktivistischen Soziologie der Medien.* Wiesbaden: VS Verlag für Sozialwissenschaften.

Sutter, T. (2010d): Zur Bedeutung kommunikativer Aneignungsprozesse in der Mediensozialisation. In D. Hoffmann & L. Mikos (Hrsg.): *Mediensozialisationstheorien* (2. Aufl.). Wiesbaden: VS Verlag für Sozialwissenschaften: 131-145.

Taboada, A., Tonks, S., Wigfield, A. & Guthrie, J. T. (2009): Effects of motivational and cognitive variables on reading comprehension. *Reading and writing, 22(1)*, 85-106.

Taft, M., Hambly, G. & Kinoshita, S. (1986): Visual and auditory recognition of prefixed words. *The Quarterly Journal of Experimental Psychology Section A, 38(3)*, 351-365.

Talburt, J. (1985): *The Flesch index: An easily programmable readability analysis algorithm.* Paper presented at the Proceedings of the 4th annual international conference on Systems documentation, Ithaca, New York, United States.

Textor, M. R. (1999): Lew Wygotski - entdeckt für die Kindergartenpädagogik. *klein & groß (11/12)*, 36-40.

Textor, M. R. (2000): Lew Wygotski. In W. E. Fthenakis & M. R. Textor (Hrsg.): *Pädagogische Ansätze im Kindergarten.* Weinheim: Beltz: 67-78.

Tillmann, K.-J. & Meier, U. (2001): Schule, Familie und Freunde - Erfahrungen von Schülerinnen und Schülern in Deutschland. In Deutsches PISA-Konsortium (Hrsg.): *PISA 2000. Basiskompetenzen von Schülerinnen und Schülern im internationalen Vergleich.* Opladen: Leske + Budrich: 468-509.

Trautwein, U., Lüdtke, O., Köller, O. & Baumert, J. (2006): Self-esteem, academic self-concept, and achievement: How the learning environment moderates the dynamics of self-concept. *Journal of Personality and Social Psychology, 90(2)*, 334-349.

Treumann, K. P., Meister, D. M., Sander, U., Burkatzki, E., Hagedorn, J., Kämmerer, M. et al. (2007): *Medienhandeln Jugendlicher. Mediennutzung und Medienkompetenz. Bielefelder Medienkompetenzmodell.* Wiesbaden: VS Verlag für Sozialwissenschaften.

Valentine, J. C. & DuBois, D. L. (2005): Effects of self-beliefs on academic achievement and vice versa. Separating the chicken from the egg. In H. W. Marsh, R. G. Craven & D. M. McInerney (Hrsg.): *The new frontiers of self research.* Greenwich, CT: Information Age Publishing: 53–77.

Valentine, J. C., DuBois, D. L. & Cooper, H. (2004): The relation between self-beliefs and academic achievement: A meta-analytic review. *Educational Psychologist, 39(2)*, 111-133.

van der Meer, E. (2003): Verstehen von Kausalitätszusammenhängen. In G. Rickheit, T. Hernnann & W. Deutsch (Hrsg.): *Psycholinguistik.* Berlin: Walter de Gruyter: 631-643.

van Elsäcker, W. & Verhoeven, L. (2002): Sociocultural differences in reading skills, reading motivation and reading strategies. In L. Verhoeven, C. Elbro & P. Reitsma (Hrsg.): *Precursors of Functional Literacy.* Amsterdam: John Benjamins Publishing Company: 265-286.

Voyer, D. (1997): Scoring Procedure, Performance Factors, and Magnitude of Sex Differences in Spatial Performance. *The American Journal of Psychology, 110(2)*, 259-276.

Wallentin, M. (2009): Putative sex differences in verbal abilities and language cortex: A critical review. *Brain and Language, 108(3)*, 175-183.

Walter, O. (2008): Lesekompetenz und Bildungserfolg der Schülerinnen und Schüler mit Migrationshintergrund: Wie lassen sich Unterschiede erklären. In C. Allemann-Ghionda & S. Pfeiffer (Hrsg.): *Bildungserfolg, Migration und Zweisprachigkeit. Perspektiven für Forschung und Entwicklung*. Berlin: Franke & Timme: 69-84.

Walter, O. (2009): Herkunftsassoziierte Disparitäten im Lesen, der Mathematik und den Naturwissenschaften. Ein Vergleich zwischen PISA 2000, PISA 2003 und PISA 2006. In M. Prenzel & J. Baumert (Hrsg.): *Vertiefende Analysen zu PISA 2006*. Wiesbaden: VS Verlag für Sozialwissenschaften: 149-168.

Walter, P. (2005): Urteile und Fehlurteile von Lehrpersonen in der multikulturellen Schulwirklichkeit. In F. Hamburger, T. Badawia & M. Hummrich (Hrsg.): *Migration und Bildung: Über das Verhältnis von Anerkennung und Zumutung in der Einwanderungsgesellschaft*. Wiesbaden: VS Verlag für Sozialwissenschaften: 55-68.

Wang, J. H.-Y. & Guthrie, J. T. (2004): Modeling the effects of intrinsic motivation, extrinsic motivation, amount of reading, and past reading achievement on text comprehension between U.S. and Chinese students. *Reading Research Quarterly, 39(2)*, 162-186.

Watermann, R. & Baumert, J. (2006): Entwicklung eines Strukturmodells zum Zusammenhang zwischen sozialer Herkunft und fachlichen und überfachlichen Kompetenzen: Befunde national und international vergleichender Analysen. In J. Baumert (Hrsg.): *Herkunftsbedingte Disparitäten im Bildungswesen: Differenzielle Bildungsprozesse und Probleme der Verteilungsgerechtigkeit*. Wiesbaden: VS Verlag für Sozialwissenschaften: 61-94.

Watkins, M. W. & Coffey, D. Y. (2004): Reading Motivation: Multidimensional and Indeterminate. *Journal of Educational Psychology, 96(1)*, 110-118.

Weiber, R. & Mühlhaus, D. (2010): *Strukturgleichungsmodellierung. Eine anwendungsorientierte Einführung in die Kausalanalyse mit Hilfe von AMOS, SmartPLS und SPSS*. Heidelberg: Springer.

Weinert, F. E. & Helmke, A. (1998): The neglected role of individual differences in theoretical models of cognitive development. *Learning and Instruction, 8(4)*, 309-323.

Wendland, M. & Rheinberg, F. (2006): Welche Motivationsfaktoren beeinflussen die Mathematikleistung? Eine Längsschnittanalyse. Zugriff am 04.06. 2008, http://opus.kobv.de/ubp/volltexte/2006/631/pdf/rheinberg_wendland.pdf

Widaman, K. F. & Reise, S. P. (1997): Exploring the measurement invariance of psychological instruments: Applications in the substance use domain. In K. J. Bryant, M. Windle & S. G. West (Hrsg.): *The science of prevention: Methodological advances from alcohol and substance abuse research*. Washington, DC: American Psychological Association: 281-324.

Wieler, P. (1989): *Sprachliches Handeln im Literaturunterricht als didaktisches Problem*. Frankfurt am Main: Peter Lang.

Wieler, P. (1995): Vorlesegespräche mit Kindern im Vorschulalter. Beobachtungen zur Bilderbuch-Rezeption mit Vierjährigen in der Familie. In C. Rosebrock (Hrsg.): *Lesen im Medienzeitalter. Biographische und historische Aspekte literarischer Sozialisation*. Weinheim: Juventa: 45-64.

Wieler, P. (1997): *Vorlesen in der Familie. Fallstudien zur literarisch-kulturellen Sozialisation von Vierjährigen*. Weinheim: Juventa.

322 Literatur

Wieler, P. (1998): Gespräche über Literatur im Unterricht. Aktuelle Studien und ihre Perspektiven für eine verständigungsorientierte Unterrichtspraxis. *Der Deutschunterricht, 50(1)*, 26-37.

Wieler, P. (2007): Medienrezeption, Sprachförderung und kulturelle Identität bei Migrantenkindern. In H. Bonfadelli & H. Moser (Hrsg.): *Medien und Migration*. Wiesbaden: VS Verlag für Sozialwissenschaften: 303-325.

Wieler, P. (2010): Gespräche mit Grundschulkindern über Kinderbücher und andere Medien. In G. Härle & M. Steinbrenner (Hrsg.): *Kein endgültiges Wort. Die Wiederentdeckung des Gesprächs im Literaturunterricht* (2. Aufl.). Baltmannsweiler: Schneider Verlag Hohengehren: 265-289.

Wigfield, A. (1997): Reading motivation: A domain-specific approach to motivation. *Educational Psychologist, 32(2)*, 59-69.

Wigfield, A. (1998): Children´s motivations for reading and reading engagement. In J. T. Guthrie & A. Wigfield (Hrsg.): *Reading Engagement: Motivating Readers Through Integrated Instruction*. Newark, Daleware: International Reading Association: 14-33.

Wigfield, A. & Eccles, J. S. (1994): Expectancy-value theory of achievement motivation: A developmental perspective. *Educational Psychology Review, 6(1)*, 49-78.

Wigfield, A. & Guthrie, J. T. (1995): Dimensions of children's motivations for reading: An initial study (Reading Research Report No. 34). *Athens: University of Georgia, National Reading Research Center.*

Wigfield, A. & Guthrie, J. T. (1997): Relations of children's motivation for reading to the amount and breadth of their reading. *Journal of Educational Psychology, 89(3)*, 420-432.

Wirtz, M. (2004): Über das Problem fehlender Werte: Wie der Einfluss fehlender Informationen auf Analyseergebnisse entdeckt und reduziert werden kann. . *Rehabilitation, 43(2)*, 109-115.

Wygotski, L. S. (1980): Das Spiel und seine Bedeutung in der psychischen Entwicklung des Kindes. In D. Elkonin (Hrsg.): *Psychologie des Spiels*. Berlin: Pahl-Rugenstein: 430-465.

Yudowitch, S., Henry, L. M. & Guthrie, J. T. (2008): Self-efficacy: Building confident readers. In J. T. Guthrie (Hrsg.): *Engaging Adolescents in Reading*. Thousand Oaks, CA: Corwin Press: 65-82.

Zabka, T. (2010): Was bedeutet "Verständigung" im schulischen Interpretationsgespräch? In G. Härle & M. Steinbrenner (Hrsg.): *Kein endgültiges Wort. Die Wiederentdeckung des Gesprächs im Literaturunterricht* (2. Aufl.). Baltmannsweiler: Schneider Verlag Hohengehren: 75-96.

Zeinz, H. & Köller, O. (2006): Noten, soziale Vergleiche und Selbstkonzepte in der Grundschule. In A. Schründer-Lenzen (Hrsg.): *Risikofaktoren kindlicher Entwicklung*. Wiesbaden: VS Verlag für Sozialwissenschaften: 177-190.

Zhou, H. & Salili, F. (2008): Intrinsic reading motivation of Chinese preschoolers and its relationships with home literacy. *International Journal of Psychology, 43(5)*, 912-916.

Abbildungsverzeichnis

Tabellenverzeichnis

Anhang

Glossar

χ^2	Chi-Quadratwert: Je höher der Chi-Quadratwert im Vergleich zu den Freiheitsgraden (df) ist, umso schlechter ist der Modellfit. χ^2/df sollte nach Möglichkeit ≤ 2 sein. $\chi^2/df \leq 3$ wird noch als akzeptabel angesehen.
B	Regressionskoeffizient, dieser verändert sich, wenn sich die Streuung einer Variablen verändert.
Beta	Beta bezeichnet den standardisierten Regressionskoeffizienten, d.h. die Streuungen von Prädiktoren werden standardisiert.
CFI	Comperative Fit Index. Werte >.95 (Hu & Bentler 1999) >.90 (Marsh, Hau & Wen 2004) weisen auf einen guten Modell-Fit-Wert hin.
Cronbach's Alpha	Das Cronbach's Alpha bezeichnet den Reliabilitäts-Koeffizienten, die interne Konsistenz der Reliabilitätsschätzung (Moosbrugger & Kelava 2007: 391). $$\alpha = \frac{N^2 \cdot \overline{Cov}}{\sum s_{Item}^2 \cdot \sum Cov_{item}}$$ Das Cronbach's Alpha beruht auf dem Verhältnis zwischen Summe der Varianzen (s^2) und Kovarianzen (cov) der Items eines Tests und der Varianz der Testvariablen (Moosbrugger & Kelava 2007: 391). Der Wert liegt zwischen 0 und 1. Es sollte mindestens ein Wert von .70 erreicht werden (Himme 2007: 380).
d	Effektstärke nach Cohen (Cohen 1992): $$d = \frac{M1 - M2}{\sigma}$$ Die Effektstärke nach Cohen kann als nicht Überlappungsbereich der beiden Gruppen interpretiert werden. d = 0.2 (kleiner Effekt) 14.1% die sich nicht überlappen d = 0.5 (mittlerer Effekt) 33.0% die sich nicht überlappen d = 0.8 (hoher Effekt) 47.4% die sich nicht überlappen d = 2.0 81.1% die sich nicht überlappen.

df	Freiheitsgrade (degree of freedom)
eta^2	Effektstärke (Rasch et al. 2006: 38): $\Omega^2 \geq 0.01$ (kleiner Effekt) $\Omega^2 \geq 0.06$ (mittlerer Effekt) $\Omega^2 \geq 0.14$ (hoher Effekt). Das Eta-Quadrat erklärt den Anteil der Varianz in der abhängigen Variable, welcher durch die Gruppen interpretiert wird.
Item	Bezeichnet eine einzelne Frage im Fragebogen.
M (Mean)	Arithmetischer Mittelwert (Summe aller Werte dividiert durch die Anzahl der Werte). $$M = \frac{\sum_{i=1}^{n} x_i}{n}$$ M der latenten Konstrukte bezeichnet das Intercept (Achsenabstand auf der Y-Achse)
MLR	Maximum-Likelihood-Parameterschätzung, ist robust gegenüber Verletzungen der Normalverteilung und bei nicht unabhängigen Beobachtungen (Muthén & Muthén 2009: 484).
n.s.	nicht signifikant (p > .05)
p	Probability: Sie zeigt das Signifikanzniveau an. p < .05 = signifikant, p < .01 = hoch signifikant, p < .001 = höchst signifikant. Das Signifikanzniveau sagt nichts über die Bedeutsamkeit des Resultates aus.
p(LK, SK)	Bezeichnung der Pfadkoeffizienten. Dabei stellen die Buchstaben vor dem Komma die Zielvariable im Beispiel LK für Lesekompetenz dar und die Buchstaben nach dem Komma die Ausgangsvariable SK = lesebezogenes Selbstkonzept. Hier wird der Pfad vom lesebezogenen Selbstkonzept auf die Lesekompetenz beschrieben (MPlus-Befehl: LK ON SK;). Er bezeichnet die Steigung der Regressionsgerade.
r	Der Korrelationskoeffizient beschreibt die Enge des Zusammenhangs zweier Merkmale durch die Zahl r, die zwischen +1 (positiver Zusammenhang) und -1 (negativer Zusammenhang) liegt. Dabei beschreibt r < |.30| einen schwachen Zusammenhang, r = |.30| bis|.50|. einen mittleren Zusammenhang und r > |.50| einen starken Zusammenhang (Bortz 1993: 201).
Reliabilität	Die Reliabilität bezeichnet nach Bortz und Döring (2003: 195) die Zuverlässigkeit bzw. den Grad der Genauigkeit eines Tests, hier den Grad der Genauigkeit, mit der ein erhobenes Persönlichkeits- oder Verhaltensmerkmal gemessen wird.

r_{it}	siehe Trennschärfe
RMSEA	Root-mean-square error of approximation. Werte < .05 (Hu & Bentler 1999) < .06 (Marsh et al. 2004) weisen auf einen guten Modell-Fit-Wert hin.
SD, s Standardabweichung	Die Standardabweichung bezeichnet die durchschnittliche Abweichung der Einzelwerte vom Mittelwert.

$$s = \sqrt{\frac{\sum_{i=1}^{n}(x_i - \bar{x})^2}{n}}$$

SE	Standardfehler des Mittelwertes, ist als Standardabweichung der Mittelwerte von gleich großen Zufallsstichproben einer Population definiert (Bortz 1993: 87).
sig.	Signifikanz
SRMR	Standardized root mean square residual. Werte < .06 (Hu & Bentler 1999) bzw. < .08 (Marsh et al. 2004) weisen auf einen guten Modell-Fit-Wert hin.
t	t-Testwert für Mittelwertunterschiede. In den Pfadmodellen kann der standardisierte t-Wert mit dem z-Wert gleichgesetzt werden. In den Pfadmodellen bedeutet ein Wert höher als 1.96, dass ein signifikanter Unterschied besteht.
TLI	Tucker-Lewis-Index. Werte > .95 (Hu & Bentler 1999) bzw. > .90 (Marsh et al. 2004) weisen auf einen guten Modell-Fit-Wert hin.
Trennschärfe	Die Trennschärfe (r_{it}) eines Items zeigt an, wie groß der korrelative Zusammenhang der Itemwerte mit den Testwerten der Skala (aller Items einer Skala) ist (Moosbrugger & Kelava 2007: 82).
Varianzaufklärung (erklärte Varianz)	Die Varianzaufklärung ist ein Maß, welches zeigt wie gut ein Modell die Streuung eines latenten Konstrukts erklären kann.

Verwendete Skalen

Anschlusskommunikation

Tabelle 16: Anschlusskommunikation in der Familie

	t1			t2		
	M	SD	r_{it}	M	SD	r_{it}
In unserer Familie wird viel gelesen.	2.72	.897	.490	2.75	.907	.481
Zu Hause reden wir häufig über Dinge, die wir gelesen haben.	2.03	.871	.679	2.06	.882	.752
Meine Eltern und ich sprechen über gelesene Bücher.	1.78	.840	.736	1.90	.855	.793
Ich finde es toll, mich mit meinen Eltern über Gelesenes zu unterhalten.	1.85	.889	.661	1.86	.867	.708
Varianzaufklärung	65.217			69.986		
Reliabilität	.817			.843		

Tabelle 17: Anschlusskommunikation mit Gleichaltrigen

	t1			t2		
	M	SD	rit	M	SD	rit
Meine KollegInnen kennen sich mit Büchern recht gut aus.	2.33	.945	.641	2.42	.890	.654
Meine KollegInnen lesen viel.	1.81	.876	.737	2.31	.859	.685
Mit KollegInnen rede ich häufig über Dinge, die wir gelesen haben.	1.72	.831	.632	1.75	.821	.697
Meine KollegInnen und ich sprechen über gelesene Bücher.	2.14	.952	.770	1.86	.840	.776
Ich finde es toll, mich mit meinen KollegInnen über Gelesenes zu unterhalten.	1.85	.927	.702	1.94	.920	.691
Varianzaufklärung	66.280			66.503		
Reliabilität	.869			.872		

Motivationale Überzeugungen

Tabelle 18: Lesebezogenes Selbstkonzept: Situations-Ergebnis-Erwartung

| | t1 | | | t2 | | |
	M	SD	r_{it}	M	SD	r_{it}
Um schwierige Texte zu verstehen, brauche ich fast nichts zu tun, weil ich alles immer sofort verstehe.	2.42	.788	.503	2.42	.752	.487
Beim Lesen ist für mich fast alles klar, da brauche ich nichts zu tun.	2.65	.776	.630	2.67	.776	.627
Im Lesen bin ich gut, auch ohne dass ich mich besonders anstrengen muss.	2.77	.796	.614	2.78	.817	.665
Fürs Lesen brauche ich nicht zu üben, das kann ich auch so.	2.78	.821	.598	2.80	.837	.543
Varianzaufklärung	60.447			59.980		
Reliabilität	.781			.776		

Tabelle 19: Selbstkonzept: Einschätzung Lesekompetenz Printmedien

| | t1 | | | t2 | | |
	M	SD	r_{it}	M	SD	r_{it}
Ich kann einem Text die wichtigen Informationen entnehmen.	2.89	.687	.602	2.98	.648	.624
Ich verstehe, wie ein Buch/eine Zeitschrift/ein Artikel aufgebaut ist.	2.69	.745	.520	2.78	.702	.542
Ich kann im Deutschunterricht schriftliche Texte gut verstehen.	2.98	.671	.575	3.06	.625	.588
Varianzaufklärung	66.008			67.289		
Reliabilität	.739			.754		

Tabelle 20: Lesebezogene Selbstwirksamkeit

	M	t1 SD	r_{it}	M	t2 SD	r_{it}
Wenn ich mir beim Lesen Mühe gebe, dann kann ich es auch.	3.08	.705	.478	3.01	.689	.488
Wenn ich mich beim Lesen schwieriger Texte richtig anstrenge, bekomme ich auch eine gute Note.	2.92	.775	.584	2.91	.732	.649
Wenn ich mir im Lesen große Mühe gebe, werde ich auch eine gute Deutschnote erhalten.	2.85	.758	.536	2.85	.757	.631
Wenn ich bei den Besprechungen von Texten genau aufpasse, erhalte ich in der nächsten Deutschprüfung eine gute Note.	2.80	.730	.531	2.83	.738	.520
Varianzaufklärung	56.141			59.271		
Reliabilität	.739			.770		

Lesebezogene Werte und Erwartungen

Tabelle 21: Lesefreude

	M	t1 SD	r_{it}	M	t2 SD	r_{it}
Lesen ist für mich das Schlimmste, was es gibt (umpolen).	1.77	.920	.699	1.81	.909	.656
Das Lesen von Büchern macht mir großen Spaß.	2.77	.997	.845	2.69	.956	.815
Beim Lesen von Büchern fühle ich mich so richtig wohl.	2.71	.966	.812	2.60	.931	.770
Ich mag das Lesen, weil es sich positiv auf meine Stimmung auswirkt.	2.59	.962	.736	2.43	.896	.633
Das Lesen finde ich schrecklich langweilig (umpolen).	1.89	.995	.717	1.99	.996	.597
Varianzaufklärung	72.534			65.934		
Reliabilität	.905			.868		

Tabelle 22: Wichtigkeit des Lesens

	t1			t2		
	M	SD	r_{it}	M	SD	r_{it}
Ob ich gut oder schlecht lesen kann, ist mir persönlich egal.	2.18	.878	.463	2.06	.876	.577
Ob ich im Lesen gut oder schlecht bin, hat keine weiteren Folgen für mich.	2.13	.819	.529	2.08	.835	.577
Es ist mir egal, was meine Eltern zu meinen Fähigkeiten im Lesen sagen.	2.31	.890	.429	2.29	.908	.510
Ob ich gut oder schlecht lesen kann, ist für meinen späteren Beruf unwichtig.	2.16	.860	.394	2.08	.863	.512
Varianzaufklärung	50.614			57.162		
Reliabilität	.671			.749		

Tabelle 23: Geschlechterrollenstereotype Lesen

	t1			t2		
	M	SD	r_{it}	M	SD	r_{it}
Jungen sollten in ihrer Freizeit etwas unternehmen und nicht lesen.	2.39	1.017	.504	2.24	1.026	.542
Jungen, die viel lesen, sind keine richtigen Jungen.	1.63	.835	.651	1.55	.830	.675
Ich bin der Meinung, Lesen ist etwas für Mädchen.	1.59	.848	.712	1.54	.843	.686
Dass Mädchen sich mehr fürs Lesen interessieren als Jungen, ist normal.	2.44	1.035	.442	2.40	.974	.466
An einem freien Nachmittag sollten Mädchen eher zu Hause sitzen und lesen als Jungen.	1.41	.740	.539	1.34	.703	.538
Varianzaufklärung	55.372			56.101		
Reliabilität	.782			.791		

Tabelle 24: Anstrengungssteigerung nach einem Misserfolg im Fach Deutsch

	t1			t2		
	M	SD	r_{it}	M	SD	r_{it}
Eine schlechte Note im Fach Deutsch würde mich dazu bringen, mich sofort voll und ganz auf Deutsch zu konzentrieren.	2.26	.782	.535	2.18	.800	.573
Eine schlechte Note im Fach Deutsch spornt mich dazu an, mehr zu tun.	2.73	.800	.501	2.55	.817	.538
Nach einer schlechten Note im Fach Deutsch grüble ich lange darüber nach, woran es lag.	2.29	.850	.591	2.13	.849	.605
Nach einer schlechten Note im Fach Deutsch grüble ich lange darüber nach, welche Folgen das jetzt hat.	2.25	.845	.520	2.08	.842	.560
Varianzaufklärung		56.526			59.022	
Reliabilität		.743			.768	

Aktuelle/habituelle Lesemotivation

Tabelle 25: Involviertheit/evasives Lesen

	t1			t2		
	M	SD	r_{it}	M	SD	r_{it}
Involvement:						
Beim Lesen fühle ich mit der Hauptperson.	2.70	1.035	.656	2.69	1.032	.635
Beim Lesen kann ich es meistens kaum erwarten zu erfahren, wie ein Buch endet.	3.14	.981	.604	3.10	.961	.596
Beim Lesen kann ich ein Buch kaum aus der Hand legen.	2.70	1.105	.698	2.62	1.073	.644
Evasives Lesen:						
Ich lese, weil ich so in eine Welt eintauchen kann, die es nicht gibt.	2.47	1.095	.712	2.38	1.042	.710
Ich lese, weil ich so den Alltag vergessen kann.	2.46	1.066	.664	2.34	1.033	.643
Ich lese, weil so meine Fantasie angeregt wird.	2.56	1.029	.684	2.47	1.005	.646
Varianzaufklärung		60.711			58.361	
Reliabilität		.870			.857	

Tabelle 26: Sachinteresse

	t1			t2		
	M	SD	r_{it}	M	SD	r_{it}
Ich lese, weil ich mich über ein bestimmtes Thema informieren möchte.	2.50	.990	.567	2.68	.971	.545
Ich lese, weil mich eine bestimmte Art von Geschichten interessiert.	2.87	.998	.595	2.88	.946	.584
Ich lese, weil ich so etwas über das Leben von fremden Menschen erfahren kann.	2.45	1.010	.609	2.50	.972	.622
Ich lese, weil ich so vieles übers Leben erfahren kann.	2.45	.980	.650	2.50	.983	.610
Varianzaufklärung	60.804			59.302		
Reliabilität	.782			.768		

Tabelle 27: Tätigkeitsanreiz: kognitive Herausforderung

	t1			t2		
	M	SD	r_{it}	M	SD	r_{it}
Lesen macht mir so großen Spaß, weil ich viel Neues lernen kann.	2.58	.923	.535	2.50	.870	.531
Beim Lesen merke ich, wie viel ich noch lernen muss.	2.26	.845	.485	2.20	.812	.614
Am Lesen mag ich, dass ich genau merke, wie viel ich dazu lerne.	2.30	.860	.671	2.24	.818	.736
Beim Lesen von Sachtexten merke ich, dass ich schwierige Texte immer besser verstehe.	2.55	.824	.374	2.48	.847	.615
Varianzaufklärung	55.199			63.642		
Reliabilität	.724			.806		

Tabelle 28: Anerkennung/Lob

	t1			t2		
	M	SD	r_{it}	M	SD	r_{it}
Ich mag es, wenn die Lehrperson sagt, dass ich gut lesen kann.	2.92	.916	.770	2.90	.900	.790
Ich mag es, wenn meine KollegInnen sagen, dass ich gut lesen kann.	2.58	.980	.783	2.62	.956	.776
Ich mag es, wenn ich fürs Lesen gelobt werde.	2.69	.985	.792	2.71	.974	.833
Ich mag es, wenn meine Eltern mir sagen, dass ich gut lesen kann.	2.82	.998	.768	2.73	.989	.802
Varianzaufklärung	77.071			79.157		
Reliabilität	.900			.912		

Tabelle 29: Sozialer Vergleich: Fremdbewertungsfolgen

	t1			t2		
	M	SD	r_{it}	M	SD	r_{it}
Gut lesen zu können ist mir wichtig, damit sich meine Eltern freuen.	2.22	.921	1181	.587	2.16	.942
Gut lesen zu können ist mir wichtig, damit ich keinen Ärger mit meinen Eltern bekomme.	2.11	.950	1181	.505	2.10	.948
Gut lesen zu können ist mir wichtig, damit ich von meinen MitschülerInnen geschätzt werde.	2.18	.901	1181	.612	2.05	.894
Gut lesen zu können ist mir wichtig, damit meine Deutschlehrerin/mein Deutschlehrer mit mir zufrieden ist.	2.64	.920	1181	.575	2.51	.891
Varianzaufklärung	59.189			62.472		
Reliabilität	.769			.799		

Tabelle 30: Aufforderung zum Lesen

		t1			t2	
	M	SD	r_{it}	M	SD	r_{it}
Meine Eltern sagen mir, dass ich mehr lesen soll.	2.27	1.091	.643	2.11	1.018	.674
Meine Eltern fordern mich häufig auf, etwas zu lesen.	2.05	1.020	.727	1.99	.972	.719
Meine Eltern sagen, dass Lesen fürs Leben wichtig ist.	2.71	1.034	.414	2.59	.965	.405
Varianzaufklärung		68.008			68.304	
Reliabilität		.757			.760	

Tabelle 31: Noten

		t1			t2	
	M	SD	r_{it}	M	SD	r_{it}
Gut lesen zu können ist mir wichtig, damit ich ein gutes Zeugnis bekomme.	3.05	.860	.651	3.05	.862	.669
Gut lesen zu können ist mir wichtig, damit ich später den Job bekomme, den ich möchte.	2.95	.892	.591	2.90	.889	.644
Gut lesen zu können ist mir wichtig, weil ich ohne Deutsch in meinem späteren Leben nicht weiterkomme.	2.71	.899	.512	2.70	.873	.541
Gut lesen zu können ist mir wichtig, weil ich gute Noten bekommen möchte.	3.03	.859	.692	3.01	.818	.728
Gut lesen zu können ist mir wichtig, weil ich einen guten Notendurchschnitt im Fach Deutsch haben möchte.	3.07	.846	.693	3.03	.839	.713
Varianzaufklärung		59.859			62.710	
Reliabilität		.829			.848	

Korrelationsmatrix, Fit-Werte und Modellvergleiche

Die ersten zwei Tabellen zeigen die Korrelationsmatrix zum Erhebungszeitpunkt eins und zwei. Die Tabellen 34 bis 42 fassen die Fit-Werte der einzelnen Kreuzeffektmodelle aus dem Kapitel 13.6 zusammen. In den Tabellen 43 bis 48 sind die Fit-Werte der Modellvergleiche zu den Voraussetzungsprüfungen in den Gruppen aus dem Kapitel 13.8 aufgeführt.

Tabelle 32: Korrelationsmatrix t1

	M	SD	1	2	3	4	5	6	7	8	9	10	11	12	13	14	15	16	17	18
1 ELFE Punktwert	7.54	3.368	—	.28	.26	.18	.32	.27	.10	.34	-.08	-.13	-.16	.29	.15		.09	-.18	-.24	
2 Lesezeit Buch	2.48	1.131		—	.46	.46	.28	.33	.19	.66	-.17	-.30	.06	.57	.40	.37	.19	-.20		.15
3 Anschlusskommunikation Familie	2.10	.703			—	.49	.28	.33	.22	.51	-.19	-.25	.13	.49	.42	.35	.30			.14
4 Anschlusskommunikation Peers	1.97	.735				—	.19	.26	.18	.51	-.20	-.27	.10	.53	.40	.34	.27	.07	-.08	.18
5 Lesebezogenes Selbstkonzept	2.66	.618					—	.46	.43	.32	-.08	-.18	.08	.28	.21	.18	.21		-.17	.16
6 Selbstkonzept: Printmedien	2.85	.569						—	.29	.32	-.08	-.22	.09	.34	.36	.23	.32	.19	-.10	.14
7 Lesebezogene Selbstwirksamkeit	2.91	.556							—	.25	-.12	-.16	.26	.24	.28	.31	.27	.19	-.10	.41
8 Lesefreude	2.88	.824								—	-.24	-.41	.11	.69	.47	.54	.25	.19	-.23	.20
9 Wichtigkeit	2.19	.612									—	.14	-.14	-.35	-.28	-.21	-.16	-.21	-.06	-.24
10 Geschlechterrollenstereotype Lesen	1.89	.659										—	-.14	-.16	-.18	-.16	-.11	.10	.12	-.08
11 Anstrengungssteig. n. Misserfolg	2.38	.616											—	.13	.18	.31	.24	.35	.21	.38
12 Involviertheit/evasives Lesen	2.67	.820												—	.56	.42	.28	.35	-.13	.19
13 Sachinteresse	2.57	.773													—	.46	.30	.12		.27
14 Kognitive Herausforderung	2.42	.639														—	.26	.24	.09	.33
15 Lesemotivation, Anerkennung, Lob	2.75	.851															—	.27	.07	.32
16 Fremdbewertungsfolgen	2.29	.709																—	.23	.56
17 Aufforderung zum Lesen	2.34	.860																	—	.14
18 Gute Noten	2.96	.671																		—

Tabelle 33: Korrelationsmatrix t2

	M	SD	1	2	3	4	5	6	7	8	9	10	11	12	13	14	15	16	17	18
1 ELFE Punktwert	8.19	3.520	–	.32	.20	.23	.30	.28	.13	.33	-.12	-.14	-.10	.30	.16		.07		-.18	-.24
2 Lesezeit Buch	2.36	1.088		–	.37	.44	.23	.20	.18	.66	-.21	-.33	.07	.54	.35	.26	.10		-.21	.11
3 Anschlusskommunikation Familie	2.14	.723			–	.43	.24	.25	.20	.45	-.16	-.21	.20	.37	.28	.28	.17	.10		.15
4 Anschlusskommunikation Peers	2.06	.705				–	.15	.20	.21	.50	-.20	-.29	.11	.51	.36	.30	.20	.08	-.06	.18
5 Lesebezogenes Selbstkonzept	2.67	.616					–	.42	.47	.30	.08	-.09	.06	.27	.18	.16	.18	.08	-.15	.17
6 Selbstkonzept: Printmedien	2.94	.540						–	.27	.24	-.10	-.12	.09	.23	.26	.13	.20	.12		.17
7 Lesebezogene Selbstwirksamkeit	2.90	.561							–	.26	-.12	-.16	.26	.28	.32	.28	.23	.26	.11	.43
8 Lesefreude	2.78	.759								–	-.30	-.38	.12	.66	.43	.48	.19	.41	.31	.22
9 Wichtigkeit	2.13	.658									–	.20	-.13	-.20	-.23	-.14	-.18	-.09	.13	-.33
10 Geschlechterrollenstereotype Lesen	1.81	.651										–		-.34	-.31	-.16	.06	.13		-.14
10 Anstrengungssteig. n. Misserfolg	2.23	.635											–	.15	.23	.34	.25	.41	.31	.42
12 Involviertheit/evasives Lesen	2.60	.783												–	.51	.37	.24	.07	-.09	.24
13 Sachinteresse	2.64	.743													–	.44	.26	.12	.11	.27
14 Kognitive Herausforderung	2.35	.665														–	.20	.26	.11	.29
15 Lesemotivation, Anerkennung, Lob	2.74	.850															–	.33	.08	.29
16 Fremdbewertungsfolgen	2.21	.726																–	.28	.53
17 Aufforderung zum Lesen	2.23	.810																	–	.18
18 Gute Noten	2.94	.676																		–

Tabelle 34: Fit-Werte: Kreuzeffekte Anschlusskommunikation in der Familie

Kreuzeffektmodelle	χ^2	df	p	MLR	CFI	TFI	RMSEA	SRMR
Kreuzeffekte: Anschlusskommunikation Familie – Anschlusskommunikation Peers	213.413	49	< .001	1.144	.975	.967	.053	.035
Kreuzeffekte: Anschlusskommunikation Familie – Lesefreude	97.242	49	< .001	1.129	.994	.992	.029	.027
Kreuzeffekte: Anschlusskommunikation Familie – Geschlechterrollenstereotype	137.346	50	< .001	1.018	.985	.981	.038	.046
Kreuzeffekte: Anschlusskommunikation Familie – Aufforderung zum Lesen	102.530	31	< .001	1.073	.987	.981	.044	.036
Kreuzeffekte: Anschlusskommunikation Familie – Noten	85.622	52	.002	1.045	.994	.993	.023	.024
Kreuzeffekte: Anschlusskommunikation Familie – Lesezeit	42.47	16	< .001	1.062	.994	.989	.037	.023

Tabelle 35: Fit-Werte: Kreuzeffekte Anschlusskommunikation mit Peers

Kreuzeffektmodelle	χ^2	df	p	MLR	CFI	TFI	RMSEA	SRMR
Kreuzeffekte: Anschlusskommunikation Peers – Lesefreude	203.814	50	<.001	1.109	.981	.975	.051	.040
Kreuzeffekte: Anschlusskommunikation Peers – Geschlechterrollenstereotype	241.80	50	<.001	1.037	.967	.956	.057	.059
Kreuzeffekte: Anschlusskommunikation Peers – Anstrengungsbereitschaft nach einem Misserfolg	102.002	49	<.001	1.121	.989	.985	.030	.032
Kreuzeffekte: Anschlusskommunikation Peers – Involviertheit	149.706	30	<.001	0.994	.981	.971	.058	.037
Kreuzeffekte: Anschlusskommunikation Peers – kognitive Herausforderung	274.647	49	<.001	1.135	.953	.937	.062	.060
Kreuzeffekte: Anschlusskommunikation Peer – Aufforderung zum Lesen	92.715	31	<.001	1.045	.988	.983	.041	.035
Kreuzeffekte: Anschlusskommunikation Peers – Lesekompetenz	109.349	49	<.001	1.064	.994	.992	.032	.033

Tabelle 36: Fit-Werte: Kreuzeffekte lesebezogenes Selbstkonzept

Kreuzeffektmodelle	χ^2	df	p	MLR	CFI	TFI	RMSEA	SRMR
Kreuzeffekte: lesebezogenes Selbstkonzept – Lesefreude	93.201	51	< .001	1.212	.993	.991	.026	.026
Kreuzeffekte: lesebezogenes Selbstkonzept – Aufforderung zum Lesen	46.224	31	.04	1.099	.996	.994	.020	.022
Kreuzeffekte: lesebezogenes Selbstkonzept – Noten	83.554	52	.004	1.129	.993	.991	.023	.028
Kreuzeffekte: lesebezogenes Selbstkonzept – Lesezeit	23.353	18	.18	1.171	.998	.996	.016	.022
Kreuzeffekte: lesebezogenes Selbstkonzept – Lesekompetenz	71.813	48	.01	1.047	.997	.996	.020	.022
Kreuzeffekte: Lesefreude – Geschlechterrollenstereotype	157.286	47	< .001	1.114	.984	.977	.045	.039
Kreuzeffekte: Lesefreude – Involviertheit	70.766	29	< .001	1.212	.994	.991	.035	.022
Kreuzeffekte: Lesefreude – Aufforderung zum Lesen	109.775	31	< .001	1.164	.987	.981	.046	.035
Kreuzeffekte: Lesefreude – Lesezeit	57.548	17	< .001	1.260	.992	.987	.045	.023
Kreuzeffekte: Lesefreude – Lesekompetenz	132.762	50	< .001	1.102	.993	.990	.037	.033

Tabelle 37: Fit-Werte: Kreuzeffekte lesebezogenes Selbstkonzept

Kreuzeffektmodelle	χ^2	df	p	MLR	CFI	TFI	RMSEA	SRMR
Kreuzeffekte: Geschlechterrollenstereotype – Involviertheit	80.265	27	<.001	1.101	.988	.981	.041	.030
Kreuzeffekte: Geschlechterrollenstereotype – kognitive Herausforderung	231.033	48	<.001	1.122	.952	.934	.057	.060
Kreuzeffekte: Geschlechterrollenstereotype – Lesezeit	83.616	14	<.001	1.100	.976	953	.065	.037
Kreuzeffekte: Geschlechterrollenstereotype – Lesekompetenz	102.419	49	<.001	1.094	.994	.992	.030	.036

Tabelle 38: Fit-Werte: Kreuzeffekte Anstrengungsbereitschaft nach einem Misserfolg im Fach Deutsch

Kreuzeffektmodelle	χ^2	df	p	MLR	CFI	TFI	RMSEA	SRMR
Kreuzeffekte: Betroffenheit und Anstrengungsbereitschaft nach einem Misserfolg im Fach Deutsch – kognitive Herausforderung	155.377	49	<.001	1.159	.966	.955	.043	.041
Kreuzeffekte: Betroffenheit und Anstrengungssteigerung nach einem Misserfolg im Fach Deutsch – Fremdbewertungsfolgen	152.513	67	<.001	1.175	.980	.973	.033	.030
Kreuzeffekte: Betroffenheit und Anstrengungsbereitschaft nach einem Misserfolg im Fach Deutsch – Aufforderung zum Lesen	52.639	29	.005	1.101	.994	.990	.026	.028
Kreuzeffekte: Betroffenheit und Anstrengungsbereitschaft nach einem Misserfolg im Fach Deutsch– Noten	96.883	50	<.001	1.093	.989	.986	.028	.029

Tabelle 39: Fit-Werte: Kreuzeffekte Involviertheit/evasives Lesen

Kreuzeffektmodelle	χ^2	df	p	MLR	CFI	TFI	RMSEA	SRMR
Kreuzeffekte: Involviertheit – Aufforderung zum Lesen	30.777	17	.0094	1.071	.996	.993	.030	.020
Kreuzeffekte: Involviertheit – Noten	49.159	31	.02	1.116	.996	.994	.022	.023
Kreuzeffekte: Involviertheit – Lesezeit	3.525	5	.62	1.008	1.000	1.001	.000	.008
Kreuzeffekte: Involviertheit – Lesekompetenz	30.848	29	.37	1.101	1.000	1.000	.007	.016

Tabelle 40: Fit-Werte: Kreuzeffekte Fremdbewertungsfolgen

Kreuzeffektmodelle	χ^2	df	p	MLR	CFI	TFI	RMSEA	SRMR
Kreuzeffekte: Fremdbewertungsfolgen – Aufforderung zum Lesen	128.372	47	<.001	1.130	.983	.976	.038	.030
Kreuzeffekte: Fremdbewertungsfolgen – Lesekompetenz	142.111	69	<.001	1.087	.992	.989	.030	.029

Tabelle 41: Fit-Werte: Kreuzeffekte Aufforderung zum Lesen

Kreuzeffektmodelle	χ^2	df	p	MLR	CFI	TFI	RMSEA	SRMR
Kreuzeffekte: Aufforderung zum Lesen – Lesezeit	36.612	5	<.001	0.949	.988	.964	.073	.022
Kreuzeffekte: Aufforderung zum Lesen – Lesekompetenz	45.397	29	.03	1.105	.998	.997	.022	.018

Tabelle 42: Fit-Werte: Kreuzeffekte Lesezeit - Lesekompetenz

Kreuzeffektmodelle	χ^2	df	p	MLR	CFI	TFI	RMSEA	SRMR
Kreuzeffekte: Lesezeit – Lesekompetenz	22.300	16	.139	1.068	.999	.999	.018	.013

Tabelle 43: Modellvergleiche Chi-Quadrat-Differenztest Modell AK Familie nach sozialem Status

Modell	χ^2	df	p	MLR	CFI	TFI	RMSEA	SRMR	Modellvergleich	$\Delta\chi^2$	Δdf	p
Basismodell ohne Restriktionen	1495.33	1170	<.001	1.051	.985	.981	.027	.038				
metrische Invarianz mittlerer Status												
alle Faktorladungen invariant	1534.89	1200	<.001	1.052	.984	.981	.027	.039	Basis-mittlerer Status	36.26	30	80
hoher Status alle Faktorladungen invariant außer												
AL												
Item t1_211	1559.34	1215	<.001	1.050	.984	.980	.027	.040	Basis-t1_211	62.50	45	.043
LK												
Item t1_elfin	1560.07	1216	<.001	1.050	.984	.980	.027	.040	Basis-t1_elfin	63.18	46	.047
Item t1_elfib	1561.15	1216	<.001	1.050	.984	.980	.027	.041	Basis-t1_elfib	64.24	46	.039
Item t2_elfin	1561.75	1216	<.001	1.050	.984	.980	.027	.040	Basis-t2_elfin	64.84	46	.035
Item t2_elfib	1560.12	1216	<.001	1.050	.984	.980	.027	.040	Basis-t2_elfib	63.23	46	.047
Skalare Invarianz												
mittlerer Status skalar invariant	1578.20	1236	<.001	1.049	.984	.981	.027	.041	Basis-mittlerer Status	81.76	66	.091
hoher Status skalar invariant außer												
AKF t2	1587.95	1240	<.001	1.049	.984	.980	.027	.041	Basis-AKF t2	91.20	70	.045
AL t1	1606.78	1251	<.001	1.049	.983	.980	.027	.041	Basis-AL t1	109.25	81	.020
AL t2	1610.78	1251	<.001	1.049	.983	.980	.027	.041	Basis-AL t2	113.17	81	.011
LK t1	1605.89	1252	<.001	1.049	.983	.980	.027	.041	Basis-LK t1	108.34	82	.027
LK t2	1604.75	1252	<.001	1.049	.983	.980	.027	.041	Basis-LK t2	107.22	82	.032
Modell Final mit Pfaden	1753.14	1376	<.001	1.055	.982	.981	.026	.052	Basis-Final	239.22	206	.056

Tabelle 44: Modellvergleiche Chi-Quadrat-Differenztest Modell AK Peers nach sozialem Status

Modell	χ^2	df	p	MLR	CFI	TFI	RMSEA	SRMR	Modell-vergleich	$\Delta\chi^2$	Δdf	p
Basismodell ohne Restriktionen	1628.54	1182	<.001	1.043	.979	.974	.031	.040				
metrische Invarianz												
alle Faktorladungen invariant außer niedriger Status												
AK t1/t2_249	1637.29	1183	<.001	1.043	.979	.973	.031	.040	Basis-t1/2_249	8.38	1	.004
mittlerer Status												
AK t1/t2_249	1654.37	1193	<.001	1.044	.979	.973	.031	.040	Basis-t1/2_249	22.43	11	.021
skalare Invarianz												
skalar invariant außer mittlerer Status												
AK t1	1698.20	1231	<.001	1.043	.978	.974	.031	.042	Basis-AK t1	66.77	49	.046
AK t2	1699.00	1231	<.001	1.042	.978	.974	.031	.042	Basis-AK t2	69.22	49	.030
AL t1	1707.2	1240	<.001	1.042	.978	.974	.031	.043	Basis-AL t1	76.98	58	.048
AL t2	1707.5	1240	<.001	1.042	.978	.974	.031	.043	Basis-AL t2	78.98	58	.035
hoher Status												
AK t1	1714.60	1245	<.001	1.042	.978	.974	.031	.043	Basis-AK t1	84.06	63	.039
K t2	1713.94	1245	<.001	1.042	.978	.974	.031	.043	Basis-AK t2	83.45	63	.043
F t2	1721.11	1251	<.001	1.042	.978	.974	.031	.043	Basis-LF t2	90.31	69	.044
AL t2	1725.77	1250	<.001	1.042	.978	.974	.031	.043	Basis-AL t2	94.88	68	.017
Modell Final ohne Pfade	1718.68	1253	<.001	1.042	.978	.974	.031	.043	Basis-ohne Pfade	87.90	71	.085
Modell Final mit Pfaden	1831.43	1360	<.001	1.046	.978	.976	.030	.049	Basis-Final	190.33	178	.250

Tabelle 45: Modellvergleiche Chi-Quadrat-Differenztest Modell AK Familie nach Migrationshintergrund

Modell	χ^2	df	p	MLR	CFI	TFI	RMSEA	SRMR	Modellvergleich	$\Delta\chi^2$	Δdf	p
Basismodell ohne Restriktionen	1063.81	780	<.001	1.065	.987	.984	.025	.032				
Metrische Invarianz deutschsprachig alle Faktorladungen invariant außer												
t1_545-t2_545	1077.23	785	<.001	1.064	.987	.983	.025	.033	Basis-t2_545	14.78	5	.011
t1_544-t2_544	1076.38	785	<.001	1.064	.987	.983	.025	.033	Basis-t2_544	13.84	5	.017
mehrsprachig alle Faktorladungen invariant außer												
AK t1_205	1081.34	789	<.001	1.064	.987	.983	.025	.033	Basis-t1_205	17.94	9	.036
AK t2_205	1080.44	789	<.001	1.064	.987	.983	.025	.033	Basis-t2_205	17.00	9	.049
AK t1_207	1081.89	789	<.001	1.064	.987	.983	.025	.033	Basis-t1_207	18.50	9	.030
AK t2_207	1083.81	789	<.001	1.064	.987	.983	.025	.033	Basis-t2_207	20.46	9	.015
metrisch invariant												
AK t1_205, t1_207	1079.57	790	<.001	1.064	.987	.983	.025	.033	t1/2-205, t1/2_207	15.99	10	.100
LK t1_elfin	1100.70	801	<.001	1.064	.987	.983	.025	.034	Basis-t1_elfin	35.92	21	.022
LK t2_elfin	1093.25	801	<.001	1.063	.987	.984	.025	.034	Basis-t2_elfin	29.77	21	.097
LK t1_elfib	1097.64	801	<.001	1.064	.987	.983	.025	.034	Basis-t1_elfib	32.94	21	.047
LK t2_elfib	1096.40	801	<.001	1.064	.987	.983	.025	.034	Basis-t2_elfib	31.74	21	.062
metrisch invariant												
LK t1_elfin/ elfib	1096.39	802	<.001	1.064	.987	.983	.025	.034	t1/2-elfin, t1/2_elfib	31.67	22	.083
skalare Invarianz skalar invariant außer												
LF t1	1128.33	822	<.001	1.064	.987	.983	.025	.034	Basis-LF t1	61.71	42	.025
Modell Final mit Pfaden	1215.89	901	<.001	1.075	.986	.984	.024	.040	Basis-Final	133.46	121	.207

Tabelle 46: Modellvergleiche Chi-Quadrat-Differenztest Modell AK Peers nach Migrationshintergrund

Modell	$\chi2$	df	p	MLR	CFI	TFI	RMSEA	SRMR	Modell-vergleich	$\Delta\chi2$	Δdf	p
Basismodell ohne Restriktionen	1188.40	781	< .001	1.050								
metrische Invarianz												
alle Faktorladungen invariant außer deutsch												
AK t1/t2_249	1195.82	782	< .001	1.051	.981	.976	.030	.035	Basis-t1/2_249	4.05	1	.044
SK t1/t2_562	1197.03	785	< .001	1.049	.982	.977	.030	.037	Basis-t1/2_562	10.10	4	.039
LF t1/t2_544	1197.32	785	< .001	1.049	.982	.977	.030	.037	Basis-t1/2_544	10.44	4	.034
mehrsprachig												
AK t1/t2 249	1207.54	790	< .001	1.049	.981	.976	.030	.037	Basis-t1/2_249	19.88	9	.019
AK t1/t2 250	1208.33	791	< .001	1.049	.981	.977	.030	.037	Basis-t1/2_250	20.52	10	.025
AL t1/t2 211	1216.46	799	< .001	1.048	.981	.977	.030	.038	Basis-t1/2_211	29.19	18	.046
LK t1/t2_elfin	1217.68	799		1.049	.981	.977	.030	.038	Basis-t1/2_elfin	29.11	18	.047
skalare Invarianz												
skalar invariant außer mehrsprachig												
AK t1	1224.68	801	< .001	1.048	.981	.976	.030	.038	Basis-AK t1	37.40	20	.010
LF t1	1238.50	807	< .001	1.048	.981	.976	.030	.038	Basis-LF t1	50.70	26	.003
LF t2	1229.91	807	< .001	1.049	.981	.976	.030	.038	Basis-LF t2	40.73	26	.033
Modell Final ohne Pfade	1226.91	813		1.050	.981	.977	.029	.038	Basis-ohne Pfade	36.67	32	.261
Modell Final mit Pfaden	1299.33	887	< .001	1.055	.982	.979	.028	.042	Basis-Final	101.60	106	.603

Tabelle 47: Modellvergleiche Chi-Quadrat-Differenztest Modell AK Familie nach Geschlecht

Modell	χ^2	df	p	MLR	CFI	TFI	RMSEA	SRMR	Modell-vergleich	$\Delta\chi^2$	Δdf	p
Basismodell ohne Restriktionen	986.76	781	<.001	1.081	.990	.988	.021	.032				
metrische Invarianz alle Faktorladungen invariant	1027.91	811	<.001	1.077	.990	.988	.021	.034	Basis-metric	42.30	30	.067
skalare Invarianz Mehrsprachigkeit skalar invariant außer												
SK1	1037.71	817	<.001	1.076	.990	.987	.021	.034	Basis-SK1	52.67	36	.036
LF t2	1049.73	821	<.001	1.077	.989	.987	.022	.034	Basis-LF t2	63.04	40	.012
INEV t1	1050.29	820	<.001	1.076	.989	.987	.022	.034	Basis-INEV t1	65.11	39	.005
INEV t2	1054.09	820	<.001	1.077	.989	.987	.022	.034	Basis-INEV t2	67.54	39	.003
Modell Final ohne Pfade	1046.17	825	<.001	1.076	.990	.988	.021	.034	Basis-ohne Pfade	60.18	44	.053
Modell Final mit Pfaden	1137.14	906	<.001	1.084	.989	.988	.021	.040	Basis-Final	136.37	125	.230

Tabelle 48: Modellvergleiche Chi-Quadrat-Differenztest Modell AK Peers nach Geschlecht

Modell	χ^2	df	p	MLR	CFI	TFI	RMSEA	SRMR	Modell-vergleich	$\Delta\chi^2$	Δdf	p
Basismodell ohne Restriktionen	1105.37	781	<.001	1.060	.985	.981	.027	.036				
metrische Invarianz												
alle Faktorladungen invariant außer												
männlich												
AK t1/t2_249	1119.85	782	<.001	1.060	.984	.980	.027	.036	Basis-t1/2_249	13.66	1	.000
weiblich												
AK t1/t2_249	1144.25	792	<.001	1.060	.984	.979	.027	.036	Basis-t1/2_249	36.68	11	.000
LF t1/t2_545	1136.25	795	<.001	1.059	.984	.980	.027	.037	Basis-t1/2_545	30.78	14	.006
LF t1/t2_544	1137.88	795	<.001	1.059	.984	.980	.027	.037	Basis-t1/2_544	32.40	14	.004
LK t1/t2_elfib	1145.60	805	<.001	1.060	.984	.980	.027	.038	Basis-t1/2_elfib	37.95	24	.035
LF t1/t2_545 invariant	1141.98	804	<.001	1.060	.984	.981	.027	.038	Basis-t1/2_545	34.53	23	.058
skalare Invarianz												
skalar invariant außer												
weiblich												
AK t1	1157.54	806	<.001	1.060	.984	.980	.027	.037	Basis-AK t1	49.22	25	.003
SK t1	1151.03	808	<.001	1.059	.984	.980	.027	.038	Basis-SK t1	44.32	27	.019
SK t2	1149.73	808	<.001	1.059	.984	.980	.027	.038	Basis-SK t2	43.06	27	.026
LF t2	1153.75	810	<.001	1.059	.984	.980	.027	.038	Basis-LF t2	46.87	29	.019
INEV t1	1158.54	809	<.001	1.059	.984	.980	.027	.038	Basis-INEV t1	51.56	28	.004
INEV t2	1162.68	809	<.001	1.059	.984	.980	.027	.038	Basis-INEV t2	55.58	28	.001
AL t2	1148.34	809	<.001	1.058	.984	.981	.027	.038	Basis-AL t2	42.79	29	.048
Final ohne Pfade	1148.26	813	<.001	1.059	.984	.981	.026	.038	Basis-ohne Pfade	41.46	32	.122
Final mit Pfaden	1255.75	892	<.001	1.066	.983	.981	.026	.045	Basis-Final	135.71	111	.056

MPlus-Syntax

Methodisches Vorgehen (MPlus-Befehle)

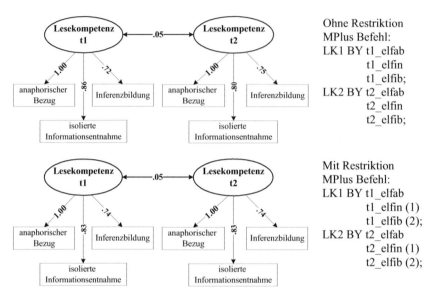

Ohne Restriktion
MPlus Befehl:
LK1 BY t1_elfab
t1_elfin
t1_elfib;
LK2 BY t2_elfab
t2_elfin
t2_elfib;

Mit Restriktion
MPlus Befehl:
LK1 BY t1_elfab
t1_elfin (1)
t1_elfib (2);
LK2 BY t2_elfab
t2_elfin (1)
t2_elfib (2);

Abbildung 75: Beispiel unstandardisiertes Messmodell: metrische Invarianz

Tabelle 49: MPlus-Befehl zur Prüfung skalarer Invarianz

Freisetzen der Intercepts in der Gruppe weiblich	Die Freisetzung der Intercepts wird aufgehoben, indem „!" schrittweise gesetzt werden
Model weiblich: [t1_elfin t1_elfab t1_elfib]; [t2_elfin t2_elfab t2_elfib]; [LK1@0]; [LK2@0];	Model weiblich: ! [t1_elfin t1_elfab t1_elfib]; [t2_elfin t2_elfab t2_elfib]; ! [LK1@0]; [LK2@0];

Tabelle 50: MPlus-Befehl für Modell ohne Restriktionen (Basismodell)

MPlus - Input	Modell Resultate			
Model:		Estimate	S.E.	Est./S.E	p-Value
LK1 BY t1_elfab	LK1 BY				
t1_elfin	t1_elfab	1.000	0.000	999.0	999.0
t1_elfib;	t1_elfin	0.857	0.020	43.295	0.000
LK2 BY t2_elfab	t1_elfib	0.724	0.022	33.381	0.000
t2_elfin					
t2_elfib;	LK2 BY				
	t2_elfab	1.000	0.000	999.0	999.0
	t2_elfin	0.798	0.020	39.400	0.000
	t2_elfib	0.746	0.021	36.389	0.000

Fit-Werte Modell:
$\chi 2 = 63.402$; df = 8, p < .001; MLR = 1.162; CFI = .997;
TLI = .994; RMSEA = .077; SRMR = .026.

Tabelle 51: MPlus-Befehl für Modell mit Restriktion

MPlus-Input	Modell Resultate			
Model:		Estimate	S.E.	Est./S.E	p-Value
LK1 BY t1_elfab	LK1 BY				
t1_elfin(1)	t1_elfab	1.000	0.000	999.0	999.0
t1_elfib;	t1_elfin	0.826	0.015	56.706	0.000
LK2 BY t2_elfab	t1_elfib	0.715	0.022	32.381	0.000
t2_elfin(1)					
t2_elfib;	LK2 BY				
	t2_elfab	1.000	0.000	999.0	999.0
	t2_elfin	0.826	0.015	56.706	0.000
	t2_elfib	0.756	0.020	37.097	0.000

Fit-Werte Modell:
$\chi 2 = 67.733$; df = 9, p < .001; MLR = 1.161; CFI = .997;
TLI = .995; RMSEA = .074; SRMR = .028.

Beispiel Kreuzeffektmodell: Lesefreude – Lesekompetenz

CLUSTER = klasse;   ! Kontrolle Klasseneffekte
ANALYSIS: type = Complex;

MODEL:
! Messmodelle
    LK1   BY   t1_elfab
                            t1_elfin (1)
                            t1_elfib (2);
    LK2   BY   t2_elfab
                            t2_elfin (1)
                            t2_elfib (2);
    Freude1 BY   t1_547
                            t1_545 (3)
                            t1_544 (4);
    Freude2 BY   t2_547
                            t2_545 (3)
                            t2_544 (4);

! Kreuzeffekte: Nicht signifikante Pfade auf Null gesetzt
    LK2   ON   LK1 Freude1;
    Freude2 ON   Freude1 LK1@0;

! Korrelationen zwischen den latenten Faktoren auf Null gesetzt
    FREUDE2 WITH   LK2@0;

! Fehlerkorrelationen
    T2_547   WITH   T1_547;
    T2_ELFIB WITH   T1_ELFIB;
    T1_ELFAB WITH   T1_ELFIN;
    T2_ELFAB WITH   T2_ELFIN;

Beispiel: Mehrgruppenanalyse Gesamtes Input-File

TITLE: Motivationsmodell8: Mehrgruppenanalyse Mehrsprachigkeit

DATA:
FILE IS Motivation_N1181_Juli11_neu.dat;

VARIABLE: NAMES ARE
klasse schule schueler sex mspr spsex niveau soztief2 isei t1_iq
t1_elfpt t2_elfpt t1_elfin t2_elfin t1_elfab t2_elfab t1_elfib t2_elfib
t1_93r t2_93r t1_res t2_res
f1_akof t1_202 t1_203 t1_204 t1_205 t1_207
f2_akof t2_202 t2_203 t2_204 t2_205 t2_207
f1_akop t1_246 t1_247 t1_248 t1_249 t1_250
f2_akop t2_246 t2_247 t2_248 t2_249 t2_250
f1_seel t1_553 t1_560 t1_562 t1_564
f2_seel t2_553 t2_560 t2_562 t2_564
f1_lkhm t1_260 t1_261 t1_262
f2_lkhm t2_260 t2_261 t2_262
f1_heel t1_554 t1_559 t1_561 t1_563
f2_heel t2_554 t2_559 t2_561 t2_563
f1_gtem t1_543 t1_543r t1_544 t1_545 t1_547 t1_552 t1_552r
f2_gtem t2_543 t2_543r t2_544 t2_545 t2_547 t2_552 t2_552r
f1_efel t1_555 t1_558 t1_566 t1_568
f2_efel t2_555 t2_558 t2_566 t2_568
f1_grol t1_230 t1_231 t1_232 t1_233 t1_234
f2_grol t2_230 t2_231 t2_232 t2_233 t2_234
f1_asmi t1_429 t1_432 t1_436 t1_438
f2_asmi t2_429 t2_432 t2_436 t2_438
f1_inmo f1_invo t1_235 t1_236 t1_237
f1_evas t1_238 t1_239 t1_240
f2_inmo f2_invo t2_235 t2_236 t2_237
f2_evas t2_238 t2_239 t2_240
f1_sain t1_241 t1_242 t1_243 t1_244
f2_sain t2_241 t2_242 t2_243 t2_244
f1_gtko t1_546 t1_548 t1_549 t1_551
f2_gtko t2_546 t2_548 t2_549 t2_551
f1_lmot t1_251 t1_252 t1_253 t1_255
f2_lmot t2_251 t2_252 t2_253 t2_255
f1_fafb t1_570 t1_574 t1_577 t1_581
f2_fafb t2_570 t2_574 t2_577 t2_581
f1_wert t1_210 t1_211 t1_212
f2_wert t2_210 t2_211 t2_212
f1_fano t1_573 t1_576 t1_584 t1_586 t1_588
f2_fano t2_573 t2_576 t2_584 t2_586 t2_588

t1_t9 t2_t9 t1_t11 t2_t11 t1_t13 t2_t13 t1_t15 t2_t15
kl1_stat kl2_stat kl1_elpt kl2_elpt
kl1_elin kl2_elin kl1_elfa kl2_elab kl1_elib kl2_elib
kl1_iq kl1_t9 kl2_t9 kl1_t11 kl2_t11 kl1_t15 kl2_t15 prozmsp;

USEVARIABLES ARE klasse
    t1_204 t1_205 t1_207   ! AKF
    t2_204 t2_205 t2_207
    t1_560 t1_562 t1_564   ! SK
    t2_560 t2_562 t2_564
    t1_544 t1_545 t1_547   ! Lesefreude
    t2_544 t2_545 t2_547
    f1_invo f1_evas   ! INEV
    f2_invo f2_evas
    t1_210 t1_211   ! Aufforderung zum Lesen
    t2_210 t2_211
    t1_elfin t2_elfin t1_elfab t2_elfab t1_elfib t2_elfib;   ! LK

Missing are niveau (-9);
Grouping is mspr (1=deutsch 2=mehrsprachig);   ! Mehrgruppenanalyse
cluster = klasse;   ! Kontrolle Klasseneffekt

ANALYSIS:
TYPE = COMPLEX;
ESTIMATOR IS MLR;
ITERATIONS = 5000;
CONVERGENCE = 0.00005;

MODEL:
    AKF1   BY   t1_204
                          t1_205 (1)
                          t1_207 (2);
    AKF2   BY   t2_204
                          t2_205 (1)
                          t2_207 (2);
    SK1   BY   t1_564
                          t1_562 (3)
                          t1_560 (4);
    SK2   BY   t2_564
                          t2_562 (3)
                          t2_560 (4);
    Freude1   BY   t1_547
                          t1_545 (5)
                          t1_544 (6);

Freude2	BY	t2_547
		t2_545 (5)
		t2_544 (6);
INEV1	BY	f1_invo
		f1_evas (7);
INEV2	BY	f2_invo
		f2_evas (7);
Wert1	BY	t1_210
		t1_211 (8);
Wert2	BY	t2_210
		t2_211 (8);
LK1	BY	t1_elfab
		t1_elfin (9)
		t1_elfib (10);
LK2	BY	t2_elfab
		t2_elfin (9)
		t2_elfib (10);

! Fehlerkorrelationen

T2_204	WITH	T1_204(11);
T2_205	WITH	T1_205(12);
T2_547	WITH	T1_547(13);
T2_564	WITH	T1_564(14);
F2_INVO	WITH	F1_INVO(15);
F2_EVAS	WITH	F1_EVAS(16);
T2_211	WITH	T1_211(17);
T2_ELFIB	WITH	T1_ELFIB(18);

! Pfade

AKF2	ON	AKF1(23);
AKF2	ON	SK1@0(24);
AKF2	ON	Freude1(25);
AKF2	ON	INEV1@0(26);
AKF2	ON	Wert1@0(27);
AKF2	ON	LK1@0(28);
SK2	ON	AKF1@0(29);
SK2	ON	SK1(30);
SK2	ON	Freude1@0(31);
SK2	ON	INEV1@0(32);
SK2	ON	Wert1(33);
SK2	ON	LK1@0(34);
Freude2	ON	AKF1(35);
Freude2	ON	SK1@0(36);
Freude2	ON	Freude1(37);
Freude2	ON	INEV1@0(38);

Freude2	ON	Wert1(39);
Freude2	ON	LK1@0(40);
INEV2	ON	AKF1@0(41);
INEV2	ON	SK1@0(42);
INEV2	ON	Freude1@0(44);
INEV2	ON	INEV1(45);
INEV2	ON	Wert1@0(46);
INEV2	ON	LK1(47);
Wert2	ON	AKF1@0(48);
Wert2	ON	SK1@0(49);
Wert2	ON	Freude1(50);
Wert2	ON	INEV1@0(51);
Wert2	ON	Wert1(52);
Wert2	ON	LK1@0(53);
LK2	ON	AKF1@0(54);
LK2	ON	SK1@0(55);
LK2	ON	Freude1(56);
LK2	ON	INEV1@0(57);
LK2	ON	Wert1(58);
LK2	ON	LK1(59);

Model deutsch:
! Metrische Invarianz

! AKF1	BY	t1_205
!		t1_207;
! AKF2	BY	t2_205
!		t2_207;
! SK1	BY	t1_562
!		t1_560;
! SK2	BY	t2_562
!		2_560;
Freude1	BY	1_545
		1_544;
Freude2	BY	2_545
		2_544;
! INEV1	BY	t1_evas;
! INEV2	BY	t2_evas;
! Wert1	BY	t1_211;
! Wert2	BY	t2_211;
! LK1	BY	t1_elfin
!		t1_elfib;
! LK2	BY	t2_elfin
!		t2_elfib;

! nicht signifikante Korrelationen zwischen latenten Konstrukten auf Null gesetzt

SK2	WITH	AKF2@0;
WERT2	WITH	AKF2@0;
WERT2	WITH	SK2@0;
WERT2	WITH	FREUDE2@0;
WERT2	WITH	INEV2@0;
LK2	WITH	AKF2@0;
LK2	WITH	SK2@0;
LK2	WITH	FREUDE2@0;
LK2	WITH	INEV2@0;

Model mehrsprachig:

AKF1	BY	t1_205 (19)
		t1_207 (20);
AKF2	BY	t2_205 (19)
		t2_207 (20);
! SK1	BY	t1_562
!		t1_560;
! SK2	BY	t2_562
!		t2_560;
! Freude1	BY	t1_545
!		t1_544;
! Freude2	BY	t2_545
!		t2_544;
! INEV1	BY	F1_evas;
! INEV2	BY	f2_evas;
! Wert1	BY	t1_211;
! Wert2	BY	t2_211;
LK1	BY	t1_elfin(21)
		t1_elfib(22);
LK2	BY	t2_elfin(21)
		t2_elfib(22);

! T2_204	WITH	T1_204;
T2_205	WITH	T1_205@0;
! T2_547	WITH	T1_547;
T2_564	WITH	T1_564@0;
! F2_INVO	WITH	F1_INVO;
! F2_EVAS	WITH	F1_EVAS;
! T2_211	WITH	T1_211;
! T2_ELFIB	WITH	T1_ELFIB;

! Skalare Invarianz
```
    ! [t1_204 t1_205 t1_207];              ! AKF
    ! [t2_204 t2_205 t2_207];
    ! [t1_560 t1_562 t1_564];              ! SK
    ! [t2_560 t2_562 t2_564];
    [t1_544 t1_545 t1_547];                ! Lesefreude
    ! [t2_544 t2_545 t2_547];
    ! [f1_invo f1_evas];                   ! INEV
    ! [f2_invo f2_evas];
    ! [t1_210 t1_211];                     ! Wert
    ! [t2_210 t2_211];
    ! [t1_elfin t1_elfab t1_elfib];        ! LK
    ! [t2_elfin t2_elfab t2_elfib];
    ! [AKF1@0];
    ! [AKF2@0];
    ! [SK1@0];
    ! [SK2@0];
    [Freude1@0];
    ! [Freude2@0];
    ! [INEV1@0];
    ! [INEV2@0];
    ! [Wert1@0];
    ! [Wert2@0];
    ! [LK1@0];
    ! [LK2@0];


    ! Pfade
    !AKF2       ON      AKF1;
    AKF2        ON      SK1@0;
    ! AKF2      ON      Freude1;
    AKF2        ON      INEV1;
    AKF2        ON      Wert1@0;
    AKF2        ON      LK1@0;
    SK2         ON      AKF1@0;
    ! SK2       ON      SK1;
    SK2         ON      Freude1@0;
    SK2         ON      INEV1@0;
    SK2         ON      Wert1@0;
    SK2         ON      LK1;
    Freude2     ON      AKF1@0;
    Freude2     ON      SK1@0;
    ! Freude2   ON      Freude1;
    Freude2     ON      INEV1@0;
    ! Freude2   ON      Wert1;
    Freude2     ON      LK1@0;
```

INEV2	ON	AKF1@0;
INEV2	ON	SK1@0;
INEV2	ON	Freude1@0;
!INEV2	ON	INEV1;
INEV2	ON	Wert1;
INEV2	ON	LK1@0;
Wert2	ON	AKF1@0;
Wert2	ON	SK1@0;
Wert2	ON	Freude1@0;
Wert2	ON	INEV1@0;
! Wert2	ON	Wert1;
Wert2	ON	LK1@0;
LK2	ON	AKF1@0;
LK2	ON	SK1@0;
! LK2	ON	Freude1;
LK2	ON	INEV1@0;
LK2	ON	Wert1@0;
! LK2	ON	LK1;

INEV2	WITH	SK2@0;
WERT2	WITH	AKF2@0;
WERT2	WITH	SK2@0;
WERT2	WITH	FREUDE2@0;
WERT2	WITH	INEV2@0;
LK2	WITH	AKF2@0;
LK2	WITH	SK2@0;
LK2	WITH	FREUDE2@0;
LK2	WITH	WERT2@0;

OUTPUT: sampstat STDYX;

Danksagung

An erster Stelle möchte ich mich bei Herrn Prof. Dr. Wassilis Kassis für unsere langjährige Zusammenarbeit, für die freundschaftliche Begleitung sowie für die profunde wissenschaftliche Unterstützung bedanken. Besonders dankbar bin ich auch, dass ich im Rahmen des Forschungsprojektes des Schweizerischen Nationalfonds „Literale Resilienz. Wenn Schriftaneignung trotzdem gelingt" mitarbeiten durfte (ProjektleiterInnen: Prof. Dr. Hansjakob Schneider, FHNW Aarau; Prof. Dr. Andrea Bertschi-Kaufmann, FHNW Aarau; Prof. Dr. Annelies Häcki Buhofer, Universität Basel; Prof. Dr. Wassilis Kassis, Universität Osnabrück; Prof. Dr. Winfried Kronig, Universität Fribourg) und diese Arbeit mit den im Projekt erhobenen Daten verfassen konnte.

Im Weiteren möchte ich Frau Prof. Dr. Ingrid Kunze, Universität Osnabrück, meinen Dank aussprechen. Sie hat mit Diskussionen und konstruktiver Kritik zum Gelingen der Arbeit beigetragen.

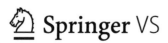

VS COLLEGE

REVIEWED RESEARCH: KURZ, BÜNDIG, AKTUELL

VS College richtet sich an hervorragende Nachwuchs-
wissenschaftlerInnen, die außergewöhnliche Ergebnisse
in Workshops oder Abschlussarbeiten erzielt haben und
die ihre Resultate der Fachwelt präsentieren möchten.

Dank externer Begutachtungsverfahren fördert das
Programm die Vernetzung des wissenschaftlichen Nach-
wuchses und sichert zugleich die Qualität.

Auf 60 - 120 Druckseiten werden aktuelle Forschungsergebnisse kurz und übersichtlich auf den Punkt gebracht
und im Umfeld eines hervorragenden Lehrbuch- und
Forschungsprogramms veröffentlicht.

__ Soziologie

__ Politik

__ Pädagogik

__ Medien

__ Psychologie

VS College

Druck: KN Digital Printforce GmbH · Schockenriedstraße 37 · 70565 Stuttgart